中共中央党校（国家行政学院）马克思主义学院／主编

马克思主义研究前沿（全六卷）

第二卷
马克思主义基本原理及经典著作研究

Frontiers of Research on

Marxism

Six Volumes

社会科学文献出版社
SOCIAL SCIENCES ACADEMIC PRESS (CHINA)

马克思主义研究前沿（全六卷）
编委会

· 总　序 ·

马克思主义是我们立党立国的指导思想。中国共产党为什么能，中国特色社会主义为什么好，归根结底是马克思主义行，是中国化时代化的马克思主义行。马克思主义科学理论指导是我们党鲜明的政治品格和强大的政治优势。在任何时候，我们都要彰显这个鲜明的政治品格，都要发挥好这个强大的政治优势。中共中央党校（国家行政学院）马克思主义学院是党中央批准成立的，是全国唯一一家"党"字号、"国"字号马克思主义学院。2015 年 12 月 11 日，习近平总书记在全国党校工作会议上强调："中央批准中央党校成立马克思主义学院，就是坚持党校姓'马'姓'共'之举。"习近平总书记的重要讲话和中共中央党校（国家行政学院）"四个建成"目标的提出，为我们建设好马克思主义学院指明了方向。

2022 年是中国共产党第二十次全国代表大会召开之年。为了向党的二十大献礼，集中展示党的十八大以来中共中央党校（国家行政学院）马克思主义学院标志性研究成果，我们组织专门班子编辑出版"马克思主义研究前沿"（全六卷）学术丛书。

第一卷为《当代中国马克思主义研究》。该卷聚焦习近平新时代中国特色社会主义思想，从总论、以人民为中心、中国式现代化道路、人类文明新形态、国家治理、中国经济学六个专题展开，深度解读习近平新时代中国特色社会主义思想的科学内涵、思想精髓、原创性贡献，科学回答习近平新时代中国特色社会主义思想的若干重大理论问题，展示习近平新时代中国特色社会主义思想的真理力量、实践力量、思想力量。

第二卷为《马克思主义基本原理及经典著作研究》。该卷旨在论证正本清源、返本开新是新时代中国特色社会主义事业顺利发展的理论保障。该卷立足于马克思主义经典著作，着眼于马克思主义基本原理的创造性运用与创新性发展，对实践、劳动、自由、国家、暴力革命、社会主义等核心概念，进行了条分缕析的梳理和研究，有利于我们准确理解与传播马克思主义基本原理，彰显马克思主义真理力量。

第三卷为《马克思主义发展史研究》。该卷精选了马克思主义学院在马克思主义发展史、国外马克思主义等学科的代表性研究成果，这些成果体现了"正本清源、返本开新"的学术旨趣，既有围绕经典著作对"源头"的阐释，也有结合当代问题对"潮头"的探索，体现了对马克思主义发展史、国外马克思主义多角度的观照和多维度的研究，体现和凸显了马克思主义的科学原理和科学精神的历史发展和当代意义。

第四卷为《马克思主义中国化研究》。该卷立足中国特色社会主义新时代，从总论、国家治理与制度优势、意识形态与思想文化、发展道路与发展战略、中国式现代化与发展模式五个板块探究马克思主义中国化的理论逻辑、历史逻辑与实践逻辑，深入阐释中国共产党为什么能、马克思主义为什么行、中国特色社会主义为什么好等重大理论问题，力图为开启全面建设社会主义现代化国家新征程、实现第二个百年奋斗目标提供思想启迪。

第五卷为《中国特色社会主义政治经济学研究》。该卷立足中国特色社会主义新时代，以问题为经，以理论为纬，从总论、资本与劳动关系、经济思想史、新型城镇化与经济发展、减贫与农民工市民化等五个板块研究新时代中国特色社会主义政治经济学的创新发展和学科体系，分专题深入研究新时代中国特色社会主义政治经济学一系列重大理论和现实问题，具有较强的学术性和前沿性。

第六卷为《中国道路研究》。该卷立足中国特色社会主义新时代，以问题为纲，以史实为据，从总论、中国发展道路、中国话语、中国制度、党的建设、全球治理等六个板块探究"中国奇迹"背后的逻辑，阐明中国道路背后的道理、哲理、学理，阐明中国共产党始终以实现中华民族伟大复兴为己任，团结带领全国各族人民奋力推进革命、建设、改革事业，不仅取得了举世瞩目的伟大成就，也为全球发展提供了中国智慧和中国方案。

　　《马克思主义研究前沿》（全六卷）收入的作品只是马克思主义学院学者发表的部分研究成果，鉴于篇幅和选题所限，还有大量优质成果未能纳入。该套丛书的出版，既是对过去成绩的回望与检阅，更是新起点、新征程上向着更高目标进发的"动员令"。中共中央党校（国家行政学院）马克思主义学院是一所年轻的学院，马克思主义学院团队是一支特别能攻坚、特别能创造、特别能奉献的队伍，我们有信心担负起推动马克思主义学院高质量发展的历史使命，以更优异成绩建功新时代，为党的理论创新创造做出更大贡献。

丛书编委会

2022 年 11 月 1 日

·目　录·

第六编　方法论与文献传播

第一编　总　论

"存在"论[*]

陈曙光

人类理性天然具有一种刨根问底、探本溯源的品格，这就是对本体论（Ontology）^① 的追问。"本体论"是哲学大厦之基，是哲学的核心领域。"本体论追问"蕴藏了人类自身求真、向善的永恒使命，代表了人类超越当下、走向美好的不懈追寻。对本体论的追问自有人类以来便存在，因而古老；对本体论的追问又贯穿于古今而意义常新，因而年轻。本体论的追问永远在途中，是一条走不尽的漫漫长路。

一 "因果"与"还原"

本体论，归根结底是对原因、根据的追问，无论是本原论形态的本体论、本质论形态的本体论，还是生成论形态的本体论，莫不如此。但是，本体论作为追问存在之为存在的学问，它不是追问"存在"的最近原因、最初根据，它所追寻的乃是越过"最近之因"的"最后之因"，捕捉的乃是"存在"的最后原因、最终根据。一般来说，构成事物因果链上的原因不足以构成事物何以存在的"本体论根据"，真正的本体很难在因果链上得到明确直观的反映。不同哲学流派对人之为人的终极根

---

* 国家社科基金重大项目（15ZDA 003）、国家社科基金项目"直面生活本身——马克思人学存在论革命研究"（10 FZX 001）、教育部新世纪优秀人才支持计划项目"中国学术话语的基本问题研究"（NCET-13-0433）的阶段性成果。本文原载于《北京大学学报》（哲学社会科学版）2016年第3期，收入本书时有改动。

① 本文在同一意义上使用"存在论"和"本体论"这一概念。

据的回答是不一样的，追寻人之存在的本体论根据时，我们不能把人成为人的"最近之因"即男女交合的行为上升到本体论的高度，而是要追问到人之为人的终极原因。比如，神学本体论认为，人之为人的终极原因是上帝的造化，上帝化生万物，化生人。自然本体论认为，人之所以成为人是因为某种自然物质或自然实体的存在，人被归结为物质性的自然存在，从人之外去寻找人之为人的奥秘和本质。阿那克西曼德认为人是从鱼变来的，阿那克西米尼则认为人起源于"气"，恩培多克勒以自然的四元素说解释人，赫拉克利特用"火"来说明万物和人类的起源，德谟克利特则提出人的本性是从肉体原子和灵魂原子的结合中产生的，人的灵魂或理性不过是原子的运动形式而已。实践本体论认为，人之为人的终极原因是人类自身的实践活动，人是实践的产物和结果，正是在人类自身的实践活动中，人成其为人。生成本体论认为，"人的现实生活""人的生命存在"是自己最本原的基础。上述这些都是从本体论的高度来回答人之所以成为人的终极原因。

存在论（本体论）是一种因果还原论，从"多"还原为"一"。哈贝马斯指出："形而上学试图把万物都追溯到'一'。自柏拉图以来，形而上学就明确表现为普遍统一的学说；理论针对的是作为万物的源泉和始基的'一'。"① "一"与"多"，既对立又统一，"一"是本源，"多"是派生；"一"是原因，"多"是结果；"一"是主词，"多"是宾词；"一"派生"多"，"多"源于"一"；"一"主宰"多"，"多"服从"一"；任何"多"都无非是"一"的外化、展开和实现，任何"多"都可以化约为"一"，都可以追溯到"一"，都可以还原为"一"。可见，存在论（本体论）是一种还原论，但不是一般的还原论，而是彻底的还原论，还原的是事物背后的最终原因；构成万物存在之根据的最终原因本身并没有更深刻的原因，对最终原因的追问在现实中是无效的，在逻辑上是非法的。存在论（本体论）是对"本原"的追问，但不是一般的追问，而是终极的追问，也就是说追问至此已经完成，"本原"已经呈

---

① 哈贝马斯：《后形而上学思想》，曹卫东、付德根译，译林出版社，2012，第137页。

现，对"本原"本身的追问是非法的、无效的。可见，存在论（本体论）是对"原因"的探寻，但不是最近的原因，而是最后的原因；不是诸多的原因，而是"多"后面的"一"，是某种"唯一者"。

这种因果还原论既有其合理性，但也存在着明显的缺憾。还原论将饱满的社会存在向后追溯、分解还原到一个最简单、最基本的层次，将一切丰富性化约为简单性来处理，但是，这样往往导致在分解还原的过程中"要紧的东西都跑了"①，从而得出似是而非的结论。西方传统的本体论哲学依凭逻辑建构出来的概念世界，尽管严密规整、合乎逻辑，具有不可挑战的权威性，但相对于灵动的"现实世界"而言已经变得面目全非了。这种把"多"还原为"一"，把具体还原为抽象，以追求最后的绝对本体的还原方法和超验方法，必然会剥夺时间和空间的维度，直接抹掉现实世界的丰富性和历史性，必然远离现实的人，导致对生活世界的粗暴践踏。

二　"实体"与"本体"

在西方传统哲学中，实体即是本体，本体也以实体的形式表现出来。康德说："在世上一切变化中，实体保留着，而只有偶性在变更。"② 实体自本自因、自根自据，独来独往、自由自在，既无生发也不退场。唯其如此，它才成为世界的最终根源和最后基础，才成为本体。

笛卡尔、斯宾诺莎、黑格尔对"实体"都给出了明确的定义，其内涵大同小异。笛卡尔认为，"所谓实体，我们只能看作是能自己存在而其存在并不需要别的事物的一种事物"③。斯宾诺莎也认为，实体应该被"理解为在自身内并通过自身而被认识的东西。换言之，形成实体的概念，可以无须借助于他物的概念"④。黑格尔指出，"实体"是"最高尚的、最自由的和最独立的东西"⑤。根据他们的观点，"实体"的存在不

---

① 钱学森：《要从整体上考虑并解决问题》，《人民日报》1990 年 12 月 31 日。
② 康德：《纯粹理性批判》，邓晓芒译，人民出版社，2004，第 172 页。
③ 笛卡尔：《哲学原理》，关文运译，商务印书馆，1958，第 20 页。
④ 斯宾诺莎：《伦理学》，贺麟译，商务印书馆，1983，第 3 页。
⑤ 黑格尔：《小逻辑》，贺麟译，商务印书馆，1980，第 64 页。

需要根据、不需要理由，从时间上来说，它是无限的、永恒的；从空间上来说，它是唯一的、不可分的。海德格尔一针见血地指出，"把'实体'的存在特征描画出来就是：无所需求。完全不需要其它存在者而存在的东西就在本真的意义上满足了实体观念"①。由此看来，"实体"正是万变之中那个不变者，这就已经满足了"本体"的所有特征，如果这不是存在论意义的概念，那还会是什么呢？

人类之所以不遗余力地追寻实体，其初衷乃是给自己确立在世的理由，确立"安身立命之本"。为可变的人生找寻不变的"实体"，通过不变的"实体"筹划可变的人生，这是整个西方传统哲学的基本建制和坚硬内核，也是其矢志不渝的信条。在不同的历史时期，哲学家们追寻的"实体"是不同的：比如水、火、气、原子等自然实体，灵魂、理念、"我思"、"先验自我"、"绝对自我"、"绝对理念"等理性实体，还有"上帝"等神性实体，但这些实体所承载的价值却是相似的。人类对"实体""本体"的迷恋并不仅仅是为获得世界的统一性，更深层次上的意义是要为人类自身寻找"精神之乡"和"立命之本"。它以探求对象之外、之上的超验实体的方式来表达人对生命意义的诉求，为人的生命确立"意义"，为人自身设定"活着"的价值，探求人的存在之根、生命之本，为人类自身构筑理想的"精神家园"，使人能够超越世俗的生存得以"安身立命"，漂浮的心灵得以"安居"。

然而，事与愿违，人类追寻实体的结局却使人陷入了"无家可归之境"。我们知道，尽管"实体"一次次地改旗易帜、重装登场，但是，它们的作用机理是相同的：用"一"来遮蔽"多"，以同一性来遮蔽差异性，以虚假的偶像来主宰真实的存在，其结果就是使人陷入"无家可归"之境。这是西方传统哲学的最大弊端，这是旷古以来的最大迷误，这是人类思想史上纠缠不清的一种"幻象"②。西方传统哲学一直坚守"实体"存在的合理性，却遭遇了不合理性的结局，那就是：人们在找

---

① 海德格尔：《存在与时间》，陈嘉映、王庆节译，生活·读书·新知三联书店，2006，第108页。

② 阿多诺：《美学理论》，王柯平译，四川人民出版社，1998，第516页。

寻"意义"的途中失去了"意义"，在营建"精神家园"的途中失去了"精神家园"，在确立人的生命意义之根基的同时使人的生命意义在根基处失落。

可见，不管是"实体"，还是"本体"，它们作为终极实在、终极本质、终极真理，始终占据着崇高的位置，支配着人们的全部思想和世俗生活。在"实体"面前，人的独立性、自主性已经退场，变成了"被赋予思想的石头"。不变的"实体"与可变的"人生"构成了紧张的对立关系。

当然，实体即本体，但本体并不必然以实体的方式出场。这就是接下来要讨论的"现成本体论"与"生成本体论"的问题。

三 "现成"与"生成"

纵观哲学史，存在两种截然不同甚至根本对立的本体论传统：一个是"现成本体论"（也称"既成本体论"），另一个是"生成本体论"。相对于现成本体论的久远历史，生成本体论的出场则要晚得多。

所谓"现成本体论"，意味着"本体"在万变的情境下具备"我自岿然不动"的品质，具有以不变应万变的本领。"实体本体论"本质上属于现成论性质的本体论。所谓"实体本体论"（Substantive Ontology），是指"我们感官观察到的现象并非存在本身，隐藏在它后面作为其基础的那个超感性'实体'，才是真正的'存在'，构成了'存在者'之所以'存在'的最终根据。'存在论'的任务就是运用逻辑理性，深入'事物后面'，进行'纵向的超越'，去把握这超感性的、本真的'实体'"①。一句话，传统哲学实体本体论是将现实存在的万物回溯到和还原为一个原始的"始基"和"实体"，在人的生存之外寻求万物的存在根据。

实体本体论的解释原则导致了"人"被遗忘，严重冒犯了"存在"。这种本体论在哲学发展史上将人之为人的根据归结为人之外的"实体"。

---

① 贺来：《马克思哲学与"存在论"范式的转换》，《中国社会科学》2002年第5期。

或者认为人来自于自然，人是自然的一部分，自然物质是人之存在的根据；或者认为上帝是人之为人的根据，上帝是人之存在的本体论基础；或者认为"至上理性""绝对精神"统摄人的一切，理性成为人之存在的本体论依据。在实体本体论的视界内，哲学关注的是"什么存在"这样实体性、知识性的问题，而这只是关于"存在者"的问题而非"存在"的问题。

实体本体论传统肇始于古希腊，绵历 2000 多年而长盛不衰。2000多年来，"实体"一次次改头换面，一路狂飙、高歌猛进，终于在黑格尔体系中得以集大成，也正是在黑格尔那里走上了终结之路。实体本体论的僭越必然导致对实体主义情结的整体性反叛，随着黑格尔的去世，彻底清算黑格尔的哲学遗产成为当时德国哲学界的时髦。德国古典哲学的终结同时标志实体本体论的终结，标志本体论传统的整体断裂，标志西方哲学迎来了重生的曙光。生存论的转向，生成本体论道路的开辟，是 19 世纪西方哲学史上发生的革命性事件。这一"转向"的实质在于，在本体论的意义上废黜"实体"，转而面向人的生存本身来解答"存在之谜"。

所谓"生成本体论"，意味着"本体"不是某种万变不离其宗的不变者，不是虚无缥缈的存在者，而是生成着的、历史性呈现与展开的"存在"本身。马克思、克尔凯郭尔等是生成本体论路向的决定性开辟者。在马克思看来，能够担当本体之重任的不是某种超感性的实体，而是感性实践活动及其历史性展开。在生成本体论的视界中，不是逻辑和知性支配流动的生命，而是流动的感性活动具有无条件的优先性，并且构成逻辑和知性的本体论基础。这种本体论关注的是与人的生存和发展内在相关的"生存性"问题，关注的世界是人生活于其中的世俗世界。哲学只有立足于生活，脚踏坚实的大地，才能获得可靠的根基；只有摆脱抽象和思辨，越过逻辑和知性，回归现实生活，才能获得"改造世界"的能量。

现成本体论与生成本体论的区别可以从以下几个方面来理解。其一，现成本体论预先拟定一个超验的世界本质，世界的发展就是验证这一设定和完成这一设定，因而具有封闭性；生成本体论则注重世界的自我生成、自我实现，因而具有开放性。其二，现成本体论注重用不变的实体解释可变的生命现象，具有机械性；生成本体论注重"存在者如何存在"，体现为过程性。其三，现成本体论注重在先验世界中追寻抽象不变的"一"，因而具有超验性；生成本体论注重人的感性生存活动的根基地位，因而具有经验性。其四，现成本体论无视现实的人的创造个性和主体性，因而具有不变性；生成本体论则是注重现实的人的差异性和主体性，因而具有可变性。其五，现成本体论把完整的人肢解为支离破碎的人，因而具有非人性；生成本体论把人的社会性和精神性、现实性和理想性、经验性和超验性统一于人的生命活动之中，因而具有属人性。

总而言之，生成本体论的出场是哲学史上的重大历史事件，它拯救了实体本体论对人的"存在"的遗忘，宣告了实体本体论追逐的"超验世界"的破产，颠覆了实体本体论"超历史"的本体论诉求，也终结了实体本体论对"理性万能"的迷恋，为哲学通达人的现实世界、观照人的现实生命开辟了道路。

四　"存在者"与"存在"

存在论，即是关于"存在"的学问。在哲学史上，巴门尼德第一次提出了"存在"的问题，古希腊哲学的主题形态就是存在论。但是，"ontology"这一语词的出现则是 17 世纪的事了，是由德国经院学者郭克兰纽首先命名，并经由沃尔夫加以完善和系统化的。"ontology"这个词的词根是希腊语"ont"（拉丁文 ens，英文 being，德文 sein）。根据英语的语法规则，being 指的是以个别的方式存在着的人和事物，我们一般称之为"存在者"；Being，解释"存在"，"存在"乃是一切存在者的总体、总和。"存在"作为最高的种概念，它是统帅一切存在者的，具有本源性和超验性。也就是说，"存在者"和"存在"本是两个不同的问题，而西方传统形而上学的一个重大失误或者说错觉就在于：将"存在"的问题归结为"存在者"的问题，这导致笼罩在西方传统哲学头上的迷雾长久以来始终挥之不去。

"存在论区分"是海德格尔的贡献。"存在"和"存在者"，是理解存在论的重要概念。"在"（sein），也即"存在"，是指存在物的显现、在场，不是指具体的、现场的存在物。"在者"（dasein），也称"存在者""存在物"，是指现成已有的存在物，包括一切已经显现出来的现实的存在物和尚未显现的观念中的事物。海德格尔认为，"存在"本身是使"存在者"成为"存在者"的那个东西，是使"在者"成为"在者"的活动过程，是使"在者"得以可能的前提条件，是使在者"在起来"的事实。因此，根据海氏的观点，相对于"存在者"，"存在"在逻辑上具有无条件的先在性，在地位上具有无条件的根基性；一切"在者"首先必须"在"，然后才有可能成为现实的、确定的"存在者"。没有"在"的前提，没有"在"的过程，没有"在起来"的事实，就没有"存在者"。"在"是"在者"的根据和前提，"在者"是"在"的结果和呈现。可见，从逻辑上来说，"在"较之一切"在者"而言，具有优先地位。

鉴于"在"所具有的逻辑先在性，那么，如何通过"在"的事实揭示"在"的意义呢？海氏借助了现象学的方法——"回到事实本身"。然而，"在者"是繁多的，绝大多数的"在者"对自身"在"的生存结构和方式是无所察觉和体会的，因而也就无法揭示自身"在"的意义。唯有"人"这个特殊的"存在物"才可能提出"在"的意义问题，才可能体会和察觉"在"的生存结构与生命历程。海氏将"人"这个独特的"在者"称为"此在"。海氏认为，"此在"与一切"在者"相比，具有两个方面的优先地位：一方面，"此在"优先于其他一切"在者"，只有"此在"能追问自己的"在"，而其他"在者"不能；另一方面，唯有通过"此在"方能领会"在"的意义，不仅领会自身"在"的意义，也能领会其他一切在者"在"的意义，绕开"此在"断不可能。可见，"此在"开启了通往其他一切在者"在"的通道，一切其他"在者"的本体论都要通过"此在本体论"的中介才能得以澄明，世界万物唯有通过"此在"的介入才能呈现"在"的生命结构，通过"此在"的澄明才能获得"在"的意义，"此在"之在世成为揭示存在意义的一把钥匙，正是"此在"构成了追问一切存在者存在意义的本体论基础，这就是海氏的"此在本体论"。

根据海德格尔的研究，传统哲学在本体论追问的道路上导致"存在'存在者'化"，而现代哲学在本体论追问的道路上比较注重让"存在者'在'起来"。传统形而上学，从柏拉图一直贯穿到黑格尔，它们的重大偏失就是没有了解"在者"究竟怎样"在"以前就予以先行断定，以对"在者"的研究代替对"在"本身的研究，没有回答"在者怎样在"的难题。存在物的呈现不是因为"存在者"的眷顾，而在于"存在"本身的光辉；离开了"存在"之光，一切存在物本身都是蔽而不明的。海德格尔的这一看法与马克思有旁通之处，马克思认为现实世界是一个不断展开、不断生成的过程，不存在某种既成不变的本体世界对现实世界的牵引、规定、宰制。同样的道理，人本身也是在自身的感性活动中生成为现实的人并向着理想的人跃迁，并没有一种凌驾于人之上的、万变不离其宗的"实体"来拟定人的生存过程，人的伟大与崇高并不需要人之外的实体来裁定，人的地位与价值也不需要人之外的实体来赋予，人的一切荣耀与光环都应该归功于人自身。

五　"是"与"应该"

我们这里所说的"是"与"应该"不同于伦理学中的"事实"与"规范"问题。在这里，"是"属于存在论的问题，"应该"属于价值论的问题。或者说，存在论回答"是"的难题，价值论回答"应该"的问题。

"是"与"应该"的关系问题，也就是存在论与价值论的关系问题。从哲学史的变迁来看，"是"最终都指向"应该"，存在论都内蕴着价值论的意蕴。我们大概可以得出这样的判断，缺乏价值维度的存在论是无效的，缺乏存在论根基的价值论也是无效的；或者说，缺乏价值关怀的存在论是不存在的，缺乏存在论支撑的价值关怀也是漂浮的、无根的。

西方传统哲学对"人是什么"的存在论问题的回答是错位的，导致了对"如何对待人"的价值论问题的解决也是扭曲的。在实体本体论的视界中，实体即是主体，而真正的主体——人——则遁入无形，"以人为本"仍然是一个尚未真正开启的意义领域。因为在西方传统哲学那里，"实体"的特质与"人"的本性之间发生了颠倒："实体愈是神圣，人就愈是罪恶；实体愈是独立，人就愈是失去独立；实体愈是自由，人就愈是受到禁锢；实体愈是高尚，人就愈是沦为低俗；实体愈是完善，人就愈是被肢解；实体愈是在场，人就愈是退场；实体愈是万能，人就愈是无能；实体愈是提升为主体，主体就愈是沦落为非人。"① 总之，只要实体凌驾于人之上，人就无法摆脱实体的宰制。比如，中世纪宗教神学本体论对"人是什么"的回答是："神是人的最高本质"，人是上帝的作品；因而对"应该如何对待人"的回答就是：灭绝人欲，服从上帝。在上帝主宰人间的条件下，不可能有人的主体性和自由。费尔巴哈和马克思都意识到，不推倒神就不可能恢复人的最高权威，"这些神不承认人的自我意识具有最高的神性。不应该有任何神同人的自我意识相并列"②。再比如，德国古典哲学的集大成者黑格尔对"人是什么"的回答是：人"属于精神概念本身的一个必然环节"③，只不过是精神概念（绝对理性）自我运动、自我发展过程中的一个节点；因而对"应该如何对待人"的回答就是：服从绝对理性是人的天命。在黑格尔的体系中，没有给人的独立性和自由留下充足的空间。马克思在《神圣家族》中批判道："在德国，对真正的人道主义说来，没有比唯灵论即思辨唯心主义更危险的敌人了。它用'自我意识'即'精神'代替现实的个体的人，并且同福音传播者一道教诲说：'精神创造众生，肉体则软弱无能。'显而易见，这种超脱肉体的精神只是在自己的想象中才具有精神力量。"④ 总之，人本向度的遮蔽与实体的僭越是西方传统哲学的一体两面。

与实体本体论不同，生成本体论的最大贡献不在于拯救了本体论的未来发展，而在于开启了人本价值的新视野。马克思哲学本体论对"人是什么"的回答是：感性活动是整个现存感性世界非常深刻的基础，也是人成为人非常深刻的基础，我将其称之为感性生活本体论。感性生活

---

① 陈曙光：《存在论的断裂与马克思的重建——马克思人学存在论革命研究（下）》，《探索》2014年第4期。
② 《马克思恩格斯全集》第40卷，人民出版社，1982，第190页。
③ 黑格尔：《小逻辑》，贺麟译，商务印书馆，1980，第92页。
④ 《马克思恩格斯全集》第2卷，人民出版社，1957，第7页。

本体论开启了一个全新的价值空间。在这个价值空间里，实现人的自由和解放，必须通过人的感性活动铲除资本主义生产方式乃至整个与之相适应的社会制度，才有可能成为现实；必须通过人的感性活动，在"政治解放"的基础上追求"人类解放"，在"解释世界"的基础上力求"改造世界"，在"反思现实"的基础上力求"超越现实"，才有可能成为现实。感性生活本体论说明，人的伟大与崇高只能归功于人自身，人的世界只能"以人为本"。感性生活本体论还说明，社会生活理应以人为本，而不是以任何别的先验实体为本。总之，感性生活本体论不可能是与人无涉的和价值中立的，而是注定包含人本价值的意蕴。

感性生活本体论超越了传统形而上学所建立的各式各样的"实体形而上学"，将人的世界还给人自己，将人类社会归属于人自己。社会历史不是超验"实体"的杰作，而是人自己的作品，是人的感性活动在时间和空间上的展开。人类历史决不能还原为某种抽象的实体，既不能像自然主义哲学家那样还原为抽象的"自然物质实体"，也不能像理性主义哲学家那样还原为抽象的"精神实体"，更不能像神学家那样还原为抽象的"神性实体"，而只能还原为人的感性生活本身。因此，任何反人本化的价值取向（比如物本、神本、君本、钱本等）都是一种本末倒置、舍本求末的表现，只有"以人为本"才是人类社会的现实选择。

马克思主义基本原理的创造性
运用与创新性发展[*]

王中汝

习近平总书记指出："马克思主义基本原理是普遍真理，具有永恒的思想价值，但马克思主义经典作家并没有穷尽真理，而是不断为寻求真理和发展真理开辟道路。"[①] 这就要求，我们要根据新的社会实践，在解决新的时代问题的历史进程中，发现新的社会发展规律，丰富和发展马克思主义基本原理。发展马克思主义基本原理，关键是创造性运用，内在机制是理论前提、实践基础与实现形式之间的有机结合。马克思主义基本原理，要在不断的创造性运用中，在与时俱进的理论形态的更新中，展现自己的道义魅力与真理品质。

一 创造性运用与创新性发展的基本概念

马克思主义基本原理的"创造性运用"这个说法，来源于彭真。他在 1985 年的一篇讲话中指出："学习马克思主义，是学习马克思主义的精神实质，学习它的立场、观点、方法，而不是简单背诵它的词句或解决某些具体问题的结论。……我们有些人却把马克思主义的一般基本原理，与当时提出的解决具体问题的办法混淆了。于是，或者忽视马克思主义基本原理的创造性运用，想用马克思当时讲的具体办

---

[*] 本文原载于《中共中央党校（国家行政学院）学报》2019 年第 4 期，收入本书时有改动。
① 《十八大以来重要文献选编》（上），中央文献出版社，2014，第 696 页。

法，来解决我们当前所有的实际问题；或者因为那些具体办法不适用于今天，就怀疑马克思主义基本原理的正确性和指导作用，忽视对它的学习。"① 彭真的这段话，对于我们运用马克思主义基本原理，提出了很高的要求。

创造性运用，首先是正面地运用或正确地运用。马克思主义及其基本原理，产生于资本主义取得统治地位并以资本与暴力征服全球的世界历史转折时期。同样，马克思主义基本原理的创造性运用，也总是发生在一个国家乃至世界历史发生质的转变的历史时期。越是大转折，带来的问题和面临的挑战越大，越需要得到科学回答，越需要给出切实可行的解决办法。也正是这个时候，马克思主义作为科学学说的理论魅力和真理力量，才能一览无余地呈现出来。

习近平总书记多次使用"创新性发展"来论述中华文化或中华文明的继承和发展问题，如"努力实现中华传统美德的创造性转化、创新性发展"②，"实现中华文化的创造性转化和创新性发展"③。此外，习近平总书记还提出，广大文艺工作者的创作，必须以"四个坚持"为基本遵循，包括"坚持以人民为中心的创作导向"，"坚持为人民服务、为社会主义服务，坚持百花齐放、百家争鸣，坚持创造性转化、创新性发展"④。"创新性发展"这个概念同样适用于马克思主义基本原理。

首先，马克思主义基本原理，需不需要发展？或者说存在不存在发展问题？马克思恩格斯是马克思主义的创始人。他们的理论、学说和思想观点，也有一个从不成熟到成熟、从不完备到完备的过程。马克思主义基本原理，是贯穿于整个马克思主义理论体系的精髓，最大限度地体现了马克思主义的立场、观点、方法。马克思主义，具有科学性、真理性、人民性、实践性、开放性和时代性等特征。其中，它的开放性是说，"马克思主义是不断发展的开放的理论，始终站在时代前沿。……一部

① 《十二大以来重要文献选编》（中），中央文献出版社，1986，第740页。
② 《习近平谈治国理政》，外文出版社，2014，第106页。
③ 《十八大以来重要文献选编》（中），中央文献出版社，2016，第136页。
④ 习近平：《在中国文联十大、中国作协九大开幕式上的讲话》，《人民日报》2016年12月1日。

马克思主义发展史就是马克思、恩格斯以及他们的后继者们不断根据时代、实践、认识发展而发展的历史，是不断吸收人类历史上一切优秀思想文化成果丰富自己的历史"①。也就是说，整个马克思主义理论体系，是需要不断发展的。相应地，马克思主义基本原理，也需要在新的实践中不断丰富和发展。我们正是这么认识的："对马克思主义基本原理，首先必须坚持，同时，又必须在实践中努力发展。不坚持就谈不上发展，而如果只强调坚持不讲发展，实际上也就做不到真正的坚持。坚持和发展归根到底统一于实践。"②

　　其次，马克思主义基本原理需要丰富和发展，究竟要丰富什么？发展哪些内容？马克思主义的立场，是人民的立场，劳动者的立场。在这个方面，不存在发展的问题，而是坚守的问题。当然，作为物质生产的承担者与推进历史发展的根本力量，人民是一个政治范畴，在不同条件、不同环境当中，所指涉的对象亦会有所区别。这属于马克思主义基本原理的运用问题了。马克思主义的方法，在马克思恩格斯的时代，主要是唯物辩证法和唯物史观。唯物辩证法和唯物史观，揭示了物质世界、人类社会和人的思维运行的规律，是永恒真理。马克思恩格斯以来，随着自然科学和社会科学的发展，人类的认识得到极大的深化。新的方法论上的成果，比如系统论、博弈论等，要不要补充到唯物辩证法等中去？需要。也就是说，马克思主义的方法论，也是需要丰富和发展的。这就是马克思主义关于事物发展变化的观点。自马克思恩格斯那个时代以来，尽管资本主义制度在世界范围内还占据统治地位，但无论是资本主义制度本身，还是整个世界格局，包括马克思恩格斯在世时还不十分明显的发展中国家追求自身发展的强烈愿望和主观努力，以及社会主义作为一种实践在世界上的跌宕起伏，特别是中国特色社会主义的伟大成就，都为马克思主义基本观点的丰富提供了充分的材料。马克思主义基本原理，也会随着基本观点的修正与丰富，变得更加准确、更加深刻。用乔石的

---

① 习近平：《在纪念马克思诞辰 200 周年大会上的讲话》，《人民日报》2018年5月5日。

② 《十三大以来重要文献选编》（中），人民出版社，1991，第 1153~1154 页。

话说，马克思主义基本原理的发展，意味着"根据实践经验正确地总结和概括出来的新结论"，"为基本原理加进了新的内容"①。

最后，马克思主义基本原理的创新性发展，对于中国人来说，是否等同于马克思主义中国化？马克思主义理论体系，以及贯穿于其中的基本原理，是建立在19世纪发达资本主义国家特别是欧洲国家的经验材料的基础之上的，是对这些国家资本主义制度的运转、无产阶级革命和解放事业的进展等经验的总结和提升。马克思主义中国化的命题，是中国共产党创造性地提出来的。历史的演进，特别是近百年来中国历史的革命性变迁，为马克思主义基本原理的丰富和发展，提供了大量的鲜活的经验材料。马克思主义中国化的成果，丰富了马克思主义基本原理，特别是在经济文化落后国家的革命、建设与现代化等问题上。马克思主义基本原理，还包括其他丰富的内容，例如发达资本主义国家走向社会主义的规律等，还需要得到其他不同类型的经验材料的支撑。

马克思主义基本原理的创造性运用与创新性发展，两者关系密切。创造性运用，是创新性发展的实践前提。没有创造性运用，而是将其作为教条供奉起来，不仅不会有任何发展，反而有害。我们用马克思主义基本原理来指导实践，如果忽视了它的实践指南意义，忽视了它揭示事物发展基本趋势的作用，或者缩手缩脚，不敢在实践中探索新办法、总结新经验、提出新理论，或者拿马克思主义基本原理去剪裁现实而非指导实践，这样的做法绝不能被称为创造性运用，也绝对不会产生创新性发展的结果。另外，创造性运用所取得的理论成果，要体现在马克思主义基本原理的创新性发展上来，为马克思主义基本原理增添新的内容。

二　创造性运用与创新性发展的理论前提

创造性运用与创新性发展，核心在于创造与创新。没有创造性运用，解决不了时代提出的大问题，就发挥不了马克思主义基本原理的方法论

---

① 《十三大以来重要文献选编》（中），人民出版社，1991，第1155页。

功能。忽视或看不见实践的新发展，不去及时归纳、提炼实践中产生的新经验，就难以及时推进理论创新。然而，无论是创造性运用还是创新性发展，一个基本的理论前提是，准确理解马克思主义基本原理。理解上出现了偏差，或者说理解错误，不但谈不上创造性运用与创新性发展，而且会损害马克思主义，最终导致实践和理论的双重失误。

马克思主义，首创于19世纪欧洲经济社会的土壤之中。马克思主义基本原理，所揭示的人类社会发展规律，是对欧洲资本主义发展经验的总结，对欧洲国家无产阶级解放及其历史趋势的客观揭示。对于他们的理论的这些特点，马克思恩格斯本人还是非常清楚的。马克思曾在《给〈祖国纪事〉杂志编辑部的信》中指出，《资本论》中"关于原始积累的那一章只不过想描述西欧的资本主义经济制度从封建主义经济制度内部产生出来的途径"，这也是该章末尾提出的"资本主义生产的历史趋势"论断的历史与现实依据。不能把"关于西欧资本主义起源的历史概述彻底变成一般发展道路的历史哲学理论，一切民族，不管它们所处的历史环境如何，都注定要走这条道路"，因为"一般历史哲学理论"的"最大长处就在于它是超历史的"①。在《给维·伊·查苏利奇的复信》初稿中，马克思更是强调，"我明确地把这一运动的'历史必然性'限制在西欧各国的范围内"②。简言之，西欧资本主义产生与运行的"历史概述"及其理论抽象，只能在具备了类似于西欧社会的条件中才适用，不是"一般历史哲学理论"，不是放之四海而皆准的普遍真理。

恩格斯关于政治经济学的一段话，也是很好的例子。恩格斯曾说过，在19世纪30年代以前，德国人很难理解政治经济学，因为"政治经济学是现代资产阶级社会的理论分析，因此它以发达的资产阶级关系为前提"③，德国社会不具备这个前提。马克思创立的无产阶级政治经济学，是揭露资本主义运行、资本主义剥削、资本主义发展趋势、资本主义必然为社会主义所取代的科学理论。这一套科学理论，很难适用于没有资

---

① 《马克思恩格斯选集》第3卷，人民出版社，2012，第729~731页。
② 《马克思恩格斯文集》第3卷，人民出版社，2009，第570页。
③ 《马克思恩格斯文集》第2卷，人民出版社，2009，第595页。

本主义或资本主义不发达的地方。恩格斯的结论是，"广义的政治经济学尚待创造"，因为"到现在为止，我们所掌握的有关经济科学的东西，几乎只限于资本主义生产方式的发生和发展"，"要使这种对资产阶级经济的批判做到全面，只知道资本主义的生产、交换和分配的形式是不够的。对于发生在这些形式之前的或者在不太发达的国家内和这些形式同时并存的那些形式，同样必须加以研究和比较，至少是概括地加以研究和比较。到目前为止，总的说来，只有马克思进行过这种研究和比较"①。所谓的"广义的政治经济学"，是适用于人类社会各个发展阶段、各种形态、揭示人类生产实践一般规律的政治经济学。这是一项庞大的、非个人努力可以完成的工程。马克思开始了这种研究，但并没有持续、系统地进行下去，没有形成完整系统的理论。拿马克思的政治经济学去分析非资本主义社会，或者像恩格斯所说，"把火地岛的政治经济学和现代英国的政治经济学置于同一规律之下"，"不能揭示出任何东西"②。

无论是马克思在《给〈祖国纪事〉杂志编辑部的信》中对俄国"批评家"的回应，还是恩格斯注意到处在封建制度下的德国人不理解政治经济学，都揭示了一个现实：缺乏中世纪末期欧洲文艺复兴人文主义传统滋养、经济社会处在前资本主义发展阶段的人，尤其是面临紧迫的任务、理论准备又很不足的条件下，很难理解马克思主义的真谛，更别说是系统的马克思主义基本原理了。现在我们知道，人的彻底解放和全面自由发展，是马克思主义的核心命题与最高价值追求。高度发达的生产力，则是人的彻底解放和全面自由发展的必要物质前提。马克思主义基本原理，尤其是贯穿其中的立场、观点、方法，都是围绕着人的彻底解放和全面自由发展（在资本主义社会首先是无产阶级的彻底解放）及其物质前提的创造展开的。我们以生产力为例，来看看这个问题。生产力与生产关系，是历史唯物主义的基本范畴。生产力的解放和发展，物质财富的不断创造，人民的物质与精神生活的不断改善，是马克思主义所

---

① 《马克思恩格斯文集》第9卷，人民出版社，2009，第156~157页。
② 《马克思恩格斯文集》第9卷，人民出版社，2009，第153页。

重点关注的。遗憾的是，在生产力问题上，1978年之前我们的认识不够全面、不够完整，给社会主义建设带来严重影响。改革开放以来，以邓小平同志为主要代表的中国共产党人领导中国开辟了中国特色社会主义道路。这条道路的理论前提，是邓小平对生产力在马克思主义中地位的重新认识。

邓小平指出："马克思主义最注重发展生产力。"① 人的彻底解放和全面自由发展，是马克思主义的最高价值追求。决定着解放程度的，从根本上说是生产力的发展状况。"只有在现实的世界中并使用现实的手段才能实现真正的解放……当人们还不能使自己的吃喝住穿在质和量方面得到充分保证的时候，人们就根本不能获得解放。'解放'是一种历史活动，不是思想活动，'解放'是由历史的关系，是由工业状况、商业状况、农业状况、交往状况促成的。"② 生产力的发展状况，同时也决定着社会形态的更替："无论哪一个社会形态，在它所能容纳的全部生产力发挥出来以前，是决不会灭亡的；而新的更高的生产关系，在它的物质存在条件在旧社会的胎胞里成熟以前，是决不会出现的。"③ 所谓"新的更高的生产关系""存在的物质条件"，更多的依然是生产力条件。毛泽东在1962年的一段话，充分说明了1978年以前我们党在这个问题上的局限性："在社会主义建设上，我们还有很大的盲目性。社会主义经济，对于我们来说，还有许多未被认识的必然王国。拿我来说，经济建设工作中间的许多问题，还不懂得。……我注意得较多的是制度方面的问题，生产关系方面的问题，至于生产力方面，我的知识很少。社会主义建设，从我们全党来说，知识都非常不够。我们应当在今后一段时间内，积累经验，努力学习，在实践中将逐步地加深对它的认识，弄清楚它的规律。"④ 幸运的是，从邓小平开创中国特色社会主义开始，我们党把这个局限性有效地克服了。

---

① 《邓小平文选》第3卷，人民出版社，1993，第63页。
② 《马克思恩格斯文集》第1卷，人民出版社，2009，第527页。
③ 《马克思恩格斯全集》第31卷，人民出版社，1998，第413页。
④ 《毛泽东年谱（1949—1976）》第5卷，中央文献出版社，2013，第79页。

三 创造性运用与创新性发展的实践基础

《在马克思墓前的讲话》中，恩格斯区别了作为革命家与作为科学家的马克思的不同贡献。"马克思首先是一个革命家"，"正是他第一次使现代无产阶级意识到自身的地位和需要，意识到自身解放的条件"。作为科学家，马克思"一生中"的"两个发现"，即"人类历史的发展规律"和"现代资本主义生产方式和它所产生的资产阶级社会的特殊的运动规律"，为无产阶级革命乃至全人类的解放事业，提供了坚实的科学论证①。作为社会科学理论，马克思主义特别是其基本原理的生命力，深深地植根于人类解放的革命和建设实践。实践的进展，为马克思主义基本原理的创造性运用与创新性发展，设置了界限。重大的时代课题，影响世界格局与全人类前途命运的重大事件与历史进程，是创造性运用马克思主义基本原理的现实舞台，也是马克思主义基本原理创新性发展的实践基础。

19世纪末20世纪初，资本主义的发展出现了新的变化，由自由竞争阶段进入国家垄断资本主义即帝国主义阶段。战争与革命，取代了资本主义发展早中期的自由竞争，成为时代主题。这个主题，随着世界范围内三对矛盾的尖锐化而日渐鲜明：帝国主义国家内部的无产阶级与资产阶级之间的矛盾、殖民地半殖民地与帝国主义国家之间的矛盾、帝国主义国家之间的矛盾。资本主义的新变化，对于世界格局的影响，对于无产阶级解放条件和进程的影响，迫切需要马克思主义者作出科学回答，以采取更适当的战略策略，推动世界无产阶级和被压迫人民的解放事业向前发展。列宁主义，就是在这种条件下产生的。根据新的形势，列宁创造性地运用马克思主义基本原理，揭示了帝国主义和无产阶级革命的内在规律，揭示了殖民地半殖民地国家实现民族解放、国家独立的内在规律，揭示了无产阶级专政及无产阶级政党建设的内在规律，并初步探索了经济文化落后国家建设社会主义的内在规律，成功地实现了马克思

---

① 《马克思恩格斯文集》第3卷，人民出版社，2009，第601~602页。

主义基本原理同俄国实际和时代特征的有机结合，推进了马克思主义基本原理的创新性发展，把马克思主义推向一个新的阶段。

在马克思主义基本原理的创造性运用和创新性发展问题上，列宁是共产党人的典范。十月革命的成功，从根本上颠覆了既有的、资本主义一统天下的世界格局，开辟了人类发展的新纪元。如果照搬生产力决定生产关系、经济基础决定上层建筑的基本原理，当时的俄国是不应该发动革命的，革命也不会成功的，因为不具备生产力条件。事实上，这也是第二国际的理论家批评十月革命的主要理由。列宁是怎么看的呢？他指出，"俄国生产力还没有发展到可以实行社会主义的高度"，这是一个"无可争辩的论点"，但是，"既然建设社会主义需要有一定的文化水平（虽然谁也说不出这个一定的'文化水平'究竟是什么样的，因为在各个西欧国家都是不同的），我们为什么不能首先用革命手段取得达到这个一定水平的前提，然后在工农政权和苏维埃制度的基础上赶上别国人民呢？"换言之，生产力的确是建设社会主义的必需前提，但为什么不能先进行革命，然后在新政权的保护下发展生产力呢？列宁的结论是：依照"马克思主义中有决定性意义的东西，即马克思主义的革命辩证法"，"世界历史发展的一般规律，不仅丝毫不排斥个别发展阶段在发展的形式或顺序上表现出特殊性，反而是以此为前提的。……俄国能够表现出而且势必表现出某些特殊性，这些特殊性当然符合世界发展的总的路线"①。这就是对马克思主义基本原理的创造性运用和创新性发展。

中国的新民主主义革命，中国通过和平赎买私人资本顺利推进的社会主义革命，无不是创造性运用马克思主义基本原理的产物。中国近代以来所面临的问题，与产生马克思主义的欧洲社会不同。马克思主义要求解决的主要问题，是把工人阶级从资本的束缚下解放出来，进而实现所有人的彻底解放与全面自由发展。中国是一个半殖民、半封建的农业社会，中国革命的根本任务不是单独实现一个阶级的解放而是实现整个中华民族的解放，不是消灭资本关系而是消灭封建关系与殖民关系，最终实现现代化。对此，中国共产党总体上是清楚的。党所领导的新民主

---

① 《列宁选集》第4卷，人民出版社，2012，第775~777页。

主义革命，从社会性质上看是资产阶级民主主义的，从客观要求上看要为资本主义的发展扫清道路，从领导力量上看是中国共产党领导的，从长远前途看最终要走向社会主义，革命的主体是农民阶级，革命的道路是农村包围城市。这样的革命，马克思、恩格斯与列宁，都没有经历过，也没有预见过。正是创造性地运用了马克思主义基本原理，把马克思主义的核心价值追求，即将无产阶级从资本主义制度中解放出来、实现人的自由全面发展问题，及时转化为将中国人从封建制度和帝国主义压迫下解放出来，实现人民解放、民族独立，取得中国革命的胜利。中国革命的成功，为广大殖民地半殖民地国家的反对殖民统治、争取民族独立的解放斗争，树立了榜样。

中国特色社会主义的开辟、形成和发展，同样也是创造性运用马克思主义基本原理的积极成果。中国特色社会主义，既不同于苏联模式的社会主义，也区别于马克思、恩格斯、列宁设想的社会主义，是中国共产党人领导人民在落后条件下鼎力建设的符合中国国情的社会主义。当时的中国落后到什么程度呢？党的十三大客观准确地进行了勾勒："十亿多人口，八亿在农村，基本上还是用手工工具搞饭吃；一部分现代化工业，同大量落后于现代水平几十年甚至上百年的工业，同时存在；一部分经济比较发达的地区，同广大不发达地区和贫困地区，同时存在；少量具有世界先进水平的科学技术，同普遍的科技水平不高，文盲半文盲还占人口近四分之一的状况，同时存在。生产力的落后，决定了在生产关系方面，发展社会主义公有制所必需的生产社会化程度还很低，商品经济和国内市场很不发达，自然经济和半自然经济占相当比重，社会主义经济制度还不成熟不完善；在上层建筑方面，建设高度社会主义民主政治所必需的一系列经济文化条件很不充分，封建主义、资本主义腐朽思想和小生产习惯势力在社会上还有广泛影响，并且经常侵袭党的干部和国家公务员队伍。"① 这样的现实，同样是马克思恩格斯没有经历、没有预见过的。中国特色社会主义的基本路线、基本纲领、基本方略，就是针对这种现实并为改变这种现实提出的。

---

① 《十三大以来重要文献选编》（上），人民出版社，1991，第10~11页。

中国特殊的现实，为革命与改革开放的成功提供了实践基础。在革命时期，毛泽东提出："我们要把马、恩、列、斯的方法用到中国来，在中国创造出一些新的东西。只有一般的理论，不用于中国的实际，打不得敌人。但如果把理论用到实际上去，用马克思主义的立场、方法来解决中国问题，创造些新的东西，这样就用得了。"① 在改革开放时期，邓小平强调："在中国的现实条件下，搞好社会主义的四个现代化，就是坚持马克思主义，就是高举毛泽东思想伟大旗帜。你不抓住四个现代化，不从这个实际出发，就是脱离马克思主义，就是空谈马克思主义。"② 他还指出，"我们建设社会主义，准确地说是建设有中国特色的社会主义，这样才是真正地坚持了马克思主义"③。毛泽东思想，是马克思主义中国化的第一大成果。包括邓小平理论在内的中国特色社会主义理论体系，是马克思主义中国化的第二大成果。尤其是，改革开放以来形成的中国特色社会主义市场经济理论、民主法治理论、和谐社会理论等，为马克思主义基本原理宝库增添了崭新的内容。

无论是列宁主义，还是毛泽东思想、中国特色社会主义理论，都是共产党人创造性运用马克思主义基本原理的积极成果。马克思主义基本原理，也在俄国革命、中国革命与中国特色社会主义的实践中，获得了创新性发展。与此同时，在国际共产主义运动史中，也存在着负面的教训。

遵义会议以前中国革命的挫折，就是鲜活的例子。中国革命，无论是条件、性质还是进程，都是"马克思主义发展史上前所未有过的难题"。在这个难题面前，"年轻的中国共产党，一度简单套用马克思列宁主义关于无产阶级革命的一般原理和照搬俄国十月革命城市武装起义的经验，中国革命遭受到严重挫折"④。苏联模式的社会主义的形成、发展与崩溃，教训也非常深刻。20世纪20年代末，由于国民经济结构不合理、农产品价格较低、生产和生活消费品供应紧张等原因，苏联农民的

---

① 《毛泽东文集》第2卷，人民出版社，1993，第408页。
② 《邓小平文选》第2卷，人民出版社，1994，第162~163页。
③ 《邓小平文选》第3卷，人民出版社，1993，第191页。
④ 《十八大以来重要文献选编》（上），中央文献出版社，2014，第689页。

生产积极性严重下降，国家的粮食收购出现危机。当时的联共（布）政治局委员布哈林、李可夫等人认为，这主要是经济问题，需要以经济的手段去解决，包括提高农产品价格、大力发展轻工业生产等。斯大林则认为，粮食收购危机，既有小生产条件下农产品的商品化率不高的原因，更是富农等农村阶级敌人破坏、阶级斗争尖锐化所导致的。最后，斯大林的主张占据了上风，结束了列宁开创的新经济政策，建立起高度集权的计划经济体制。这种体制，实质上是一种国家支配一切资源的战时体制，也是列宁晚年力图改革但未彻底革除的"战时共产主义"体制的升级版本。用邓小平的话说，"苏联的方式"，"实际上是把整个社会和人民的手脚都困起来了"①。由于苏联在国际共产主义运动中的地位，苏联模式的社会主义一度成为社会主义的代名词。苏联共产党，一度垄断了马克思主义的诠释权。邓小平指出："社会主义究竟是个什么样子，苏联搞了很多年，也并没有完全搞清楚。可能列宁的思路比较好，搞了个新经济政策，但是后来苏联的模式僵化了。"② 忽视劳动者的主体地位，忽视人民自己创造自己历史的能动性，忽视他们的意愿、需要与喜怒哀乐，过高估计国家强制的力量，过高估计权力的作用，是苏联模式形成并僵化的重要原因。

如果不能正确地对待现实，错误地理解马克思主义基本原理，再用错误的理解去指导实践，最终一定会给马克思主义带来极大的灾难。为此，进入新世纪，中国共产党明确提出"什么是马克思主义、怎样对待马克思主义"的问题，启动了马克思主义理论研究和建设工程，要求"帮助人们分清哪些是必须长期坚持的马克思主义基本原理，哪些是需要结合新的实际加以丰富发展的理论判断，哪些是必须破除的对马克思主义的教条式的理解，哪些是必须澄清的附加在马克思主义名下的错误观点"③。

① 《邓小平年谱（1975—1997）》（下），中央文献出版社，2004，第1077页。
② 《邓小平文选》第3卷，人民出版社，1993，第139页。
③ 《十六大以来重要文献选编》（中），中央文献出版社，2006，第54页。

四 创造性运用与创新性发展的实现形式

在我们熟悉的话语中，"实现形式"通常被使用在生产资料所有制、收入分配、社会主义民主等问题上。实际上，马克思主义基本原理的创造性运用与创新性发展，同样存在着实现形式的问题。缺乏适当的形式与载体，马克思主义基本原理很难得到创造性运用，很难实现创新性发展，也很难在现实生活中发挥革命性作用。

把马克思主义基本原理同本国的具体情况相结合，是充分发挥马克思主义革命性作用的一个根本原则。这个根本原则作用发挥得如何，取决于三个要素：对马克思主义基本原理或普遍真理的认知，对本国、本地区的实际或具体情况的把握，"相结合"的程度与形式。其中，"相结合"的程度与形式，也就是马克思主义基本原理创造性运用与创新性发展的实现形式。"相结合"的过程，也就是马克思主义国别化的过程。在中国，最早提出这个问题并作出开拓性贡献的是毛泽东。1938年，毛泽东在党的六届六中全会的报告中指出："共产党员是国际主义的马克思主义者，但马克思主义必须通过民族形式才能实现。没有抽象的马克思主义，只有具体的马克思主义。所谓具体的马克思主义，就是通过民族形式的马克思主义，就是把马克思主义应用到中国具体环境的具体斗争中去，而不是抽象地应用它。成为伟大中华民族之一部分而与这个民族血肉相联的共产党员，离开中国特点来谈马克思主义，只是抽象的空洞的马克思主义。因此，马克思主义的中国化，使之在其每一表现中带着中国的特性，即是说，按照中国的特点去应用它，成为全党亟待了解并亟须解决的问题。"①

就其深度来说，毛泽东关于"马克思主义的中国化"的重要论述，堪比列宁关于世界历史发展的一般规律及其特殊性的论断，蕴含着极为丰富的内容。一方面，马克思主义的普遍性、一般性或者说是它的基本

---

① 《建党以来重要文献选编（一九二一——一九四九）》第15册，中央文献出版社，2011，第651页。

原理，是建立在众多个别、特殊的基础之上的，是对个别与特殊的抽象与概括。但是，这并不意味着马克思主义及其基本原理就是"抽象"的。马克思主义不是书斋里的学说，而是人类改造世界的科学。马克思主义要完成其历史使命，必然要深深地涉入到各个国家、各个民族的具体实践中去，并通过丰富多彩的实践得以实现。"没有抽象的马克思主义，只有具体的马克思主义"①，指的就是这个意思。另一方面，马克思恩格斯生活的那个世界，人类是以民族、国家、阶级的形式存在的。马克思主义要改造的这个世界，要为被压迫民族、阶级所掌握，就必须以这些民族、阶级能够理解的思维、语言等出现。这也是"马克思主义必须通过民族形式才能实现"或者说"民族形式的马克思主义"所强调的。② 具体到中国，更准确地说，马克思主义基本原理的创造性运用，必须针对"中国具体环境的具体斗争"，必须根据"中国特点"或"中国的特性"并通过"民族形式"体现出来。

"具体环境的具体斗争"，包括斗争的性质、领导力量、各方的实力对比、目标任务、前途等，在不同国家、不同发展阶段都是不同的。如果看不到这些区别，拿着马克思主义基本原理就往上套，那就不是创造性运用，也产生不了创新性发展的结果。马克思恩格斯揭示资本主义运行规律与发展趋势，主要是以当时资本主义最发达、既没有民族解放也没有国家独立问题的英国为摹本的。《共产党宣言》中的两大阶级对立的理想图谱，即"整个社会日益分裂为两大敌对的阵营，分裂为两大相互直接对立的阶级：资产阶级和无产阶级"③，两大阶级之间的斗争及在现实中的地位，也只有英国最接近。与英国等发达资本主义国家不同，就殖民地半殖民地国家而言，恩格斯指出："一个大民族，只要还没有实现民族独立，历史地看，就甚至不能比较严肃地讨论任何内政问题。"因此，"每一个波兰的农民和工人，一旦从自己的闭塞状态中觉醒，参

---

① 《建党以来重要文献选编（一九二一——一九四九）》第 15 册，中央文献出版社，2011，第 651 页。

② 《建党以来重要文献选编（一九二一——一九四九）》第 15 册，中央文献出版社，2011，第 651 页。

③ 《马克思恩格斯选集》第 1 卷，人民出版社，2012，第 401 页。

加为共同利益进行的斗争，首先就会碰到存在民族压迫的事实，这一事实到处都是他们前进道路上的第一个障碍。排除民族压迫是一切健康而自由的发展的基本条件"①。

马克思主义的"民族形式"，除了民族解放、发展的任务外，还包括民族的语言、民族的风格、民族的习惯、民族的思维等，是马克思主义基本原理与具体国家、民族的实际相结合的产物。任何一个民族，尤其是像中国这样具有悠久文明传统的大民族，都有自己独特的语言、传统与思维方式。在中国，世界大同、天下为公、和而不同、推己及人、公平正义、不患寡而患不均等价值理念，已经根植于中华民族的灵魂深处。产生于欧洲资本主义制度下、受欧洲文化滋养的马克思主义，如果不和这些价值理念相结合，并找到结合的有效形式，让中国人尤其是占人口大多数的农民接受，也发挥不了普遍真理的作用。马克思主义基本原理，在与中国革命的实际相结合的同时，又与绵延数千年、生生不息的中华文明相结合，与体现在每一个中国人身上的民族美德相结合，催生了具有中国"民族形式的马克思主义"，如毛泽东思想。实事求是、群众路线、独立自主，是毛泽东思想的活的灵魂。这三个概念，用中国人听得懂的话语，准确表述了马克思主义基本原理，也在中国条件下创新性地发展了马克思主义基本原理。

人类社会，总是不断地向前演进的。不同时代，不同发展阶段，都有不同的主题与历史任务。每个国家，每个民族，都摆脱不了这样的规律。就此而言，作为科学理论的马克思主义，具有开放的、与时俱进的内在要求。马克思主义的"民族形式"，也必须不断创新、与时俱进，跟上并引领社会进步与时代变迁的步伐。中国共产党充分吸取历史经验教训，把马克思主义基本原理和不断变化的社会主义建设的实际和时代特征相结合，围绕着中国特色社会主义这条主线，先后提出了邓小平理论、"三个代表"重要思想、科学发展观、习近平新时代中国特色社会主义思想，指导中国特色社会主义事业取得了举世瞩目的伟大成就。

兼顾民族特征与时代特征，是创造性运用与创新性发展马克思主义

---

① 《马克思恩格斯文集》第10卷，人民出版社，2009，第471~472页。

基本原理的两大关键要素。"一切民族都将走向社会主义，这是不可避免的，但是一切民族的走法却不会完全一样……每个民族都会有自己的特点。"① 列宁这段话，同样适用于马克思主义基本原理。时代特征，决定着一个社会的主要问题及其解决方式。马克思指出："问题就是公开的、无畏的、左右一切个人的时代声音。问题就是时代的口号，是它表现自己精神状态的最实际的呼声。"② 和毛泽东思想一样，包括邓小平理论在内的中国特色社会主义的理论创新成果，既是具有鲜明民族形式的马克思主义，也是准确诠释时代特征的马克思主义。马克思主义基本原理的创造性运用与创新性发展，在苏联和中国正反两方面实践的强烈对比中，得到了严格的证明。

习近平总书记指出："当今世界正面临百年未有之大变局。"③ 一方面，19世纪以来称霸全球、以欧美国家为代表的西方国家，前所未有地走向衰落；另一方面，包括中国在内的发展中国家，前所未有地走上世界舞台。其中，作为世界上人口最多、有着五千余年文明传统的中国，经过近百年的艰苦奋斗，尤其是40多年的改革开放，经济实力、科技实力、国防实力、综合国力进入世界前列，现在，我们比历史上任何时期都更接近中华民族伟大复兴的目标。所有这些，为我们创造性运用和创新性发展马克思主义基本原理，提供了前所未有的历史契机。马克思主义基本原理，也必将在世界与中国百年未有之大变局中，在中国共产党的创造性运用中，获得前所未有的创新性发展，以21世纪马克思主义的崭新面貌，展现自己永恒的道德魅力与思想价值。

① 《列宁全集》第28卷，人民出版社，2017，第163页。
② 《马克思恩格斯全集》第40卷，人民出版社，1982，第289~290页。
③ 习近平：《顺应时代潮流 实现共同发展——在金砖国家工商论坛上的讲话》，《人民日报》2018年7月26日。

《巴黎手稿》"实践"概念再解读[*]

王 巍

近年来，对《巴黎手稿》①的文献及思想的再解读，成为继"两个马克思"的争论、"异化和人道主义"的讨论之后，学界关注的热点问题。文献学研究视角的引入使得这一讨论在学理性和讨论深度上较以往有了质的提升。有关文献学研究对于整个马克思主义哲学研究的意义，国内已有不少学者作了深入阐发，在此不必赘述。这里仅指出一点，文献学研究必须要同文本学解读尤其是思想研究相结合，否则就会像《资本论》研究专家、日本学者内田弘教授所说的那样：丧失思想史研究指引的单纯文献学研究将不得不沦为一种机械的文献偏执主义②。

本文依据《巴黎手稿》的文献学研究成果，运用"学术文本词频统计"③的方法，以"实践"概念作为解读文本之钥，详细梳理笔记本 I

---

* 国家社会科学基金青年项目（13CZX011）；"中央党校人才强校专项基金"优秀教研人才资助项目。本文原载于《北京行政学院学报》2016 年第 5 期，收入本书时有改动。

① 笔者赞同将《詹姆斯·穆勒〈政治经济学原理〉一书摘要》（即《穆勒笔记》）和《1844 年经济学哲学手稿》（即三个笔记本）合称为《巴黎手稿》，以区别于马克思以摘抄同时代及之前经济学家的著作为主要内容的"巴黎笔记"。参见韩立新《〈巴黎手稿〉的文献学研究及其意义》，《马克思主义与现实》2007 年第 1 期；聂锦芳《关于重新研究"巴黎手稿"的一个路线图》，《马克思主义与现实》2013 年第 3 期。

② 赵仲明：《"第三届广松涉与马克思主义哲学国际学术研讨会（日本·东京）"综述》，《现代哲学》2007 年第 4 期。

③ 张一兵：《学术文本词频统计：马克思哲学思想史研究中的一个新视角——从〈回到马克思〉第三版修订谈起》，《马克思主义研究》2012 年第 9 期。

和笔记本Ⅲ中"实践"概念的不同内涵，从文本解读和思想研究的双重角度证明了：如果文献学研究的最新成果确能说明既有研究成果的不完善和不准确，那就应当勇于修正和发展既有观点。这种修正和发展并非说明既有成果没能体现出高的研究水平，恰恰相反，这才是马克思主义哲学"实事求是"原则的真实在场①，才是研究马克思主义基本理论和基本问题的科学态度。

一　《巴黎手稿》写作顺序的争论

一般认为，《巴黎手稿》的支配性概念是"异化劳动"。既然如此，为什么要以"实践"概念作为核心范畴来解读这一文本呢？这是因为，一方面，科学实践观的确立是马克思新世界观诞生的重要标志；另一方面，当前关于《巴黎手稿》思想史定位的争论都涉及如何准确理解和把握马克思的实践观这一问题。因此，以正本清源的精神来分析和考量《巴黎手稿》中"实践"概念的准确内涵，就成为我们进行文献考证、文本解读和思想研究的基础性、前提性工作。对《巴黎手稿》"实践"概念进行的文本词频统计显示，该文本共计出现了16处"实践"概念。那么，应当如何准确理解每一处"实践"概念的准确内涵呢？

必须站在文献学研究既有成果的基础上来理解"实践"概念，让我们从《巴黎手稿》的基本文献学事实出发吧。在所有文献学信息中，对文本写作顺序的考证和判定无疑对"实践"概念乃至该时期马克思思想的总体定位有着决定性的影响。其中，《穆勒笔记》与笔记本Ⅰ的写作顺序更是核心和关键。对此，国内外学界的观点主要有三种。

第一种观点以《马克思恩格斯全集》俄文第2版（即中文第1版第42卷）为代表，认为《穆勒笔记》的写作早于《1844年经济学哲学手稿》的三个笔记本。这实际上指认了"《穆勒笔记》—笔记本Ⅰ—笔记

---

① 类似的，在中国传统哲学的研究中，文献学研究的成果改变既往思想研究成果的例子非常之多，学者们并不忌讳用最新的文献学研究成果来修正自己的既有思想。譬如，杜维明教授曾指出，1993年10月出土的郭店楚简使得整个中国哲学史、中国学术史都需要重写。

本Ⅱ—笔记本Ⅲ"的写作顺序。国内有学者同意这种观点①；也有学者早先同意这种观点，后来又改变了看法②。

第二种观点以苏联文献专家拉宾为代表。他指认了，从 1843 年底到 1844 年 8 月，马克思的经济学研究存在着两个阶段：第一阶段从开始接触经济学到写完笔记本Ⅰ，第二阶段从对李嘉图和穆勒著作的摘录到写完笔记本Ⅲ③。稍后的文献专家罗扬甚至推断出笔记本Ⅱ是《穆勒笔记》的结尾，原先以为遗失了 39 页的笔记本Ⅱ实际上只遗失了第 34~39 页共六页手稿。这实际上提出了"笔记本Ⅰ—《穆勒笔记》—笔记本Ⅱ—笔记本Ⅲ"的写作顺序。日本一些学者也持类似观点。国内有学者同意这种观点并呼吁"把研究重心转到《穆勒笔记》以及第二和第三《巴黎手稿》的研究上来，将会带来《巴黎手稿》研究的新突破"④。也有其他国内学者认同这种观点⑤。

第三种观点以《马克思恩格斯全集》历史考证版第 2 版（MEGA2）编委陶伯特为代表。她认为，马克思是在写完笔记本Ⅲ即整部手稿的三个笔记本之后，才开始对《政治经济学和赋税原理》和《政治经济学原理》的法译本进行摘录的。因此，她认为应该是，"笔记本Ⅰ—笔记本Ⅱ—笔记本Ⅲ—《穆勒笔记》"的顺序。有国内学者同意这种观点⑥。

笔者通过对"实践"概念的学术词频统计，并在此基础上进行文本学研究和思想解读，证明了上述第二种观点的正确性与可靠性。

---

① 张一兵：《回到马克思——经济学语境中的哲学话语》，江苏人民出版社，1999。

② 聂锦芳：《清理与超越——重读马克思文本的意旨、基础与方法》，北京大学出版社，2005，第 62 页。

③ 韩立新：《〈巴黎手稿〉的文献学研究及其意义》，《马克思主义与现实》2007 年第 1 期。

④ 韩立新：《〈巴黎手稿〉的文献学研究及其意义》，《马克思主义与现实》2007 年第 1 期。

⑤ 唐正东：《"消费社会"的解读路径：马克思的视角及其意义——从西方马克思主义消费社会观的方法论缺陷谈起》，《学术月刊》2007 年第 6 期。

⑥ 鲁克俭：《再论"马克思文本解读"研究不能无视版本研究的新成果——从〈巴黎手稿〉的文献学研究谈起》，《马克思主义与现实》2007 年第 3 期。

二　笔记本Ⅰ与笔记本Ⅲ中"实践"概念的不同含义

依据"笔记本Ⅰ—《穆勒笔记》—笔记本Ⅱ—笔记本Ⅲ"的写作顺序，可以作出这一预判：此时马克思的思想发展经历了两个不同的阶段：第一阶段即笔记本Ⅰ，第二阶段从《穆勒笔记》到笔记本Ⅲ；第二阶段的思想水平高于第一阶段。当然，学术词频统计本身并不能直接产生文本分析的结果。下面，就以"实践"概念为例进行深度文本学研究，具体分析和证明笔记本Ⅲ中的"实践"概念在理论层次上何以高于笔记本Ⅰ中的"实践"概念。

在笔记本Ⅰ中，"实践"概念共出现 7 次。

（1）"现在让我们完全站在国民经济学家的立场上，并且仿效他把工人的理论要求和实践要求比较一下。"①

（2）我们从两个方面（即工人和劳动产品相异化、工人和劳动相异化——笔者注）考察了实践的人的活动即劳动的异化行为②。

（3）"人是类存在物，不仅因为人在实践上和理论上都把类——他自身的类以及其他物的类——当做自己的对象。"③

（4）从实践领域来说，这些东西（指植物、动物、石头、空气和光等——笔者注）也是人的生活和人的活动的一部分。……在实践上，人的普遍性正是表现为这样的普遍性，它把整个自然界——首先作为人的直接的生活资料，其次作为人的生命活动的对象（材料）和工具——变成人的无机的身体④。

（5）"通过实践创造对象世界，改造无机界，人证明自己是有意识的类存在物，就是说是这样一种存在物，它把类看作自己的本质，或者说把自身看作类存在物。"⑤

---

① 《马克思恩格斯文集》第 1 卷，人民出版社，2009，第 122 页。
② 《马克思恩格斯文集》第 1 卷，人民出版社，2009，第 160 页。
③ 《马克思恩格斯文集》第 1 卷，人民出版社，2009，第 161 页。
④ 《马克思恩格斯文集》第 1 卷，人民出版社，2009，第 161 页。
⑤ 《马克思恩格斯文集》第 1 卷，人民出版社，2009，第 162 页。

（6）"在实践的、现实的世界中，自我异化只有通过对他人的实践的、现实的关系才能表现出来。异化借以实现的手段本身就是实践的。"①

（7）"工人在生产中的现实的、实践的态度，以及他对产品的态度（作为一种内心状态），在同他相对立的非工人那里表现为理论的态度。"②

笔记本Ⅱ中没有出现"实践"概念。

在笔记本Ⅲ中，"实践"概念共出现10次。

（1）"感觉在自己的实践中直接成为理论家。……当物按人的方式同人发生关系时，我才能在实践上按人的方式同物发生关系。"③

（2）"不仅五官感觉，而且连所谓精神感觉、实践感觉（意志、爱等等），一句话，人的感觉、感觉的人性，都是由于它的对象的存在，由于人化的自然界，才产生出来的。"④

（3）"为了创造同人的本质和自然界的本质的全部丰富性相适应的人的感觉，无论从理论方面还是从实践方面来说，人的本质的对象化都是必要的。"⑤

（4）"理论的对立本身的解决，只有通过实践方式，只有借助于人的实践力量，才是可能的；因此，这种对立的解决绝对不只是认识的任务，而是现实生活的任务。"⑥

（5）"自然科学却通过工业日益在实践上进入人的生活，改造人的生活，并为人的解放作准备，尽管它不得不直接地使非人化充分发展。"⑦

（6）"社会主义……是从把人和自然界看做本质这种理论上和实践

① 《马克思恩格斯文集》第1卷，人民出版社，2009，第165页。
② 《马克思恩格斯文集》第1卷，人民出版社，2009，第169页。
③ 《马克思恩格斯文集》第1卷，人民出版社，2009，第190页。
④ 《马克思恩格斯文集》第1卷，人民出版社，2009，第191页。
⑤ 《马克思恩格斯文集》第1卷，人民出版社，2009，第192页。
⑥ 《马克思恩格斯文集》第1卷，人民出版社，2009，第192页。
⑦ 《马克思恩格斯文集》第1卷，人民出版社，2009，第193页。

上的感性意识开始的。"①

（7）"共产主义作为私有财产的扬弃就是要求归还真正人的生命即人的财产，就是实践的人道主义的生成。"②

（8）"理论之谜的解答在何种程度上是实践的任务并以实践为中介，真正的实践在何种程度上是现实的和实证的理论的条件。"③

（9）"当法国社会主义工人联合起来的时候，人们就可以看出，这一实践运动取得了何等光辉的成果。"④

（10）"关于人的科学本身是人在实践上的自我实现的产物。"⑤

可以看出，"实践"概念在笔记本Ⅰ和笔记本Ⅲ中分别出现了7次和10次，在出现频率上相差不多。但是，不能仅仅以出现频率的高低来判定概念在文本中的地位，还必须准确理解每一处概念的具体含义。通过甄别与分析，上述17处"实践"概念有三种含义。

第一，与"理论"相对，仅指"现实的"。

第二，对象化劳动，即"人的能动的类生活"⑥。

第三，接近于《关于费尔巴哈的提纲》中科学的"实践"概念。

其中，属于第一种含义的有：笔记本Ⅰ的（1）、（3）、（6）、（7）共四处；笔记本Ⅲ的（2）、（3）、（6）、（7）、（9）共五处；属于第二种含义的有：笔记本Ⅰ的（2）、（4）、（5）共三处；笔记本Ⅲ的第1处；属于第三种含义的有：笔记本Ⅲ的（4）、（5）、（8）、（10）四处。可以发现，笔记本Ⅲ中的"实践"概念比笔记本Ⅰ多出了第三种含义。正是这一含义，开始接近《关于费尔巴哈的提纲》中的"实践"概念。

"实践"概念内涵深化的原因在于，从《穆勒笔记》和笔记本Ⅱ开始，马克思论述的重点已不再是人的类本质的具体内容和以此为基础的现实资本主义劳动关系的异化特征，而是人通过对象化劳动的实践，经

---

① 《马克思恩格斯文集》第1卷，人民出版社，2009，第197页。
② 《马克思恩格斯文集》第1卷，人民出版社，2009，第216页。
③ 《马克思恩格斯文集》第1卷，人民出版社，2009，第231页。
④ 《马克思恩格斯文集》第1卷，人民出版社，2009，第232页。
⑤ 《马克思恩格斯文集》第1卷，人民出版社，2009，第242页。
⑥ 《马克思恩格斯文集》第1卷，人民出版社，2009，第163页。

历并扬弃劳动异化关系的过程。因此，从整个《巴黎手稿》的完整内容来看，"异化"逻辑只是其理论线索的一个方面，而另一重要方面则是建立在"实践"逻辑基础上扬弃"异化"的线索，或者说，"异化"概念只是笔记本Ⅰ的核心概念。因此，"异化劳动和私有财产"一节只是笔记本Ⅰ的核心内容，而不能看成整个《巴黎手稿》的核心内容。笔记本Ⅰ中的"实践"概念更多的是在"对象化劳动"的含义上来使用，因为此时"实践"概念的理论地位是低于"异化"概念的，"实践"逻辑是从属于"异化"逻辑的。"在实践的、现实的世界中，自我异化只有通过对他人的实践的、现实的关系才能表现出来。异化借以实现的手段本身就是实践的。"① 意思是说，人通过对他人的"实践"活动产生了自我异化的关系，这与笔记本Ⅲ中所说的人在"实践"活动中扬弃异化的思路是不同的。仅把实践理解为"异化借以实现的手段"还不够，还必须认识到实践是异化借以扬弃的途径。因为，如果像笔记本Ⅰ那样，仅停留在异化的实现上，依然还是用异化的眼光来看待现实；而如果像笔记本Ⅲ那样，认识到实践是异化借以扬弃的手段和途径，这便超越了从异化看待现实而进入到在实践中扬弃异化的理论层次。这无疑已经非常接近《关于费尔巴哈的提纲》中"全部社会生活在本质上是实践的"②的观点。

因此，笔记本Ⅲ中的"实践"概念虽然有几处仍是"对象化劳动"的含义，但在另几处论述中却已接近于《关于费尔巴哈的提纲》中的"实践"概念，这就包含了人在实践中不断扬弃异化、不断获得自身之本质内涵的意思。人的对象化实践活动必然不断剥离和扬弃自我的关系，进而达到"共产主义"的状态。正如马克思所说："理论的对立本身的解决，只有通过实践方式，只有借助于人的实践力量，才是可能的；因此，这种对立的解决绝对不只是认识的任务，而是现实生活的任务。"③作为最终的结束状态，理论对立的消失必须建立在"实践"的基础上，

---

① 《马克思恩格斯文集》第1卷，人民出版社，2009，第165页。
② 《马克思恩格斯文集》第1卷，人民出版社，2009，第501页。
③ 《马克思恩格斯文集》第1卷，人民出版社，2009，第192页。

异化劳动的扬弃必须建立在实践活动基础之上。这几乎说出了和《关于费尔巴哈的提纲》第二条①相同的观点。正是由于"实践"概念的理论地位发生了改变，马克思才说："自然科学却通过工业日益在实践上进入人的生活，改造人的生活，并为人的解放作准备，尽管它不得不直接地使非人化充分发展。"② 意思是，工业将通过自身运动剥离在自身发展中存在的异化现象。这表明马克思已认识到工业作为一种生产实践在人的解放过程中所起的客观性、决定性作用。

从上述分析可以看出，通过《穆勒笔记》的写作，文本的支配性概念已从笔记本Ⅰ中的"异化"转变为笔记本Ⅲ中的"实践"。这种转变是缘何发生的呢？从《穆勒笔记》的内容来看，异化视角与实践视角的差异在于后者内含了"社会关系"的维度。人正是在与他人发生社会关系的"实践"中扬弃异化的。《穆勒笔记》在马克思哲学发展史上第一次打开了"社会关系"的理论视域，一方面使得马克思逐渐摆脱了抽象人本主义的异化逻辑，另一方面使得马克思开始从社会关系的角度来理解社会，为科学的"实践"概念的形成提供了理论转型的基础。正如马克思所说："不论是生产本身中人的活动的交换，还是人的产品的交换，其意义都相当于类活动和类精神——它们的真实的、有意识的、真正的存在是社会的活动和社会的享受。因为人的本质是人的真正的社会联系。"③ 这表明，马克思已经认识到人的现实社会活动是社会发展的基础性活动，因为人处在真正的社会关系之中。从社会关系的维度来重新定义"实践"，标志着马克思哲学发展史上的一个重大转变。作为新唯物主义基本观点的"实践"在笔记本Ⅲ中已具雏形。

---

① 《关于费尔巴哈的提纲》第二条："人的思维是否具有客观的真理性，这不是一个理论的问题，而是一个实践的问题。人应该在实践中证明自己思维的真理性，即自己思维的现实性和力量，自己思维的此岸性。关于思维——离开实践的思维——的现实性或非现实性的争论，是一个纯粹经院哲学的问题。"见《马克思恩格斯文集》第 1 卷，人民出版社，2009，第 500 页。

② 《马克思恩格斯文集》第 1 卷，人民出版社，2009，第 193 页。

③ 《马克思恩格斯全集》第 42 卷，人民出版社，1979，第 24 页。

三　对两种代表性观点的评析

国内对《巴黎手稿》的研究，有两种代表性观点。

第一种观点认为，在《巴黎手稿》中，马克思是从抽象的理想化劳动出发来批判私有制下的现实的、具体的劳动，因而现实的劳动都是"异化劳动"，《巴黎手稿》的主导逻辑仍然是以抽象的"人的本质"为出发点的思辨逻辑。这种观点将仅在笔记本Ⅰ中占据支配性地位的观点抬升至整个《巴黎手稿》核心思想的地位，进而认为"异化劳动"是马克思思想发展中"巴黎时期"（即1843年10月至1845年2月）的主旨思想，这就在一定程度上遮蔽了《巴黎手稿》所经历的笔记本Ⅰ和笔记本Ⅲ这两个异质性阶段。

也有学者敏锐地指出："两种完全异质的理论逻辑和话语并行在马克思的同一文本（指《巴黎手稿》，笔者注）中，呈现了一种奇特的复调语境。""马克思在许许多多的理论触电上不自觉地接近他后来的哲学革命和第一个伟大发现——历史唯物主义。……实际的文本依据表明，这种复杂的思想矛盾进程主要呈现在第二至第三《手稿》的文本中。"[①] 这实际上已指认了笔记本Ⅱ和笔记本Ⅲ中的思想较笔记本Ⅰ有了飞跃，但这一飞跃发生的具体原因及转变的具体逻辑环节和过程仍需依据文本加以详尽说明。

近几年学界兴起的另一种观点则认为，只要思想家研究的对象不是精神、意识，而是社会现实，他就是社会研究领域中的唯物主义者。这种观点值得商榷。按照唯物主义的哲学定义，只有认为世界的本质是物质的人才是唯物主义者。这里的"本质"如果从思维层面上来理解，显然不能归结为"研究对象是不是物质性的东西"，而应当理解为"研究问题的出发点、逻辑前提和理论基础"。因而，当用这种观点去解读《巴黎手稿》时，自然会因为看到其中多次出现的"劳动""实践"等概念，便将马克思此时的思想主题概括为"劳动实践观"，将这里的"实

---

① 张一兵：《回到马克思——经济学语境中的哲学话语》，江苏人民出版社，1999，第251页。

践"完全等同于《关于费尔巴哈的提纲》中的"实践"。这种没有从文本的内在逻辑和理论基础出发来看待《巴黎手稿》中"实践"概念的做法，不是文本研究的科学方法。

进一步追问，这种观点何以认为手稿的逻辑主线是"以实践观为核心的新唯物主义逻辑"的呢？其立论关键在于指认此时马克思的"实践观"已经成熟，因而新唯物主义也已诞生。如上文所提，"实践"概念确实在《巴黎手稿》中多次出现，难道仅凭这点便可认为新唯物主义成熟了吗？的确，"实践"的观点是新唯物主义的基本范畴和诞生的标志，但关键还必须看马克思究竟在怎样的理论层面上用怎样的方法赋予了"实践"怎样的含义。须知，在西方思想史上，"实践"一词从亚里士多德就开始使用了，康德、费尔巴哈、赫斯等都曾使用过"实践"概念。马克思之后也有南斯拉夫"实践"派、国内的"实践人道主义"等，这林林总总的"实践"都可以同质于新唯物主义的"实践"吗？对西方思想史和马克思主义哲学发展史有所了解的人都会给出否定的答案。

通过前文分析，我们知道，笔记本Ⅰ中"实践"概念的含义绝非"新唯物主义"视域中的"实践"。笔记本Ⅰ的主导逻辑是人本主义的异化逻辑，尚未形成科学的实践观。这种观点所列举的几处"实践"的含义，无非是抽象的一般生产过程的"对象化劳动"。因此，不能从字面上使用一个概念来判定一个思想的形成，而必须分析具体语境下这一概念的真实含义。譬如，在《博士论文》中，马克思就开始使用"实践"了："前面表现为理论意识方面的差别的东西，现在表现为实践活动方面的差别了。"① 这里的实践指的是自我意识的思想实践。《〈黑格尔法哲学批判〉导言》中也曾提到"实践"："对思辨的法哲学的批判既然是对德国迄今为止政治意识形式的坚决反抗，它就不会专注于自身，而会专注于课题，这种课题只有一个解决办法：实践。"② 这里的实践也并非社会历史性的实践，而是指政治性维度的笼统性实践。我们知道，《博士论文》和《〈黑格尔法哲学批判〉导言》的主导逻辑都不是新唯物主义。

---

① 《马克思恩格斯全集》第1卷，人民出版社，1995，第25页。
② 《马克思恩格斯文集》第1卷，人民出版社，2009，第11页。

同样，也不能仅凭《巴黎手稿》中多次使用了"实践"概念，便认为新唯物主义的实践观已经成熟。

更进一步说，这种观点产生偏差的原因在于同质性地对待该文本中所有的"实践"概念。在这种观点看来，只要理论对象已经涉及"实践"，那么，其理论认识的方法就已经是"新唯物主义的实践观"了。因此，当这种观点提出实践的观点是《巴黎手稿》首要、核心的观点，是贯穿《巴黎手稿》的逻辑主线和新唯物主义实践观的时候，它所说的"实践"和"逻辑主线"根本不是一回事。"实践"在笔记本 I 中的出现只能说明马克思已经开始将理论视角投射到一般性的经济生产过程中，但"转向"这一过程并不意味着认清了这一过程的本质；而"逻辑主线"指的则是整体性的论证方式。据前文分析，笔记本 I 的整体论证方式还是人本主义的抽象类本质的价值悬设。譬如，虽然马克思在《黑格尔法哲学批判》及其导言中就已经开始转向对"市民社会"的批判了，但并未实现对"市民社会"的本质性理解。当马克思还没有深入到生产力和生产关系内在矛盾的客观历史本质性维度时，他所做的只是对"市民社会"的抽象政治批判。同样，在笔记本 I 中，马克思对"实践"的理解还是很模糊的，他必须要在经济学研究中进一步升华"实践"概念，这一过程正是通过对穆勒经济学的研究最终在笔记本 III 中完成的。"社会历史性的生产实践"才是马克思成熟的实践观，只有在这个意义上才能说"实践是新唯物主义的逻辑基点"。

此外，对实践概念的同质性理解导致"新唯物主义逻辑"在看待《巴黎手稿》的资本主义观时也发生了理论偏差。"新唯物主义逻辑"在论述实践观点是《巴黎手稿》资本主义观的核心观点时，用"资本是积蓄的劳动"[1] 来证明《巴黎手稿》是用"劳动来说明资本"的。实际上，"资本是积蓄的劳动"这一判断只是马克思援引的古典政治经济学语境下的"资本"概念。我们知道，马克思透析"资本"本质的关键在于指出了资本不是金钱关系而是社会关系，对资本的批判不能等同于对货币、金钱的批判，而必须归结为对资本主义生产关系的批判，因为资

---

① 《马克思恩格斯文集》第 1 卷，人民出版社，2009，第 130 页。

本关系是商品关系和货币关系的完成，只有从前者入手才可能解释后两者。"纺纱机是纺棉花的机器。只有在一定的关系下，它才成为资本。脱离了这种关系，它也就不是资本了，就像黄金本身并不是货币，砂糖并不是砂糖的价格一样。"① 从"实体性"的资本概念到"关系性"的资本概念，是马克思"资本"概念的核心要点。而"新唯物主义逻辑"却用《巴黎手稿》中马克思不成熟的观点"资本就是积累的劳动"来论证实践观是《巴黎手稿》中资本主义观的核心观点，自然就谈不上对马克思"资本"概念的准确理解。

四 结 论

国内学界的两种代表性观点看似相互对立，但共同的逻辑前提都是将《巴黎手稿》看成一个整体性的同质文本。第一种观点过于强调笔记本Ⅰ的"异化劳动"逻辑，将其指认为整个《巴黎手稿》的主导逻辑；第二种观点则过分抬高笔记本Ⅰ中"实践"概念的理论地位，将其等同于笔记本Ⅲ中的"实践"观点，从而抹杀了这一阶段马克思哲学思想经历的深刻性、复杂性变化。两种观点都忽视了文献学研究成果对文本解读和思想研究的基础性意义。

对《巴黎手稿》"实践"概念的再解读，可以得出以下结论：《巴黎手稿》的写作经历了两个不同的阶段，其思想发展水平也经历了两个不同阶段，第二阶段高于第一阶段，"异化劳动"仅仅是第一个阶段而非整个《巴黎手稿》的核心概念。随着《穆勒笔记》和笔记本Ⅱ、笔记本Ⅲ的写作，马克思已逐步摆脱了抽象的异化劳动史观，开始着眼于现实的实践活动对人类社会发展的基础性作用，这是主导逻辑不同的两个阶段。

① 《马克思恩格斯文集》第1卷，人民出版社，2009，第723页。

精神的实现与现实的精神：
从黑格尔到马克思[*]

王海滨

面对现代人普遍诟病的"精神问题"，有些研究者对"如何走出现代性的精神困境"这一"时代之问"显得有些无动于衷，对马克思那里相关的思想资源尚缺乏深入系统的挖掘。马克思对实践的重视和对虚假意识形态的冷嘲热讽，对抽象的形而上学致思方式的超越和对资本现代性的透彻批判，当然不是反对科学认识，也不是无视精神世界的存在，更不是反对精神的发展及其自我实现。无论是在青年时期具有浪漫派形象的诗里，还是从对爱情和友情的重视中，都呈现出马克思情感世界的丰富及其对精神生活的重视。

如果说黑格尔的精神哲学洋溢着现代性建构时代理论哲学的进取态度，那么马克思的精神观显示了现代性批判中实践哲学的反思深度。马克思深刻把握了黑格尔精神哲学背后的辩证逻辑，并将之运用于对现实精神状态的批判，进而对如何突破时代精神困境进行了深入的探索。如果说"宗教"和"道德"是精神实现的传统方式，那么马克思用"现实的劳动"对之进行了根本性置换。把真正的自由王国放到物质生产领域的彼岸，进一步显示了马克思追求精神自由的历史性和彻底性。

---

* 本文原载于《北京大学学报》（哲学社会科学版）2021 年第 1 期，收入本书时有改动。

一　马克思对黑格尔精神实现论的追随、批判和超越

继承德国哲人注重精神价值的传统，黑格尔构建了一套周全的精神哲学体系。在黑格尔那里，"精神"既是能动性的意识与其外化对象的对立统一，也是相互承认的自我意识之间的普遍性整体，包括意识之外化、扬弃等诸多环节的全过程。显然，不满足于将"精神体系"局限于人的内在世界，黑格尔把整个世界都"精神"化了："一切问题的关键在于：不仅把真实的东西或真理理解和表述为实体，而且同样理解和表述为主体。"①"精神"实际上成为黑格尔超越唯物主义与主观唯心主义所找到的"第三条道路"。

"精神的实现"是贯穿黑格尔精神哲学的内在原则。精神内在性具有改变外在性的权力和力量，这种改变也是主体在客体中实现自身的过程。在黑格尔那里，私有财产就是意志进入客体的结果，在错综复杂的历史现象背后支配方向的"理性的诡计"就体现了精神的实现。在《精神哲学》中，黑格尔具体划分了"精神发展的三个阶段"②，即主观精神、客观精神、绝对精神。这三个阶段构成了精神实现的全过程，并具体展示了"精神"如何通过概念辩证法在"逻辑"中得以实现。对于"精神的实现"无论如何不能绕开"坚硬的现实"这一难题，黑格尔认为"精神"在世界历史的舞台上表现了自身最具体的现实，整个世界历史的发展不过是"精神"的自我实现过程。他曾明确说过："世界历史在一般上说来，便是'精神'在时间里的发展，这好比'自然'便是'观念'在空间里发展一样"③，而"整个历史进程是精神的一种连贯进程，整个历史无非是精神的实现过程"④。也就是说，只有历经漫长的历史过程及现实的考验，精神才能在磨炼和教化中发育成熟，最终成为

① 黑格尔：《精神现象学》（上），贺麟、王玖兴译，商务印书馆，1997，第10页。
② 黑格尔：《精神哲学》，杨祖陶译，人民出版社，2006，第27页。
③ 黑格尔：《历史哲学》，王造时译，上海书店出版社，2001，第72页。
④ 黑格尔：《世界史哲学讲演录：1822～1823》，刘立群等译，商务印书馆，2015，第449页。

"自由精神"而完成自我实现。在《历史哲学》中，黑格尔还具体阐释了"'精神'用什么手段或者方法来实现它的'观念'"①。

《博士论文》和《莱茵报》时期，马克思主要从"自我意识"出发，追随黑格尔的精神实现论。黑格尔的"自我意识"，包含着自我与非我的相互确认，是一个意识外化及其复归的过程，洋溢着积极进取的追求自由的态度。精神的自由和独立是启蒙原则的重要表达。青年黑格尔派以自我意识哲学为现代性启蒙进行理论上的辩护。从启蒙精神的实现出发，确认自我意识的绝对地位，以捍卫精神自由，是青年黑格尔派的基本主张。在《博士论文》和发表在《莱茵报》的政论中，马克思正是依据自我意识哲学的"主体"精神和"理性"精神批判德国的专制现实。在揭示出德国哲学的"自我意识"不过是法国启蒙平等精神的思辨表达之后，马克思提出哲学的任务就在于通过自我意识的绝对理性克服现实的非理性。"一个本身自由的理论精神变成实践的力量，并且作为一种意志走出阿门塞斯的阴影王国，转而面向那存在于理论精神之外的世俗的现实。"② 在这里，"自我意识"和"自由精神"转化为现代原则所蕴含的"主体性""理性"，并进一步实现为启蒙思想所追求的"自由""民主"。此外，当面对物质利益关系和理性原则之间的内在紧张时，重新回到黑格尔"客观精神"中的法哲学，以及在《1844年经济学哲学手稿》中大段摘引黑格尔"自我意识"的有关内容，并挖掘出"作为推动原则和创造原则的否定性的辩证法"这个《精神现象学》的"最后成果"，都在一定程度上清晰地呈现出马克思曾对黑格尔精神实现论的追随。

《德法年鉴》时期，马克思开始从"现实"出发，批判黑格尔"精神实现"的"非现实性"。马克思批评道："自我意识通过自己的外化所能设定的只是物性，即只是抽象物、抽象的物，而不是现实的物。"③ 这种精神性与现实性之间的隔膜，导致精神的力量成为一种想象的力量。

---

① 黑格尔：《历史哲学》，王造时译，上海书店出版社，2001，第16~17页。
② 《马克思恩格斯全集》第40卷，人民出版社，1982，第258页。
③ 《马克思恩格斯全集》第3卷，人民出版社，2002，第323页。

在《神圣家族》中，马克思恩格斯批判思辨唯心主义"用'自我意识'即'精神'代替现实的个体的人，并且用福音书作者的话教诲说：'叫人活着的乃是灵，肉体是无益的'"，"这种没有肉体的精神只是在自己的臆想中才具有精神"①，并对黑格尔体系中的"三个要素"进行了还原，指认"自我意识"即"同自然分离的精神"，"绝对精神"就是"现实的人和现实的人类"。②

面对错综复杂的物质利益关系及其多次冲突，马克思开始重置"精神"与"现实"的关系。扣住工业、财富领域与政治领域的关系这个现代问题，马克思把"意识"视为"物质生活"的"意识"，把"精神"视为"现实的人"的"精神"。进而，马克思深入反思和批判了黑格尔所谓的"精神从本质到概念领域的推移"，认为"一个现实领域的纯粹理想性只有作为科学才能存在"③。当然，这种"精神"与"现实"逻辑权重的颠倒，显然不是无视"精神"。比如对于当时作为主要精神生活方式的"宗教"，马克思并不要求消除它，只是把它从至高无上的位置放回合适的位置。对此，马克思明确说过："政治解放并没有消除人的实际的宗教笃诚，也不力求消除这种宗教笃诚。"④ 在政治解放中"人没有摆脱宗教，他取得了信仰宗教的自由"⑤。值得进一步指出的是，不能简单地指认马克思对精神与现实关系的重置，就一定高于黑格尔以深沉的精神理性反观现实的方式。很显然，黑格尔也不会无视客观存在对于精神存在的"时间在先"。马克思倾向于"现实的精神"和黑格尔注重"精神的实现"之间的对立，并不体现于时间维度中"精神与现实何者为本原"的意义上，而是体现在逻辑上"精神与现实的统一方式"，这种"统一方式"显然是涵摄诸多环节的。

1845 年之后，马克思开始从"实践"出发，以"总体性的资本批判"颠覆了汇流于黑格尔的"观念论批判"。在以实践为基石的历史唯

① 《马克思恩格斯文集》第 1 卷，人民出版社，2009，第 253 页。
② 《马克思恩格斯文集》第 1 卷，人民出版社，2009，第 341~342 页。
③ 《马克思恩格斯全集》第 3 卷，人民出版社，2002，第 14 页。
④ 《马克思恩格斯全集》第 3 卷，人民出版社，2002，第 175 页。
⑤ 《马克思恩格斯全集》第 3 卷，人民出版社，2002，第 188 页。

物主义视野中，精神成为社会结构的一部分，"精神实现"成为实践的一个环节，实践成为改造世界（当然也包括改造精神世界）的基本方式。由此，马克思实现了从"精神实现"到"生产一般"、从"精神辩证法"到"革命性实践活动"的转变，真正超越了以精神实现论为逻辑原则的黑格尔精神哲学。在黑格尔那里既是实体又是主体的"精神"，被马克思这里的"社会"所取代，"主体，即社会"①。值得注意的是，这里的社会历史实践主体，不是简单地以"用脚立地"取代"以头立地"，而是"头脚并用"。历史归根结底是由人创造的，头脑的作用是无可替代的。历史唯物论并没有否认这一点，它所确立的生产力决定生产关系及其上层建筑，只是决定作用的一种根本方式，而且这里的生产力也是人创造出来的。

二　马克思资本现代性批判的精神维度

马克思所确立的现代性批判，是一种以资本逻辑批判为枢纽的总体性批判。把马克思的现代性批判孤立化为意识形态批判、政治经济学批判、社会主义批判等相互隔绝的三大部分，既不符合马克思思想的整体性特征，也不利于有效应对历史经验的某些证伪。离开资本逻辑剖析和政治价值取向，哲学理论容易滑向抽象的辩证逻辑演绎；离开以实践为基石的历史唯物主义分析框架，资本主义生产方式批判和社会主义价值追求的有些内容可能沦为过时的历史批判。从整体性视野重新审视马克思的现代性批判，我们发现，马克思资本现代性批判的精神维度，在以往的研究中被有意或无意地遮蔽起来了。直面内嵌于实践之中的精神存在，马克思深入批判了资本主义现代化的精神状况。

在关注和挖掘马克思资本现代性批判的精神维度时，一定要避免使其退回至一种纯粹观念论的精神批判。这里决不能离开马克思对资本主义经济运行方式的批判这一基础，不能忘却马克思把黑格尔的精神现代性转置到以生产方式为基础的资本现代性，不能背离马克思以历史唯物

---

① 《马克思恩格斯文集》第 8 卷，人民出版社，2009，第 26 页。

主义的存在论取代理性观念论的现代性批判路线。"历史唯物主义"中的"物"，既不是抽象的物质本体，也不是具体的物质形态，而主要是生产实践活动中所形成的对象性社会历史关系。唯物史观总是在一定的实践过程和社会关系中把握精神因素与物质因素及其内在关联的。在资本这个"普照的光"笼罩之下，马克思的精神观集中于对作为劳动和资本的"抽象人格"的工人和资本家的精神状态进行剖析和批判。

马克思对资本现代性之精神维度的批判是辩证的。关于新航线的发现、铁路的修建、钟表的发明等如何塑造了现代人的时空意识，已经被马克思所继承的启蒙精神揭示出来了。随着资本扩张而来的交往扩大、世界性的文化交流，必然可以为丰富精神生活提供一些基础条件。当然，马克思在高度肯定"资本的文明面"时，主要集中在物质层面，没有具体阐释资本逻辑对人的精神世界的提升作用。现代人的精神困境，实际上成为资本逻辑的某种"硬伤"。

其一，批判感性至上和欲望主宰的现代原则。诉诸感性欲望以指责宗教信仰的现代启蒙精神，触发有用性成为支配人类生活的内在原则。感性欲望的膨胀自然引发精神生活的萎缩和懈怠。马克思批判了时代精神的这种状况："实际生活缺乏精神活力，精神生活也无实际内容，市民社会任何一个阶级，如果不是由于自己的直接地位、由于物质需要、由于自己的锁链本身的强迫，是不会有普遍解放的需要和能力的。"[1] 当物质需要成为第一需要时，物质生活就成为衡量解放的重要标准。对物的占有和消费成为现代人的根本性追求，"一切肉体的和精神的感觉都被这一切感觉的单纯异化即拥有的感觉所代替"[2]，"而在这个社会生产和交换的范围之外，再也没有什么东西表现为自在的更高的东西，表现为自为的合理的东西"[3]。于是，人们的生活空间、喜怒哀乐，以至于悲欢离合，都开始围绕资本的旋转而轮番出场或消退。对此，马克思一针见血地指出："金钱是一切事物的普遍的、独立自在的价值。因此它剥

---

① 《马克思恩格斯文集》第1卷，人民出版社，2009，第16页。
② 《马克思恩格斯全集》第3卷，人民出版社，2002，第303页。
③ 《马克思恩格斯全集》第30卷，人民出版社，1995，第390页。

夺了整个世界——人的世界和自然界——固有的价值。金钱是人的劳动和人的存在的同人相异化的本质；这种异己的本质统治了人，而人则向它顶礼膜拜。"① 拥有金钱数量的多少，成为衡量人的力量大小的标准："货币的力量多大，我的力量就多大。"②

其二，批判嵌入精神领域的"抽象统治"。在资本主义时代，"个人现在受抽象统治，而他们以前是互相依赖的。但是，抽象或观念，无非是那些统治个人的物质关系的理论表现"③。也就是说，源于现实物质关系的"抽象统治"，已经贯穿到精神领域。现实的个人成为抽象的自我，"被抽象化和固定化的自我，就是作为抽象的利己主义者的人，就是在自己的纯粹抽象中被提升到思维的利己主义"④。"一种非人的力量统治一切"⑤ 成为这种抽象统治的极致形式。马克思深入揭示了现代性意识形态的虚假性，并批判了现代性观念论批判路线因远离现实而坠入"观念论副本"。同时，在马克思批判资本主义的"抽象统治"及对人类解放承诺的背后，我们能够感受到一种深沉的道义感和精神的力量。因此，马克思所向往的理想的精神状态，绝不是先验主体的内在精神体验，也不是关于精神原则的超验想象，而是反对沉溺于"精神的自恋"，追求在改造生产关系中能够实现的符合现实人性的精神存在方式。

其三，批判现代性的"双重虚无"状态。一方面，资本逻辑主导的现代化实践冲击了现实生活世界的延续性和稳定性。马克思用四个"一切"生动地诠释了这种现代性的生存景观："一切固定的僵化的关系以及与之相适应的素被尊崇的观念和见解都被消除了，一切新形成的关系等不到固定下来就陈旧了。一切等级的和固定的东西都烟消云散了，一切神圣的东西都被亵渎了。"⑥ 人们的物质关系、社会关系以及相应的生

① 《马克思恩格斯全集》第 3 卷，人民出版社，2002，第 194 页。
② 《马克思恩格斯全集》第 3 卷，人民出版社，2002，第 361 页。
③ 《马克思恩格斯全集》第 30 卷，人民出版社，1995，第 114 页。
④ 《马克思恩格斯全集》第 42 卷，人民出版社，1979，第 165 页。
⑤ 《马克思恩格斯全集》第 42 卷，人民出版社，1979，第 141 页。
⑥ 《马克思恩格斯选集》第 1 卷，人民出版社，2012，第 403 页。

活观念成为"历史的、暂时的产物"①。另一方面，在资本主义生产关系中，现实的对象化劳动蜕变为人的"非现实化"："劳动的现实化就是劳动的对象化。在国民经济的实际状况中，劳动的这种现实化表现为工人的非现实化，对象化表现为对象的丧失和被对象奴役，占有表现为异化、外化。"② 由此导致了人的内在本质的空虚化："在资产阶级经济以及与之相适应的生产时代中，人的内在本质的这种充分发挥，表现为完全的空虚化。"③ 在马克思看来，随着不断扩大化的生产"把人当作既在精神上又在肉体上非人化的存在物生产出来"④，这种双重的虚无感，既严重冲击着"感到自己是被消灭的"无产阶级，也深度侵袭了"感到幸福，感到自己被确证"的资产阶级。⑤ 海德格尔深刻地指认了马克思对现代人命运的这种批判："在基本而重要的意义上"揭示了现代人"无家可归的状态"，因此"马克思主义关于历史的观点比其余的历史学优越"⑥。

三　如何走出现代性的精神困境

如何走出资本主义现代化造成的"欲望主宰"、"抽象统治"和"双重虚无"的精神困境？黑格尔式的"精神→实现"路线，虽在解释现代性的生成方面极其深刻，但要改造现实的精神世界则显得绵软乏力。传统唯物主义式的"现实→精神"路径，虽揭示了不能妄图离开现实抽象解决精神问题，但却难以指明主动积极的精神解放之路。与消灭资本私有制相应，重建同传统观念进行彻底决裂后的精神世界，宣示了历史唯物主义的坚定立场及其诊治方向。遵循马克思开辟的精神哲学道路，既然精神是资本现代性的一个维度，且成为一个"问题化"的维度，那就

---

① 《马克思恩格斯选集》第 1 卷，人民出版社，2012，第 222 页。
② 《马克思恩格斯选集》第 1 卷，人民出版社，2012，第 51 页。
③ 《马克思恩格斯全集》第 30 卷，人民出版社，1995，第 480 页。
④ 《马克思恩格斯全集》第 3 卷，人民出版社，2002，第 282 页。
⑤ 《马克思恩格斯文集》第 1 卷，人民出版社，2009，第 261 页。
⑥ 《海德格尔选集》（上），孙周兴选编，生活·读书·新知上海三联书店，1996，第 382~383 页。

不能被动地依赖资本逻辑的推动或沉溺于精神的孤芳自赏，而应在"现代化·欲望·精神"这个整体性框架中积极探寻路径。

第一，精神与现代化的沟通互动。在批判过于追求物质欲望满足并忽视精神发展的资本主义生活方式的同时，马克思也坚决反对依赖"道德修养"或"宗教信仰"以实现精神主宰的传统方式。回归温情脉脉的传统社会，正是马克思所批判的"反动的社会主义"取向。马克思所使用的"生产关系""实践""资本"等重要概念，都具有超越传统的唯物和唯心之间对立的意蕴。在遵循历史发展趋势和社会运行规律的前提下，马克思追求把统治历史的异己力量置于人们自己的控制之下。作为社会历史创造主体的现代人，应"认识到自身'固有的力量'是社会力量，并把这种力量组织起来因而不再把社会力量以政治力量的形式同自身分离"①，实现"外部世界对个人才能的实际发展所起的推动作用为个人本身所驾驭"②。正是在这个方面，卡尔·洛维特直接指认，马克思的经济学是一个统摄了经济存在和精神因素的辩证范畴③。卢卡奇认为黑格尔留给马克思的最主要哲学遗产就是《精神现象学》中阐发的在历史过程中自我实现的主客同一性。实际上，不满于黑格尔"完全合乎逻辑地用'绝对知识'来代替全部人的现实"④，马克思把黑格尔在"逻辑"中得以拯救和实现的"精神"，置于以现代化实践为基础的社会历史的整体性结构之中，并在改造现代世界中延续性推进人的解放和精神实现。

第二，现代生产力容许范围内的精神自由。欲望的凸显既是现代化的动力又是现代化的结果。马克思说过："任何人如果不同时为了自己的某种需要和为了这种需要的器官而做事，他就什么也不能做。"⑤ 从现代化实践活动出发，就不能离开欲望满足而空谈精神的实现。无论是强调提高生产力，肯定资本推动物质文明发展的历史性作用，还是主张消

---

① 《马克思恩格斯全集》第 3 卷，人民出版社，2002，第 189 页。
② 《马克思恩格斯全集》第 3 卷，人民出版社，1960，第 330 页。
③ Karl Lowith, *Marx Weber and Karl Marx*, translated by Hans Fantel, Ggeorge Allen&Unwin（Publishers）Ltd. , 1982, p.68.
④ 《马克思恩格斯文集》第 1 卷，人民出版社，2009，第 357 页。
⑤ 《马克思恩格斯全集》第 3 卷，人民出版社，1960，第 286 页。

灭资本主义私有制，都显示了历史唯物主义对最大化地满足所有人的物质需求的内在追求。无产阶级和人的解放，离不开生产力的提高和物质欲望的满足。真正的自由王国，存在于必然王国的彼岸。也就是说基本欲望满足之后，才可能有真正的精神自由。马克思曾直接谈到物质需求与精神自由之间的关系，他明确批判了康德"把这个善良意志的实现以及它与个人的需要和欲望之间的协调都推到彼岸世界"①，认为"人们每次都不是在他们关于人的理想所决定和所容许的范围之内，而是在现有的生产力所决定和所容许的范围之内取得自由的"②。

第三，社会关系决定着人的发展程度。人的交往所形成的社会关系以及以此为基础创设的社会制度，成为制约人的发展的重要因素。马克思明确提出："社会关系实际上决定着一个人能够发展到什么程度。"③在资本主义制度的非自愿分工中，"人本身的活动对人来说就成为一种异己的、同他对立的力量，这种力量压迫着人"④。资本逻辑主导下的物化生存，"最彻底地取消任何个人自由，而使个性完全屈从于这样的社会条件，这些社会条件采取物的权力的形式，而且是极其强大的物"⑤。依靠无产阶级，改造资本主义制度，真正解决公平正义问题，成为摆脱现代性精神困境进而实现人的自由全面发展的一个不可或缺的基础性条件。

第四，从"异化劳动"到"真正自由的劳动"。劳动是沟通内在世界和外在世界的基本方式。劳动解放包含精神解放。在《1844年经济学哲学手稿》中，马克思肯定了黑格尔把"真正的人理解为人自己的劳动的结果"⑥。透过黑格尔的劳动观，马克思清晰地洞察到劳动过程中主体与客体的"互相进入"。当然，和黑格尔把私有财产作为人的意志进入客体的结果不同，马克思把价值作为人的劳动进入客体的结果。资本主义条件下的异化劳动，不是把劳动看作实现自身价值的方式，而是将其

---

① 《马克思恩格斯全集》第3卷，人民出版社，1960，第211~212页。
② 《马克思恩格斯全集》第3卷，人民出版社，1960，第507页。
③ 《马克思恩格斯全集》第3卷，人民出版社，1960，第295页。
④ 《马克思恩格斯选集》第1卷，人民出版社，2012，第165页。
⑤ 《马克思恩格斯全集》第46卷（下），人民出版社，1980，第161页。
⑥ 《马克思恩格斯文集》第1卷，人民出版社，2009，第205页。

视为赚取利润的工具，阻滞了劳动的真正实现。在批判黑格尔把人的本质的异化视为自我意识的异化，把掌握自我意识等同于掌握了自己的本质之后，马克思从现代世界的劳动状况出发，着眼于改造被资本规定的"抽象劳动"，使作为人类基本活动方式的劳动成为"自由自觉的活动"（《1844 年经济学哲学手稿》）、"作为人的自主活动的劳动"（《德意志意识形态》）、"生活的第一需要"（《哥达纲领批判》）和"真正自由的劳动"（《资本论》）。

第五，以观念变革为核心的内在世界转型。《共产党宣言》中有一句名言："共产主义革命就是同传统的所有制关系实行最彻底的决裂；毫不奇怪，它在自己的发展进程中要同传统的观念实行最彻底的决裂。"① 在资本主义私有制取代之前的所有制关系的同时，资本主义观念冲击和摧毁了之前的传统观念。"观念"像桥梁一样勾连互通着对外在世界的观感、认识、判断和内心的价值取向、情感意志、信念信仰。同个人主义、利己主义、享乐主义等资本主义腐朽观念的彻底决裂，必将迎来内在世界的整体转型和现代人精神世界的焕然一新。

第六，自由时间是人的积极存在。黑格尔把历史感和时间意识引入哲学研究与精神发展过程："历史作为精神的发展过程是属于时间的"②，而"精神之所以有一种历史，是因为凡是精神的东西，都只是通过它的工作，通过对直接形态的加工而存在的，它由此上升到一种对于自身的意识，因而上升到一种更高的观点"③。马克思进一步以时间来衡量人的存在，认为"时间实际上是人的积极存在，它不仅是人的生命的尺度，而且是人的发展的空间"④，并把对"自由时间的运用"作为人类发展的本质："整个人类的发展，就其超出对人的自然存在直接需要的发展来说，无非是对这种自由时间的运用，并且整个人类发展的前提就是把这

① 《马克思恩格斯文集》第 2 卷，人民出版社，2009，第 52 页。
② 黑格尔：《世界史哲学讲演录 1822—1823》，刘立群等译，商务印书馆，2015，第 40 页。
③ 黑格尔：《世界史哲学讲演录 1822—1823》，刘立群等译，商务印书馆，2015，第 40 页。
④ 《马克思恩格斯全集》第 47 卷，人民出版社，1979，第 532 页。

种自由时间的运用作为必要的基础。"① 因此，改造资本占有劳动和控制社会的逻辑，"不是为了获得剩余劳动而缩减必要劳动时间，而是直接把社会必要劳动缩减到最低限度"，那么"由于给所有的人腾出了时间和创造了手段，个人会在艺术、科学等等方面得到发展"。②

第七，以真正的共同体为空间舞台。从虚假共同体走向真正的共同体，既是自由发展的需要，也为精神发展提供了空间条件。离群索居式的自由全面发展是不可能的，"只有在共同体中，个人才能获得全面发展其才能的手段，也就是说，只有在共同体中才可能有个人自由"。③ 这种真正的共同体"是各个人的这样一种联合（自然是以当时发达的生产力为前提的），这种联合把个人的自由发展和运动的条件置于他们的控制之下"④，因此"各个人在自己的联合中并通过这种联合获得自己的自由"⑤。

第八，"全面的人""真正的人"：精神与欲望协和的境界。马克思从人本身出发探寻人的根本，认为"人双重地存在着：从主体上说作为他自身而存在着，从客体上说又存在于自己生存的这些自然无机条件之中"⑥。这里既从客体上阐释了人的自然性，也从主体上揭示了人的社会性和精神性。马克思一以贯之所追求的"全面的人""真正的人"，意味着人与自然、人与社会、人与人、人与自身之间诸种矛盾的和解，意味着实现人的自由全面发展，意味着个人潜能的充分实现，意味着达到人性完满的精神境界。经过宗教解放、政治解放、经济解放和精神解放之后，才能真正实现人的解放，才能出现"真正的人"。马克思认为"任何解放都是使人的世界和人的关系回归于人自身"⑦，而且是"全面的归还"，这里"个人的全面性不是想象的或设想的全面性，而是他的现实

① 《马克思恩格斯全集》第 47 卷，人民出版社，1979，第 216 页。
② 《马克思恩格斯全集》第 31 卷，人民出版社，1998，第 101 页。
③ 《马克思恩格斯文集》第 8 卷，人民出版社，2009，第 571 页。
④ 《马克思恩格斯文集》第 1 卷，人民出版社，2009，第 573 页。
⑤ 《马克思恩格斯文集》第 1 卷，人民出版社，2009，第 571 页。
⑥ 《马克思恩格斯文集》第 8 卷，人民出版社，2009，第 142 页。
⑦ 《马克思恩格斯全集》第 3 卷，人民出版社，2002，第 189 页。

关系和观念关系的全面性"①。这种"全面性"的境界，展示着工具理性与价值理性的统一，展示着基本欲望满足上"立地"和精神境界提升上"顶天"的统一。实际上，我们不能被欲望主宰而不谈精神，也不能绕开欲望空谈精神或一味沉溺于精神。在唯物史观的整体性分析框架中看待精神境界问题，比其他视角具有更大的空间和包容性。如马尔库塞所追求的把压抑性的生存方式转变为非压抑性的生存方式，把工作转化为消遣，把性欲升华为爱欲，从而达到"理性与人的本能的新联系"，实现对异化的超越；或者如弗洛姆所向往的确立"积极自由的生存状态"，用爱心去工作，实现自我，充分发挥人的个性和潜能；等等，一定程度上都可以整合为精神与欲望协和境界之中的一个环节。

---

① 《马克思恩格斯全集》第 30 卷，人民出版社，1995，第 541 页。

马克思对黑格尔哲学的批判与超越[*]

——基于《1844年经济学哲学手稿》的研究

朱正平

马克思在《1844 年经济学哲学手稿》（以下简称《手稿》）中曾对黑格尔哲学展开批判。对此部分的解读不仅关系到马克思与黑格尔的思想关系，更关系到对《手稿》的整体把握与理论定位。在以往的研究中，学界普遍将重点放在马克思对黑格尔哲学唯心主义性质的批判上，认为马克思对其进行"头足倒置"的"颠倒"，即不是思维决定存在，而是存在决定思维，如此则停留在唯物主义与唯心主义的抽象对立，没有将马克思对黑格尔的批判具体化。同时，学者们将马克思的论断"黑格尔是站在现代国民经济学家的立场上的"[①]，解读为黑格尔哲学是对古典政治经济学进行合理化论证的形而上学，没有揭示其背后的思想路径。如果不能揭示出马克思具体的思想进程，则不能将马克思与同样进行黑格尔哲学批判的费尔巴哈相区别。另外，从文献解读方法上来看，以往的研究存在着将黑格尔哲学批判的部分独立出来的倾向，没有关注这部分与前后文本之间的思想联系。因此，《手稿》中还有一些问题尚未得到澄清，比如马克思为什么在批判国民经济学时突然插入对黑格尔哲学的批判？对黑格尔哲学的批判为何以辩证法为突破口展开，而辩证法批判又为何关系到对黑格尔整个哲学的批判？本文将针对这些问题展开进一步研究。

---

[*] 本文原载于《学校党建与思想教育》2020 年第 7 期，收入本书时有改动。
[①] 《马克思恩格斯文集》第 1 卷，人民出版社，2009，第 205 页。

一 《手稿》为什么插入黑格尔哲学批判？

以往研究指出，马克思之所以在《手稿》中批判黑格尔哲学，主要是针对黑格尔哲学的抽象性，亦即唯心主义性质，黑格尔从一开始就把人的本质当作抽象的自我意识（"思想""精神"），从而忽略了其真正具体的丰富内容。[①] 这里包含着两点指认：第一，黑格尔用自我意识代替现实的人，只承认自我意识的活动，没有看到现实活动的物质性；第二，黑格尔以抽象的绝对精神代替人的现实的历史，只是认识现实世界，而不是批判现实世界。关于第一点解读，虽然指出马克思与黑格尔在唯物主义与唯心主义根本立场上的区别，但是将人的感性存在对自我意识的扬弃简化为人的物质性存在与抽象理性之间的对立。这样则使得马克思对黑格尔的批判退回到经验主义与近代形而上学的对立中，而不能忽视的是，黑格尔哲学恰恰是以扬弃这一对立为逻辑起点的。黑格尔指出，"在某种意义下，经验主义与形而上学有一个相同的源泉"[②]，即二者都从经验出发，最终将事物归结为抽象的普遍联系，而没有阐明诸如"感性""物质"这类概念所指的现实内容。如果忽视这一点，仅仅将马克思的批判归结为唯物主义对唯心主义的批判，或者"头足倒置"的"颠倒"，很容易退回到前黑格尔的水平。为避免这一点，必须阐明马克思的唯物主义与经验主义的原则性区别。

至于第二点解读，指出了黑格尔以纯粹理性活动代替现实的劳动活动，最终停留于对现存世界的简单肯定，而不是批判。这一解读的问题在于，将理性活动仅仅理解为认识活动，还不能完全驳倒黑格尔哲学。因为这会使得黑格尔退回到近代知识论哲学，而黑格尔已经先行地批判了这种知识论，即"主要兴趣乃在于指出从主观的理念到客观的存在的过渡，并断言理念与存在之间有一个原始的无中介性的联系"[③] 的哲学，

[①] 复旦大学哲学系现代西方哲学研究室编译《西方学者论〈一八四四年经济学—哲学手稿〉》，复旦大学出版社，1983，第135~136页。

[②] 黑格尔：《小逻辑》，贺麟译，商务印书馆，1980，第111页。

[③] 黑格尔：《小逻辑》，贺麟译，商务印书馆，1980，第163页。

而黑格尔正是通过精神运动中所包含的具体内容超越了这种"无中介"的抽象性。因此第二点解读遮蔽了黑格尔哲学中所蕴含的具体的历史内容。可见，如果不能首先揭示黑格尔对人的现实性的思考，那么则不能进一步说明马克思批判黑格尔的思想高度和必要性所在。

马克思为什么要对黑格尔哲学进行批判，关键在于劳动问题。马克思与黑格尔都看到劳动是现代世界的原则，但是不同的是二者对劳动的把握方式。黑格尔的思辨哲学并非对社会现实的无知，而是通过对劳动概念的深化形成了对人的现实存在的深刻把握。劳动在国民经济学中被视为财富的源泉，而在黑格尔哲学中，则被进一步提升为现代社会的基石，因而具有哲学人类学的意义。黑格尔将以自觉理性为标志的现代性归结为人类劳动的产物，"我们在现世界所具有的自觉的理性，并不是一下子得来的，也不只是从现在的基础上生长起来的，而是本质上原来就具有的一种遗产，确切点说，乃是一种工作的成果——人类所有过去各时代工作的成果"①。具体来看，黑格尔通过主奴关系运动，揭示了人类社会如何通过劳动活动由传统社会进入现代社会。

在以往的理解中，主奴关系似乎只关涉承认问题，而事实上则揭示了人类社会从传统到现代的演变过程。在传统社会，主奴关系是占支配作用的根本社会关系。奴隶没有自身独立性，完全依赖于主人。奴隶只有在这种完全被支配的受动形式中，才获得自身存在的前提。主人统治着奴隶，进而将物的改造活动让渡给奴隶，自在自为的主人意识实际上构成了奴隶意识的本质。但是在这个阶段，奴隶还不能将主人意识内化为自我意识，他对于主人意识的存在"并不是在这一或那一瞬间害怕这个或那个灾难"②，而是处于绝对恐惧之中。正是在这种恐惧中，奴隶通过改造物的活动，即劳动，来实现主人的意志。奴隶的劳动过程，也就是其自在自为的本质获得自我实现的过程。意识的这种否定性本质最初作为欲望而出现，但是欲望对于自在自为的本质来说，只能提供暂时性

① 黑格尔：《哲学史讲演录》第 1 卷，贺麟、王太庆译，商务印书馆，1959，第 8 页。
② 黑格尔：《精神现象学》（上），贺麟、王玖兴译，商务印书馆，2017，第147 页。

的、稍纵即逝的满足。因而奴隶只有进一步地进行劳动活动，开始"陶冶事物"① 的过程。在陶冶事物的过程中，意识的否定性本质外化为对象形式的改变，作为被改造了的对象固定下来，因此成为具有客观性与持久性的存在。在作为劳动对象的事物中，奴隶能够直观自身，意识到自己本来的独立性，即意识到自身的自在自为的本质。因此，陶冶事物的劳动过程的完成，就是奴隶意识作为"个别性或意识的纯粹自为存在"② 的完成。当奴隶能够在自己的外化对象中看到自身的持存时，也就意识到自身具有自在自为的自我意识，从而对前一阶段中的恐惧具有了否定的意义，即认识到对主人的服从关系是使得他克服自然存在的内在条件，这一过程所实现的"正是他的纯粹的自为存在，不过这个自为存在在陶冶事物的过程中才得到了实现"③。因此，奴隶通过劳动，通过对事物的陶冶，从非独立的、依赖于主人的意识，转化为独立的、自在自为的自我意识，从而扬弃主奴关系，进入现代社会。由此黑格尔完成了以劳动为基石的现代性建构。正是在这个意义上，马克思肯定黑格尔"抓住了劳动的本质，把对象性的人、现实的因而是真正的人理解为人自己的劳动的结果"④。因此，黑格尔并非对劳动无知，而是通过形而上学的方式把握劳动，进而思辨地理解现代社会。

对此，马克思指出，"黑格尔唯一知道并承认的劳动是抽象的精神的劳动"⑤，也就是说黑格尔并没有深入到真正的现实之中。黑格尔认为，在现代社会中，劳动不仅具有特殊性规定，同时具有普遍性的意义，不仅生产着独立的个人，同时生产着整个社会。在此基础上，黑格尔进一步提出了市民社会的两大基本原则，第一，市民社会以具体

---

① 黑格尔：《精神现象学》（上），贺麟、王玖兴译，商务印书馆，2017，第147页。

② 黑格尔：《精神现象学》（上），贺麟、王玖兴译，商务印书馆，2017，第148页。

③ 黑格尔：《精神现象学》（上），贺麟、王玖兴译，商务印书馆，2017，第148页。

④ 《马克思恩格斯文集》第1卷，人民出版社，2009，第205页。

⑤ 《马克思恩格斯文集》第1卷，人民出版社，2009，第205页。

的特殊性为原则，即"具体的人作为特殊的人本身就是目的"①；第二，特殊性以普遍性为中介，即"每一个特殊的人都是通过他人的中介，同时也无条件地通过普遍性的形式的中介，而肯定自己并得到满足"②。

根据黑格尔的市民社会原则，个别劳动者创造普遍财富的同时，将会获得自身需要的满足。但是在现实状况中，劳动者却愈加贫困，劳动个体非但没有获得自身满足，反而受制于自己的整个劳动活动，即受制于劳动产品、劳动过程和劳动中结成的社会关系。也就是说，现实的劳动与黑格尔的原则性劳动相反，是通过异化劳动形式存在的。当黑格尔以劳动为现代性奠基时，只看到了劳动对确证人自身主体力量的积极意义，而没有看到真实的劳动形式中，劳动者与劳动过程、劳动产物的敌对关系。因此，在马克思看来，黑格尔"是站在现代国民经济学家的立场上的"③，也就是说，黑格尔将劳动仅仅作为现代性的原则，而不了解现实劳动本身。黑格尔哲学的抽象性并不在于没有把握社会现实，而是其仅仅以思辨的方式把握社会现实，因此马克思的唯物主义批判，是以现实性为原则，不是像费尔巴哈那样以"感性抽象"代替"精神抽象"，而是从概念深入历史进程，将劳动由抽象原则性上升到具体性，将思维对象转化为现实对象。

二　为什么马克思批判黑格尔的突破口是辩证法？

马克思业已发现黑格尔哲学与古典政治经济学的同质性，那么为何对黑格尔哲学的批判却不是从劳动问题展开，而是以辩证法为突破口呢？以往研究普遍指出，马克思"既揭露了黑格尔辩证法的唯心实质，又肯定了他的积极成果，开始了对黑格尔辩证法的唯物主义改造"④，批判主

---

① 黑格尔：《法哲学原理》，范扬、张企泰译，商务印书馆，2017，第224页。
② 黑格尔：《法哲学原理》，范扬、张企泰译，商务印书馆，2017，第224页。
③ 《马克思恩格斯文集》第1卷，人民出版社，2009，第205页。
④ 黄楠森等主编《马克思主义哲学史》第1卷，北京出版社，1991，第357页。

要针对黑格尔辩证法的抽象性质和非批判的立场。虽然黑格尔辩证法中包含着积极的意义，但是其"合理思想是以极端抽象的唯心主义形式表达出来的，虽然他在《精神现象学》中紧紧抓住了人的异化和异化的扬弃，但是它所包含的批判仍然是一种模糊不清的、带有神秘色彩的批判，而且由于黑格尔的唯心主义观点和资产阶级立场，他的辩证法还常常引出保守和反动的结论"①。以往研究指出了马克思与黑格尔辩证法的性质和立场的区别，马克思的辩证法是在对国民经济学批判中完成的辩证法，因而是唯物辩证法，抑或历史辩证法，而黑格尔的辩证法则是对资本主义社会进行论证的辩证法，是非批判性的辩证法，因而是唯心辩证法，抑或思辨辩证法。不过，上述结论仍然较为宏观，不足之处在于脱离《手稿》文本，没有揭示出辩证法批判在《手稿》中的理论出发点。因此我们需要回应的问题是，按照文本逻辑，马克思的问题意识是什么？对此，我们用 MEGA2 版文本来厘清马克思写作时的思路，还原辩证法批判的原初语境。

对黑格尔辩证法的批判是在笔记本Ⅲ中提出的。此前在笔记本Ⅱ的末尾，马克思初步论述了私有财产的矛盾运动，指出"私有财产的关系是劳动、资本以及二者的关系"②，并将资本与劳动的对立展开为三个环节，"这个关系中的这些成分必定经历的运动是：第一：二者直接的或间接的统一。……［第二：］二者的对立。……［第三：］二者各自同自身对立"③。第一阶段是二者的积极依赖，第二阶段是二者互相剥夺，在第三阶段中，资本与劳动分别展开为自身的矛盾运动，在资本的矛盾形式中，马克思进一步指出"资本＝积累的劳动＝劳动"④，由此完成对私有财产内部矛盾形式的初步思考，将私有财产展开为资本和劳动的矛盾运动。

笔记本Ⅲ中，马克思接续这一思考，在第［Ⅰ］部分开篇就指出私

---

① 孙伯鍨：《探索者道路的探索：青年马克思恩格斯哲学思想研究》，北京师范大学出版社，2017，第 208 页。
② 《马克思恩格斯文集》第 1 卷，人民出版社，2009，第 177 页。
③ 《马克思恩格斯文集》第 1 卷，人民出版社，2009，第 177 页。
④ 《马克思恩格斯文集》第 1 卷，人民出版社，2009，第 177 页。

有财产的主体本质即是劳动，"私有财产的主体本质，私有财产作为自为地存在着的活动、作为主体、作为人，就是劳动"①，接着对国民经济学在这一问题上的理论发展进行批判。马克思指出，亚当·斯密的重要贡献在于，提出"劳动一般"的概念，将劳动作为财富的普遍本质。同时，马克思也指出这种劳动原则只是表面上的，实际上则是以私有财产为原则，从斯密到李嘉图、穆勒，国民经济学变得愈加敌视人，而私有财产的主体性愈加凸显，并在工业资本中取得了它的完成形式，"完成它对人的统治，并以最普遍的形式成为世界历史性的力量"②。接着第［Ⅱ］部分只有一段，指明历史中的无产与有产的对立，都应当从资本与劳动的对立关系中去理解，因为这一关系就是私有财产自我否定的内部矛盾运动，是"作为促使矛盾得到解决的能动关系的私有财产"③。在［Ⅰ］、［Ⅱ］两部分中，马克思将理论的与现实的主要矛盾确定在私有财产问题上，进而在第［Ⅲ］部分展开如何扬弃私有财产的问题。

在第［Ⅲ］部分，马克思首先对扬弃私有财产的三种共产主义形态进行批判。第一种是最初的共产主义。这种共产主义将私有财产的关系扩展到整个社会与普遍社会成员之间的关系上，劳动与资本的对立关系成为每个人的自我生产的方式，"相互关系的两个方面被提高到想象的普遍性：劳动是为每个人设定的天职，而资本是共同体的公认的普遍性和力量"④，它将每个人变成工人，而社会变成了资本家，因此它只是加深了这一矛盾，而不能扬弃私有财产。第二种是从政治的、国家的外在形式来扬弃的私有财产，而不是从私有财产内部的扬弃，因而不能发展私有财产的积极本质。

马克思重点论述的是第三种共产主义，即对私有财产的积极扬弃。在这一部分，马克思的阐述可展开为四个方面。第一，不同于外在的扬弃，私有财产的自身运动同时就是对自身的扬弃。私有财产通过自身而

① 《马克思恩格斯文集》第1卷，人民出版社，2009，第178页。
② 《马克思恩格斯文集》第1卷，人民出版社，2009，第182页。
③ 《马克思恩格斯文集》第1卷，人民出版社，2009，第182页。
④ 《马克思恩格斯文集》第1卷，人民出版社，2009，第184页。

扬弃自身的过程，即人将人的自我实现通过私有财产的形式外化出来，而这种外化的过程就是使得私有财产的积极历史遗产得以保存的过程，即作为"迄今为止全部生产的运动的感性展现，就是说，是人的实现或人的现实"①。第二，不同于最初的共产主义，积极的扬弃是人的社会性的普遍实现。这一过程包含整个社会与个人的矛盾和解，社会是人的直接的劳动结果，也是直接的享受的对象，"应当避免重新把'社会'当做抽象的东西同个体对立起来"②。第三，在其完成形式上，私有财产是人的感性现实。在私有制条件下，私有财产的一切丰富内容被抽象化了，与人的唯一关系即占有关系，而经过积极扬弃，私有财产从而不再是满足人的外在目的性的手段和对象，而是成为人的内在可能性的全面实现方式，是人的感性与思维向人本身的需要的复归，即"因为效用成了人的效用"③。也只有在这个意义上，人才从经济学意义上的单纯的"劳动者"重新成为自为自在的现实主体。第四，在扬弃的现实性上，私有财产是人的劳动过程。私有财产的运动是人通过劳动生产自身的过程，人只有在劳动中才能确证自己的现实性的力量，作为私有财产的积极扬弃的共产主义是历史的进程本身，而不是作为最后目标和终点，"共产主义是作为否定的否定的肯定，因此，它是人的解放和复原的一个现实的、对下一段历史发展来说是必然的环节"④，因此私有财产的扬弃只有在人的劳动过程中才得以可能。

可见，在笔记本Ⅲ中，马克思承接笔记本Ⅱ中对私有财产的思考，在对国民经济学和共产主义学说的批判之后，进一步提出了扬弃私有财产的理论，阐述了扬弃私有财产的四个内涵，以上构成笔记本Ⅲ第［Ⅰ］、［Ⅱ］节和第［Ⅲ］节第（1）至（5）点的内容。由此马克思紧接着在第（6）点中指出，"在这一部分，为了便于理解和论证，对黑格尔的整个辩证法，特别是《现象学》和《逻辑学》中有关辩证法的叙

① 《马克思恩格斯文集》第1卷，人民出版社，2009，第186页。
② 《马克思恩格斯文集》第1卷，人民出版社，2009，第188页。
③ 《马克思恩格斯文集》第1卷，人民出版社，2009，第190页。
④ 《马克思恩格斯文集》第1卷，人民出版社，2009，第197页。

述，以及最后对现代批判运动同黑格尔的关系略作说明，也许是适当的"①，可见，这一"理解和论证"的对象也就是全面地理解与现实地论证私有财产的积极扬弃的问题。因此，马克思此时的问题意识聚焦于如何理解私有财产，进而如何扬弃私有财产。

马克思所要求的私有财产的扬弃，是在现实劳动过程中的扬弃，而黑格尔的扬弃却是通过抽象的劳动活动完成的。马克思对此进行了两个层面的批判。从客体的方面来看，在主体活动过程中，其核心环节即劳动，就是"设定"活动，即"自我意识的外化设定物性"②。在这种前提下的客体的本质，就被规定为有待被主体克服的外在性，这种外在性就构成了客体之为客体的根本规定。因此外在性作为主体设定物，使得客体"只是物性……而不是现实的物"③。从客体与主体的关系来看，客体之所以存在，是由于它全然是"为我"的，而非由于其本身的任何具体的、个别的性质，而仅仅是为了确证主体的设定能力，使主观性获得客观化的实存，而客体本身"决不是什么独立的、实质的东西"④。可见，客体的存在及其扬弃，完全是从主体出发并回归于主体的纯粹设定性之中。所谓主观精神客体化，只不过是先行内含于主体中的绝对必然性的对象化，因此黑格尔将劳动思辨化，无法深入到真正的劳动活动中，无法实现现实的扬弃。

综上可见，只有通过辩证法批判，才能回应扬弃私有财产的理论主题，即阐明人如何从私有财产的奴役状态下实现自我扬弃，使得现实的人成为真正的理论的前提与现实的主体。

三　为什么对黑格尔辩证法的批判就是对黑格尔整个哲学的批判？

马克思在提出辩证法批判之后，接着写道："对于现代的批判同黑

---

① 《马克思恩格斯文集》第 1 卷，人民出版社，2009，第 197 页。
② 《马克思恩格斯文集》第 1 卷，人民出版社，2009，第 208 页。
③ 《马克思恩格斯文集》第 1 卷，人民出版社，2009，第 208 页。
④ 《马克思恩格斯文集》第 1 卷，人民出版社，2009，第 209 页。

格尔的整个哲学，特别是同辩证法的关系问题是如此缺乏认识，以致像施特劳斯和布鲁诺·鲍威尔这样的批判家仍然受到黑格尔逻辑学的束缚。"① 马克思表达了对青年黑格尔派的不满，即施特劳斯和鲍威尔分别立足实体与自我意识的片面批判，没有触及黑格尔的逻辑学的前提，也即辩证法的前提：作为矛盾运动的绝对精神。

在对待黑格尔辩证法的问题上，与青年黑格尔派相反，费尔巴哈触及了辩证法的唯心主义前提，也即直接地将绝对精神作为黑格尔哲学的前提予以批判。但是费尔巴哈将辩证法批判仅仅理解为理论与理论之间的关系问题，即宗教与批判宗教的哲学的关系问题，而没有看到哲学与现实之间的关系。"黑格尔根据否定的否定所包含的肯定方面把否定的否定看成真正的和唯一的肯定的东西，而根据它所包含的否定方面把它看成一切存在的唯一真正的活动和自我实现的活动"②，也就是说，黑格尔通过辩证法既将现代社会作为对绝对精神的实体性的肯定，又把绝对精神的能动性的一面理解为人的劳动。因此费尔巴哈的缺陷在于，没有通过批判辩证法所包含的现实性内容来完成对辩证法的批判。

可见，如果不经过辩证法批判，则不能理解整个黑格尔哲学，也就不可能完成对黑格尔哲学的批判。马克思通过辩证法批判进入现实的历史，因此他肯定黑格尔辩证法的伟大之处首先在于"把人的自我产生看作一个过程"③。马克思对黑格尔的不满在于他停留于对历史的思辨表达，没有找到历史运动的真正现实性所在，"这种历史还不是作为既定的主体的人的现实历史，而只是人的产生的活动、人的形成的历史"④。

第一，批判黑格尔的辩证法就是批判实证主义。被设定的客观世界本身与绝对精神的扬弃活动，构成黑格尔辩证法的肯定方面，这一活动的结果，如马克思所说，"把否定和保存即肯定结合起来的扬弃起着一种独特的作用"⑤，其"独特的作用"体现在两个层面。其一，扬弃活动

---

① 《马克思恩格斯文集》第1卷，人民出版社，2009，第197页。
② 《马克思恩格斯文集》第1卷，人民出版社，2009，第201页。
③ 《马克思恩格斯全集》第3卷，人民出版社，2002，第320页。
④ 《马克思恩格斯文集》第1卷，人民出版社，2009，第201页。
⑤ 《马克思恩格斯文集》第1卷，人民出版社，2009，第214页。

使得对事物的认识，也即思维，冒充为事物本身的感性与现实。在黑格尔那里，认识是思维对世界的重塑活动，在认识过程中，事物的本质得以显现，因此认识是精神的现实活动，这一现实活动的结果就是形成了知识，各部门知识代替现存事物而成为事物的现实存在。其二，由于只有知识才是本质，那么，知识所包含于自身的认识对象本身，即现存事物，也正是黑格尔哲学积极地抓住的异在存在，转化为了本质存在，也就是说，扬弃进一步地使异在存在冒充为世界的本质，"假称在自己的异在本身中就是在自身"①。这样，黑格尔就使得一种应然与实然的独特混合体充当了世界本质。因此，马克思不复像 1843 年那样深陷于黑格尔的部门哲学之内，因为"现在不用再谈关于黑格尔对宗教、国家等等的适应了，因为这种谎言是他的原则的谎言"②，即非批判的实证主义的谎言。

第二，批判黑格尔的辩证法就是批判超验哲学。在黑格尔看来，精神构成人的本质性维度，因而哲学所把握的就是人的本质的生成史，"哲学史的过程并不昭示给我们外在于我们的事物的生成（Werden），而乃是昭示我们自身的生成和我们的知识或科学的生成"③。在绝对精神的运动中，以往哲学的片面性与抽象性得到扬弃，人的本质展开为整个世界历史，从而绝对精神就是人的本质的完成形式。马克思批判了黑格尔将人的本质形而上学化的根源。首先，"黑格尔为什么把思维同主体分隔开来……如果没有人，那么人的本质表现也不可能是人的，因此思维也不能被看做是人的本质表现"④，黑格尔将思维与人分割开来，因此现实的人的本质就变成哲学家头脑中的活动；其次，"黑格尔把一般说来构成哲学的本质的那个东西，即知道自身的人的外化或者思考自身的外化的科学，看成劳动的本质"⑤，而事实上，这一与人分割开来的思维，

① 《马克思恩格斯文集》第 1 卷，人民出版社，2009，第 213 页。
② 《马克思恩格斯文集》第 1 卷，人民出版社，2009，第 214 页。
③ 黑格尔：《哲学史讲演录》第 1 卷，贺麟、王太庆等译，上海人民出版社，2013，第 11 页。
④ 《马克思恩格斯文集》第 1 卷，人民出版社，2009，第 220 页。
⑤ 《马克思恩格斯文集》第 1 卷，人民出版社，2009，第 205 页。

不过是对劳动活动的自觉意识，黑格尔进一步地将意识冒充为人的现实；最后，基于以上前提，黑格尔于是"把哲学的各个环节加以总括，并称自己的哲学才是哲学。至于其他哲学家做过的事情——把自然界和人类生活的各个环节看做自我意识的而且是抽象的自我意识的环节——，黑格尔认为那只是哲学的行动。因此，他的科学是绝对的"①，即在黑格尔看来，以往的哲学是绝对精神发展的不同阶段与环节，对以往哲学的扬弃，就是对人的本质的批判。可见，黑格尔的辩证法始终停留在对劳动的抽象把握上，现实的人的活动只是绝对精神运动的自我展开，也即"劳动是人在外化范围之内的或者作为外化的人的自为的生成"②，人的生成过程变成了"思辨史"，而不是"生产史"。

通过对黑格尔整个哲学的批判，马克思批判了思辨化的劳动原则，将劳动重新恢复为现实的人的活动，从而使得人不再是从哲学家头脑中抽象出来的产物，而是通过现实的劳动活动不断生产着自身。

四 结 论

《手稿》不仅仅如学界以往研究中所揭示的那样，其实际显示着经济学与哲学批判的合流的必要性，而且这种合流清晰地聚焦于劳动问题，对黑格尔哲学的批判使得马克思扬弃了黑格尔立足于劳动所把握的现代性原则的抽象性。在对扬弃私有财产的思考中，马克思又进一步将哲学批判的开端定位于辩证法，从而展开对黑格尔整个哲学的批判。由此，马克思深入到国民经济学与黑格尔哲学都未能完成的对市民社会的前提性批判中，为进一步扬弃私有财产提供了方法论基础。可见，马克思在《手稿》中初步完成了对黑格尔哲学的全面批判，由此实现了对黑格尔哲学的超越，为此后唯物史观的系统阐发奠定了坚实基础。

---

① 《马克思恩格斯文集》第 1 卷，人民出版社，2009，第 205~206 页。
② 《马克思恩格斯文集》第 1 卷，人民出版社，2009，第 205 页。

马克思对黑格尔真理观的扬弃[*]

朱正平　孙熙国

对黑格尔哲学的批判在马克思真理观的形成过程中占有举足轻重的地位。在以往研究中，往往将马克思的认识论革命等同于对近代知识论传统的超越，这样则忽视了黑格尔已经先行批判近代认识论这一事实。在黑格尔看来，近代以来的哲学主要是在认识的客观性层面的讨论，即思维能否以及如何与对象相符合的问题。因此黑格尔所讨论的并不在于认识的客观性问题，而是认识过程如何达到真理的问题。马克思在批判黑格尔真理观的基础上，进一步提出认识的现实性问题，从而真正解答认识的客观性与真理性问题。因此，阐明黑格尔对认识客观性问题的批判，对揭示马克思对黑格尔真理观的扬弃具有前提性的意义。在此基础上，才能全面揭示马克思认识论的革命性内涵。

一　黑格尔对认识客观性问题的批判

客观性问题所要讨论的是思维能否以及如何与客观对象相符合的问题。黑格尔并不否认客观性构成真理的属性与认识的目的，"客观思想一词最能够表明真理，——真理不仅应是哲学所追求的目标，而且应是哲学研究的绝对对象"①。同时，黑格尔进一步指出："思想的真正客观

---

* 国家社科基金重点项目"马克思主义基本原理的学科对象与理论体系"（13AKS001）的阶段性成果。本文原载于《理论探讨》2020年第3期，收入本书时有改动。

① 黑格尔：《小逻辑》，贺麟译，商务印书馆，1980，第93页。

性应该是：思想不仅是我们的思想，同时又是事物的自身，或对象性的东西的本质。"① 即客观性存在于思维与思维对象的普遍统一性之中。因此，客观性是普遍性对特殊性的扬弃，共性对个性的扬弃，亦即绝对无限性对相对有限性的扬弃，然而如果将客观性作为认识的根本问题，则将使客观性取代真理性，以致"现时哲学观点的主要兴趣，均在于说明思想与客观对立的性质和效用，而且关于真理的问题，以及关于认识真理是否可能的问题，也都围绕思想与客观的对立问题而旋转"②。在逻辑出发点上，关于客观性问题的讨论预设了思维与客观性的对立。这一对立体现在两个方面：第一，客观性作为思维对象的属性与思维相对立，即"认为思维规定只是主观的，永远有一客观的［对象］和它们对立"③；第二，思维规定是有限的，而有限规定之间又相互对立，因此其与客观性相对立，即"认为各思维规定的内容是有限的，因此各规定间即彼此对立，而且更尤其和绝对对立"④。具体来看，关于客观性问题的讨论就是要解决上述对立，因此产生出思想对客观性的三种态度。黑格尔对此进行了逐一批判。

第一种态度为形而上学。形而上学的缺陷在于将知性思维运用于无限的认识对象。知性与理性的区分得益于康德哲学，"知性以有限的和有条件的事物为对象，而理性则以无限的和无条件的事物为对象"⑤。可见运用知性只能停留于事物的有限性，而不能达于无限的本质。形而上学则将有限规定当作真理（抑或本体、上帝等认识的终极对象）本身的性质，换言之，将事物特性直接肯定为客观认识，始终"停留在有限的规定里，并且认这些有限规定为究竟至极的东西"⑥。而有限规定之间的对立就立即表明，任何有限规定都是片面而非客观的，这种规定方式使得真理陷入种种对立，诸如简单或复杂、单一或全体。因此，形而上学

① 黑格尔：《小逻辑》，贺麟译，商务印书馆，1980，第 120 页。
② 黑格尔：《小逻辑》，贺麟译，商务印书馆，1980，第 93 页。
③ 黑格尔：《小逻辑》，贺麟译，商务印书馆，1980，第 93 页。
④ 黑格尔：《小逻辑》，贺麟译，商务印书馆，1980，第 93 页。
⑤ 黑格尔：《小逻辑》，贺麟译，商务印书馆，1980，第 127 页。
⑥ 黑格尔：《小逻辑》，贺麟译，商务印书馆，1980，第 97 页。

没有认识到"片面的东西并不是固定的、独立自存的东西，而是作为被扬弃了的东西包含在全体内"①。因此，形而上学的缺陷在于不能扬弃知性认识中的对立，停留在片面的规定性中。第二种态度包括经验主义与批判哲学。二者之所以一同归为第二种态度，是由于二者均是针对形而上学的片面性之弊，以及由此所引致的各客观规定之间的矛盾性。不同的是，前者对具体事物的属性予以肯定，进而等同于客观性，即"意识从知觉里得到它自己的确定性和直接当前的可靠性"②；后者则对具体事物的属性予以否定，从而与客观性绝对地区别开。经验主义的缺陷就在于，停留于对有限事物的知觉中，而不能"在被知觉的个别事物中去寻求有普遍性和永久性的原则"③。在康德的批判哲学中，没有对知性本身的有限性进行说明，同时，对于理性的考察，则是依据经验的反思，而没有从思维本身说明思维各环节之间的必然联系。虽然康德正确指出客观性在于思维自身的绝对内在性，但是没有将思维的形式规定与具体内容相统一，因而康德对客观性的理解停留于形式上的、抑或原则上的建构，"至于思维如何自身规定，自身规定到什么程度，康德并无详细指示"④。第三种态度为直接知识论。所谓"直接性"，即认为无限的、无条件的认识对象直接与有限事物全体等同。直接知识与其说以独断的方式将有限性包含进无限性之中，毋宁说还没有进入到有限性之中。因此，直接知识论的缺陷在于，"对于认识内容无限的东西时，便放弃一切方法"⑤，因而不能扬弃有限性的内部联系，不是通过有限事物进展到无限对象，而是退回到抽象同一性之中。

可见，以往哲学的缺陷不在于提出认识的客观性问题，而在于对客观性的错误理解。客观性被仅仅视为认识的目的，而脱离事情本身，亦即脱离认识过程，转向对孤立自存的认识目的抑或认识能力的讨论。而

---

① 黑格尔：《小逻辑》，贺麟译，商务印书馆，1980，第 101 页。
② 黑格尔：《小逻辑》，贺麟译，商务印书馆，1980，第 97 页。
③ 黑格尔：《小逻辑》，贺麟译，商务印书馆，1980，第 113 页。
④ 黑格尔：《小逻辑》，贺麟译，商务印书馆，1980，第 151 页。
⑤ 黑格尔：《小逻辑》，贺麟译，商务印书馆，1980，第 171 页。

在黑格尔看来，事情本身"并不穷尽于它的目的，而穷尽于它的实现"①。在以往哲学中，认识目的与认识活动相分离，客观性不是通过认识活动本身得以达成，而是成为外在于认识活动的抽象原则，由此造成客观性脱离真理性。讨论客观性问题则毋宁说就是讨论一个与认识活动本身无关的问题，"像这样的行动，不是在掌握事情，而永远是脱离事情；像这样的知识，不是停留在事情里并忘身于事情里，而永远是在把握另外的事情"②。因此客观性不是脱离认识活动过程的抽象问题，而是要在认识活动之中取得其本身的证明。回到认识活动本身，则意味着将真理性作为客观性的前提，直接面向真理问题，亦即揭示真理如何是其所是的过程，这一过程同时也就是客观性的实现过程。

二　认识的真理性在于实现"真正的无限性"

在黑格尔对客观性问题的批判中，可以看到近代以来的哲学讨论脱离了认识活动本身。对客观性问题的孤立探讨，实际上是使认识陷入一个封闭性领域，一个尚未进入认识活动过程的抽象理性领域，以致由孤立的、静止的"我思"，发展为先验的、纯粹的"我思"。黑格尔对这一哲学发展的自我封闭性的走向有着深刻的洞见，在批判康德时，黑格尔对此有一个生动的比喻："在没有学会游泳以前勿先下水游泳。"③ 因此黑格尔所要解决的问题就是突破意识的封闭性理路，重新回到对认识活动本身的讨论之中，即真理如何形成。这一问题的逻辑起点正是在"无限性"这一概念中得到确立的。

黑格尔曾提出"恶的无限性"概念，在以往研究中，似乎这一概念只关涉黑格尔的辩证法，实际上无限性概念深刻地揭示出由对抽象认识论的讨论转向对象性活动的内在理路的变革。黑格尔通过批判旧的形而

①　黑格尔：《精神现象学》（上），贺麟、王玖兴译，商务印书馆，2017，第3页。
②　黑格尔：《精神现象学》（上），贺麟、王玖兴译，商务印书馆，2017，第3页。
③　黑格尔：《小逻辑》，贺麟译，商务印书馆，1980，第118页。

上学，依据"真正的无限性"原则阐明认识的真理性内涵，将认识活动展开为主体通过对象性抑或否定性活动而生成客观真理的过程。在关于认识的客观性问题的讨论中，客观性实际上被理解为"坏的无限性"抑或"恶的无限性"。所谓"恶的无限性"，即"某物成为一个别物，而别物自身也是一个某物，因此它也同样成为一个别物，如此递推，以至无限"①。有限存在或为"某物"或为"别物"，而某物与别物之间，并无内在的联系，因此相互独立和相互外在。列宁曾对此评注，"'恶无限性'是这样一种无限性，它在质上和有限性对立，和有限性没有联系，和有限性隔绝"②。因此，"恶的无限性"的本质就在于未能扬弃有限性，人们虽然宣称认识了事物，但是摆在人们面前的仍然是诸多相互叠加组合起来的外在规定，而非事物得以产生变化的内在根据，因此"有限事物仍然重复发生，还是没有扬弃"③。

"真正的无限性"则是对有限事物内在矛盾及由此形成的事物之间内在联系的阐明。首先，从过程上来看，"真正的无限性"作为有限性的扬弃，不仅是有限性的否定，而且是有限性的肯定。"恶的无限性"又被黑格尔称为"否定的无限"④，这里的"否定"，即指无限性与有限性的抽象对立，将无限性与有限性绝对地相互区别，而真正的无限性则是在有限性自身之内被规定的。某物之所以为有限存在，"是指那物有它的终点，它的存在到某种限度为止，即当它与它的对方联系起来，因而受对方的限制时，它的存在便告终止"⑤，可见，别物作为某物的否定性的同时，这种否定构成某物的内在规定性，因而别物的存在同时就成为对其自身的肯定。在这个意义上，别物只是某物内在矛盾的肯定性，亦即"在否定其自身又保持其自身的过程里，它们感觉到这种矛盾实际存在于它们自身中"⑥。由此，"真正的无限性"就从单纯的否定性上升

---

① 黑格尔：《小逻辑》，贺麟译，商务印书馆，1980，第206页。
② 《列宁全集》第55卷，人民出版社，2017，第95页。
③ 黑格尔：《小逻辑》，贺麟译，商务印书馆，1980，第207页。
④ 黑格尔：《小逻辑》，贺麟译，商务印书馆，1980，第206页。
⑤ 黑格尔：《小逻辑》，贺麟译，商务印书馆，1980，第97页。
⑥ 黑格尔：《小逻辑》，贺麟译，商务印书馆，1980，第149页。

为包含肯定的否定性，即对有限性的扬弃。其次，从结果抑或完成形式上来看，"真正的无限性"构成有限性的全体，即具体的普遍性。在黑格尔看来，仅仅认识到事物包含矛盾依然没有扬弃事物本身。"恶的无限性"中同样包含对事物矛盾存在的理解，其弊端则在于某物与别物仍然处于外在对立中，"有限之物既是某物，又是它的别物"①。而在"真正的无限性"中，某物"潜在地就是它自己的别物，因而引起自身的变化。在变化中即表现出定在固有的内在矛盾。内在矛盾驱迫着定在不断地超出自己"②，即某物内在的矛盾运动中产生出别物，从而别物的存在之中就包含某物的存在。

"真正的无限性"因而构成黑格尔所言的真正的客观性，是事物的内在本质获得实现的过程。这一过程的实现所依赖的则是思维的能动作用，思维既是主体的思维，也是对象性事物的本质。在客体的方面，思维即事物的本质，构成一切有限的定在的内在本性，"思想不但构成外界事物的实体（Subatanz），而且构成精神性东西的普遍实体"③。作为对象性事物的本质，"真正的无限性"所表征的是具体普遍性的生成过程，亦即感性经验的理性本质得以对象化的过程。在这一生成的过程中，黑格尔通过思维的否定性作用建构起主体与客体、本质与表象之间得以通达的途径。思维的否定性作用是主体能动性得以实现的前提，思维的否定性活动建立起本质与表象的中介，从而突破"恶的无限性"中主观思维与客观对象之间的隔绝，使感性经验通过思维实现自我扬弃，事物本性得以对象化为现实存在。在这一过程中，主体通过思维的对象性活动，对经验表象予以加工改造，从而使得事物的本质进展为现实存在。在黑格尔看来，思维对对象是一种主动的关系，并由于这种主动的关系，思维才得以将事物的本性外化为现实存在。"思维本质就是对当前的直接经验的否定"④，仅仅通过感知和观察，无法建构出事物本质，只有经由思维的否定作用，直接经验才不复其最初表象，即"对经验世界加以思

---

① 黑格尔：《小逻辑》，贺麟译，商务印书馆，1980，第 207 页。
② 黑格尔：《小逻辑》，贺麟译，商务印书馆，1980，第 206 页。
③ 黑格尔：《小逻辑》，贺麟译，商务印书馆，1980，第 81 页。
④ 黑格尔：《小逻辑》，贺麟译，商务印书馆，1980，第 52 页。

维，本质上实即是改变其经验的形式，而将它转化成一个普遍的东西"①。这一"普遍的东西"在思维的进程中，便同时扬弃主观意识的抽象性，并且扬弃感性经验、感性存在之间的彼此外在性。正如黑格尔在批判经验主义时曾尖锐地指出，"普遍性与一大堆事实却完全是两回事"②，后者为抽象同一性，是有限事物的无穷递进；与此相反，真正的普遍性在于事物由自身矛盾运动形成彼此之间的内在联系，以及在此基础上形成的具体的统一性。由此，事物的内在普遍性得以实现，"我思"的主观性与抽象性得以扬弃，进展为"在他物中即是在自己本身中、自己依赖自己、自己是自己的决定者"③ 的全体，即自在自为的绝对理念。

三 认识的真理性与现实性

由前述可见，黑格尔认为认识的真理性就在于，思维作为能动的主体活动扬弃经验的有限性表象，从而使得事物本质获得实现的过程，由此以绝对"我思"扬弃以往哲学中的抽象"我思"。在此基础上，马克思提出关于现实性的理论，指出绝对"我思"正是将真理思辨化的产物，是在认识过程中没有彻底地贯彻真理性原则，亦即没有上升到现实性层面因而所造成的抽象结果。

在黑格尔的真理观中，近代以来的形而上学思维得到扬弃，并将真理性的实现理解为认识活动的主体性与能动性的实现。如果说自笛卡尔以来的形而上学，将思维抑或理性禁锢于自身矛盾之内，那么黑格尔则表明，问题不在于拒斥"我思"，而在于重新扬弃"我思"，这一点恰恰是近代以来的哲学所未能完成的任务。因为近代哲学的扬弃方式是抽象的扬弃，所以"在黑格尔看来，近代世界也已化为抽象思想的世界，黑格尔把与古代哲学家相对立的近代哲学家的任务确定如下：古代人必须把自己从'自然的意识'中解放出来，'把个人从直接的感性方式中清

---

① 黑格尔：《小逻辑》，贺麟译，商务印书馆，1980，第137页。
② 黑格尔：《小逻辑》，贺麟译，商务印书馆，1980，第117页。
③ 黑格尔：《小逻辑》，贺麟译，商务印书馆，1980，第83页。

洗出来并把个人变为被思维的和思维着的实体'（变为精神），而近代哲学必须'取消僵硬的、确定的、不动的思想'"①。也就是说，在黑格尔那里，古代哲学以认识与客观对象的统一性为前提，认为"唯有借助于反思作用去改造直接的东西，才能达到实体性的东西"②，因而构成真理的实体性环节。进而，黑格尔认为近代哲学的抽象性就在于，在将思维作为自我意识与直接的自然意识相区别的同时，将认识与事物本质分离，"这种思想与事情的对立是近代哲学的兴趣转折点"③。而如果不能将认识活动与事物的本质的关系理解为主体的活动，那么就会将事物本质理解为独立自存的东西，进而在认识活动之外讨论认识的客观性问题。在此基础上，黑格尔建立起思维的主体性与实体性的统一。

黑格尔的不足在于其真理性原则的不彻底性，将主体的能动性归结为思想的能动性，以"思想的能动原则"与"唯物的受动原则"相对立。在黑格尔看来，"唯物的受动原则"将事物看作僵死的客体，进而"这个基本原则若彻底发挥下去，就会成为后来所叫做的唯物论"④。黑格尔虽然正确地看到旧唯物主义之中所缺少的主体能动性，但是没有将主体能动性提高到现实性的层面，因而只是对旧唯物主义进行思辨的扬弃。而在马克思看来，旧唯物主义的主要缺陷在于"对事物、现实、感性，只是从客体的或者直观的形式去理解，而不是把它们当作人的感性活动，当作实践去理解"⑤，在这一点上，"和唯物主义相反，能动的方面却被唯心主义发展了，但只是抽象地发展了"⑥，因此黑格尔将认识过程思辨化，抽象地发展认识的能动性，仅仅将真理理解为在思维中把握的必然性过程。

在《神圣家族》中，马克思批判了黑格尔将认识的能动性思辨化的具体过程。首先，黑格尔认为通常的理智对经验中的感性存在进行加工，

① 《马克思恩格斯全集》第 3 卷，人民出版社，1960，第 211 页。
② 黑格尔：《小逻辑》，贺麟译，商务印书馆，1980，第 77 页。
③ 黑格尔：《小逻辑》，贺麟译，商务印书馆，1980，第 77 页。
④ 黑格尔：《小逻辑》，贺麟译，商务印书馆，1980，第 115 页。
⑤ 《马克思恩格斯全集》第 3 卷，人民出版社，1960，第 3 页。
⑥ 《马克思恩格斯全集》第 3 卷，人民出版社，1960，第 3 页。

形成关于事物存在的一般概念，这种一般性的概念正是有限的规定性，因而是不真的、非本质性的。而实际上，黑格尔所否定的正是事物的个性与特殊性，以"果品"概念与水果的关系为例，"我的有限的、有感觉支持的理智能把苹果和梨、梨和扁桃区别开来，但是我的思辨的理性却宣称这些感性的差别是非本质的、无关紧要的"①；其次，思维作为有限性的全体，即作为普遍性，成为独立的自为存在，从而冒充为事物的本质，"思辨的理性在苹果和梨中看出了共同的东西，在梨和扁桃中看出了共同的东西，这就是'果品'。各种特殊的现实的果实从此就只是虚幻的果实，而它们的真正的本质则是'果品'这个'实体'"②；最后，从概念中生产出感性个体，思维完成对自身的否定之否定，感性存在的产生与变化就由此得以阐明。可见，黑格尔将认识活动对事物自身矛盾的揭示，视为绝对主体的自我运动、自我扬弃，于是事物的矛盾运动就成为概念自我运动的产物。所以在黑格尔那里，真理成为"一台自己证明自己的自动机器"③。

由于黑格尔抽象理解主体的能动性，因此其始终停留于思辨化的真理观中，"一切显示普遍自我意识的有限性的东西——人及人类世界的一切感性、现实性、个性，在黑格尔看来都必然是界限"④。对黑格尔来说，这些界限不是现实活动加以改变的对象，而是思维否定的对象；同样，现实的发展过程，也不是人的现实生产活动，而是绝对主体扬弃感性界限于自身之内的思辨活动。马克思将黑格尔的这一认识方法称为"黑格尔的戏法"。在这一过程中，黑格尔实际上将认识主体思辨化，它表现为这样一个思维过程，即"在个性这个概念的'概念'中，包含着'对自己加以限制'。而个性'由于自己的普遍本质'，接着就立即加上了包含在它的概念的'概念'中的这个限制，而且在个性重新把这个限制消灭以后，才知道'正是这个本质'才是'个性的内在的自我区别的结果'。因此，这种奥妙的同语反复的全部伟大结果也就是在思维中的

① 《马克思恩格斯文集》第1卷，人民出版社，2009，第277页。
② 《马克思恩格斯文集》第1卷，人民出版社，2009，第277页。
③ 《马克思恩格斯文集》第1卷，人民出版社，2009，第283页。
④ 《马克思恩格斯文集》第1卷，人民出版社，2009，第358页。

人的自我区别这种久已驰名的黑格尔的戏法"①。可见，黑格尔虽然通过否定性的对象化活动，使得认识的能动的方面得以发展，进而批判旧形而上学，但是也将主体性与事物的现实生产过程再一次割裂开来，亦即将现实的主体思辨化。马克思指出，"黑格尔的过错在于双重的不彻底性：首先，他宣布哲学是绝对精神的定在，同时却决不宣布现实的哲学家个人就是绝对精神；其次，他只是在表面上让绝对精神作为绝对精神去创造历史。因为绝对精神只是事后［post festum］才通过哲学家意识到自身是具有创造力的世界精神，所以，它制造历史的行动也只是发生在哲学家的意识中、见解中、观念中，只是发生在思辨的想象中"②。可以说，黑格尔的绝对"我思"作为概念体系，虽然扬弃了"僵死的共相"，但恢复了"能动的共相"。可见黑格尔认识论的根本缺陷就在于，"不知道真正现实的、感性的活动"③，因而没有找到认识的真理性得以实现的现实基础，最终造成认识活动与人的感性活动的思辨统一，而不是现实的统一。

四　认识的现实性何以可能

黑格尔积极发展了能动性的原则，将真理理解为事物的运动过程，扬弃了在以往哲学中客观性规定与思维活动、认识与认识对象的抽象对立。如果不能首先完成这一认识的真理性原则对客观性原则的扬弃，那么对于认识的现实性问题的讨论则很容易退回到客观性的层面中去。黑格尔真理观的深刻性在于，指出认识的真理性在于将事物的本质不断呈现为现实存在的能动主体的活动过程；指出仅仅停留于表象抑或经验联系中的认识活动，与其说还未进入真理性层面，毋宁说是站在真理性的对立面，然而在认识的真理性层面，黑格尔抽象理解了思维的能动性。事实上，关于认识的真理性，即"人的思维是否具有客观

---

① 《马克思恩格斯全集》第 3 卷，人民出版社，1960，第 94 页。
② 《马克思恩格斯文集》第 1 卷，人民出版社，2009，第 292 页。
③ 《马克思恩格斯全集》第 3 卷，人民出版社，1960，第 3 页。

的［gegenständliche］真理性，这并不是一个理论的问题，而是一个实践的问题"①。立足于真理性的认识活动，不应当再次回到思维的自我设定和思辨的批判活动中，而是在实践中将真理性发展为现实性。如果不能从人们的实际生活过程出发，从实践出发，则不能理解认识的现实性所在。只有在现实性的前提下，才能既扬弃关于客观性的讨论对于认识活动的外在规定性，也扬弃思辨真理观中对于认识能动性的抽象发展。因此，之所以产生思维与客观性、真理性的对立，不在于主动性与受动性、有限性与无限性在思维中的关系问题，而是根源于认识活动与实践活动的分离，进而产生的现实性与非现实性的矛盾。

认识活动只有立足实践活动，才能实现思维的现实性。"意识在任何时候都只能是被意识到了的存在，而人们的存在就是他们的实际生活过程"②，这里包含认识与实践的两层关系。

一方面，认识的现实性就在于人的认识只能在实践中形成和发展，认识活动本身构成实践的内在环节。在旧唯物主义中，感性现实被抽象为直观对象，而在唯心主义中，能动性发展为纯粹的思维活动，二者都割裂了认识与实践的内在统一性。因此，在唯物主义的方面，产生出脱离社会现实本身的社会理论，"这种学说一定把社会分成两个部分，其中一部分高出社会之上"③，而在唯心主义的方面，则经由古代观念论、近代经院哲学体系与德国批判哲学，产生出绝对精神概念体系。事实上，认识只能随着实践的发展而发展，在这一意义上来说，认识是实践发展的产物，而不是哲学家所化身的抽象"我思"抑或绝对人格，认识本身的发展亦不是哲学家所设想的概念运动，而是决定于人的社会化的发展程度，亦即作为人通过感性活动生产自身的全部历史的结果才得以可能。因此，只有在实践活动中，才能真正实现"剧作者"与"剧中人"的统一。

另一方面，认识的现实性在于通过实践活动不断扬弃主观与客观的

---

① 《马克思恩格斯全集》第3卷，人民出版社，1960，第3页。
② 《马克思恩格斯全集》第3卷，人民出版社，1960，第29页。
③ 《马克思恩格斯全集》第3卷，人民出版社，1960，第7页。

界限。认识活动包含两个层面的矛盾运动：第一，认识是对人的实际生活的意识，以人们的实际生活过程本身的矛盾运动为内容；第二，认识作为与实在性相对的"理想性"，与现存认识对象相矛盾。关于第一点，认识活动本身具有相对独立性，思辨哲学则将其发展为纯思的抽象主体性，发展为超验的逻辑体系。认识活动的自我否定性，即矛盾性，只不过是人的现实生产活动所具有的矛盾运动本身的反映，即实践中每一旧矛盾的否定必然通过内在产生出的新的矛盾运动来实现，认识活动就在于揭示现实生产过程的内在矛盾运动，因此"对现实的描绘会使独立的哲学失去生存环境"①。关于第二点，认识所包含的"理想性"问题，黑格尔曾经指出，"理想性并不是在实在性之外或在实在性之旁的某种东西"②。那么理想性本身，既非源于先天的主观形式，亦非绝对化的逻辑体系，而是由认识活动进入实践活动的内在可能性所定义的，亦即"人应该在实践中证明自己思维的真理性，即自己思维的现实性和力量，亦即自己思维的此岸性。关于离开实践的思维是否现实的争论，是一个纯粹经院哲学的问题"③。因此，所谓思维的理想性，正如马克思在阐明如何理解共产主义时所指出的那样，"共产主义对我们说来不是应当确立的状况，不是现实应当与之相适应的理想。我们所称为共产主义的是那种消灭现存状况的现实的运动"④，认识活动只有通过实践活动，才能不断扬弃主观性与客观性的界限，使得理想性与现实性的统一成为可能。

进而，在认识的现实性层面，则可以看到现实的真理性并非停留于所谓本质与感性经验之间的理论联系中，而是进展于实践活动中。在历史发展进程中，哲学家们往往从理性原则出发，建构起种种解决经验问题的恢宏的理想大厦，并妄图将大厦中的内容直接植入现实生活。但是现实历史发展过程，不是外在理性建构的结果，而是自身发展的必然。认识的目的并非停留于追求理论体系内部的自洽性，而在于同时地将客观的真理性提升为实践的现实性，从而将认识活动的出发点由思辨活动

---

① 《马克思恩格斯全集》第 3 卷，人民出版社，1960，第 31 页。
② 黑格尔：《小逻辑》，贺麟译，商务印书馆，1980，第 212 页。
③ 《马克思恩格斯全集》第 3 卷，人民出版社，1960，第 3~4 页。
④ 《马克思恩格斯全集》第 3 卷，人民出版社，1960，第 40 页。

移入实践环节。关于认识的封闭性与非封闭性、意识的内在性与主体性的争论，只有在现实性的层面，才能得以解决，即认识不再是独立于实践之外的反思活动，而是实践本身的能动环节，亦即"思辨终止的地方，即在现实生活面前，正是描述人们实践活动和实际发展过程的真正实证的科学开始的地方"①。"真正实证的科学"则将使得感性经验从纯粹理性的自足中解放，以感性活动复活感性经验，将认识主体由绝对主体转向现实主体，从表象深入本质，从理论深入现实，将事物本身的产生发展由其历史条件、历史环境、历史主体的必然联系中作出全面的说明。这种考察本身将使得人的感性活动被揭示为自然的历史过程，由此真理将不再囿于"理性体系"，而得以成为"行动的指南"。

总之，通过对认识的真理性的讨论，避免了将认识的客观性作为外在于认识过程的抽象讨论，进而，只有在现实性的层面，才能进一步扬弃在真理性问题的讨论中对认识活动与实践活动的割裂，使认识活动回归于实践活动，从而认识的客观的真理性问题，只有在实践中，才能超越纯粹理性的超验哲学反思，实现认识过程与实践过程的具体的历史的统一。

---

① 《马克思恩格斯全集》第 3 卷，人民出版社，1960，第 30~31 页。

第二编　实践与物质生产

马克思主义"实践生成论"
及其本源意义*

韩庆祥

改革开放以后，中国哲学界曾就"生成论"及其相关论题进行过研究，提出了一些颇有启发性的见解，深化并拓展了马克思主义哲学研究的问题域。然而，这些讨论仅仅局限于哲学认识论层面，对"生成论"的内涵、"实践生成论"的建构，尤其是其本源意义的探讨还远不够深入；有的人还用抽象既定论排斥实践生成论，用应然代替实然，用应然方向裁定进而怀疑现实道路——要言之，用抽象的"是"否定"历史地成为是"。这些模糊认识产生的哲学根源之一，就是不理解马克思主义哲学所蕴含的实践生成论及其思维方式。因此，立足于马克思主义唯物史观，进一步建构并阐释"实践生成论"及其本源意义，成为当前亟待深化的现实课题①。

一 "实践生成论"的马克思主义基础

马克思主义经典作家以及中国共产党人为构建"实践生成论"奠定了

---

* 国家社会科学基金重大项目"改革开放以来中国特色社会主义的发展逻辑研究"（17ZDA002）的阶段性成果。本文原载于《哲学动态》2019年第12期，收入本书时有改动。

① 笔者在《学术界》2019年第2期发表的《论马克思哲学的生成性本质》一文中，着重从文本角度分析阐释"马克思哲学的生成性本质"，属于文本解读；本文着重从理论角度建构起对实践生成论及其本源意义的理解，属于理论建构。

坚实的理论根基，提供了丰富的思想资源。通过梳理"实践生成论"的形成线索和发展脉络，可以揭示出"实践生成论"的深刻内涵和本质特征。

马克思恩格斯把实践、辩证法、历史思维引入唯物主义，把生成论思维方式引入哲学，注重哲学的实践解释方法、辩证解释方法和历史解释方法，从既成论思维方式转向实践生成论思维方式，实现了哲学思维方式的变革，认为任何事物和对象都是在实践的、辩证的、历史的展开过程中生成自身，此可谓"过程生成"。马克思指出："历史的全部运动，既是它的现实的产生活动……同时，对它的思维着的意识来说，又是它的被理解和被认识到的生成运动。"① "对社会主义的人来说，整个所谓世界历史不外是人通过人的劳动而诞生的过程，是自然界对人来说的生成过程。"② 恩格斯也强调指出，辩证法在考察事物时，本质上是从它们的产生和消逝方面去考察的，它不断地注视生成和消逝之间、前进的变化和后退的变化之间的普遍相互作用，它把整个自然的、历史的和精神的世界描写为一个过程。现代唯物主义把历史看作人类的发展过程。③ 这些论述所揭示的就是"生成性"思维方式。为说明这一点，恩格斯还引用了赫拉克利特的观点，即一切都存在而又不存在，因为一切都在流动都在不断地变化，不断地生成和消逝。④ 马克思恩格斯通过这些重要表述展示了"生成论思维方式"的实质所在和本质特征，并将其贯彻到对实践唯物主义、辩证唯物主义、历史唯物主义的理解当中。从本质上而言，生成论就是实践生成论，它始终关注人类实践过程及其事物在实践过程中的历史性生成。从更深层次的理论构建而言，实践生成论更重要且更关键之处在于，它将实践解释原则、辩证解释原则和历史解释原则引入了世界观和方法论。在马克思恩格斯以后的马克思主义发展进程中，实践生成论得到了具体体现和贯彻落实。

列宁晚年关于俄国从小农经济向社会主义过渡的思想，十分鲜明地蕴含着实践生成论思维方式。其最具代表性、标识性的论断，就是十月

---

① 《马克思恩格斯全集》第3卷，人民出版社，2002，第297页。
② 《马克思恩格斯全集》第3卷，人民出版社，2002，第310页。
③ 《马克思恩格斯选集》第3卷，人民出版社，1995，第738页。
④ 《马克思恩格斯文集》第9卷，人民出版社，2009，第23页。

革命后所指出的：我们对社会主义的整个看法发生了根本改变；人民群众的实践创立了生机勃勃的创造性的社会主义。"对俄国来说，根据书本争论社会主义纲领的时代也已经过去了，我深信已经一去不复返了。今天只能根据经验来谈论社会主义。"① 这就是说，社会主义的一般原则及其实现，现实的社会主义以及社会主义的发展，本质上都根源于活生生的社会实践，都是在人民群众的实践进程中不断生成的，是人民群众的实践活动保障了生机勃勃的创造性的社会主义的发展和完善。

毛泽东关于实践论与马克思主义中国化的论述，充分体现了实践生成论及其思维方式。毛泽东鲜明地反对教条主义、经验主义、本本主义等主观主义，认为一切认识都是从人的实践活动中产生的，只有人们的社会实践，才是人们对于外界认识的真理性的标准。毛泽东还特别注重推进马克思主义中国化。"马克思主义中国化"这一论断实质上强调的是：马克思主义要在中国实践和中国发展中发挥指导作用，必须具备一个前提条件，那就是它必须与中国具体实际相结合，并在实践发展进程中"生成和产生"马克思主义中国化的成果，即"中国版本"的马克思主义；在相结合的过程中，这种"中国版本"的马克思主义理论创新成果也要随着中国实践的发展而发展。这实质上就是实践生成论及其思维方式的具体体现。毛泽东思想具有实践性、辩证性和历史性，它们充分体现着实践生成论思维："实践性"注重现实过程和实际条件，反对教条主义；"辩证性"强调联系和发展，反对形而上学；"历史性"注重发展过程，反对僵化保守。

邓小平更是运用实践生成论及其思维方式的"高手"。邓小平强调，"实事求是"是马克思主义的精髓，也是毛泽东思想的精髓；它是中国革命取得成功的关键所在，也是中国建设、改革取得成功的关键所在。当今，中国的生产力水平与发达国家相比尚有明显的差距，社会主义还是一个"不够格"的社会主义，还处在社会主义初级阶段；社会主义初级阶段首要的根本性任务，就是解放和发展社会生产力。邓小平关于社会主义初级阶段和首要任务的论述，是从实践生成论及其思维方式角度来阐发的。不仅如此，邓小平还强调指出：社会主义的本质，是解放生

① 《列宁全集》第34卷，人民出版社，2017，第466页。

产力，发展生产力，消灭剥削，消除两极分化，最终达到共同富裕。①
这一对社会主义本质的说明，充分体现了实践生成论思维。邓小平进而
强调，中国特色社会主义是从社会主义初级阶段产生出来的社会主义，
是由人民群众的实践活动开创出来的社会主义，其自身的不断发展，必
然使"不够格"的社会主义成为"够格"的社会主义。这种对中国特色
社会主义的理解，充分体现了实践生成论及其思维方式。

此外，江泽民同志强调的"与时俱进"、胡锦涛同志阐述的中国改
革开放的"十个结合"经验、习近平同志提出的"新时代""中国发展
新的历史方位"以及中国特色社会主义的"四个走出来"等重大论断，
也蕴含着实践生成论及其思维方式，是对实践生成论及其思维方式的充
分运用和发展完善。

二 "实践生成论"的建构与阐释

为了阐明实践生成论及其本源意义，还需要解答两个问题：究竟何
谓"实践生成论"？应从哪些方面建构并阐释"实践生成论"？

第一，就"生成"的外延而言，所谓生成论思维方式中的"生成"，
主要包括实践性生成、辩证性生成、历史性生成；但从本质或核心来讲，
首要的是实践性生成，辩证性生成、历史性生成都植根于实践性生成。
当今中国哲学界所谓的实践唯物主义、辩证唯物主义、历史唯物主义，
本质上讲的就是实践性生成、辩证性生成、历史性生成：所谓实践性生
成，就是事物在实践过程中之生成，可称之为"实践即生成"；所谓辩
证性生成，就是在批判、超越和改变事物的现状之过程中的生成，可称
之为"辩证即生成"；所谓历史性生成，就是事物在历史过程中之生成，
可称之为"历史即生成"。实践生成论强调具体存在先于抽象本质，抽
象本质皆在具体存在之发展过程中被内在地提炼出来。辩证性生成、历
史性生成只有在实践性生成中才能得到合理解释——因为辩证法是实践
过程中的辩证法，历史则是由人类的实践活动及其过程构成的历史。具

① 《邓小平年谱（1975—1997）》（下），中央文献出版社，2004，第1343页。

体而言,一方面,辩证法在本质上或本源上是实践活动中的辩证法,其批判的、革命的特质源于实践活动,正如马克思恩格斯在《德意志意识形态》中所强调的,实践唯物主义就是要使现存世界革命化,并实际地改变事物的现状。另一方面,历史唯物主义所蕴含的历史原则、历史思维与历史生成源于作为人类历史前提和出发点的人的实践活动,因为按照马克思恩格斯在《德意志意识形态》中所言,他们分析研究历史,是从一定社会条件下的人的实践活动出发的;在这种实践活动过程中,人们为了生存和生活,必须进行物质生产,而物质生产可以从生产力和交往形式(生产关系)两个根本方面来考察;正是在分析、研究生产力和交往形式(生产关系)之内在矛盾运动的过程中,马克思恩格斯发现并揭示了人类历史发展的一般规律,进而创立了历史唯物主义。所以,辩证性生成和历史性生成从本源意义上都源于实践性生成。

第二,就"实践"和"实践生成"的本质而言,实践的本质是"生成",实践生成的本质则表现为任何事物都是在实践进程中得以生成、实现和确证的。分而论之,有三个渐进的层面。其一,就"实践"而言,实践在本质上就是改变事物的现状,使现存世界革命化,进而使远大理想、目标追求得以实现,变成现实,因而实践之本质就是"生成性",具有"生成性"特点。其二,就"生成"而言,生成就是铸就或塑造、创生或生长、成长或成为,总之就是从无到有、从小到大、从大到强、从量到质、从理念到现实的"必然"过程。其三,就"实践生成"而言,实践生成意味着任何事物都是在人们的实践活动过程中必然"成其为是"(即生成的),任何事物都是在人们的实践活动过程中得到确证的,任何远大理想、目标追求都是在人们的实践活动过程中得以实现的,离开人们的实践活动及其过程,任何事物将不会有于人而言的"生成"与"确证",任何远大理想、目标追求也就没有于人而言的"实现"。"凡是合理的都是现实的",在一定意义上就包含这种生成性思维。

第三,就实践生成论的机制而言,它包括方法逻辑、现实逻辑、决策逻辑、目标逻辑、革命逻辑、实现逻辑、历史逻辑和创新逻辑。如上所述,实践生成论关注的是实践过程及其事物在实践过程中的生成,它的内在生成机制包括诸多环节。具体来说,实践生成论注重不断推进马克思主义中国化，始终坚持马克思主义的基本原理，又结合中国具体实际发展马克思主义，这是其方法逻辑；实践生成论注重实事求是与现实条件，直面现实人的生活世界，坚持从客观实际出发来认识中国国情、中国实际和中国现实，进而作出科学研判，这是其现实逻辑；实践生成论注重在对客观事物与客观世界进行科学研判的基础上作出科学决策，进而制定正确的工作方针，坚持"把好脉、开好方"，这是其决策逻辑；实践生成论注重在科学决策的基础上确定实践目标，坚持目标的科学性、道义性与可操作性，这是其目标逻辑；实践生成论注重通过人民群众生机勃勃的创造性实践活动和斗争精神改变事物的现状，使现存世界革命化，坚持批判和超越、改变和变革，这是其革命逻辑（或斗争逻辑、实干逻辑、奋斗逻辑）；实践生成论注重采取行之有效的战略谋划、战略安排与总体方略来实现目标，坚持实际操作的行之有效性，这是其实现逻辑（或效果逻辑）；实践生成论注重基于人的实践活动创造历史、书写历史、推动历史发展，坚持历史发展是一个过程，这是其历史逻辑；实践生成论注重通过上述具有内在逻辑联系的机制和环节，使事物在实践过程中成为"是"，在千百万人民群众的活生生的实践中创造性地成为"是"，这是其创新逻辑。

第四，就实践生成论的构建方式而言，它注重在"破"中"立"，在"消解"中"构建"。其一，实践生成论反对教条主义和本本主义，注重现实人的生活世界及其现实逻辑。所谓现实人的生活世界，就是在时空条件下存在并可具体观察到的世界，因而是完全可以凭借时空条件来理解和把握的。生成之"生"，就是生长过程；生成之"成"，就是所谓"开花、结果"。总之，所谓生成就是事物、对象在现实人的生活世界及其现实逻辑中的生长和"成为"过程，它可以用具体的时间、空间和条件来把握。这就把实践生成论建立在厚重的现实基础之上，其实质就是要遵循事物发展的现实逻辑，注重从现实发展过程出发规定事物。显然，这样的实践生成论与教条主义和本本主义是对立的。其二，实践生成论反对以抽象的设定来把握事物的"是"。社会生活在本质上是实践的。同理，现实人的生活世界在本质上也是实践构成的。这就是说，一方面，现实人的生活世界、社会生活是在实践中得以生成、实现和确证的，它遵循的是具体的实践发展过程及其实践发展逻辑；另一方面，现实人的生活世界是一个自然历史发展过程，它具有自身发展的现实逻辑。马克思主义认为，现实人的生活世界是人的实践活动参与其中的世界，是人的实践活动的人化（或外化、对象化）。人的实践活动是一种具体的感性活动，人的实践活动总是在推动事物的发展，因而，具体的实践发展进程便具有生成性。就此而言，"生成"本质上就是在具体实践发展过程中之生成。实践生成论注重从具体的实践过程出发来规定具体事物，强调要用实践的生成规律取代预定的先验规律，它注重"是"，更注重"成为是"。因而，实践生成论反对以抽象设定来理解和把握事物或"是"。其三，实践生成论彻底反对历史虚无主义。实践生成论认为，所有人类历史都是人类实践活动创造的。人类"历史"过程实际上就是一种历史性生成，是因"生成"而"生长"或"形成"的历史，没有"生成"便没有历史。具体的历史过程是可以理解和把握的，它可以凭借历史时间（如历史阶段、历史时期、历史方位等）、"历史空间"（如东方、西方等）被衡量和把握。历史发展过程具有连续性和阶段性，连续性和阶段性就蕴含着必然的"生成"。实践生成论的核心，就是要理解和把握具体实践及其历史发展过程所蕴含的"必然的"历史生成逻辑，其实质就是注重从历史过程出发规定事物（所谓"过程规定"，是相对于"抽象规定"而言的），注重任何事物在其历史发展过程中的积极成长，因而它反对历史虚无主义。其四，实践生成论反对空想主义和先验主义，注重实现理想的现实基础和现实运动。理想属于应当实现的"应然"，它只规定"实然"所应达至的方向和目标，但并不具体确定"实然"的道路或路径，"实然"的具体道路是根据具体的现实条件、实践条件和历史条件确定的。

第五，就实践生成论蕴含的思维方式而言，它注重"成为是"，是实践思维、求实思维、辩证思维、过程思维、历史思维。马克思恩格斯都拒斥和批判近代西方所谓的形而上学，某种意义上，可以说形而上学是一种既成性思维方式，因为它机械而片面地注重"是"，强调"是"就是"是"，"不是"就是"不是"。总之，这种既成性思维方式否认"过程生长"，否认事物是作为一种过程而存在和生成的；这样来理解和把握事物，事物就永远是静止的、永恒的、不变的。实践生成论所蕴含的思维方式之所以是先进的，一方面在于它注重"成为是"，它对事物的理解和把握是从"成为""生长"入手的。也就是说，它既从事物的相对确定性角度来理解事物，认为任何事物都具有相对静止的一面，有其质的规定性；同时，它又从事物的不确定性角度来理解具体事物，认为任何具体事物都具有发展、变化的一面，都处在运动、发展、变化即"生成"（生长、成为）过程之中，没有绝对静止不动和永恒不变的抽象事物和对象，事物的相对静止的"质"的规定性，都是在生成过程中被确定并加以实现的，离开实践过程、历史过程和具体的现实条件，事物的所谓"静止性"的"质"的规定性都是抽象的。另一方面在于它注重"必然"出场的各个事物之间的因果逻辑，注重实践、现实、历史发展过程中各个环节在生成性上的"环环相扣"的因果生成性。

三 "实践生成论"具有本源意义

由于"实践生成论"本身所体现的巨大现实感，其具有了强烈的本源意义。所谓"具有本源意义"有三个层面的规定：一是指对于人及其认识对象而言，实践是事物存在和发展的本源和根据；二是指我们党的创新理论之所以具有"创新性"，本源于"实践生成论的思维方式"；三是指它从本源上有助于澄清诸多理论和实践上的迷误。对此，学界的研究还远远不够，需要引起关注并深化对这一课题的探讨。

一是需要基于实践生成论思维来认识和理解"两个必然"和"两个决不会"。简要来说，《共产党宣言》中提出的"两个必然"，是马克思恩格斯运用"生产力决定生产关系""经济基础决定上层建筑"的历史唯物主义基本原理，来分析近代欧洲社会由封建主义走向资本主义、进而由资本主义走向社会主义的历史发展必然趋势；这一经典论断的提出具有历史必然性，其中对资本的分析蕴含着实践生成论思维，因为它是运用"成为是"的历史生成性原则来分析和解释历史的。在 1859 年《〈政治经济学批判〉序言》中，马克思又提出了"两个决不会"①。这是马克思在分析当时欧洲资本主义社会发展的历史境况、历史境遇与实

---

① 参见《马克思恩格斯选集》第 2 卷，人民出版社，2012，第 3 页。

现社会主义的历史条件的基础上而提出的。也就是说，当资本主义的生产力发展依然具有生命力且不具有消亡的历史条件时，资本主义就决不会灭亡，也决不会退出历史舞台；当还达不到实现社会主义的历史条件时，社会主义也决不会"生成"即出现。要言之，马克思提出的"两个必然""两个决不会"体现的都是实践生成论思维，实践生成论思维是理解和把握"两个必然""两个决不会"的根据。

二是需要基于实践生成论思维来认识和理解马克思主义中国化的理论成果。有的人对1978年以来我们党的创新理论理解得不够到位，认为理论创新速度太快。这是一种认识误区。如果运用实践生成论思维来理解和把握我们党不断推进马克思主义中国化所取得的理论创新成果，就会有茅塞顿开之感。实践是理论之源，时代是思想之母，思想是时代的声音。实践创新每推进一步，理论创新"必然"会跟进一步，这就是与时俱进。1978年以来，中国的社会实践发生了迅速而剧烈的变化，这一变革时代的社会实践迫切（"必然"）需要理论指导；亦即社会实践不断进行创新，理论"必然"需要跟进和创新。如果理论跟不上时代发展水平和实践发展步伐，就会导致社会的无序和混乱。1978年以来至党的十八大以前，中国社会处于"欠发展"的历史方位，因此，我们党的主要历史使命是解决人民富起来的问题，解决"不发展"问题属于当务之急，由此就"必然"地提出了邓小平理论、"三个代表"重要思想、科学发展观。党的十八大以后，中国步入了"发展起来以后"如何"使大国成为强国"的历史方位，我们党的历史使命就是实现中华民族伟大复兴，实现"强起来"，由此，解决"发展起来以后"的问题，为实现中华民族伟大复兴提供行动指南，就属于当务之急。于是，党的十九大"必然"地提出习近平新时代中国特色社会主义思想。历史发展的"必然性"确定社会存在，社会存在决定着社会意识。其中蕴含的实践生成或内生逻辑是：我们党在对各种"思想"和"主义"的比较中，根据中国的具体实际，把马克思主义基本原理与中国实际相结合，选择马克思主义作为我们党的指导思想，并根据不断发展的时代和实践奋力推进马克思主义中国化，奋力推进理论创新。

三是需要基于实践生成论思维来认识和理解中国特色社会主义。有些人认为，中国特色社会主义就是"国家资本主义"，或者认为形式上是社会主义，实质是资本主义。为了克服这些认识偏颇，需要基于实践生成论思维，把何为"资本"及其本质说清楚，借此也就基本上能把中国特色社会主义说清楚。中国特色社会主义是在中国社会主义初级阶段所要建设的现实的、具体的社会主义。这种现实的、具体的社会主义与马克思恩格斯所构想的社会主义具有共同点，但也有一定区别。也就是说，与马克思恩格斯所构想的社会主义相比，我们所建设的社会主义还不完全"够格"。之所以不完全"够格"，主要在于中国的社会生产力还不很发达，缺乏雄厚的物质基础。要使不很"够格"的社会主义成为"够格"的社会主义，就必须大力解放和发展社会生产力——要做到这一点，既需要运用市场经济，让市场在资源配置中起决定性作用；也需要适当利用资本，让资本把各种分散的生产要素聚集到一起，从而创造社会物质财富，提高社会生产力。要言之，在社会生产力不发达的基础上建设社会主义的现实和实际，内在地需要合理利用市场经济和资本来解决落后的社会生产问题。这就使社会主义具有了"中国特色"。这种中国特色社会主义不是国家资本主义，而是在中国共产党领导下，在公有制为主体的前提下，既适当利用资本，又驾驭资本以解放和发展社会生产力，从而为建设社会主义奠定雄厚的物质基础。也就是说，我们的奋斗目标是社会主义，但由于历史的逻辑或历史发展的内在必然性，在手段和方式上是在中国共产党领导下可以适当利用资本和驾驭资本；当中国社会生产力高度发展以后，就要进一步去解决体现公平正义的制度安排问题，此时，就要更进一步增强和加大社会主义公有制的主导地位，合理限制、控制和驾驭资本。总之，在改革开放之初，为了解放和发展社会生产力，在建设中国特色社会主义进程中可以适当利用和驾驭资本；进入新时代，新时代的中国特色社会主义为了追求并体现公平正义，需要适度限制资本。

当今，一些人一谈资本，便认为它是洪水猛兽，是"吃人"的魔鬼，必然滋生拜金主义。这涉及如何评价资本的历史作用问题。如果从马克思恩格斯当年所构想的社会主义、共产主义的尺度来看待资本，或者从价值尺度来看待资本，资本确确实实具有"吃人"的本性，这主要体现在资本占有劳动并控制社会。由此，我们必须批判并超越资本的历史局限和弊端。我们看到，马克思恩格斯曾运用实践生成论思维，分析了资本产生的历史必然性，认为："资产阶级赖以形成的生产资料和交换手段，是在封建社会里造成的。"① 因为当这种生产资料和交换手段发展到一定历史阶段，封建的所有制关系就不再适应已经发展起来的社会生产力了，或者已经变成生产力发展的桎梏。② 由此可见，如果基于实践生成论思维，基于历史尺度（历史必然性），那么资本还是具有一定的历史进步作用——从历史发展过程来看，资本在一定程度上有助于发展社会生产力，为"生成"（或"成为"）我们期望的"合格"的社会主义提供物质基础。马克思恩格斯在《共产党宣言》中指出，资产阶级在历史上起过非常革命的作用，它打破了一切封建的、宗法的关系以及封建羁绊，冲破了自给自足和闭关自守状态，创造了诸多惊人奇迹，开拓了世界市场，建立起了新的工业，扩大了世界交往，证明了人的活动能够取得重大成就；它克服了民族的片面性和局限性，使很大一部分居民脱离了农村生活的愚昧状态。总之，"资产阶级在它的不到一百年的阶级统治中所创造的生产力，比过去一切世代创造的全部生产力还要多，还要大。……过去哪一个世纪料想到在社会劳动里蕴藏有这样的生产力呢？"③ "资本"的历史作用主要在于它具有"虹吸"、"聚集"和"纽带"作用：它作为纽带，可以把基本的生产要素如劳动者、技术、管理者、劳动工具等聚集在一起，发挥各自的作用，从而提高生产效率或生产力。④ 马克思恩格斯还基于实践生成论思维，分析了资本退出历史舞台的必然性。他们指出，"现在，我们眼前又进行着类似的运动。资产阶级的生产关系和交换关系，资产阶级的所有制关系，这个曾经仿佛用法术创造了如此庞大的生产资料和交换手段的现代资产阶级社会，现在像一个魔法师一样不能再支配自己用法术呼唤出来的魔鬼了"⑤。这

---

① 《马克思恩格斯文集》第2卷，人民出版社，2009，第36页。
② 《马克思恩格斯选集》第1卷，人民出版社，2012，第402~406页。
③ 《马克思恩格斯选集》第1卷，人民出版社，2012，第405页。
④ 《马克思恩格斯选集》第1卷，人民出版社，2012，第402~406页。
⑤ 《马克思恩格斯选集》第1卷，人民出版社，2012，第405~406页。

就是说，无产阶级也是在资本主义社会历史发展的历史逻辑中产生的。因为，当资产阶级生产资料和交换形式发展到一定的历史阶段，资本主义的所有制关系就不再适应已经发展起来的社会生产力，并变成了社会生产力发展的桎梏。在中国社会主义初级阶段，要解决落后的社会生产问题，解放和发展社会生产力，在一定程度和一定意义上也要适当利用资本的历史作用，这是历史发展的必然逻辑和必然生成。列宁在讲到俄国由小农经济向社会主义过渡的问题时，就认为相对于封建主义，资本主义具有历史进步作用。① 然而，在社会主义初级阶段，在中国特色社会主义发展进程中，资本逻辑也只是在解放和发展社会生产力这个意义上才被利用。在利用资本的过程中，可能会出现资本占有劳动的情境，也可能会导致一定程度上的分配不公，这势必会影响劳动者积极性、主动性、创造性的充分发挥。为此，历史发展的内在逻辑必然要提出限制和控制资本作用的范围问题，这就内在地要求中国共产党人既要学会利用资本，又要学会驾驭资本。利用资本和驾驭资本，都是本源于实践生成论思维才得到深刻理解和把握的。这里的实践生成或内生逻辑是：落后的生产力—利用资本和驾驭资本—生产力发展与世界交往和世界历史—社会主义；资本占有劳动和分配不公—导致社会不和谐—限制资本和控制资本。

四是需要基于实践生成论思维方式来认识和理解社会主义"市场经济"。当今，一些人一谈论市场经济，就会过于强调市场经济的负面效应，认为市场经济在中国是有害的，它是滋生利己主义、功利主义并导致物化生存与物欲横流的根源，甚至会导致贫富两极分化。这涉及究竟如何评价市场经济的问题。在马克思恩格斯关于未来理想社会的"词典"里，是找不到"市场经济"概念的。不容否认，从价值尺度看，从马克思恩格斯当年所构想的社会主义、共产主义的尺度来看，市场经济确实具有历史局限和弊端，它在一定意义上会滋长利己主义、功利主义、拜金主义，导致物欲横流、贪欲膨胀。对此必须加以警惕！如果基于实践生成论思维来分析市场经济，即运用历史尺度（历史必然性）来看待

① 《列宁选集》第4卷，人民出版社，2012，第510页。

市场经济，就要认识到：基于中国社会生产力相对落后、人民生活水平不是很高，即社会主义还"不够格"或还处在社会主义初级阶段的历史和现实，市场经济在中国还是具有一定历史进步作用的，它是"生成"生产力进而成为"合格"社会主义的基础和条件。

"基础和条件"是实践生成论及其思维方式的要件。在中国要建成和实现社会主义，需要两个坚实基础和前提条件：一是社会生产力发展到一定程度，为社会主义奠定较为雄厚的物质基础；二是人民物质文化生活水平得到较大提高，具有较高的文化素质。解决第一个问题需要借助市场经济，市场经济依然是当今世界解放和发展社会生产力的较为有效的方式和手段之一。因为市场经济注重按照能力贡献与生产效率进行分配，这能在一定程度上调动从事经济活动的人的积极性、主动性和创造性，进而有助于提高生产效率与创造社会财富。解决第二个问题也需要市场经济，市场是一所"大学校"，这所特殊的"大学校"可以提高人们的效率意识、勤劳意识、能力意识、独立意识、自主意识和平等竞争意识，也可以逐步消除懒汉和"等""靠""要"等不良现象。这恰是建设社会主义所需要的一些基本现代意识。另外，市场经济既有助于促进经济全球化，使地域历史走向世界历史，同时又能激发人的主动性和创造性。马克思恩格斯在《德意志意识形态》中，认为资本主义社会是以市场及资本为纽带的大工业，必然使地域历史成为世界历史，而世界历史是共产主义产生（即"生成"）的前提条件；甚至他们对共产主义的界定，也本源于实践生成论的思维方式。① 这里的实践生成或内生逻辑是：社会生产力落后—市场经济—社会生产力发展和人的素质提高—平等自由公正精神和世界历史——社会主义。显然，运用实践生成论思维方式来分析市场经济，可以澄清过去我们对市场经济理解上的某些迷误。

---

① 《马克思恩格斯选集》第 1 卷，人民出版社，2012，第 166~174 页。

生产资料所有制与人的发展*

——马克思恩格斯所有制理论的根本指向 及其在当代中国的实践

王中汝

经由无产阶级的彻底解放，最终实现人的自由而全面的发展，是马克思恩格斯的所有制理论蕴含的核心价值追求。消灭资本主义私有制，由全体劳动者共同占有和支配生产资料，实现劳动力与劳动条件或劳动资料充分结合，是达致这个核心价值追求的根本途径。马克思恩格斯关心的生产资料所有制问题，并非只是单纯的经济或生产力问题，更是无产阶级解放与人的自由全面发展问题。只有在这个意义上，才能充分理解恩格斯的以下论断，即"社会主义的任务，不如说仅仅在于把生产资料转交给生产者公共占有"①。马克思恩格斯的所有制理论，为当代中国波澜壮阔的经济体制改革特别是所有制改革实践，为崭新的具有中国特色的社会主义所有制结构的形成与发展，指明了方向、提供了准绳。

一 无产阶级革命要消灭的资本主义私有制

在马克思恩格斯的理论中，生产资料所有制问题居于非常重要的地位。生产资料所有制，首先关系到生产力发展，生产力决定物质财富的创造，决定着生存资料、发展资料乃至享受资料的生产与供给。符合生

---

* 本文原载于《社会主义研究》2020 年第 2 期，收入本书时有改动。
① 《马克思恩格斯文集》第 4 卷，人民出版社，2009，第 517 页。

产力发展要求的所有制形式，乃至整个生产关系，才是进步的、适当的所有制形式和生产关系。更重要的，也是常常为人们所忽视的是，生产资料所有制形式，决定着人的发展与完善程度。

人的发展，只能在劳动这种人特有的创造性活动中才能实现。是否占有生产资料，是劳动能否顺利实现及实现程度与状态的必要条件。只有在充分占有并支配生产资料的条件下，作为劳动者的人的劳动，才是自由的、创造性的。缺乏这个条件，劳动必然失去自由创造活动的性质，而沦为以生存等为目的的强制性活动，人的发展特别是个性的完善必然会受到限制。因此，《共产党宣言》在谈到"消灭私有制"时强调，"共产主义的特征并不是要废除一般的所有制，而是要废除资产阶级的所有制"①。资产阶级的所有制是私有制，但不是一般的私有制，而是"建立在阶级对立上面、建立在一些人对另一些人的剥削上面的产品生产和占有的最后而又最完备的表现"②。1867 年，马克思在《资本论》第一卷中进一步阐明了这个问题："私有制作为社会的、集体的所有制的对立物，只是在劳动资料和劳动的外部条件属于私人的地方才存在。但是私有制的性质，却依这些私人是劳动者还是非劳动者而有所不同。私有制在最初看来所表现出的无数色层，只不过反映了这两极间的各种中间状态。"③ "私有制"的"两极"，在现实中体现为两种极端形式。一个极端是劳动者自己占有、支配生产资料的私有制。在这种情况下，"劳动者是自己使用的劳动条件的自由私有者，农民是自己耕种的土地的自由私有者，手工业者是自己运用自如的工具的自由私有者"④。私有制的另一个极端，是"资本主义私有制"，即"以剥削他人的但形式上是自由的劳动为基础的私有制"⑤。资本主义私有制，是以劳动者的劳动力和生产资料的分离为前提的：劳动者占有劳动力，资产阶级占有生产资料，劳动者只能把劳动力出卖给资产阶级，劳动才能实现。

---

① 《马克思恩格斯文集》第 2 卷，人民出版社，2009，第 45 页。
② 《马克思恩格斯文集》第 2 卷，人民出版社，2009，第 45 页。
③ 《马克思恩格斯文集》第 5 卷，人民出版社，2009，第 872 页。
④ 《马克思恩格斯文集》第 5 卷，人民出版社，2009，第 872 页。
⑤ 《马克思恩格斯文集》第 5 卷，人民出版社，2009，第 873 页。

无论在理论还是在实践上，决不能把两种性质截然不同的私有制混淆起来。劳动者的私有制，尽管在一定的历史发展阶段存在合理性，但它的局限也是非常明显的："土地和其他生产资料的分散"，"排斥协作，排斥同一生产过程内部的分工，排斥对自然的社会统治和社会调节，排斥社会生产力的自由发展。它只同生产和社会的狭隘的自然产生的界限相容"①。因此，随着生产力的提高、生产资料的集聚与生产组织的变革，这种私有制必然走向灭亡，被更高级别的资本主义私有制所取代。实际上，生产资料的这种"个人占有"，只是在某些社会、某些发展阶段零星地存在过，但"无论何时何地对于生产者来说都从来没有作为普遍形式存在过"②。概言之，劳动者的私有制，是一种有利于人的个性发展但从来未在现实社会普遍存在过的理想的所有制形式。

在"社会全体成员的平等的、合乎人的尊严的发展"及其所需要的生产力条件的意义上，恩格斯提出资本主义社会"以前的一切社会形式都太薄弱了"的论断。③ 其中，主要是关系物质生产的所有制形式。资本主义私有制，尽管有着种种弊病，但它史无前例地解放和发展了生产力，为人的自由而全面发展提供了物质上的前提。资本主义私有制条件下成长起来的大规模的工业、商业和交通运输业，客观上要求"劳动的变换、职能的更动和工人的全面流动性"④，要求"承认工人尽可能多方面的发展是社会生产的普遍规律"⑤，要求"全面发展的个人"⑥。规模化的社会大生产，把"分散的劳动者联合在大工场内，从事有分工的但又互相衔接的活动"，消除了"生产工具处于那种和小所有制结合在一起的分散状态，也不再容许劳动者自己处于孤立状态"⑦。高度发达

---

① 《马克思恩格斯文集》第 5 卷，人民出版社，2009，第 872 页。
② 《马克思恩格斯文集》第 4 卷，人民出版社，2009，第 516 页。
③ 《马克思恩格斯文集》第 3 卷，人民出版社，2009，第 87 页。
④ 《马克思恩格斯文集》第 5 卷，人民出版社，2009，第 560 页。
⑤ 《马克思恩格斯文集》第 5 卷，人民出版社，2009，第 561 页。
⑥ 《马克思恩格斯文集》第 5 卷，人民出版社，2009，第 561 页。
⑦ 《马克思恩格斯文集》第 7 卷，人民出版社，2009，第 674 页。

的生产力，大规模物质生产与交换对于全面发展的人的内在要求，以及人与人之间的普遍交往，是任何前资本主义的经济社会形态所不能提供的。

然而，生产资料私有制的存在，使得人的自由而全面的发展，仅仅停留在可能性上，不能得到真正实现。资本竞争的内在规律，使劳动者必须通过出卖劳动力得到必要的生活资料，以维持劳动力的生产和再生产，而无暇从事生存之外的体现多方面才能的创造性活动。生产资料私有制导致的强制性分工，即"不是出于自愿"① 的分工，导致工人作为人应该具有的多方面的才能，无法得到充分培育和施展。资本主义生产资料私有制对人的发展的限制，莫过于此。消灭生产资料的资本主义私有制，成为共产党人领导的无产阶级革命的核心任务。

二　未来社会的生产资料所有制

把单个劳动者的狭隘的生产力变成建立在社会成员普遍联系基础上的社会生产力，前所未有地实现了人的政治解放并提出了人的自由全面发展的客观要求，是资本主义的主要功绩。它的主要弊病，既在于资产阶级私人占有的生产资料对社会化了的生产力发展的束缚，更在于这种私有制所必然导致的强制性分工对客观上要求自由全面发展的人的桎梏。"一种历史生产形式的矛盾的发展，是这种形式瓦解和新形式形成的唯一的历史道路。"② 顺应社会化的生产力的发展要求，顺应大生产所要求的人的自由全面发展的要求，把生产资料由资产阶级私人占有变更为联合起来的生产者共同占有、支配，是资本主义本身提供的解决其内在矛盾的锁钥。

在取代资本主义社会的未来社会，应该采取什么样的生产资料所有制形式？在马克思恩格斯的著作中，"公有制""社会所有制"等概念都出现过。"公有制"之"公"，从字面上理解即"公共"，强调的是生产

---

① 《马克思恩格斯文集》第 1 卷，人民出版社，2009，第 537 页。
② 《马克思恩格斯文集》第 5 卷，人民出版社，2009，第 562 页。

资料"公共占有"，它是相对于"个人占有"而言的。① "社会所有制"之"社会"，即"社会全体成员"，强调的是生产资料"社会所有"②，从语义上推测也是相对于"个人所有"而言的。在特殊场合，马克思也使用过"个人所有制"概念来描述未来社会的所有制。恩格斯认为，马克思的主张并不矛盾："社会所有制涉及土地和其他生产资料，个人所有制涉及产品，也就是涉及消费品。"③ 当然，也有当代中国学者认为，在马克思的语境中，未来社会的"个人所有制"，等同于"社会所有制"。④ 由此来看，公有制和社会所有制是马克思恩格斯主张的在等同意义上使用的未来社会的所有制形式，核心在于生产资料的全体社会成员共同占有、支配。

需要强调的是，无论是"公有制"还是"社会所有制"，都是在资本主义母体中成熟的，而不是人为地、主观刻意地制造出来的。在《资本论》中，马克思指出，"资本主义生产由于自然过程的必然性，造成了对自身的否定。这是否定的否定。这种否定不是重新建立私有制，而是在资本主义时代的成就的基础上，也就是说，在协作和对土地及靠劳动本身生产的生产资料的共同占有的基础上，重新建立个人所有制"⑤。在1871年的《法兰西内战》中，马克思指出："公社是想要消灭那种将多数人的劳动变为少数人的财富的阶级所有制。它是想要剥夺剥夺者。它是想要把现在主要用做奴役和剥削劳动的手段的生产资料，即土地和资本完全变成自由的和联合的劳动的工具，从而使个人所有制成为现实。"⑥ 这不是乌托邦，也不是什么理想，而是"现代社会在本身经济因素作用下不可遏止地向其趋归的那种更高形式"，是"由旧的正在崩溃

① 《马克思恩格斯文集》第4卷，人民出版社，2009，第516页。
② 《马克思恩格斯文集》第4卷，人民出版社，2009，第536页。
③ 《马克思恩格斯文集》第9卷，人民出版社，2009，第138页。
④ 王贵秀：《马克思的"社会所有制"之我见》，《当代世界社会主义问题》1995年第4期。
⑤ 《马克思恩格斯文集》第5卷，人民出版社，2009，第874页。
⑥ 《马克思恩格斯文集》第3卷，人民出版社，2009，第158页。

的资产阶级社会本身孕育着的新社会因素"。① 1877 年，马克思在《给〈祖国纪事〉杂志编辑部的信》中，再次强调了上述观点：资本主义生产"本身已经创造出了新的经济制度的要素，它同时给社会劳动生产力和一切生产者个人的全面发展以极大的推动；实际上已经以一种集体生产方式为基础的资本主义所有制只能转变为社会所有制"②。不尊重社会发展的内在要求与自然规律，运用行政手段臆造种种脱离现实的所有制形式，必然受到历史的惩罚。

当然，"公共占有"或"社会所有"的"公共"或"社会"边界与范围，马克思恩格斯没有详述，但我们可以从社会发展自身寻求答案。马克思恩格斯注意到，公有制在古代社会曾普遍存在。比如，在原始社会，尤其是在村社、部落、氏族的土地公有制下，村社、部落或氏族成员共同占有、共同劳动、共同支配产品。这样的公有制，没有超越单个村社、部落、氏族的范围，不是众多人类存在单位的"公共"财产。从社会主义的历史进程看，马克思恩格斯领导的工人阶级运动和社会主义革命，首先是在民族国家范围内展开的。巴黎公社起义，发生在法国。巴黎公社所采用的生产资料所有制方面的革命措施，也仅仅局限于法国范围内。由此可见，在民族国家存在的条件下，所谓的"社会所有制"，最大的范围也只局限在民族国家的范围内。恩格斯晚年，指出了这个事实："在英国，在这个构成整个化学工业的基础的部门，竞争已经为垄断所代替，并且已经最令人鼓舞地为将来由整个社会即全民族来实行剥夺做好了准备。"③ 至于说共产主义在全人类范围内实现，在全人类范围内如何落实生产资料"公共占有"或"社会所有"，马克思恩格斯没有研究，也不是我们现在研究的课题。

社会怎么去占有生产资料？采取什么形式？在 19 世纪末的资本主义新变化中，马克思注意到一个新生事物——"合作生产"④。"如果合作

① 《马克思恩格斯文集》第 3 卷，人民出版社，2009，第 159 页。
② 《马克思恩格斯文集》第 3 卷，人民出版社，2009，第 465 页。
③ 《马克思恩格斯文集》第 7 卷，人民出版社，2009，第 497 页。
④ 《马克思恩格斯文集》第 3 卷，人民出版社，2009，第 159 页。

生产不是一个幌子或一个骗局，如果它要去取代资本主义制度，如果联合起来的合作社按照共同的计划调节全国生产，从而控制全国生产，结束无时不在的无政府状态和周期性的动荡这样一些资本主义生产难以逃脱的劫难"①，就是共产主义。马克思还指出，作为资本主义新现象的"股份公司的成立"②，表明"那种本身建立在社会生产方式的基础上并以生产资料和劳动力的社会集中为前提的资本，在这里直接取得了社会资本（即那些直接联合起来的个人的资本）的形式，而与私人资本相对立，并且它的企业也表现为社会企业，而与私人企业相对立。这是作为私人财产的资本在资本主义生产方式本身范围内的扬弃"③。马克思进一步指出，"资本主义生产极度发展的这个结果，是资本再转化为生产者的财产所必需的过渡点，不过这种财产不再是各个互相分离的生产者的私有财产，而是联合起来的生产者的财产，即直接的社会财产"④。

"联合起来的合作社"的"合作生产"，"联合起来的生产者的财产"，这些资本主义制度下的新社会的萌芽，怎么和新社会对接？无产阶级革命的第一步是夺取政权。《共产党宣言》已经昭告天下："共产党人可以把自己的理论概括为一句话：消灭私有制"，把本来就是"集体的产物""社会力量"的资本，但在资本主义条件下成为"剥削雇佣劳动的财产"，即"只有在不断产生出新的雇佣劳动来重新加以剥削的条件下才能增殖的财产"，"变为公共的、属于社会全体成员的财产"。⑤《共产党宣言》进一步指出，"无产阶级将利用自己的政治统治，一步一步地夺取资产阶级的全部资本，把一切生产工具集中在国家即组织成为统治阶级的无产阶级手里，并且尽可能快地增加生产力的总量"⑥。恩格斯在《社会主义从空想到科学的发展》中强调，"国家真正作为整个社会的代表所采取的第一个行动，即以社会的名义占有生产资料，同时也

① 《马克思恩格斯文集》第 3 卷，人民出版社，2009，第 159 页。
② 《马克思恩格斯文集》第 7 卷，人民出版社，2009，第 494 页。
③ 《马克思恩格斯文集》第 7 卷，人民出版社，2009，第 494~495 页。
④ 《马克思恩格斯文集》第 7 卷，人民出版社，2009，第 495 页。
⑤ 《马克思恩格斯文集》第 2 卷，人民出版社，2009，第 45~46 页。
⑥ 《马克思恩格斯文集》第 2 卷，人民出版社，2009，第 52 页。

是它作为国家所采取的最后一个独立行动"①。马克思恩格斯的上述思想，为民族国家范围内实践社会所有制或公有制，提供了基本思路。然而，国家代表社会占有生产资料，还不是社会自身直接占有生产资料。从理论上讲，社会自身直接占有生产资料，应该采取什么形式？这需要共产党人在实践中不断探索。

当然，是否实行生产资料的国家所有，根本上还要服从生产本身的要求。国家所有制，在马克思恩格斯晚年开始大规模出现，这也是资本主义发展的新现象。恩格斯指出："某些生产资料和交通手段一开始规模就很大，它们，例如铁路，排斥任何其他的资本主义经营形式。在一定的发展阶段上，这种形式也嫌不够了：资本主义社会的正式代表——国家不得不承担起对它们的管理。"②他解释说："我说'不得不'，因为只有在生产资料或交通手段真正发展到不适于由股份公司来管理，因而国有化在经济上已成为不可避免的情况下，国有化——即使是由目前的国家实行的——才意味着经济上的进步，才意味着达到了一个新的为社会本身占有一切生产力作准备的阶段。"③恩格斯的解释，为人们提供了评判生产资料国家所有制进步与否的根本标准：是不是解放和发展生产力所必需的。能够促进生产力的解放和发展，国有化就是进步的。反之，则是落后的。生产力标准，不仅适用于恩格斯所讲的资本主义国家，同样适用于未来的无产阶级国家。不是任何条件下、任何形式的国有化，都是进步的，这也是马克思主义创始人在国有化问题上给后人留下的思想财富。

无产阶级革命成功之后，废除了资本主义私有制，国家"以社会的名义占有生产资料"，怎么管理这些生产资料？怎么保证这些生产资料的合理使用？在什么时候、以什么形式，"社会"不再需要"国家"这个"代表"，而自己直接占有生产资料？国家代表社会占有生产资料，与资本主义内部成长起来的新社会的萌芽，包括集体经济、合作社生产、

---

① 《马克思恩格斯文集》第 3 卷，人民出版社，2009，第 562 页。
② 《马克思恩格斯文集》第 9 卷，人民出版社，2009，第 294 页。
③ 《马克思恩格斯文集》第 9 卷，人民出版社，2009，第 294 页。

股份制经济等形式，是什么关系？所有这些问题，马克思恩格斯都没有进一步回答。

三 苏联模式与中国改革开放以来的崭新实践

40多年前，中国开启了改革开放的伟大征程。中国改革的主要对象，是苏联模式的社会主义经济政治体制。中国特色社会主义之"特色"，最初也是相对于苏联模式社会主义而言的。经济建设，是中国共产党与中国人民的中心工作。经济体制改革，是中国改革的核心。经济体制改革的主要内容，包括所有制结构的改革与经济运行机制的改革。40多年来，中国所有制结构改革的成果，是否定了苏联模式的"一大二公"的所有制结构，形成了以公有制为主体、多种经济成分共同发展的所有制结构，我们党称之为基本经济制度。经济运行机制改革的成果是否定了苏联模式的计划经济体制，形成了中国特色社会主义市场经济体制，让市场取代政府在资源配置中发挥决定性作用。党的十九届四中全会，进一步把中国特色社会主义市场经济体制，确立为基本经济制度。

世界上第一个社会主义国家，是列宁领导的苏联。1917年十月革命成功后，苏维埃政权首先在银行、交通、土地、矿山、森林等方面，实行了彻底的国有化。1918年夏天开始，俄共（布）推行了"战时共产主义"政策，几乎消灭了所有的私营工商企业。这种状况在1921~1929年由于实施了"新经济政策"而得到改变。新经济政策的重要内容之一，就是允许个体经济、非国有经济存在。在商业领域，1922~1923年，在零售商业流转额中，私营商业占75.3%。即使在国家控制的批发行业中，1922年5~8月，私商也占据第二道批发额的35.8%。在工业、手工业领域，到1925年下半年，已经有1786家私人工业企业，这一年的小工业的产值达到1913年水平的96.1%，从业人员达280多万。① 在农业领域，

---

① 黄立茀等：《新经济政策时期的苏联社会》，社会科学文献出版社，2012，第270~271页。

个体农民经济依然像战前一样，占据统治地位，并在党的政策引导下蓬勃发展。然而，新经济政策被认为是向社会主义迂回过渡的举措，本身不是社会主义性质的；非国有经济，包括个体、私营经济，被认为是资本主义或导致资本主义的因素，暂时允许其存在，时机一到还是要取缔。1929 年之后，随着新经济政策的终结，苏联模式的社会主义所有制结构建立起来。"社会主义公有制有两种形式：（1）国家全民所有制，（2）合作社集体农庄所有制。社会主义的国家所有制是以工农社会主义国家为代表的全体人民的所有制。社会主义的合作社集体农庄所有制是各个集体农庄和合作组织的所有制。"① 第二次世界大战后建立的社会主义国家，几乎毫无例外地按照这个公式进行了所有制改造。

全面推行生产资料国家所有制，既有战争条件下"不得不"的客观要求，但更是恩格斯所讲的"以社会的名义占有生产资料"观念在现实中的落实。列宁在很多著作中都承认这一点，例如"我们在商业国有化和工业国有化方面，在禁止地方流转方面走得太远了"，"做得超过了理论上和政治上所必要的限度"②。因为在一个以农民和其他小生产者为人口主体的国家，生产资料的彻底国有化阻碍了生产者积极性的发挥，阻碍了生产力的解放和发展。在一定范围内恢复私营经济、市场机制的新经济政策，就是为应对这些问题而出台的。新经济政策的终结，"一大二公"的所有制模式的恢复与强化，从根本上说依然是国家"以社会的名义占有生产资料"观念所致。在传统的观念中，农民、手工业者的个体经济，以私人资本为基础的私营经济，当然不是社会主义经济。而且，马克思恩格斯也讲过，"个体生产者对生产资料的占有，在现代已经不再赋予这些生产者以真正的自由"③。以现代的眼光看，科学技术的发展，人们日益多元化的需要，既促进了生产的规模化发展，也为差异化的小生产提供了极大的生存空间。马克思恩格斯看到了现代生产的集中化、规模化趋势，却低估了小生产的存在合理性与生命力。这是他们的

---

① 苏联科学院经济研究所编《政治经济学教科书》（下），人民出版社，1959，第 43 页。
② 《列宁全集》第 41 卷，人民出版社，2017，第 56 页。
③ 《马克思恩格斯文集》第 4 卷，人民出版社，2009，第 516 页。

历史局限。

列宁接受了马克思恩格斯的观点，提出了"小生产是经常地、每日每时地、自发地和大批地产生着资本主义和资产阶级的"① 的主张。尽管在实施新经济政策时期，列宁认为，"农民的'个人主义'对社会主义是否可怕？他们的'自由贸易'是否可怕？不可怕"②。但小生产是资本主义的温床的观念，在共产党人心目中已经根深蒂固了。"只要农业生产的主要形式仍然是细小的个体经济，农村中的资产阶级经济制度的基础就会保存下来，农村资产阶级对贫农和很大一部分中农的剥削就会保存下来。"③"小商品生产制度不能使农民和手工业劳动群众摆脱贫困和压迫。"④ 依照这种认识，即使是共产党执掌了政权，即使大的生产资料已经被国家掌握，如果农业、手工业依然处于个体经营状态，依然会产生资本主义，农民、手工业者依然会受到剥削。因此，必须消灭个体经济、小商品生产。从这个意义上讲，苏联模式社会主义所有制模式的建立，有一定的必然性。斯大林领导建立的苏联模式，包括中国在内的社会主义国家对苏联模式的照搬照抄，使得马克思、恩格斯、列宁等经典作家的历史局限，变成了惨痛的现实悲剧。

对于苏联模式，中国改革开放的总设计师邓小平指出："我们过去多年搞的是苏联的方式，这是一种僵化的方式，实际上是把整个社会和人民的手脚都捆起来了。"⑤ 这种捆住"整个社会和人民的手脚"的状况，既体现在自上而下的计划经济体制上，尤其是指令性国家计划上，更体现在生产资料的全民（国家）所有制、集体所有制以及僵化的运行机制上。实际的结果，表现为劳动者丧失了对生产资料、对生产的直接支配，产生了类似于劳动力与劳动条件相分离的不幸情形。效率

---

① 《列宁选集》第 4 卷，人民出版社，2012，第 135 页。

② 《列宁全集》第 41 卷，人民出版社，2017，第 383 页。

③ 苏联科学院经济研究所编《政治经济学教科书》（下），人民出版社，1959，第 384 页。

④ 苏联科学院经济研究所编《政治经济学教科书》（下），人民出版社，1959，第 385 页。

⑤ 《邓小平年谱（1975—1997）》（下），中央文献出版社，2004，第 1077 页。

不高，平均主义，就是在这种情况下出现的。经济体制改革，首先要解决的就是这个问题。在农村耕地集体所有制的前提下，农民发明了联产承包责任制，促成了耕地的所有权与支配权、使用权、收益权的分离，保障了农民和耕地及劳动工具的直接结合，保障了农民的生产自主权，极大地激发和解放了农业生产力。"联产承包责任制……利益直接，责任明确，方法简便，保证了农民在生产、经营上的自主权，克服了分配上的平均主义。"① 城市经济体制改革的重点，"主要应该解决好两个方面的关系问题，即确立国家和全民所有制企业之间的正确关系，扩大企业自主权；确立职工和企业之间的正确关系，保证劳动者在企业中的主人翁地位"②。无论是"自主权"，还是"主人翁地位"，归根结底都得回到劳动者与生产资料的关系上，回到他们与生产过程、劳动成果的关系上。

围绕劳动者的生产积极性、创造性的发挥，改革开放以来中国的所有制结构发生了并继续发生着革命性变革。在传统的公有制经济方面，我们党提出了一系列创新性主张和措施，有效推进了公有制经济的做优做大、质量提升。更大的成果是在传统的公有制包括全民（国家）所有制、集体所有制经济之外，衍生出包括个体经济、私营经济在内的所谓的"非公有制经济"③。1987年党的十三大报告指出："我们已经进行的改革，包括以公有制为主体发展多种所有制经济，以至允许私营经济的存在和发展，都是由社会主义初级阶段生产力的实际状况所决定的。"④ 关于"非公有制经济"的发展程度，报告指出"目前全民所有制以外的其他经济成分，不是发展得太多了，而是还很不够。对于城乡合作经济、个体经济和私营经济，都要继续鼓励它们发展"⑤。"实践证明，私营经济一定程度的发展，有利于促进生产，活跃市场，扩大就业，更好地满

---

① 《十二大以来重要文献选编》（上），中央文献出版社，1986，第209页。
② 《十二大以来重要文献选编》（中），中央文献出版社，1986，第565页。
③ 《十三大以来重要文献选编》（中），中央文献出版社，2011，第70页。
④ 《十三大以来重要文献选编》（上），中央文献出版社，2011，第22页。
⑤ 《十三大以来重要文献选编》（上），中央文献出版社，2011，第27页。

足人民多方面的生活需求，是公有制经济必要的和有益的补充。"① 1988
年修订的宪法，确认了上述理论和实践成果："私营经济是社会主义公
有制经济的补充。国家保护私营经济的合法的权利和利益，对私营经济
实行引导、监督和管理。"②

"公有制经济必要的和有益的补充"之说，尽管为"非公有制经济"
打开了相当大的发展空间，但也从一个侧面折射出当时全党和全社会在
这个重大问题上的认识水平——"非公有制经济"在性质上不属于社会
主义经济范畴，因此尽管是"必要的和有益的"，但也仅仅是"补充"。
下面这段文字充分说明了这一点："如果没有工人阶级的领导，听任非
社会主义性质的经济自发发展、无限膨胀，社会主义公有制的主体地位
就无法保证。"③ 主要的顾虑是"非社会主义性质"的所有制形式是否会
带来剥削，这也是发展传统的公有制特别是国有制之外的经济成分面临
的最大意识形态障碍。我们对于这个问题的探索，是谨慎且富有弹性的。
《中共中央关于一九八四年农村工作的通知》规定，"目前雇请工人超过
规定人数的企业，有的实行了一些有别于私人企业的制度"，"这就在不
同程度上具有了合作经济的因素"，"可以不按资本主义的雇工经营看
待"④。"不按资本主义的雇工经营看待"，就是说不存在剥削。党的十三
大报告认为，"私营经济是存在雇佣劳动关系的经济成份。但在社会主
义条件下，它必然同占优势的公有制经济相联系，并受公有制经济的巨
大影响"⑤。按照传统的认知，存在"雇佣劳动关系"就存在剥削。只不
过我国所有制的主体是公有制，私营经济带来的剥削，被限制在一定程
度上，不至于带来过大的危害。总的来说，是利大于弊，这就是上述认
知的必然结论。

依照"必要的和有益的补充"的内在逻辑，是不是可以推断，随着
社会主义初级阶段的逐渐结束，随着生产力的日益提高，包括"个体经

---

① 《十三大以来重要文献选编》（上），中央文献出版社，2011，第 27 页。
② 《十三大以来重要文献选编》（上），中央文献出版社，2011，第 183 页。
③ 《十三大以来重要文献选编》（中），中央文献出版社，2011，第 639 页。
④ 《十二大以来重要文献选编》（上），中央文献出版社，1986，第 427 页。
⑤ 《十三大以来重要文献选编》（上），中央文献出版社，2011，第 27 页。

济""私营经济"在内的"非公所有制经济",将失去存在的合理性,退出历史的舞台?这样的逻辑推断,也是数十年来不断变换面目出现的"原罪说""民营经济离场论""新公私合营论"等的立论依据。从根本上解决这个问题,必须在理论上有重大突破。2018 年 11 月 1 日,习近平总书记主持召开了民营企业座谈会,并发表了重要讲话。在讲话中,1978 年以后普遍使用的"私营企业""私营经济"概念,被"民营企业""民营经济"概念取代。习近平总书记强调:"民营经济是我国经济制度的内在要素,民营企业和民营企业家是我们自己人。"[1] 这个重要观点,无论在社会主义理论上,还是在中国经济建设实践上,都具有革命性意义。

我国的经济制度,是中国特色社会主义经济制度。"民营经济是我国经济制度的内在要素",这前所未有地赋予了民营经济以中国特色社会主义性质,前所未有地提高了民营经济的政治地位。"我们"是把马克思主义作为指导思想的中国共产党,是中国共产党领导下为民族独立、国家富强、人民幸福而努力奋斗的全国各族人民。民营企业家不是不同于"我们"的他者,而是在党的领导下为上述目标而奋斗的不可分离、不可割舍的人民群众的一部分。民营企业不是中国特色社会主义事业的异己力量,而是党领导下的人民群众自己的生产经营组织形式。确认"民营经济是我国经济制度的内在要素",从根本上解决了长期以来始终困扰着我们的意识形态问题:在中国特色社会主义条件下,与国家所有制有着显著区别的民营经济,不是资本主义条件下存在着雇佣劳动关系的经济成分,而是人民自己投身于生产、经营、服务的经济形式,不存在资本主义条件下的剥削问题。把中国的"非公有制经济"等同于资本主义社会的私有制经济,并认为这中间存在着剥削关系,是拿马克思恩格斯对资本主义制度的批判来分析中国的现实,因而是错误的。

联合起来的生产者,采取各种可能的社会化的形式,直接占有生产资料,实现劳动力与劳动条件的充分结合,是促进人的自由而全面发展

---

① 习近平:《在民营企业座谈会上的讲话》,《人民日报》2018 年 11 月 2 日。

的首要条件。马克思恩格斯的这个观点是永不过时的真理。100多年过去了，尽管传统的生产资料依然重要，但对经济社会发展更重要的是科学技术，是以知识、信息为主要内容的人力资本。我们党也充分认识到这个革命性变化，"知识、技术、管理、数据"等作为"生产要素"①被写进党的十九届四中全会通过的决定中。新的时代把"勇于创业创新"，并"在创造财富的过程中，更好地实现精神追求和自身价值"的"个人和企业"推上了历史潮头。② 在所有制方面，为他们创造良好的创业环境，充分调动全民创业、就业的积极性，成为现代化和民族复兴的根本途径。其中，民营经济成为"广大民营企业家""组织带领千百万劳动者奋发努力、艰苦创业、不断创新"的主战场，"成为创业就业的主要领域、技术创新的重要主体"③。新时代的劳动者，凭借新知识、新技术与管理能力，在为社会和个人创造物质财富的过程中，实现精神追求和人生价值，正是马克思恩格斯终生倡导的人的自由全面发展在当代中国的生动写照。

人民群众是历史的主人，是物质财富的创造者。社会主义事业不是抽象的教条，而是人民群众在活生生的物质生产实践中创造出来的。一个社会适用什么样的生产资料所有制形式，归根结底要看能否充分调动劳动者的生产积极性，能否解放和发展社会生产力。这两者是统一的。马克思恩格斯批判的资本主义私有制，不是处在上升时期、极大地促进了生产力发展的资本主义私有制，也不是以自己劳动为基础的劳动者私有制，而是走向没落、成为生产力发展桎梏的资本主义私有制，是导致生产者与生产条件彻底分离的、非自愿分工使得人的发展碎片化、片面化、畸形化的资本主义私有制。我们主张的生产资料社会所有制，核心是生产者自己占有生产资料，劳动力与劳动条件的充分结合，进而促进每个人从而是所有人的自由全面发展的所有制。就此而言，由国家代表社会占有生产资料的公有制或国有制，充其量只是社会所有制的一种实

---

① 《中共中央关于坚持和完善中国特色社会主义制度 推进国家治理体系和治理能力现代化若干重大问题的决定》，人民出版社，2019，第19页。

② 《十八大以来重要文献选编》（中），中央文献出版社，2016，第379页。

③ 习近平：《在民营企业座谈会上的讲话》，《人民日报》2018年11月2日。

现形式，且是被实践证明只在特殊领域发挥特殊作用的社会所有制形式。紧紧围绕人的自由全面发展，在实践中探索社会所有制的有效实现形式，与时俱进地践行和发展马克思恩格斯的所有制理论，中国共产党当负重前行。

"生产力和生产关系的
辩证法"的再思考[*]

"生产力决定生产关系，生产关系反作用于生产力"是人们耳熟能详的历史唯物主义的基本原理之一。问题是，人们长期以来对于这一矛盾运动本身的内在作用机制重视不够，大多停留在抽象认识和表面讨论中，较少有人去做深入的分析和研究。一般而言，我们对于生产力与生产关系的研究往往局限于"第一性与第二性、决定作用和反作用"这样一些公式化或抽象化议论上，而对两者之间的内在联系及其辩证关系探讨不多。为了避免对"生产力决定生产关系"这一原理流于简单化、公式化理解，我们就必须追问生产力决定生产关系的内在逻辑和深层机制：生产力到底是如何决定生产关系的，生产关系又是怎样反作用于生产力的，这一运动过程中是否存在一个中间环节。

一

20世纪80年代初，伴随着我国改革开放和国民经济结构调整的实践需要，理论界开始对马克思分工理论进行探讨，"分工"曾一度成为当时理论界关注和研究的热点问题之一，从公开发表的文章和出版的著作来看，这项研究也取得了一定的成果。可喜的是，当时有研究者已经明确指出：分工是生产力与生产关系、经济基础和上层建筑矛盾运动的

---

* 本文原载于《哲学动态》2012年第9期，收入本书时有改动。

"中介"或"中间环节"①。也有学者认为，分工理论是"生产力与生产关系的理论在现实社会生活中的运用，因而前者是后者的有机组成部分"②。21世纪初，分工问题得到了更多学者特别是来自经济学界的学者们的继续关注和研究。越来越多的人已经认识到，生产力与生产关系的统一是以劳动方式即分工为中介而实现的；更为重要的是，他们已经明确指出，分工是马克思恩格斯历史唯物主义和政治经济学理论的一个基本范畴，分工是生产力决定生产关系、经济基础决定上层建筑的一个关键环节。③甚至还有人明确提出了所谓的"分工范式"，并主张要"以马克思的分工理论作为分析范式来发展马克思主义经济学"④。不论这些研究的理论水平如何，重要的是他们发现了问题并提出了问题，这不能不促使我们反思：分工真的仅仅是一个经济学范畴吗？在分工的经济学话语之外，我们能否开显并续写分工的哲学话语呢？本文正是在哲学界前辈有关分工问题研究的成果基础上，尝试进一步将分工被遮蔽或被忽视了的另一个面孔敞开、揭示出来。

在谈及分工与唯物史观的关系时，我们可以援引巴加图利亚曾说过的：当马克思注意到并分析分工问题的时候，他在研究唯物主义历史观方面迈出了具有决定性的一步。问题是，这一步究竟是如何实现的呢？巴加图利亚分析指出，马克思正是通过深入研究分工而发现了"生产力与生产关系的辩证法"⑤。也许，这一重大"发现"正是从分工通向唯物史观的一个重要的中间环节。因为正是随着"生产力和生产关系的辩证法"的发现，马克思才从根本上摆脱了以往的人本史观或异化史观的窠

① 秦庆武：《略论两对社会基本矛盾的中间环节》，《南京师大学报》（社会科学版）1982年第1期。
② 熊子云、张向东：《唯物史观形成史》，重庆出版社，1988，第231页。
③ 张宇、孟捷、卢荻主编《高级政治经济学：马克思主义政治经济学的最新发展》，经济科学出版社，2002，第32页。
④ 乔榛：《马克思分工理论：发展马克思主义经济学的一种范式》，《经济学家》2005年第3期。
⑤ Г.А.巴加图利亚：《马克思的第一个伟大发现——唯物史观的形成和发展》，陆忍译，中国人民大学出版社，1981，第48页。

臼，进而真正开启了唯物主义的历史观，即用由生产力与生产关系的矛盾运动及其辩证发展规律而引起的社会形态的变更来解释历史的发展。"生产力和生产关系的辩证法"是对社会形态演进的历史辩证法的深刻洞悉，也将我们对社会形态的认识提到了科学的水平和高度。既然马克思是通过研究分工而走到了历史唯物主义的深处，那么若要更准确、更深入地理解"生产力和生产关系的辩证法"，就必须重视对分工这一"中介"的研究，唯此，也才谈得上对历史唯物主义研究的推进、拓展和深化。

在马克思主义哲学研究中，分工实际上是以一个"中介性"范畴的身份出现的，这是由分工的"中介"地位所决定的。从宏观层面来看，分工是异化史观与唯物史观的中介；从微观层面来看，分工是生产力与生产关系的中介。如果前者揭示了分工的"大中介"地位，那么后者表明的正是分工的"小中介"地位。根据理论研究的习惯，当我们提及作为"中介"的分工时，一般都是指作为"小中介"的分工，即作为生产力与生产关系的中介的分工。事实上，分工作为"中介"本身并非纯粹中介性、从属性的存在，而是具有独立地位的存在。在马克思看来，"最初在两极间起媒介作用的运动或关系，按照辩证法必然会导致这样的结果，即这种关系表现为它自己的媒介，表现为主体，两极只是这个主体的要素，它扬弃这两极的独立的存在，以便通过这两极的扬弃本身来把自己确立为唯一独立的东西"①。

因此，如果缺失了对于具有"中介"地位的分工的正确认识和应有重视，就很难在生产力与生产关系之间建立起一种有机的联系，更不用说揭示出生产力与生产关系的辩证法了。在《德意志意识形态》中，特别是在它的第一章中，马克思不仅首次阐明了唯物主义历史观这一重要发现，而且第一次揭示了生产力和生产关系发展的辩证的相互作用。巴加图利亚进一步分析指出，在《德意志意识形态》中，生产力、分工、生产关系之间的决定关系可以表示为："生产力—劳动分工—所有制形式（从进一步分析中可以看出，在生产关系的概念和所有制形式的概念

---

① 《马克思恩格斯全集》第46卷（上），人民出版社，1979，第295页。

之间在一定意义上是相符合的）。因此，劳动分工在这里起着'结合中的第三者'的作用，它是生产力和生产关系联系的中介，即生产力通过劳动分工决定着生产关系。"现在再回过头来重温巴加图利亚一开始就提出的问题："马克思是通过深入研究劳动分工而发现生产力和生产关系的辩证法吗？这是很可能的。实际上，一方面劳动分工是生产力发展的结果和表现，另一方面又是把生产者划分为一定的集团、把整个社会划分为阶级的基础，也就是生产关系的基础。"① 巴加图利亚的回答使我们更加坚信如下结论的正确性：分工是生产力与生产关系的中介，生产力通过分工决定生产关系。

二

根据上述分析，我们不仅揭示出分工是生产力决定生产关系的深层机制和内在逻辑，而且透过分工这一"中介"领悟到了"生产力和生产关系的辩证法"。随之而产生的问题就是：到底应该如何理解生产力与生产关系？应该如何理解生产力和生产关系的辩证法？它们与人的实践、人的活动、人的历史有着怎样的内在关联呢？实际上，问题的这种提法已经包含了问题的解答。

在马克思看来，应该从实践的观点或活动的观点来把握和理解生产力与生产关系。普列汉诺夫有言："社会生活中任何事物都不是'自然而然地'完成的，一切都是以社会的人的活动为前提的。"② 实际上，正是通过对社会的人的生产活动的两个方面即人与自然的关系、人和人的关系的分析，马克思科学地抽象出了历史唯物主义的两个基本范畴：生产力和生产关系。生产力是在人的生产活动中历史地形成的人与自然的关系；在这一过程中，人们的需要以及满足需要的方式决定了它们之间必然要发生关系，这就是人与人之间历史地形成的关

① Г. А. 巴加图利亚：《马克思的第一个伟大发现——唯物史观的形成和发展》，陆忍译，中国人民大学出版社，1981，第47~48页。
② 《普列汉诺夫哲学著作选集》第2卷，汝信等译，生活·读书·新知三联书店，1961，第308页。

系即生产关系。

从活动的观点或实践的观点来看，生产力并不是外在于人的冷冰冰的物的"力量"，它本身就是一种属人的力量，是人的本质力量的展现。在《1844年经济学哲学手稿》中，"人的本质力量的公开的展示""人实际上把自己的类的力量的统统发挥出来"①等词句都可以看作青年马克思关于生产力的萌芽思想的最初表达。在《资本论》中，马克思进一步将生产力看作人本身的"自然力"的发挥，他写道："人自身作为一种自然力与自然物质相对立。为了在对自身生活有用的形式上占有自然物质，人就使他身上的自然力——臂和腿、头和手运动起来。当他通过这种运动作用于他身外的自然并改变自然时，也就同时改变他自身的自然。他使自身的自然中沉睡着的潜力发挥出来，并且使这种力的活动受他自己控制。"②如此看来，自然本身的改变和人"自身的自然"的改变是一个过程的两个方面。因此，在马克思看来，对生产力的占有本身就意味着个人才能的现实发挥。"各个人必须占有现有的生产力总和，这不仅是为了实现他们的自主活动，而且就是为了保证自己的生存。因此，仅仅由于这一点，占有就必须带有同生产力和交往相适应的普遍性质。对这些力量的占有本身不外是同物质生产工具相适应的个人才能的发挥。仅仅因为这个缘故，对生产工具一定总和的占有，也就是个人本身的才能的一定总和的发挥。"③

当然，如果从活动的观点或实践的观点来看生产关系，我们就会看到：作为形成人的其他一切关系之基础的生产关系，"不过是他们的物质的和个体的活动所借以实现的必然形式罢了"④。在这里，个人的"活动的基本形式当然是物质活动，一切其他的活动，如精神活动、政治活动、宗教活动等取决于它"⑤。而且，个人"同他自己的活动的联系、关系，这种关系决不是'自然的'，而是本身已经包含着某种独特的经济

---

① 《马克思恩格斯全集》第42卷，人民出版社，1979，第128、163页。
② 《马克思恩格斯全集》第23卷，人民出版社，1972，第202页。
③ 《马克思恩格斯选集》第1卷，人民出版社，1995，第129页。
④ 《马克思恩格斯选集》第4卷，人民出版社，1995，第532页。
⑤ 《马克思恩格斯选集》第1卷，人民出版社，1995，第123页。

规定"①。因此，马克思和恩格斯指出："以一定的方式进行生产活动的一定的个人，发生一定的社会关系和政治关系。"② 总之，生产力与生产关系是人的活动不可分割的两个方面，如果说生产力是人的活动的内容，那么生产关系就是人的活动的形式。换句话说，"生产力与交往形式的关系就是交往形式与个人的行动或活动的关系"③。因此，从实践的观点或活动的观点来理解生产力与生产关系，生产力与生产关系之间的矛盾就转换为人的活动与活动形式之间的矛盾。正如有学者所言："如果我们循着马克思实践唯物主义的思维理路，将生产力理解成人的生产实践活动的结果与人的本质力量的对象化，将生产关系理解成人的'自主活动形式'，那么生产力与生产关系的关系即是人的物质生产活动与人的'自主活动形式'的关系，生产力与生产关系的矛盾本质上表现为物质生产活动与'自主活动形式'的矛盾。"④

从实践、活动的观点理解生产力与生产关系，揭示的是人的活动与生产力、生产关系及其矛盾的内在相关性。那么，到底应该如何理解生产力与生产关系的辩证法呢？哈贝马斯认为，马克思"常常用技术至上的思想去理解生产力和生产关系之间的辩证法"⑤。诚然，在"生产力和生产关系的辩证法"中，马克思似乎更看重"生产力"及其"决定性"这一面，认为生产力是社会历史的最终决定力量，但若由此而引申出"技术至上"并以此来解析"生产力与生产关系的辩证法"，这种做法未免有失公允，因为它过于倚重作为一种物的"力量"存在的生产力，而忘记了马克思从人的生存与发展的高度出发对这种"人为物役"现象的批判。实际上，马克思早就提醒我们要警惕生产力的幽灵化、人格化，他写道："为了破除美化'生产力'的神秘灵光，只要翻一下任何一本

---

① 《马克思恩格斯全集》46 卷（上），人民出版社，1979，第 270 页。
② 《马克思恩格斯文集》第 1 卷，人民出版社，2009，第 523~524 页。
③ 《马克思恩格斯选集》第 1 卷，人民出版社，1995，第 123 页。
④ 林剑：《马克思历史观视野中的生产力、生产关系及其矛盾运动》，《江海学刊》2005 年第 6 期。
⑤ 尤尔根·哈贝马斯：《重建历史唯物主义》，郭官义译，社会科学文献出版社，2000，第 155~156 页。

统计材料也就够了。那里谈到水力、蒸汽力、人力、马力。所有这些都是'生产力'。人同马、蒸汽、水全都充当'力量'的角色，这难道是对人的高度赞扬吗？"打个比方，"如果说国家为交换价值而牺牲、人为物而牺牲的卑鄙性十分明显，那么与此相反，力量则表现为独立的精神本质——幽灵，表现为纯粹的人格化"。这难道不是对人的贬低而是对人的高度赞扬吗？马克思辛辣地反讽道："把人贬低为一种创造财富的'力量'，这就是对人的绝妙的赞扬！资产者把无产者不是看作人，而是看作创造财富的力量。"因而在资本主义生产过程中，才会出现如此怪异和悖谬的现象，对于大多数工人而言，"如果弯腰驼背，四肢畸形，某些肌肉的片面发展和加强等，使你更有生产能力（更有劳动能力），那么你的弯腰驼背，你的四肢畸形，你的片面的肌肉运动，就是一种生产力。如果你精神空虚比你充沛的精神活动更富有生产能力，那么你的精神空虚就是一种生产力，等等，等等"①。事实上，这种"生产力怪相"与对生产力本身的狭隘、片面的理解不无关系，而这种狭隘、片面的理解正是资本主义社会现实的理论投射和反映而已。

如果说全部历史就是使人成为人的历史，换句话说，"全部历史是为了使'人'成为感性意识的对象和使'人作为人'的需要成为［自然的、感性的］需要而作准备的发展史"②。问题是，在资本主义生产条件下，个人的感性生成与生产力的发展不仅相互分离，而且相互背离，最终的结果是，个人变成了"抽象的个人"，生产力变成了一种外在于人的异己的"物的力量"："一方面是生产力的总和，生产力好像具有一种物的形式，并且对个人本身来说它们已经不再是个人的力量，而是私有制的力量，因此，生产力只有在个人是私有者的情况下才是个人的力量。另一方面是同这些生产力相对立的大多数个人，这些生产力是和他们分离的，因此这些个人丧失了一切现实的生活内容，成了抽象的个人，然而正因为这样，他们才有可能作为个人彼此发生联系。"③ 因此，在如何

① 《马克思恩格斯全集》第42卷，人民出版社，1979，第261~262页。
② 《马克思恩格斯全集》第42卷，人民出版社，1979，第128页。
③ 《马克思恩格斯选集》第1卷，人民出版社，1995，第128页。

理解"生产力和生产关系的辩证法"的问题上,"技术至上"的路径是行不通的,它不仅会导致对"生产力"的狭隘、片面的理解,而且容易产生歧义和误解,甚至让人联想起"经济决定论",因而不能科学地诠释两者的辩证关系。

三

根据马克思的论述,应该将生产力与人的活动、人的发展、人的历史结合起来考察,从人类历史的高度来理解生产力和生产关系的辩证法。科尔纽认为,马克思从《德意志意识形态》开始就把"人的历史理解为生产力和生产关系的辩证发展"[①]。唯物辩证法表明,我们的出发点就是历史的辩证的"劳动",而不是形而上的"劳动",换句话说,我们是"从人同自然界的新陈代谢出发,而不是形而上学地(无论神学上,如为了救世的需要,还是人本学上,如为了生存的需要)设想劳动的辩证逻辑"[②]。从人的活动和人的发展来看,生产力是人的本质力量的对象化,"生产力的历史,从而也是个人本身力量发展的历史"[③]。反过来,"个人的充分发展又作为最大的生产力反作用于劳动生产力"[④]。如此看来,个人的发展与生产力的发展是"一而二""二而一"的关系。"社会生产力的发展将如此迅速,以致尽管生产将以所有的人富裕为目的,所有的人的可以自由支配的时间还是会增加。因为真正的财富就是所有个人的发达的生产力。"[⑤]

需要注意的是,在个人的生产生活中,"一个人的发展取决于和他直接或间接进行交往的其他一切人的发展;彼此发生关系的个人的世世

---

① 奥·科尔纽:《马克思的〈关于费尔巴哈的提纲〉》,载《马克思哲学思想研究译文集》,人民出版社,1983,第147页。
② 中共中央马克思恩格斯列宁斯大林著作编译局马恩室编译《〈1844年经济学哲学手稿〉研究(文集)》,湖南人民出版社,1983,第398页。
③ 《马克思恩格斯文集》第8卷,人民出版社,2009,第203页。
④ 《马克思恩格斯全集》第31卷,人民出版社,1998,第108页。
⑤ 《马克思恩格斯全集》第31卷,人民出版社,1998,第104页。

代代是相互联系的，后代的肉体的存在是由他们的前代决定的，后代继承着前代积累起来的生产力和交往形式，这就决定了他们这一代的相互关系。总之，我们可以看到，发展不断地进行着，单个人的历史决不能脱离他以前的或同时代的个人的历史，而是由这种历史决定的"①。可见，尽管"生产力是人们应用能力的结果，但是这种能力本身决定于人们所处的条件，决定于先前已经获得的生产力，决定于在他们以前已经存在、不是由他们创立而是由前一代人创立的社会形式"。因此，要辩证地看待人的发展与生产力发展之间的关系。正如马克思所说：决定着人的发展的"社会形式"本身又"是人们交互作用的产物"。那么，人们能否自由选择某一社会形式呢？马克思的回答是否定的。正像人们不能自由地选择自己的生产力一样，人们也不能自由地选择一定的社会形式。因为构成人们的全部历史的基础的"生产力都是一种既得的力量，以往的活动的产物"②。因此，"人们每次都不是在他们关于人的理想所决定和所容许的范围之内，而是在现有的生产力所决定和所容许的范围之内取得自由的"，问题在于："作为过去取得的一切自由的基础的是有限的生产力；受这种生产力所制约的、不能满足整个社会的生产。"③ 因此，尽管每一代都利用以前各代遗留下来的材料、资金和生产力，但是由于既得生产力或现有生产力的有限性，"每一代一方面在完全改变了的环境下继续从事所继承的活动，另一方面又通过完全改变了的活动来变更旧的环境"④。如马克思所说："人们先是在一定的基础上——起先是自然形成的基础，然后是历史的前提——从事劳动的。可是到后来，这个基础或前提本身就被扬弃，或者说成为对于不断前进的人群的发展来说过于狭隘的、正在消灭的前提。"⑤

新旧生产力和生产关系之间的较量与更替不断采取新的形式，因而就表现为"历史"。马克思强调指出："新的生产力和生产关系不是从无

---

① 《马克思恩格斯全集》第 3 卷，人民出版社，1960，第 515 页。
② 《马克思恩格斯选集》第 4 卷，人民出版社，1995，第 532 页。
③ 《马克思恩格斯全集》第 3 卷，人民出版社，1960，第 507 页。
④ 《马克思恩格斯选集》第 1 卷，人民出版社，1995，第 88 页。
⑤ 《马克思恩格斯全集》第 46 卷（上），人民出版社，1979，第 497 页。

中发展起来的，也不是从空中，也不是从自己设定自己的那种观念的母胎中发展起来的，而是在现有的生产发展过程内部和流传下来的、传统的所有制关系内部，并且与它们相对立而发展起来的。"① 由此可见，一方面，人的历史是生产力与生产关系辩证发展的结果。人是一种历史性的存在物，这表明，人类的存在方式就是"将过去扬弃在自身内部，同时创造现在并走向未来"②。而人的历史就表现为各个时代的前后相继、依次交替。由于"后来的每一代人都得到前一代人已经取得的生产力并当作原料来为自己新的生产服务，由于这一简单的事实，就形成人们的历史中的联系，就形成人类的历史，这个历史随着人们的生产力以及人们的社会关系的越益发展而越益成为人类的历史"③。另一方面，生产力与生产关系的辩证发展过程就是"人"的历史。马克思认可恩格斯关于"历史"的观点："历史什么事情也没有做，它'并不拥有任何无穷尽的丰富性'，它并'没有在任何战斗中做战'！创造这一切、拥有这一切并为这一切而斗争的，不是'历史'，而正是人，现实的、活生生的人。'历史'并不是把人当做达到自己的目的的工具来利用的某种特殊的人格。历史不过是追求着自己的目的的人的活动而已。"④ 换句话说，历史就是现实的、活生生的个人活动。由此，马克思引申出了这样一个结论，即"人们的社会历史始终只是他们的个体发展的历史，而不管他们是否意识到这一点"⑤。

---

① 《马克思恩格斯全集》第 30 卷，人民出版社，1995，第 236 页。

② 张一兵：《回到马克思——经济学语境中的哲学话语》，江苏人民出版社，2005，第 466 页。

③ 《马克思恩格斯选集》第 4 卷，人民出版社，1995，第 532 页。

④ 《马克思恩格斯全集》第 2 卷，人民出版社，1957，第 118～119 页。

⑤ 《马克思恩格斯选集》第 4 卷，人民出版社，1995，第 532 页。

"真正的分工"的历史生成
及其内在意蕴[*]

——基于《德意志意识形态》的文本考察

王虎学

马克思主义经典作家指出，从分工的一般规定性来看，分工是劳动的"社会存在形式"，那么，"真正的分工"意味着劳动的一种怎样的存在形式呢？对于这个问题，马克思恩格斯在《德意志意识形态》（以下简称《形态》）中早已声明："分工只是从物质劳动和精神劳动分离的时候起才真正成为分工。"[①] 客观地讲，这一论断实际上将"真正的分工"与以前一切分工形式划清了界限，从而为"真正的分工"划定地盘，道明其内在意涵。简言之，所谓"真正的分工"，是指物质劳动与精神劳动的明确分离。值得注意的是，随着物质劳动与精神劳动的明确分离，由不同的人分别来承担生产与消费、劳动与享受这一现象不再是一种可能，而且变成一种现实。"真正的分工"的历史生成及其结构性存在之间的内在关系与深层矛盾问题值得研究。

一

物质劳动和精神劳动分离之时是"真正的分工"诞生之日，因为这种分离"表征着人与自然、人与人和人与自身相互分化与整合达到的一

---

[*] 本文原载于《哲学研究》2016年第11期，收入本书时有改动。

[①] 《马克思恩格斯选集》第1卷，人民出版社，2012，第162页。

个历史性高度"①，标志着人类从自然主导走向真正由社会主导的具有普遍意义的劳动分工，即马克思恩格斯所说的"真正的分工"。更关键的是，正是基于这种真正的分工，人类历史才大踏步地向前发展，人类文明才加速地繁荣。在这个意义上，分工可以被视为人类文明变迁的风向标，更准确地讲，"真正的分工"所开启的正是通往人类文明的一条大道，换言之，物质劳动与精神劳动的分离意味着人类文明的开端。事实上，伴随着"真正的分工"的出现，不同的人开始分别来承担不同的劳动形式，即物质劳动与精神劳动，这不仅意味着作为劳动的社会存在形式的分工本身的巨大变化，而且意味着人类生存方式的结构性变迁。随着精神劳动与物质劳动的不断分离，特别是随着精神劳动越来越挣脱物质劳动的束缚而逐渐从物质劳动中相对独立出来的时候，整个社会中的一部分人从物质劳动限制中解放出来，开始自由自觉地从事不同于物质劳动的精神劳动，因此，不同于物质需要的精神需要、不同于物质生活的精神生活才得以形成并真正发展起来，进而使得人类文明的发展成为可能并为人类文明的发展创造了物质条件。

从马克思恩格斯的论断得知，"真正的分工"并不是从来就有的，而是历史地发生并形成的。历史地看，物质劳动与精神劳动的分离最初表现为手和脑的分工。在人类社会发展的初期，手和脑便开始功能分化，手的解放大大推动了脑的不断发展与进化。可以说，手和脑的功能分化就是物质劳动与精神劳动分离的最初表现形式。正如马克思所说："能计划怎样劳动的头脑在社会发展的初期阶段（例如，在原始的家庭中），已经能不通过自己的手而是通过别人的手来执行它所计划好的劳动了。"② 如果说手和脑的分工最初主要是就同一个人而言的，那么后来，手和脑的分工便在不同的人之间扩展开，从而引起脑力劳动和体力劳动的相对分离，这时一部分人开始专门从事脑力劳动或精神劳动，而另一部分人开始专门从事体力劳动或物质劳动。作为社会分工的结果，相应

---

① 张曙光：《"意识"与"语言"：历史构成的第五个因素》，《河北学刊》2008 年第 2 期。

② 《马克思恩格斯全集》第 20 卷，人民出版社，1971，第 516 页。

地产生了职业划分。正如马克思所言，在人类的早期社会形态中，"职业的分离是自然发展起来、随后固定下来、最后由法律加以巩固的"。① 当一部分人开始摆脱"手"的束缚、从实际生产劳动中脱离出来时，用"脑"工作的新职业，如哲学家、思想家、理论家等就自然地出现了。马克思不仅引用弗格森在《市民社会史》中的话，"在这个分工的时代，思维本身可以成为一种特殊的职业"②，而且还转引斯密的话说："哲学或思辨科学，象其他一切行业一样，成为公民的某一特定阶层的主要的或唯一的职业。"③ 职业划分是社会分工的结果，因为只有当社会分工发展到一定阶段时，"社会才从自己中间分化出一批特殊的人——即从事研究不同思想意识形态的思想家"。④ 由此可见，从手和脑的功能分化、体力劳动和脑力劳动的分离到职业划分，无一不是社会分工的产物。只有当物质劳动和精神劳动分离时，一些人才专门用"手"进行"物质生产"，另一些人则专门用"脑"进行"精神生产"，例如，和其他各种职业一样，理论家、思想家等的工作由某一特定人群专门承担，从事"精神生产"是他们的主要职业。

职业划分既是分工的产物，又是分工的外在表现和显性标志。马克思指出："在一切国家和一切政治制度中都有职业划分，即社会劳动的分工。"⑤ 邓小平也曾强调，脑力劳动者如知识分子"与体力劳动者的区别，只是社会分工的不同"，职业划分不同。⑥ 随着分工的进一步发展，人们的职业划分也越来越细，而且"每一种职业都是社会分工中的一定部门"⑦。在一定意义上，每一种职业与此同时也获得了不同于其他部门的特殊利益，并基于此相互独立或对立。实际上，这些为特殊利益而独

---

① 《马克思恩格斯全集》第23卷，人民出版社，1972，第395页。
② 《马克思恩格斯全集》第23卷，人民出版社，1972，第401页。
③ 《马克思恩格斯全集》第47卷，人民出版社，1979，第313页。
④ В. П. 罗任：《马克思主义社会学导论》，李广泉、王书坤译，华中工学院出版社，1982，第182页。
⑤ 《马克思恩格斯全集》第47卷，人民出版社，1979，第334页。
⑥ 《邓小平文选》第2卷，人民出版社，1994，第89页。
⑦ 《马克思恩格斯全集》第26卷第1册，人民出版社，1972，第415页。

立的人也是一个新职业的承担者，而这一职业本身构成了社会分工中的一个部门。"真正的分工"以及与之相应的职业分离，在资本主义条件下表现得更为清楚。但是，职业分离并没有也不可能从根本上改变资本主义社会的等级结构，即资本对劳动的单向的绝对支配关系。马克思认为，脑力劳动与体力劳动的分离，丝毫不妨碍"这些人中的每一个人对资本的关系是雇佣劳动者的关系"①。自劳动分工以后，劳动部门内部的分工及其运作方式就从根本上决定着职业划分的性质。"这种种分工的相互关系取决于农业劳动、工业劳动和商业劳动的经营方式（父权制、奴隶制、等级、阶级）。"②

如果说"真正的分工"表现为职业划分的固定化，那么，"真正的分工"也就意味着每个人都可以委身于一种"特定业务"，只从事自己最拿手、最合意的工作。这种分工是历史地形成并发展起来的，是人类在漫长的社会历史活动中不断交往、博弈的结果。关于这一点，斯密在《国富论》中进行了详尽的描述和形象的说明。在他看来，善于制造弓矢的人，以制造弓矢为主要业务，成为一种武器制造者；善于制造小茅屋或移动房屋的人，成为一个房屋建筑者。每个人在实际生活中没有必要什么都会、样样精通，而是可以通过交换来满足自身全方位的需求。斯密指出："这就鼓励大家各自委身于一种特定业务，使他们在各自的业务上磨炼和发挥各自的天赋资质和才能。"③ 可以看出，这种"特定业务"不仅是每个人最擅长的工作，也是每个人最合心意的工作，正是在这个意义上，"真正的分工"意味着每个人都能发挥自己的"天赋资质和才能"。

二

为了更准确地把握"真正的分工"的内在意蕴，我们必须指出：真正的分工是劳动的固定性分工，不同于日常生活中的临时性分工。如果

---

① 《马克思恩格斯全集》第 26 卷第 1 册，人民出版社，1972，第 444 页。
② 《马克思恩格斯选集》第 2 卷，人民出版社，1995，第 68 页。
③ 亚当·斯密：《国富论》（上），郭大力、王亚南译，商务印书馆，2014，第 15 页。

问题是要完成一件复杂的劳动，那就必须同时做各种事情。一人做这个，另一人做那个，大家合起来将会取得一个人的努力所根本不能达到的结果。马克思曾经以捕鱼为例来说明这一点。一人划船，另一人掌舵，第三人撒网或叉鱼，没有这种协力，捕鱼就不可能取得成果。马克思在转述特拉西的这一例子的基础上分析指出：在这种协作中已经出现了分工，因为必须"同时做各种事情"，但这不是真正意义上的分工，因为这三个人虽然每个人在合作行动中只完成一项工作，但他们能够轮流地划船、掌舵、捕鱼，因此只能看作一种临时性的分工。只有当这种临时性的、偶然性的分工一再重复，并显示出其特有的优越性时，才会逐渐固定为真正的、系统的分工。马克思十分赞同特拉西的看法，即"真正的分工"就体现在："当一些人互相为彼此劳动时，每个人可以只从事他最拿手的工作。"① 实际上，正如詹纳所言："当群体中的个体各有分工，各自只做自己所擅长的工作时，整个群体的生产效率就会提高，这一发现是人类经济和文化发展到更高水平的前提。"②

从人类文明发展的角度看，产品和劳动的"剩余"，既是劳动生产率增长的产物，又是人类从野蛮走向文明的基础和初始条件。恩格斯曾明确指出："人类社会脱离动物野蛮阶段以后的一切发展，都是从家庭劳动创造出的产品除了维持自身生活的需要尚有剩余的时候开始的……劳动产品超出维持劳动的费用而形成剩余……过去和现在都是一切社会的、政治的和智力的发展的基础。"③ 由此可见，剩余产品和劳动的出现，表明劳动生产率获得了极大的增长，且加速了分工即劳动"分离"，从而为文明的发展创造了物质基础。从此，一批脱离实际"生产劳动"而专门从事"非生产劳动"的人首先在统治阶级内部出现，"统治阶级之中的整批人可以把科学、艺术事业据为己有"④。也就是说，随着整个

---

① 《马克思恩格斯全集》第 32 卷，人民出版社，1998，第 301 页。

② 格罗·詹纳：《资本主义的未来：一种经济制度的胜利还是失败？》，宋玮等译，社会科学文献出版社，2004，第 64 页。

③ 《马克思恩格斯选集》第 3 卷，人民出版社，1995，第 537~538 页。

④ В. П. 罗任：《马克思主义社会学导论》，李广泉、王书坤译，华中工学院出版社，1982，第 169 页。

社会被划分为剥削阶级和被剥削阶级、统治阶级和被统治阶级之后，形成了这样一种社会等级结构，即完全委身于生产劳动的阶级和彻底摆脱直接生产劳动的阶级，后者专门从事"非生产劳动"，即"从事于社会的共同事务：劳动管理、政务、司法、科学、艺术等等"①。

马克思曾明确指出，这样一种社会结构的形成，即生产劳动和非生产劳动的区分，"本身表现为分工的结果，从而促进一般劳动生产率的发展，因为分工使非生产劳动变成一部分人的专门职能，使生产劳动变成另一部分人的专门职能"②。更为重要的是，作为社会分工的结果，不同的职业、职能都以各自的方式"发展着不同的人类精神能力，创造新的需要和满足新需要的新方式"③。固然，马克思在这里明确揭示了生产劳动和非生产劳动或者说劳动的物质形式与非物质形式的分离与并存，但若在二者之间人为划出一条不可逾越的鸿沟，是不足取的。英国学者塞耶斯在考察马克思的劳动概念的基础上指出："在物质和非物质劳动之间并不存在清晰的差别……所有的劳动最终都可以看作是一种自我实现的形式。"④ 诚然，塞耶斯的分析很有见地，他敏锐地洞察到生产劳动与非生产劳动在"自我实现"意义上的统一性，但问题在于他断然否定了二者之间存在"清晰的差别"，这也是失之偏颇、不足取的。马克思的高明之处就在于他对问题有全面、辩证的理解和把握。同一种劳动，既可以是生产劳动，也可以是非生产劳动；但生产劳动和非生产劳动又是两种性质截然不同的劳动，前者仅仅是为了赚钱，后者则是人的天性的表现。关于这一点，马克思通过密尔顿创作《失乐园》的案例进行了生动、形象的阐明。⑤

事实上，随着物质劳动与精神劳动的分离即"真正的分工"的出现，不同于物质需要和物质生活的人类精神需要和精神生活形成并发展

---

① 《马克思恩格斯全集》第 19 卷，人民出版社，1963，第 243 页。
② 《马克思恩格斯全集》第 26 卷第 1 册，人民出版社，1972，第 311 页。
③ 《马克思恩格斯全集》第 26 卷第 1 册，人民出版社，1972，第 415 页。
④ 肖恩·塞耶斯：《现代工业社会的劳动——围绕马克思劳动概念的考察》，周嘉昕译，《南京大学学报》（哲学·人文科学·社会科学版）2007 年第 1 期。
⑤ 《马克思恩格斯全集》第 48 卷，人民出版社，1985，第 53 页。

了起来，人类精神能力真正得到发展，人类文明才真正繁荣。问题在于，这种分离和分工不仅使不同的人分别承担消费和生产、享受和劳动的现象具有可能性，而且具有现实性，随之而来的是这样一种悖论："一方面，这是进步现象，因为它促进了科学知识的发展。另一方面，这是一种退步，因为脑力劳动违反自然地与体力劳动分离，使得人民群众丧失了直接、积极地参与发展科学知识的可能性。"① 随着人民群众即下层社会从事精神生产的能力被剥夺以后，统治者即上层社会便堂而皇之地垄断了从事精神生产的全部领域。关于这一点，马克思曾深刻地分析指出："一切先前的所有制形式都使人类较大部分，奴隶，注定成为纯粹的劳动工具。历史的发展、政治的发展、艺术、科学等等是在这些人之上的上层社会内实现的。"② 更为严重的是，作为工场手工业分工的后果之一，专门从事物质生产的工人在"物质生产过程的智力作为别人的财产和统治工人的力量同工人相对立"③。此外，如前所述，分工意味着劳动分化和职业分化的固定化、专业化，马克思指出："它仅仅是在竞争居于统治地位的现代工业中才存在。"④ 问题在于随之而来的是一种二重性现象：一方面，这种固定化塑造出一种特有的职业本性，即特殊性、独立性；另一方面，它却导致囿于职业本性的人们在认识上的狭隘性、片面性。马克思和恩格斯指出，"职业由于分工而独立化"，那些所谓的"思想家"之所以会从各自的主观愿望出发去观察世界是由分工造成的。由于分工而形成了职业的特殊化，且他们中的每个人都认为自己的职业是真正的职业。他们之所以在职业与现实的关系上不可避免地制造一种假象或陷入错觉，因为这是该职业本身的性质所决定的。在这里，职业的本性变成了职业的障碍，分工的优点变成了分工的缺点，这使得马克思更加坚定了他早期关于"消灭分工"的信念。到其后期，尽管马克思越来越深刻地意识到"分工在许多方面是不可避免的"，但是深谙历史

---

① В. П. 罗任：《马克思主义社会学导论》，李广泉、王书坤译，华中工学院出版社，1982，第169~170页。

② 《马克思恩格斯全集》第46卷（下），人民出版社，1980，第88页。

③ 《马克思恩格斯全集》第23卷，人民出版社，1972，第400页。

④ 《马克思恩格斯选集》第1卷，人民出版社，2012，第242页。

辩证法的他依然没有停止对分工所导致的对抗的无情批判，也没有放弃对"分工的消灭的可能性"的孜孜探求。只不过这时问题本身已经发生转换，正如拉坦西所说，后来马克思所论述的焦点和重心越来越转移到分工的一个重要方面，即如何"打破精神劳动与物质劳动之间的分工"①。值得注意的是，马克思绝非要将物质劳动和精神劳动之间的分工一网打尽（实际上这是不可能的），而是旨在破除将物质生活与精神生活截然二分的教条。循着马克思所开辟的道路前行，我们会清楚地看到，马克思强调从"现实存在着的、活动的""个人的全部活生生的感性活动"去理解人的物质活动与精神活动，换句话说，他强调"从人的生活去看待物质生活与精神生活本身"②，进而以"人的生活"打通了横亘在物质劳动和精神劳动之间的二分教条，这无疑是作为现代思想开端的马克思的卓越之处。

三

最后，我们需要阐明的一个重要问题是："真正的分工"的两极结构之间的内在关系。很显然，物质劳动和精神劳动的分离已然表明"真正的分工"是一种结构性的存在，在这个结构之中，物质劳动、物质分工、物质生活、物质关系构成了分工的一极，精神劳动、精神分工、精神生活、思想关系构成了分工的另一极。两极结构之间是一种什么样的关系呢？马克思称赞施托尔希关于"物质分工是精神分工的前提"这一看法包含着"一些机智的见解"③，因为这一看法简洁而准确地道出了二者之间的关系。事实上，这与马克思一贯强调物质生活条件对精神生活的决定作用的思想是一致的。根据马克思的论述，"现实的人过去和现在如何行动，都始终取决于他们所处的历史条件"④。在一定的物质条件

① A. Rattansi, *Marx and the Division of Labour*, London：The Macmillan Press Ltd.，1982.
② 邹诗鹏：《生存论研究》，上海人民出版社，2005，第160页。
③ 《马克思恩格斯全集》第26卷第1册，人民出版社，1972，第295页。
④ 《马克思恩格斯全集》第20卷，人民出版社，1971，第671页。

下从事物质生产活动的人，必然会生产出各种各样纷繁复杂的社会关系，根据列宁的分析，马克思学说的基本思路就在于："把社会关系分成物质的社会关系和思想的社会关系。思想的社会关系不过是物质的社会关系的上层建筑，而物质的社会关系是不以人的意志和意识为转移而形成的，是人维持生存的活动的（结果）形式。"① 在马克思和恩格斯看来，从事物质生产和物质交往的人们，在改变和发展物质生产和物质交往的现实过程中，不断改变和发展其自身的思维和思维的产物，因此，物质生产决定着精神生产，物质的社会关系决定着思想的社会关系。

在这里，我们有必要对阿尔都塞的学生巴利巴尔从劳动分工引申出的"思想分化"问题给予辨析。巴利巴尔明确断言，思想分化和劳动分化二者之间存在着原初的"二元性"。他认为："从历史的一开始，在思想和社会分工之间就存在着二元性，或者说是一种压力（用哲学的语言讲就是'内在性'和'外在性'）。从个体的考虑上说，一个仅仅是另一个的反面。"② 诚然，思想分化独立于劳动分化，这是分工发展的必然结果。但是，巴利巴尔的错误在于：一方面，他将思想分化与劳动分化并置起来，陷入了"二元论"的漩涡；另一方面，他虽然也希望达到"一元性"，可惜走错了方向，企图以"思想分化"来统领"劳动分化"。巴利巴尔说："比起'体力劳动和脑力劳动的社会分工'来，我倾向于称广泛意义的'思想分化'"，在他看来，"思想分化既是一种解释世界的模式（这正是'思想'和'理智'的概念来源），也是与劳动分工史同步存在的过程"③。可见，如果将思想分化与劳动分化并置起来可能存在"二元论"之嫌，那么将二者统一于思想分化的"一元论"也难免引起"唯心"之疑。本着求解问题出路的原则，我们必须重温并真正地理解经典作家掷地有声的论断："思想的历史除了证明精神生产随着物质生产的改造而改造，还证明了什么呢？任何一个时代的统治思想始终都

---

① 《列宁选集》第 1 卷，人民出版社，1995，第 19 页。
② 埃蒂安·巴利巴尔：《马克思的哲学》，王吉会译，中国人民大学出版社，2007，第 72 页。
③ 埃蒂安·巴利巴尔：《马克思的哲学》，王吉会译，中国人民大学出版社，2007，第 73~74 页。

不过是统治阶级的思想。"①

　　实际上，马克思恩格斯在《形态》中已经对上述问题作出了原则性的回答。他们有关物质劳动和精神劳动的关系问题的最具代表性也最为精彩的观点都集中在《形态》中。他们写道："分工也以精神劳动和物质劳动的分工的形式在统治阶级中间表现出来，因此在这个阶级内部，一部分人是作为该阶级的思想家出现的，他们是这一阶级的积极的、有概括能力的意识形态家，他们把编造这一阶级关于自身的幻想当做主要的谋生之道，而另一些人对于这些思想和幻想则采取比较消极的态度，并且准备接受这些思想和幻想，因为在实际中他们是这个阶级的积极成员，并且很少有时间来编造关于自身的幻想和思想。"② 由此可见，物质劳动和精神劳动的分离使统治阶级内部发生了分化：一部分人以该阶级的"思想生产者"或"意识形态家"的身份出现，积极编造属于该阶级的思想和幻想；另一部分人则属于该阶级中"没有精神生产资料的阶级"，可能消极地接受这些思想和幻想，也可能成为前者的对立面和敌视方。但是，诚如马克思所说："'思想'一旦离开'利益'，就一定会使自己出丑。"③ 同样，当阶级本身受到威胁时，在共同的阶级利益面前，统治阶级内部的对立和敌视就如同小丑"变脸"一样，瞬间被平息。可见，虽然精神力量看似独立于物质力量，事实上却完全是物质力量的反应和表现。马克思指出："占统治地位的思想不过是占统治地位的物质关系在观念上的表现，不过是以思想的形式表现出来的占统治地位的物质关系。"④ 如果从整个社会结构即两大对立阶级出发，物质力量决定精神力量这一点表现得更为清楚。一般而言，"一个阶级是社会上占统治地位的物质力量，同时也是社会上占统治地位的精神力量。支配着物质生产资料的阶级，同时也支配着精神生产资料，因此，那些没有精神生产资料的人的思想，一般地是隶属于这个阶级的"⑤。

---

① 《马克思恩格斯选集》第1卷，人民出版社，2012，第420页。
② 《马克思恩格斯选集》第1卷，人民出版社，2012，第179页。
③ 《马克思恩格斯文集》第1卷，人民出版社，2009，第286页。
④ 《马克思恩格斯选集》第1卷，人民出版社，2012，第178页。
⑤ 《马克思恩格斯选集》第1卷，人民出版社，2012，第178页。

　　因此，在阶级社会中，统治阶级在物质生产和精神生产中都占有统治地位，可以说，统治阶级本身也是时代的"思想的生产者""思想的分配者"。正如马克思深刻指出的："既然他们正是作为一个阶级而进行统治，并且决定着某一历史时代的整个面貌，不言而喻，他们在这个历史时代的一切领域中也会这样做。"① 事实上，当我们越是深入地思考自己的生活时，就越发深刻地体会到：作为"思想的生产者"，人们的思想一刻也离不开，且必然受制于他们所处的实际生活条件。否则，就会陷入"思想创造世界"或"思想统治世界"的幻想之中。马克思和恩格斯认为，"在考察历史进程时，如果把统治阶级的思想和统治阶级本身分割开来，使这些思想独立化，如果不顾生产这些思想的条件和它们的生产者而硬说该时代占统治地位的是这些或那些思想，也就是说，如果完全不考虑这些思想的基础——个人和历史环境"②，那么，统治阶级的"活跃的思想家"就会自然而然地产生出"某个特定阶级的统治就是某些思想的统治的幻想"，并借此蒙骗自己。其原因在于："生活方式和历史产生的特性（或者说'独立性'）为他们提供了条件。思想家总是站在自己的阶级一边，而他们的思想（理智，自由，人性）却都超出了社会实践之外。"③ 因此，正如马克思恩格斯所提醒我们注意的："从他们的实际生活状况、他们的职业和分工出发，是很容易说明这些幻想、玄想和曲解的。"④ 这一点需要我们深思，否则就会走向观念决定论，得出思想统治一切的荒谬结论。

---

① 《马克思恩格斯全集》第 3 卷，人民出版社，1960，第 52 页。
② 《马克思恩格斯文集》第 1 卷，人民出版社，2009，第 552 页。
③ 埃蒂安·巴利巴尔：《马克思的哲学》，王吉会译，中国人民大学出版社，2007，第 75 页。
④ 《马克思恩格斯文集》第 1 卷，人民出版社，2009，第 554 页。

"劳动创造人本身"命题的再考察[*]
——重读恩格斯《劳动在从猿到人转变过程中的作用》

张 严

在《自然辩证法》的《劳动在从猿到人转变过程中的作用》一文中，恩格斯在研究并总结过去科学理论的基础上，运用历史唯物主义方法论，提出了"劳动创造人本身"的哲学命题。恩格斯对他那个时代的自然科学有着全面而深刻的理解，"为辩证地总结他那个时代的自然科学开辟了最初的道路"[①]。在此基础上，恩格斯深入考察了人类起源问题，系统性批判了以自然主义解释人类历史的机械唯物主义观点及唯心主义观点，明确了在人类历史源头及长河中"劳动"本身不可磨灭的身影和举足轻重的地位。"劳动创造人本身"这一命题以独特的思路打破自然科学的学科界限，创造性地将哲学领域的"劳动"概念运用到生物学、人类学等领域，实现了历史唯物主义逻辑起点与历史起点的统一，是历史唯物主义的典范性运用，体现了实证科学研究与哲学研究的典范性结合，进一步夯实了马克思主义人学研究的理论基础，标志着对人本身认识的新高度。

---

* 国家社会科学基金一般项目"德国古典哲学与法兰克福学派现代性批判的思想谱系研究"（15BZX023）的阶段性成果。本文原载于《理论视野》2020年第12期，收入本书时有改动。

① 勃·凯德洛夫：《论恩格斯〈自然辩证法〉》，殷登祥等译，生活·读书·新知三联书店，1980，第221页。

一 人类起源过程中的"劳动"

在恩格斯看来，对"劳动"与人类起源的关系进行探究之前，必须搞清楚什么是"劳动"，即准确界定"劳动"概念。对于劳动的一般理解是狭义上的理解，即将劳动范围限定在人类范围内，认定劳动为人类特有的，具有意识性、能动性、目的性的人类活动，而将萌芽状态的劳动——"最初的动物式的本能劳动形式"①划入非劳动领域。如此一来，对于劳动的认识也就缺乏了全面性。若将劳动局限于人类或人类社会的范围，那么对于动物出于本能的后天生存行为，如利用前肢或躯干获取生存必需物质资料的行为、利用天然工具获取生存资料的行为等，将无法得到合理解释。同时，狭义的劳动对于人类起源将没有任何意义，对于人的起点的探索也将陷入自然主义陷阱。因此，对人类起源问题进行研究时，应跳出狭义劳动的界定范围，对"劳动"概念进行重新界定。

首先，"劳动"并非人类所特有的活动形式。所有的最初级的无意识的"劳动"都是被动下的主动行为。总的来说，"劳动"是一种动物后天式学习行为的现实应用，是后天经验积累的结果。例如，在对动物行为进行研究时发现，黑猩猩能够利用木箱获取高处香蕉，利用草棒钓白蚁等。这些行为均属于印随、条件反射、推理、模仿等动物后天形成的行为，有别于狭义的人类专属的、高级的、有意识的、能够发挥主观能动性的劳动。这种"劳动"是在生存本能的驱使下，动物依照自身生存经验和生存环境改变本能地产生的，是一种"被意识到了的本能"②。也就是说，广义的劳动并非人类特有，而是动物在后天生存过程中，凭借生存经验逐渐学习演变而来的。

其次，"劳动"本身是伴随人类社会的发展而自我发展的。正如恩格斯所说："劳动本身经过一代又一代变得更加不同、更加完善和更加

① 《马克思恩格斯文集》第5卷，人民出版社，2009，第208页。
② 《马克思恩格斯文集》第1卷，人民出版社，2009，第534页。

多方面了。"① 在从猿到人的演变中，工具的使用成为劳动自身发展的标尺。从没有工具，到天然工具，到人工制造的简单工具，到复杂工具，最后演变为精密、高度智能的工具。劳动本身逐渐由简单到复杂，由低级到高级，由单一化转变到多元化发展。

最后，"劳动"离不开体力或脑力的消耗。将"劳动"一步步抽象，剥离其特殊形式，究其根本，无外是体力或者脑力的消耗。这如同马克思在论述商品价值时所指出的"人类劳动力在生理学意义上的耗费"②。无论动物还是人，无论何种形式，"劳动"就是人或动物通过消耗体力或者脑力获取生存必需的后天式行为。可见，"劳动"远比特属于人类的劳动概念范围更广。

在不同历史时期，"劳动"的形式与具体表现形态有所不同。在对"劳动"进行考察时，应该回到所考察的历史时期中进行。因此，在对"劳动"与人类起源关系问题进行分析研究时，应回到猿进化到人的历史时期，对该历史时期下的原始的"劳动"形式进行界定与分析。在《劳动在从猿到人转变过程中的作用》一文中，恩格斯在谈到人类起源过程"手"的作用时指出，"手不仅是劳动的器官，它还是劳动的产物"③，在之后谈到人类社会区别于猿群的特征时指出："人类社会区别于猿群的特征在我们看来又是什么呢？是劳动。……毫无疑义，这种掠夺行为有力地促进了我们的祖先转变成人。……但是，这一切还不是真正的劳动。劳动是从制造工具开始的。"④ 这两处论述是否存在矛盾？其实，恩格斯正是回到当时的历史时期进行考察，以广义上的劳动为基础进行论述的。在前文中恩格斯所指的手是"猿手"，猿类在原始的自然生存中，用猿手进行生存"劳动"，同时猿手也因"劳动"逐渐自由。这是前文对猿手的解放过程的相关描述的总结。这种"劳动"还是一种"动物的本能式劳动"，是猿转变为人的必要前提。针对恩格斯在后一处

---

① 《马克思恩格斯文集》第 9 卷，人民出版社，2009，第 557 页。
② 《马克思恩格斯文集》第 5 卷，人民出版社，2009，第 60 页。
③ 《马克思恩格斯文集》第 9 卷，人民出版社，2009，第 552 页。
④ 《马克思恩格斯文集》第 9 卷，人民出版社，2009，第 555 页。

指出的"这一切还不是真正的劳动。劳动是从制造工具开始的"，需明确两点。其一，恩格斯所指"这一切"是前文中动物在自然环境影响下的迁徙行为和争斗行为，以及造成这些结果的在获取生存必需时的"滥用"行为与"浪费"行为。在恩格斯看来，这些动物行为不能算作"劳动"，这些是动物的食物链本能。其二，后半句中的劳动是前半句中"真正的劳动"的延续。也就是说，当猿开始用手制造工具时，已经不再是它本身，它得到了新的称呼——"正在形成中的人"。在此，恩格斯将"最古老的打猎、捕鱼工具"的制造和肉食获取行为与"正在形成中的人"相匹配，通过"劳动"将"正在形成中的人"与猿群进行区分。因此，后一处论述与前一处不存在矛盾，恰恰相反，是对命题的进一步论证。同时，恩格斯在文中所表述的"劳动"并非狭义上的人类或人类社会特有的劳动，而是一种广义的非人类特有后天式的学习行为，因为"正在形成中的人"与"完全形成的人"本质上还存在着巨大的差别。

二 劳动创造人本身：历史唯物主义 视角下的人类起源

在《劳动在从猿到人转变过程中的作用》一文中，恩格斯明确指出："劳动是整个人类生活的第一个基本条件……劳动创造了人本身。"[①] 恩格斯站在历史唯物主义角度，考察"劳动"本身发展演变的客观规律与人类发展之间的辩证关系，给出了从猿转变为人的根本原因，弥补了达尔文进化论的空缺，科学回答了"人如何而来"这一重大问题。

关于人类起源，从古至今存在着许多"奇思妙想"与科学探索，大致可归为以神创论为代表的唯心主义人类起源观和以进化思想为代表的唯物主义人类起源观两类。神创论拥护者认为：人是由神选择并创造的特殊存在。这里的"神"是某种有意识的超越性存在，或者是上帝，或

[①] 《马克思恩格斯文集》第 9 卷，人民出版社，2009，第 550 页。

者是某种超脱万物的神秘存在,甚至还可以是某种神秘而高等的地外文明,等等。进化思想拥护者认为,人是在某种特定的客观因素的影响下,由其他客观存在的生物进化而来。比如,古希腊的阿那克西曼德认为"最原始的动物是从海里的泥变化而出的,人是从一种鱼类演化而来的"①;中国古代的庄周指出"羊奚比乎不箰,久竹生青宁,青宁生程,程生马,马生人,人又反入于机。万物皆出于机,皆入于机"②。这些古代思想家根据某些现象作出的猜想,蕴含了朴素的唯物主义思想。19世纪初,随着近代科学的发展,关于人的起点的探究实现了突破。1809年,拉马克在《动物学哲学》中指出人是从猿类演化而来。1859年达尔文提出进化论,进一步确认了人类由猿类进化而来。1863年,赫胥黎通过对比人、猿、大猩猩的身体解剖结构、生活行为特性、生理结构特征、性器官结构等,获取了人类与类人物种的相似性,进一步确证了达尔文进化理论,强调黑猩猩等类的动物祖先即为人类的起点,并进一步指出"人类正是,也只能是进化的产物"③。进化论思想家找到了人类的起点,也找到了人类起源的外在因素——生存环境的改变,但在自然主义的思维局限之下,没能真正找到人类起源的核心动因。在生产环境改变但没有核心内因作用的情况下,人类可能出现,也可能不出现;出现的可能是人类,也可能不是人类,毕竟参与进化的不单单是人类祖先。恩格斯在前人研究的基础上,基于历史唯物主义理论视角,将"劳动"本身的发展演变与从猿到人的历史发展相联系,指明了"劳动"与人类起源的必然联系。在恩格斯看来,人类的起源并非一蹴而就,而是一个漫长而又艰难的过程。在这个过程中,"劳动"起着核心推动作用,同时,"劳动"本身伴随着这个过程得到进一步发展。

首先,"动物式的本能劳动"促使猿手更为自由。近现代生物学研究发现,动物前肢较后肢而言更灵活。在某些特定环境下,动物能够运

---

① 黑格尔:《哲学史讲演录》第1卷,贺麟、王太庆译,商务印书馆,1959,第217页。

② 《庄子·外篇·至乐第十八》。

③ 赫胥黎:《人类在自然界的位置》,蔡重阳等译,北京大学出版社,2010,第78页。

用前肢或利用天然工具进行动物式的本能劳动。例如：黑猩猩会用前肢摘取果实或抓取食物，或运用木棍、草棒掏蚂蚁，或运用石头砸坚果吃；老虎会站立并运用前肢发动攻击；等等。远古时代完全可能存在这么一种猿类：这种猿类在生存过程中，为了生存，它们的手和脚做着不同的活，在奔跑中扔石头，在攀缘中获取食物等；它们的手逐渐告别辅助行走的天职，专职于"劳动"，直立成为它们新的本能。由此猿开始向人迈进。可以看到，这种猿类出现的前提是它们手脚的分工。而手脚分工的关键在于它们自身的"动物式的本能劳动"。这意味着，在漫长的演化道路上，手逐渐成为它们获取生存必需的物质资料的关键性"工具"。同时，在"劳动"自身发展演变过程中，它们的手学会并掌握了更多生存技能。而手在"劳动"中获得的自由，深刻在它们后代的基因里遗传下来，并一代代累积起来。与此同时，伴随着手的自由程度的不断提升，"劳动"自身必将得到发展，人造工具必将登上历史的舞台，这标志着人类的历史开启了序章。在恩格斯看来，这个时期的"人"还在形成中，并非真正意义上的人，相较于"完全形成的人"，还缺少语言和思维的发展，以及群落到人类社会的演化。

其次，"劳动"导致了语言的产生。在动物界，任何一个群居动物的族群中，都存在或多或少的信息交流，如：单调的叫声、简单的动作等。但"正在形成的人"所组成的群落与其他动物群有所区别。"劳动"促使群落中的每个个体更加紧密地联合。"动物式的本能劳动形式"逐渐走向最低级、最古老但非天然的工具式劳动。每个个体都能意识到公共"劳动"的优势，"劳动"自身发展迫切需要个体之间相互联系、相互支持、互为补充、共同协作。因此族群迫切需要进行精细的、准确的、复杂的信息交流。而此时，单调的叫声和简单的动作已无法满足族群维持生存的必要信息交流。"一句话，这些正在生成中的人，已经达到彼此间不得不说些什么的地步了。"① 为了满足"劳动"自身发展的客观需求，类人猿的器官不得不开始新一轮的分工式演化。其原本笨拙的喉头、舌头、声带等器官开始分工合作，逐渐摆脱单纯的吼叫，开始迸发出一

---

① 《马克思恩格斯文集》第 9 卷，人民出版社，2009，第 553 页。

个个清亮且明晰的音节。早期最初级的语言也就随之诞生。同时,伴随着早期语言的出现与发展,与之相对应的器官如耳、口、喉咙等器官必然完成相应的演化。

再次,"劳动"推动猿脑在潜移默化中向人脑演化。从演化过程看,大脑演化过程与劳动自身发展过程亦如 DNA 的双螺旋结构一般,相互缠绕,相互匹配,共同促进。一方面,在"劳动"发展的客观规律下,"正在形成中的人"在劳动过程中,能够接触到更广泛的客观世界和更多类别的客观事物,大脑也能够获取更多对外部世界的感知和信息。另一方面,在大脑的演化过程中,伴随着感知和信息量的增加,与生存需求相关的劳动工具需求也不断改变。在实践过程中,需求刺激着主体进行必要的"脑力劳动",大脑的"抽象能力和推理能力"[①] 就逐步发展起来,劳动工具伴随需求不断改进。经过"实践—思考—改进—再实践—再思考—再改进"的循环往复,大脑与"劳动"得到共同发展,人的主观能动性随之产生。从器官演化来看,大脑的发展和"脑力劳动"的需求,迫切需要所有感觉器官相应地完善发展。同时,脑和与它匹配为它服务的器官的分工合作与发展,为人带来了越发清晰的思维意识,以及一定程度的抽象和推理能力。这些能力又反作用于"劳动"本身,两者互为各自发展的推动力。从营养结构看,伴随着"劳动"的自我发展,"正在形成中的人"的饮食结构发生了改变,肉食成为必需。肉类丰富的营养为脑的发育和完善提供了必需的物质保障,脑也因此能够在一代代更迭中获得更为完备的发展。由此,恩格斯所说的"完全形成的人"才在真正意义上得以出现,人才真正形成了人自身所特有的核心特征——思想意识。

最后,"劳动"构建人类社会基本关系。在"完全形成的人"出现之后,"劳动"的目的性、能动性和意识性逐步体现,成为"真正的劳动"。"劳动"由原本必然的生存手段转变为人类实现目的的手段。原本为适应生存而缔结的族群关系也逐渐转变为各种各样为实现目的而缔结的劳动关系,这些关系的集合构成了人类社会,"随着完全形成的人的

---

① 《马克思恩格斯文集》第 9 卷,人民出版社,2009,第 554 页。

出现又增添了新的因素——社会"①。人类社会区别于其他原生动物群落的关键在于"劳动"。在有目的、有意识的劳动过程中，人与人为实现各自目的获取必需物质资料而缔结的劳动关系，相互交织构建出人类社会的结构。伴随着"劳动"自身与人类本身的双向互促式发展，人类社会一步步向更高级的更文明的组织形式演进。恩格斯曾描述："除打猎和畜牧外，又有了农业，农业之后又有了纺纱、织布、冶金、制陶和航海。伴随着商业和手工业，最后出现了艺术和科学，从部落发展成了民族和国家。法和政治发展起来了，而且和它们一起，人间事物在人的头脑中的虚幻的反映——宗教，也发展起来了。"② "劳动"本身与"劳动"所构建的人类社会就这样凭借着各自发展的动力，相互促进，互为补充，共同由低级向高级演化发展。

"劳动创造人本身"这一命题，是恩格斯在历史唯物主义视域下，开创性地打破学科界限，运用生物学、人类学、考古学、解剖学等领域相关理论，找寻"劳动"本身与人本身及人类社会之间在各自发展的客观规律下的必然联系，对人类起源的历史进行科学性、创造性探索与研究的结果，从而突破了进化论的自然主义局限性，将唯心主义彻底驱逐出人类起源问题域，实现了对人类起源的辩证唯物主义探索与历史唯物主义回答。

三 "劳动创造人本身"命题的历史性意义

恩格斯走出了狭义劳动的界定范围，对客观世界普遍存在的一般性"劳动"进行了考察，得出了这一结论：人既是劳动的主体，也是劳动的产物。无论是人的器官，还是人所特有的意识，以及人类社会，都是"劳动"自身发展的客观规律中的产物；而劳动本身也在人自身发展过程中，伴随着人的演化与发展得到进一步促进。时至今日，"劳动创造人本身"这一命题仍然闪耀着历史唯物主义和辩证唯物主义的

---

① 《马克思恩格斯文集》第9卷，人民出版社，2009，第554页。
② 《马克思恩格斯文集》第9卷，人民出版社，2009，第557页。

光辉。

首先，这一命题实现了历史唯物主义逻辑起点与历史起点的统一，是历史唯物主义的典范性运用。思想史上的诸多哲学流派都有其逻辑起点，如柏拉图的"理念"、笛卡尔的"我思故我在"、黑格尔的"绝对精神"、费尔巴哈的"爱"等，这些逻辑起点是各个理论大厦的基石。马克思恩格斯在《德意志意识形态》中明确指出："我们开始要谈的前提……是一些现实的个人，是他们的活动和他们的物质生活条件，包括他们已有的和由他们自己的活动创造出来的物质生活条件。"① 马克思主义关注的核心是"人"，是在客观世界中改造世界、进行社会必要物质资料生产相关劳动的"现实的人"。同时，社会必要生产劳动是每一个现实的人的存在之根本。因此，历史唯物主义将劳动视为自身逻辑起点。此外，劳动不仅是人类与客观世界的最根本的生存方式，也是人类族群从自然界中创造出人类社会的根本动力与核心动因，更是人类历史演化历程的历史原点，是人类历史画卷的第一笔。因此，"劳动创造人本身"命题的提出，实现了历史唯物主义逻辑起点与历史起点的辩证统一。此外，历史唯物主义的彻底性不仅要求探寻并揭示人类历史以及人类社会历史的发展过程及其规律，还必须对人类历史的起点进行深入发掘。恩格斯正是以人类起源与发展过程为研究样本，以历史唯物主义方法为研究手段，灵活运用历史唯物主义基本原理，回溯从猿到人的历史进程，探寻"劳动"与人的起点的辩证相关性，进而得出科学结论，使历史唯物主义的历史起点与逻辑起点相互印证、实现统一，使历史唯物主义成为更为彻底的理论，并丰富了马克思主义的"实践"概念内涵。

其次，这一命题体现了实证科学研究与哲学研究的典范性结合，对唯物论和无神论具有奠基性意义。回溯对人类起源相关问题的研究历史，可以看到，在漫长而又奇幻的人类历史发展进程中，唯心主义的神创论主导了很长一段时间，特别是在近代科学兴起前的宗教统治时代达到了顶峰。在古代，虽然人类通过自身劳动获得了认识和改造客观自然界的

---

① 《马克思恩格斯选集》第 1 卷，人民出版社，1995，第 66~67 页。

能力，但在那个劳动力以及生产力发展欠缺的时代，这种能力十分有限。人们为了克服自身对自然界的恐惧，人的头脑造就并选择相信一个绝对的权威——"神"。近代科学的兴起，使得生产力得到大幅提升，人类凭借实践活动能够更为全面而深入地对客观世界进行认识和改造。达尔文等科学家凭借着实证性的科学研究否定了神创论，提出了进化论，但"自然科学和哲学一样，直到今天还全然忽视人的活动对人的思维的影响；它们在一方面只知道自然界，在另一方面又只知道思想"①。在解释从猿到人的过渡时，达尔文学派把人类产生的原因仅仅归结为适者生存的自然选择的结果。恩格斯创造性地打破哲学与生物学之间的界限，将哲学领域的"劳动"概念与生物学领域的进化论相融合，实现了实证科学研究与哲学研究、实证方法与思辨方法的典范性结合，厘清了人类起源的相关问题，彻底批判了唯心主义神创论和自然主义历史观，从科学和哲学双重角度坚定了无神论立场。该命题的科学论证，为唯物论和无神论的进一步发展打下了坚实的理论基础。

最后，这一命题进一步夯实了马克思主义人学的理论基础，标志着对人本身认识的新高度。提出"劳动创造人本身"这一命题的核心目的在于通过研究和探索人类的起点，找寻人与自然、人类社会与客观自然界、社会科学与自然科学、人类历史与自然史之间真正的关键节点，以此阐明并深入探寻人类社会历史发展的客观规律。第一，恩格斯通过对劳动自身客观发展与人类的起点之间辩证关系的论证，阐明了人在劳动自身发展的客观规律下诞生的必然性。恩格斯从历史唯物主义角度对人类起源基本问题的回答，弥补了人类从猿到人时期的历史空缺，指明了人类社会与自然史之间的关键过渡点，为人类起源的历史找到了客观性证据，开创了人对人本身认识的新高度。第二，"劳动创造人本身"也从一个侧面夯实了马克思主义人学的理论基础。一方面，恩格斯通过批判自然主义历史观科学映射共产主义社会的必要性。在恩格斯看来，在资本主义社会中，由于私有制特性，社会力量分散，竞争无序化与社会利益化成为常态。人与人之间如动物生存竞争般的社会关系成为主导。

---

① 《马克思恩格斯选集》第4卷，人民出版社，1995，第329页。

人类社会的文明、理性等被利益、金钱所掩盖。只有真正实现人与人的和解，达到共产主义，使劳动成为高度自觉、自由、自主的活动，成为人生活的第一需要，才能摆脱自然性的无序竞争状态，实现人类的解放，并造就崭新的人类。另一方面，恩格斯运用唯物主义历史观从劳动的角度回答了人类起源的基本问题，以关于人类起点的科学研究成果弥补了马克思主义在人学领域中人的起源研究的空缺，有力论证了在人本身及人类社会起源与发展的历程中，"劳动"本身及其发展的关键性、必然性和建构性的作用，推进了对人的本质和特征的理解，从一个侧面佐证了马克思主义人学的科学性，也进一步夯实了马克思主义人学的理论基础。

第三编　国家与革命

从"虚幻的共同体"到
"自由人联合体"*
——马克思国家理论及其对国家治理现代化的启示

牛先锋

在政治学学科和政治生活中，没有哪个术语比"国家"更能引起歧义了。在历史上，由于对国家的内涵理解不同，曾产生过许多思想流派。19世纪马克思恩格斯创立了唯物史观，他们在辩证的否定中阐释了国家从"虚幻的共同体"到"自由人联合体"的演进趋势，客观揭示了国家的本质和功能，在国家与社会之间为人的自由全面发展开辟了一条道路。

一 "真正的共同体"和"虚幻的共同体"

在马克思主义创始人的国家学说中，国家经常被斥责为"虚幻的共同体""虚假的共同体"，是政治集中批判的对象，也是人克服异化实现自身解放的攻击目标。但是，马克思恩格斯并不否认共同体的存在，而是把共同体看作人的存在的前提，强调人的解放只有在"真正的共同体"中才能实现。

人是作为个体存在的，吃、喝、住、行包括思想都是个人的事情。然而，就其本质而言，人又是共同体的存在，看似个人独立的行为，却是以共同体为基础展开的。吃、喝、住、行实现的程度不是取决于个体，而是取决于共同体的现实发展，并且现实的发展程度也是以对共同体的

---

* 本文原载于《天津社会科学》2016年第4期，收入本书时有改动。

历史承继为前提的。个体的思想内容和全部精神生活同样是由共同体的基础所决定的，是对共同体的客观现实的反映。这样的共同体是真实的、客观的存在，无论是以血缘为纽带的家庭，还是以间接关系为纽带的氏族，抑或生产和交往扩大的公社。尽管共同体呈现的形式不同，但毫无疑问这个共同体是个体所有活动的场所。

马克思指出："只有在共同体中，个人才能获得全面发展其才能的手段，也就是说，只有在共同体中才可能有个人自由。"① 人类的历史事实上是在共同体的发展中展开和开辟的，马克思恩格斯指出："在过去一切历史阶段上受生产力制约同时又制约生产力的交往形式，就是市民社会。""这个市民社会是全部历史的真正发源地和舞台。"② 也就是说，共同体本身就是社会或者现代社会的起源，个体在这个舞台上展示自己，以自己的活动使这个舞台多姿多彩，并传承和延续着历史，这个舞台是一个客观存在的"真正的共同体"。

"虚幻的共同体"并不是对共同体的全部否定，相反它要借助于共同体的名义，以共同体的旗号来行使特殊权力，它是"真正的共同体"的虚假存在形式，这种存在形式普遍以国家形态来呈现。当共同体演化为国家这一最典型的形式之后，共同体就成为阶级统治的工具。它以合法的暴力维护一些人的利益而制度化地侵害社会多数人的利益，轻视人、蔑视人、阻碍人的自由，限制人的全面发展。它力图使每个人都相信而且事实上也真的使人相信：它是社会公平的象征，是不可或缺的公平、正义、理性的化身，是人类社会永恒的存在。

总之，当共同体把自身的特殊利益说成是人类共同的利益，通过装扮自己来代表真实的整个社会时，它就演变成了冒充的、虚幻的共同体了。

二 "真正的共同体"向"虚幻的共同体"的演变

既然共同体是真实的，那么它是如何转化成了"虚幻的共同体"

---

① 《马克思恩格斯选集》第1卷，人民出版社，1995，第119页。
② 《马克思恩格斯选集》第1卷，人民出版社，1995，第87~88页。

呢？马克思的国家观揭示了其中内涵的逻辑链条。

第一，生产力发展所带来的社会分工，以及必然由此所决定的利益分化，是共同体由"真实"向"虚幻"转化的开端。当生产力发展到一定阶段，便出现了与此相适应的分工与私有制①，"随着分工的发展也产生了单个人的利益或单个家庭的利益与所有互相交往的个人的共同利益之间的矛盾……正是由于特殊利益和共同利益之间的这种矛盾，共同利益才采取国家这种与实际的单个利益和全体利益相脱离的独立形式，同时采取虚幻的共同体的形式"②。马克思恩格斯在《德意志意识形态》中阐述了国家产生的历史前提，社会分工产生以后就有了特殊利益和共同利益相矛盾的客观事实，国家是为维护共同利益的需要而产生的，是共同体借以化解利益矛盾的工具而已。

然而，吊诡的是，国家如若不采取共同体的形式，即不以维护共同利益为借口，就没有存在的依据；同时，国家如若不折不扣地维护了共同体的全体利益它就不可能"虚幻"，也就不是国家了。国家这个"虚幻的共同体"能够脱离共同体"全体利益"的秘密在于，它有自身存在的经济社会基础，即社会分工和私有制产生之后的阶级分化的事实。自原始公社土地公有制解体以来，人类社会就分裂为利益对立的等级或阶级，"其中一个阶级统治着其他一切阶级"，而统治借以实现的有效手段就是国家。因此，国家所维护的只是统治阶级的利益而非全体社会成员的利益。在这里，"我们已经看到，国家的本质特征，是和人民大众分离的公共权力"③。

第二，国家与"人民大众分离"这只是虚幻的第一步，更为隐秘的是国家也并不维护统治阶级中某一个个体的利益。恩格斯指出："从分工的观点来看问题最容易理解。社会产生它不能缺少的某些共同职能。被指定执行这种职能的人，形成社会内部分工的一个新部门。这样，他

---

① 马克思恩格斯指出："分工和私有制是相等的表达方式，对同一件事情，一个是就活动而言，另一个是就活动的产品而言。"《马克思恩格斯选集》第1卷，人民出版社，1995，第84页。

② 《马克思恩格斯选集》第1卷，人民出版社，1995，第84页。

③ 《马克思恩格斯选集》第4卷，人民出版社，1995，第116页。

们也获得了同授权给他们的人相对立的特殊利益，他们同这些人相对立而独立起来，于是就出现了国家。"① "授权给他们的人"在专制政体下主要是统治阶级，而随着政治文明的发展被统治阶级也包括在内。当授权通过各种眼花缭乱的仪式完成之后，国家就同授权人"相对立而独立起来"，并且有了自己特殊的利益。

国家以共同体的名义在履行职能，而实际上它完全不受被统治阶级的控制，也不完全受统治阶级某一个成员的控制，由此它成为与共同体相对立、有自身特殊利益的"新部门"（即国家）。而这个"新部门"总是把自己特殊的利益说成是共同利益，或者趁机把自己特殊的利益掺入共同体利益中来实现。

第三，把国家看作一种"普遍的东西"，它先于社会并决定社会，这是国家成为"虚幻的共同体"的又一个步骤。唯物史观客观揭示了"虚幻的共同体"演变的链条：现实的个人—市民社会—国家。所谓个人，是指"以一定的方式进行生产活动的一定的个人"，且不是"自己或别人想象中的那种个人，而是现实中的个人，也就是说，这些个人是从事活动的，进行物质生产的，因而是在一定的物质的、不受他们任意支配的界限、前提和条件下活动着的"②。关于市民社会，马克思指出："在人们的生产力发展的一定状况下，就会有一定的交换［commerce］和消费形式。在生产、交换和消费发展的一定阶段上，就会有相应的社会制度、相应的家庭、等级或阶级组织，一句话，就会有相应的市民社会。"③ "'市民社会'这一用语是在 18 世纪产生的，当时财产关系已经摆脱了古典古代的和中世纪的共同体［Gemeinwesen］。真正的市民社会只是随同资产阶级发展起来的；但是市民社会这一名称始终标志着直接从生产和交往中发展起来的社会组织。"④ 而"国家是统治阶级的各个人借以实现其共同利益的形式，是该时代的整个市民社会获得集中表现的

---

① 《马克思恩格斯选集》第 4 卷，人民出版社，1995，第 700~701 页。
② 《马克思恩格斯选集》第 1 卷，人民出版社，1995，第 71~72 页。
③ 《马克思恩格斯选集》第 4 卷，人民出版社，1995，第 532 页。
④ 《马克思恩格斯选集》第 1 卷，人民出版社，1995，第 130~131 页。

形式"①。可见,从事物质生产活动的一定的个人首先构成市民社会,在市民社会基础上形成了国家。社会结构和国家总是从一定的个人的生活过程中产生的,这是再清楚不过的事情。

而如此清楚不过的事情之所以被神秘化和虚幻化,其秘密在于"私有制摆脱了共同体〔Gemeinwesen〕,国家获得了和市民社会并列并且在市民社会之外的独立存在"②。国家一经产生就凌驾于社会之上,凭其无所不在的政治影响干预社会一切事务,造成国家先于社会、国家决定市民社会的假象,并力图使这一假象变成无须证明的事实。

第四,国家先于、大于个人与社会,并从意识形态上确立国家"理想共同体"的地位,先验性地认同国家是社会普遍利益的代表,这是国家成为"虚幻共同体"关键的一步。在国家发展史上,从柏拉图的理想国,到古典契约论和社会契约论,再到黑格尔的理想共同体,都把国家作为社会普遍利益的代表。国家主义一致认为,国家是从来就存在并将永恒存在下去的。

对国家至上主义,马克思恩格斯进行了深刻的批判。恩格斯指出:"国家决不是从外部强加于社会的一种力量。国家也不像黑格尔所断言的是'伦理观念的现实','理性的形象和现实'。确切说,国家是社会在一定发展阶段上的产物;国家是承认:这个社会陷入了不可解决的自我矛盾,分裂为不可调和的对立面而又无力摆脱这些对立面。而为了使这些对立面,这些经济利益互相冲突的阶级,不致在无谓的斗争中把自己和社会消灭,就需要有一种表面上凌驾于社会之上的力量,这种力量应当缓和冲突,把冲突保持在'秩序'的范围以内;这种从社会中产生但又自居于社会之上并且日益同社会相异化的力量,就是国家。"③ "国家是整个社会的正式代表,是社会在一个有形的组织中的集中表现,但是,说国家是这样的,这仅仅是说,它是当时独自代表整个社会的那个阶级的国家:在古代是占有奴隶的公民的国家,在中世纪是封建贵族的

---

① 《马克思恩格斯选集》第1卷,人民出版社,1995,第132页。
② 《马克思恩格斯选集》第1卷,人民出版社,1995,第132页。
③ 《马克思恩格斯选集》第4卷,人民出版社,1995,第170页。

国家，在我们的时代是资产阶级的国家。"① 马克思恩格斯在《德意志意识形态》中更是深刻地指出："因为国家是统治阶级的各个人借以实现其共同利益的形式，是该时代的整个市民社会获得集中表现的形式，所以可以得出结论：一切共同的规章都是以国家为中介的，都获得了政治形式。由此便产生了一种错觉，好像法律是以意志为基础的，而且是以脱离其现实基础的意志即自由意志为基础的。"② 在这里，马克思恩格斯不仅再一次清楚地揭示了国家产生的前提、国家的本质和国家的历史，而且揭示了国家代表共同体普遍利益的意识形态谎言。

从马克思主义国家观可以发现，国家产生与发展的历史逻辑与理论逻辑是统一的，并且历史逻辑决定着理论逻辑。国家的逻辑链条客观呈现为：现实的个人—"真正的共同体"—社会分工和私有制—市民社会—国家—国家观念。而国家之所以成为"虚幻的共同体"就在于颠倒了这一链条，即把国家当作理性和伦理观念的外化，由此国家观念决定了国家现实，国家先于并决定市民社会，市民社会决定了个人。

三 "虚幻的共同体"的职能及其实质

说国家是"虚幻的共同体"，并非像无政府主义者所认为的那样：国家除了对个人自由的伤害之外一无所用，要立即取消国家和政府。国家的存在有其必然性，尽管它不像自己所标榜的是"普遍利益"的化身，但它确实在履行着一定的社会职能，并且随着经济发展和社会结构的变化也在改变着自己的存在形式。国家的职能首先在于，它在一定程度上维护了共同体内社会的"普遍利益"，尽管它履行这一职能是"虚假"的、次要的甚至是附属的，但结果却是如此。恩格斯在《路德维希·费尔巴哈和德国古典哲学的终结》中分析国家的历史作用时指出："社会创立一个机关来保护自己的共同利益，免遭内部和外部的侵犯。

① 《马克思恩格斯选集》第3卷，人民出版社，1995，第631页。
② 《马克思恩格斯选集》第1卷，人民出版社，1995，第132页。

这种机关就是国家政权。"① 马克思恩格斯尽管对国家持严肃的批判态度，但面对德意志四分五裂的封建割据，还是强调首先形成统一的民族国家，这是德国走向进步的必要环节。

镇压和压迫被剥削阶级，是国家具有的另一项基本职能。国家进行政治统治的根由在于经济利益，即维护统治阶级的私有财产。"由于私有制摆脱了共同体 ［Gemeinwesen］，国家获得了和市民社会并列并且在市民社会之外的独立存在；实际上国家不外是资产者为了在国内外相互保障各自的财产和利益所必然要采取的一种组织形式。"这一事实几乎已经成为公开的秘密，马克思恩格斯说，近代的一些国家也清楚地知道"国家只是为了私有制才存在的"②。在揭示资产阶级国家的经济职能时，恩格斯讲得更为直接明白："无论在任何情况下，无论有或者没有托拉斯，资本主义社会的正式代表——国家终究不得不承担起对生产的领导。"③ "政治统治到处都是以执行某种社会职能为基础，而且政治统治只有在它执行了它的这种社会职能时才能持续下去。"④ 马克思对远古时代亚洲国家进行分析时细分了国家的职能，他指出，国家"只有三个政府部门：财政部门，或者说，对内进行掠夺的部门；战争部门，或者说，对外进行掠夺的部门；最后是公共工程部门。……在东方，由于文明程度太低，幅员太大，不能产生自愿的联合，因而需要中央集权的政府进行干预。所以亚洲的一切政府都不能不执行一种经济职能，即举办公共工程的职能"⑤。此外，国家为了维护共同体和共同体中统治者的利益，还必须履行对外职能。军队，就是国家为了进攻或防御而维持的有组织的武装集团。

国家为了履行自己的职能，在不同的社会发展阶段会采用不同的形式。但统治阶级始终决定着国家的性质，决定着国体"在古代是占有奴隶的公民的国家，在中世纪是封建贵族的国家，在我们的时代是资产阶

---

① 《马克思恩格斯选集》第 4 卷，人民出版社，1995，第 253 页。
② 《马克思恩格斯选集》第 1 卷，人民出版社，1995，第 132 页。
③ 《马克思恩格斯选集》第 3 卷，人民出版社，1995，第 752 页。
④ 《马克思恩格斯选集》第 3 卷，人民出版社，1995，第 523 页。
⑤ 《马克思恩格斯选集》第 1 卷，人民出版社，1995，第 762 页。

级的国家"①，这是就国家性质而言的。国家在形式上可以实行民主政体、贵族政体和君主政体，当然还可采用更细的划分。在不同政体下，人的自由程度是有区别的，但"实际上，国家无非是一个阶级镇压另一个阶级的机器，而且在这一点上民主共和国并不亚于君主国"②。"现代国家，不管它的形式如何，本质上都是资本主义的机器。"③

无产阶级专政是国家的过渡形式。无产阶级专政的最终目的，不是造成新的阶级统治和奴役，而是要达到消灭奴役人、压迫人、蔑视人、侮辱人的没有阶级对立的新社会。由于以往的社会都是建立在私有制基础之上的阶级对立社会，每一个"取代旧统治阶级的新阶级，为了达到自己的目的不得不把自己的利益说成是社会全体成员的共同利益"④。因此，不断更替的国家只是维护私有制的不同形式而已，其实质仍然是阶级统治和阶级压迫的工具。而未来的共产主义社会是要消灭私有制、消灭压迫和剥削，是要废除国家的。所以，用公有制代替私有制，用"自由人联合体"代替各种形式的"虚幻的共同体"，要比建立在私有财产基础之上的国家更加艰难得多。正是变革的彻底性和艰难性，决定了无产阶级不能一下子消灭国家。恩格斯在《再论蒲鲁东和住宅问题》中强调："无产阶级必须采取政治行动，必须实行无产阶级专政作为达到废除阶级并和阶级一起废除国家的过渡。"⑤

马克思指出："在资本主义社会和共产主义社会之间，有一个从前者变为后者的革命转变时期。同这个时期相适应的也有一个政治上的过渡时期，这个时期的国家只能是无产阶级的革命专政。"⑥ 关于无产阶级专政的作用，马克思恩格斯在《共产党宣言》中指出："无产阶级将利用自己的政治统治，一步一步地夺取资产阶级的全部资本，把一切生产力工具集中在国家即组织成为统治阶级的无产阶级手里，并且尽可能快

---

① 《马克思恩格斯选集》第3卷，人民出版社，1995，第755页。
② 《马克思恩格斯选集》第3卷，人民出版社，1995，第13页。
③ 《马克思恩格斯选集》第3卷，人民出版社，1995，第753页。
④ 《马克思恩格斯选集》第1卷，人民出版社，1995，第100页。
⑤ 《马克思恩格斯选集》第3卷，人民出版社，1995，第199页。
⑥ 《马克思恩格斯选集》第3卷，人民出版社，1995，第314页。

地增加生产力的总量。"可见无产阶级专政的首要职能是对"所有权和资产阶级生产关系实行强制性的干涉"①。

无产阶级专政这种国家形式，同样是一种政治组织形式，但它同以往"虚幻的共同体"有重要的区别。在本质上，无产阶级专政是围绕着经济解放而发挥作用的；在形式上，无产阶级专政采用"民主共和国"的方式。根据巴黎公社短暂的实践，马克思认为："这是人民群众把国家政权重新收回，把它从统治社会、压制社会的力量变成社会本身的生命力；这是人民群众把国家政权重新收回，他们组成自己的力量去代替压迫他们的有组织的力量；这是人民群众获得社会解放的政治形式，这种政治形式代替了被人民群众的敌人用来压迫他们的假托的社会力量。"② 恩格斯也总结指出："工人阶级一旦取得统治权，就不能继续运用旧的国家机器来进行管理；工人阶级为了不致失去刚刚争得的统治，一方面应当铲除全部旧的、一直被利用来反对工人阶级的压迫机器，另一方面还应当保证本身能够防范自己的代表和官吏，即宣布他们毫无例外地可以随时撤换。"③ 这些论述表明：①无产阶级专政在本质上是对旧的国家机器的否定；②无产阶级专政在形式上采用共和国的政治形式；③要采取一切措施防止无产阶级专政国家异化为凌驾于社会之上的独立的力量。

无产阶级专政这种国家政权的发展趋势不是不断加强，而是随着经济条件的变革而逐步丧失存在的基础。在《反杜林论》中，恩格斯指出："无产阶级将取得国家政权，并且首先把生产资料变为国家财产。但是这样一来，它就消灭了作为无产阶级的自身，消灭了一切阶级差别和阶级对立，也消灭了作为国家的国家。……国家真正作为整个社会的代表所采取的第一个行动，即以社会的名义占有生产资料，同时也是它作为国家所采取的最后一个独立行动。那时，国家政权对社会关系的干预在各个领域中将先后成为多余的事情而自行停止下来。那时，对人的

---

① 《马克思恩格斯选集》第 1 卷，人民出版社，1995，第 293 页。
② 《马克思恩格斯选集》第 3 卷，人民出版社，1995，第 95 页。
③ 《马克思恩格斯选集》第 3 卷，人民出版社，1995，第 12 页。

统治将由对物的管理和对生产过程的领导所代替。"① 国家履行完它最终的使命之后，将被"放到古物陈列馆去，同纺车和青铜斧陈列在一起"②。

四 "自由人联合体"是对"真正的共同体"的扬弃

"真正的共同体"是一种历史存在，是人作为人的生活的真实场所。在那里劳动者与生产资料直接结合，没有固定的社会分工，没有私有制，这是生产力低下和社会交往较少的原始共同体。经济发展和交往扩大带来的必然结果，是"虚幻的共同体"对"真正的共同体"的否定；然而，经济的充分发展、交往的进一步扩大以及社会关系的不断丰富，造成的结果必然是对"真正的共同体"的否定之否定，是"虚幻的共同体"的消亡和"自由人联合体"的产生，是对人的本质的回归与肯定。这是一幅国家产生、演进和走向消亡的历史全景图像。

对"虚幻的共同体"的否定，或者说对"真正的共同体"的否定之否定，首先是对其产生条件的否定。国家是怎么样产生的，就将会怎么样消亡，当国家存在的条件被一一抽去之后，国家的大厦也就倾覆坍塌了。而国家产生的第一个条件就是自然形成的分工和由此引起的利益对立，正如马克思指出："只要特殊利益和共同利益之间还有分裂，也就是说，只要分工还不是出于自愿，而是自然形成的，那么人本身的活动对人来说就成为一种异己的、同他对立的力量，这种力量压迫着人，而不是人驾驭着这种力量。"③ 可见，不自愿的而又自然形成的分工，是人异化的物质基础，国家只是适应这种物质基础的共同体的组织形式而已。

因此，消灭人的异化，实现人的解放和人的自由全面发展，不能靠消灭共同体的办法来实现。"只有在共同体中，个人才能获得全面发展

① 《马克思恩格斯选集》第3卷，人民出版社，1995，第630~631页。
② 《马克思恩格斯选集》第4卷，人民出版社，1995，第174页。
③ 《马克思恩格斯选集》第1卷，人民出版社，1995，第85页。

其才能的手段，也就是说，只有在共同体中才可能有个人自由。"当然，这个共同体不是国家这个"虚幻的共同体"，因为"在过去的种种冒充的共同体中，如在国家等等中，个人自由只是对那些在统治阶级范围内发展的个人来说是存在的"。"虚幻的共同体"必须要消灭，但消灭的途径"只能靠个人重新驾驭这些物的力量，靠消灭分工的办法来消灭"。只能靠在更高的生产力发展水平上、扬弃了的"真实的共同体"中来实现，"在真正的共同体的条件下，各个人在自己的联合中并通过这种联合获得自己的自由"①。这里所说的"真正的共同体"既不是市民社会，更不是国家，而是代替了存在着阶级和阶级对立的资产阶级旧社会的联合体，即"自由人联合体"，在那里，"人终于成为自己的社会结合的主人，从而也就成为自然界的主人，成为自身的主人——自由的人"②。

马克思恩格斯将国家看作"虚幻的共同体"，并对一切形式的国家持冷峻的批判态度。但是，他们对国家的批判不是基于启蒙主义的理性正义和道德情感，而是基于国家存在的现实条件，从国家存在的条件揭示国家的本质及其职能。正是站在坚实的经济社会的地基之上，马克思恩格斯对国家的认识既超越了愤世嫉俗的无政府主义，又超越了充满完美理想的国家至上主义，使国家这个概念的科学内涵完整地呈现出来，为我们全面准确认识国家提供了重要的理论指导，特别是为正确理解国家治理体系和治理能力现代化提供了重要的启示作用。

首先，国家治理的要义是治理国家，防止以国家的名义侵害公民合法权利和社会权益。马克思主义国家学说清晰地告诉我们：国家是从社会中产生而又凌驾于社会之上并对经济社会生活实施强制性干预的"虚幻的共同体"。如果对国家的行为不设边界、不加限定，国家就会以"虚幻的共同体"利益为名，侵犯真实的社会利益和个人利益。因此，治理国家，必须明晰国家的职能范围和行为边界，国家不能包办一切，更不能漫无边际地干预公民和社会的生活。

其次，推进国家治理现代化，必须规范国家履行职能的手段。人类

---

① 《马克思恩格斯选集》第 1 卷，人民出版社，1995，第 118~119 页。
② 《马克思恩格斯选集》第 3 卷，人民出版社，1995，第 760 页。

政治文明进步的方向必然是用法治代替人治、用共治代替专治、以民主代替独裁、以协商代替专断。尽管国家履行自身职能要运用强制性的手段，但是国家干预的手段越野蛮，人的发展就越受到限制，失去的自由就越多。因此，国家绝不是不受任何约束的"利维坦"，必须通过深化改革，"坚持依法治国、依法执政、依法行政共同推进，坚持法治国家、法治政府、法治社会一体建设，实现科学立法、严格执法、公正司法、全民守法"①，用法律来规范和约束国家权力。

再次，推进国家治理体系和治理能力现代化，必须坚持人民主体地位，让人民有通畅的渠道参与国家管理，不断提高人民群众自我管理的素质和能力；同时必须正确处理政府和社会的关系，发挥社会组织在国家治理和自我管理方面的作用。国家产生于市民社会并凌驾于市民社会之上，但决不能把公民和社会组织排除在国家治理主体之外，更不能把公民和社会组织当作随意使唤的婢女。

最后，国家治理现代化，是要让国家机构在国家治理中发挥更好的作用，而不是否定国家公权和不要国家机构。国家的消亡是有条件的，在国家存在的前提没有消除的情况下，一厢情愿地不让国家发挥作用甚至激进地否定一切公权、消灭国家，这是幼稚的空想，只能导致无政府主义的混乱局面。

---

① 《十八大以来重要文献选编》（中），中央文献出版社，2016，第157页。

马克思恩格斯国家观中的"实然国家"与"应然国家"*

张 严

国家问题始终是马克思恩格斯深入思考的基本理论问题和高度关注的重大实践问题。随着历史唯物主义的产生和发展,马克思恩格斯对国家的探讨可以分成实然和应然两个层面。在实然层面,马克思恩格斯回答了现存国家"是什么"和"怎么样"的问题;在应然层面,马克思恩格斯设想和展望了未来国家"应该怎么样"的问题。

一 马克思恩格斯国家观中的"实然国家"

马克思恩格斯所处的社会历史时代,大致是自由竞争的资本主义时代。因此,他们的国家学说针对的是那个时代的西方资本主义国家。从《黑格尔法哲学批判》到《家庭、私有制和国家的起源》,马克思恩格斯考察了"实然国家"。

(一)国家的从属性:国家由市民社会决定

现代性的一个内在特征是普遍性与特殊性的分离。在近现代社会中,这种分离直接表现为普遍利益与特殊利益的冲突。霍布斯的契约论、卢梭的"公意"学说、斯密的"看不见的手"等各种理论,都试图消除这一冲突。黑格尔的国家学说也突出地反映现代性的这个内在矛盾。从客

---

* 本文原载于《中共中央党校学报》2013年第4期,收入本书时有改动。

观唯心主义的立场出发，他视国家为自由的最高定在、自身的理性定在和"地上的神物"，并将市民社会归属于国家。他承认代表普遍性的国家与代表特殊性的市民社会存在着分离，并试图用同业公会等"中项"来克服国家与市民社会之间的极端对立，以实现特殊性与普遍性、主观自由与客观自由的统一。

青年马克思曾经接受黑格尔的唯心主义观点，把国家看成理性的实现。但现实的德国让马克思逐渐怀疑黑格尔的国家观。在《莱茵报》工作期间，马克思亲身体会了普鲁士王国限制出版自由，感受到官僚的冷酷无情，"第一次遇到要对所谓物质利益发表意见"①，认识到摩泽尔地区农民的贫困是由官僚制度的本质决定的。"人们在研究国家状况时很容易……用当事人的意志来解释一切。"② 这些情况促使马克思开始形成自己的国家观：被黑格尔视为理性国家的普鲁士王国无法解决市民社会的现实矛盾，市民社会不可能简单地被国家扬弃。同时，马克思深入思考社会经济问题，探讨客观物质利益同国家与法的关系。

在"孕育历史唯物主义概念的处女之作"③ ——《黑格尔法哲学批判》中，马克思指出，黑格尔揭示的政治国家与市民社会的分离，正是现代社会的特征，属于"现代的状况"。但是，黑格尔用来克服两者分离的方案是"想用复旧的办法来消除市民社会和政治国家的二元性"④，要将市民社会与国家的对立消解于中世纪的共同体当中，实际是试图用实体吞没主体，用国家统摄社会，用官僚机构的唯灵论克服市民社会的唯物主义。黑格尔提出的解决方案，其前提在于，现实是理念的外化，国家决定市民社会。对于黑格尔的客观唯心主义国家观，马克思指出，这颠倒了规定者和被规定者："观念变成了主体，而家庭和市民社会对国家的现实的关系被理解为观念的内在想象活

---

① 《马克思恩格斯文集》第 2 卷，人民出版社，2009，第 588 页。
② 《马克思恩格斯全集》第 1 卷，人民出版社，1995，第 363 页。
③ 安东尼·吉登斯：《资本主义与现代社会理论：对马克思、涂尔干和韦伯著作的分析》，郭忠华、潘华凌译，上海译文出版社，2007，第 7 页。
④ 《马克思恩格斯全集》第 3 卷，人民出版社，2002，第 103 页。

动。家庭和市民社会都是国家的前提。"① 由此，马克思将黑格尔的"国家决定市民社会"颠倒为"市民社会决定国家"。

第一，市民社会是国家的前提和必要条件。马克思认为，"政治国家没有家庭的自然基础和市民社会的人为基础就不可能存在。它们对国家来说是必要条件"②。反过来，即使没有国家而有家庭和市民社会（如部落），却是可以设想的。"市民社会和家庭"在其真实的，即在其独立的和充分的发展中作为特殊的"领域"而成为国家的前提，成为国家的"自然基础"和"人为基础"③。

第二，市民社会是国家的动力。马克思认为，家庭和市民社会不是由国家派生出来的。相反，"家庭和市民社会使自身成为国家。它们是动力"④。代表特殊性的市民社会的各等级成为超越普遍者即国家的力量。"市民社会的各等级虽然没有得到任何政治规定，但它们毕竟还是规定了政治国家。它们会把自己的特殊性变成整体的决定性权力。它们会成为高于普遍东西的特殊东西的力量。"⑤ 在此，马克思特别注意到无产者和直接劳动对整个社会的基础性作用："丧失财产的人们和直接劳动的即具体劳动的等级，与其说是市民社会中的一个等级，还不如说是市民社会各集团赖以安身和活动的基础。"⑥ 在《〈黑格尔法哲学批判〉导言》中，马克思强调无产阶级必将担负起人类解放的重任的思想，可以说导源于此。

第三，市民社会的"唯物主义"原则同样适用于政治国家。马克思揭露政治国家的唯灵论假象，指出黑格尔式国家的"唯灵论"不适用于市民社会。他认为，即便在官僚机构内部，也是特殊利益和物质利益起作用。"在官僚政治内部，唯灵论变成了粗陋的唯物主义，变成了消极服从的唯

---

① 《马克思恩格斯全集》第3卷，人民出版社，2002，第10页。
② 《马克思恩格斯全集》第3卷，人民出版社，2002，第12页。
③ 《马克思恩格斯全集》第3卷，人民出版社，2002，第8页。
④ 《马克思恩格斯全集》第3卷，人民出版社，2002，第11页。
⑤ 《马克思恩格斯全集》第3卷，人民出版社，2002，第113页。
⑥ 《马克思恩格斯全集》第3卷，人民出版社，2002，第100~101页。

物主义，变成了信仰权威的唯物主义。"① 就是说，"国家的目的变成了他的私人目的，变成了追逐高位、谋求发迹。首先，这个官僚把现实的生活看作物质的生活"②。黑格尔用来联系国家与市民社会的同业公会等机构，与官僚机构是同源的："同业公会构成市民社会的官僚政治，官僚政治则是国家的同业公会。"③ 在马克思看来，无论在市民社会领域还是在政治国家领域，"唯物主义"都是最基本的原则。

（二）国家的工具性：国家作为阶级统治的工具

在《德意志意识形态》中，马克思恩格斯考察阶级社会的国家，指出正是特殊利益与共同利益的矛盾，"共同利益才采取国家这种与实际的单个利益和全体利益相脱离的独立形式，同时采取虚幻的共同体的形式"④。国家是虚幻的共同体。其"虚幻"性在于，在形式上，国家是全体社会成员的"共同利益"的代表。它制定的法律普遍约束包括统治阶级在内的社会所有成员。但实际上，这些法律只是为了用"普遍利益"维护占社会统治地位的阶级的利益，维持统治阶级的统治合法性。"这些始终真正地同共同利益和虚幻的共同利益相对抗的特殊利益所进行的实际斗争，使得通过国家这种虚幻的'普遍'利益来进行实际的干涉和约束成为必要。"⑤ 这种共同利益只是"统治阶级的共同利益"。对于被统治阶级而言，它"不仅是完全虚幻的共同体，而且是新的桎梏"。因为，他们"更加屈从于物的力量"⑥。"虚幻的共同体"概念反映了代表统治阶级"特殊利益"的国家同反映所有相互交往个人之间"普遍利益"的社会是对立的，揭示出国家的"共同体"形式是由市民社会统治阶级的物质利益决定的，表明国家为统治阶级服务的工具性特征，即"国家不外是资产者为了在国内外相互保障各自的财产和利益所必然要

---

① 《马克思恩格斯全集》第 3 卷，人民出版社，2002，第 60 页。
② 《马克思恩格斯全集》第 3 卷，人民出版社，2002，第 60~61 页。
③ 《马克思恩格斯全集》第 3 卷，人民出版社，2002，第 58 页。
④ 《马克思恩格斯文集》第 1 卷，人民出版社，2009，第 536 页。
⑤ 《马克思恩格斯文集》第 1 卷，人民出版社，2009，第 537 页。
⑥ 《马克思恩格斯文集》第 1 卷，人民出版社，2009，第 571~572 页。

采取的一种组织形式"①。

　　根据《德意志意识形态》首次系统阐发的历史唯物主义观点，国家的工具性源自作为经济基础的市民社会对作为上层建筑的国家的决定作用："受到迄今为止一切历史阶段的生产力制约同时又反过来制约生产力的交往形式，就是市民社会。"② "这个市民社会是全部历史的真正发源地和舞台。"③ 在一切时代，它都构成国家的基础，以及任何其他的观念的上层建筑的基础④。因此，市民社会是"虚幻共同体"——国家的"现实"基础。共同利益采取国家这种"虚幻的共同体的形式"，始终建立在每个家庭集团或部落集团中现有的骨肉联系、语言联系、较大规模的分工联系，以及其他利益联系的现实基础之上，是在分工决定的阶级的基础上产生的。"这些阶级是通过每一个这样的人群分离开来的，其中一个阶级统治着其他一切阶级。"⑤ 由此，《黑格尔法哲学批判》确立的"市民社会决定国家"原则，在《德意志意识形态》中得到历史唯物主义的阐释。

　　在《家庭、私有制和国家的起源》中，恩格斯深入阐发国家的工具性。他指出，表面看来，国家是阶级社会不偏不倚的"第三方"，但在本质上，却是经济上占统治地位的阶级用来镇压和剥削被压迫阶级的工具。尽管在不同的历史阶段，国家的表现形式有所不同，但是，国家作为阶级统治工具的属性具有历史的一贯性："它照例是最强大的、在经济上占统治地位的阶级的国家。这个阶级借助于国家而在政治上也成为占统治地位的阶级。"⑥ 国家"在一切典型的时期毫无例外地都是统治阶级的国家，并且在一切场合在本质上都是镇压被压迫被剥削阶级的机器"⑦。由于国家的工具性与阶级性直接相关，阶级分析的方法就成为马克思主义国家理论的一个主要方法。

---

① 《马克思恩格斯文集》第 1 卷，人民出版社，2009，第 584 页。
② 《马克思恩格斯文集》第 1 卷，人民出版社，2009，第 540 页。
③ 《马克思恩格斯文集》第 1 卷，人民出版社，2009，第 540 页。
④ 《马克思恩格斯文集》第 1 卷，人民出版社，2009，第 583 页。
⑤ 《马克思恩格斯文集》第 1 卷，人民出版社，2009，第 536 页。
⑥ 《马克思恩格斯文集》第 4 卷，人民出版社，2009，第 191 页。
⑦ 《马克思恩格斯文集》第 4 卷，人民出版社，2009，第 195 页。

（三）国家的相对自主性：国家高居于社会之上

在《德意志意识形态》中，马克思恩格斯指明国家的相对独立性，即国家不声称具体代表哪个阶级的利益，而是力图表现出与社会各个阶级的利益相分离，从而呈现并利用这种"超脱"的身份，站在"中立"立场上充当"仲裁人"。

在《路易·波拿巴的雾月十八日》中，马克思也探讨国家的相对自主性，指出波拿巴的行政权一度掌控资产阶级议会的立法权，成为完全独立于社会的、不受限制的自主力量："只是在第二个波拿巴统治时期，国家才似乎成了完全独立的东西。"① 恩格斯分析了国家脱离其阶级基础以及在一定程度上取得独立自主的现实条件。《家庭、私有制和国家的起源》指出，"互相斗争的各阶级达到了这样势均力敌的地步，以致国家权力作为表面上的调停人而暂时得到了对于两个阶级的某种独立性"②。

在历史上，"互相斗争的各阶级达到了这样势均力敌的地步"是十分罕见的。在一般情况下，国家是否也会表现出自主倾向呢？在马克思看来，官僚自身的特殊利益使得国家天然地具有自主倾向。无论是由统治阶级直接控制国家机器，还是由各种不同阶级来源的人士管理国家事务，官僚集团总是能够在某种程度上超越各个阶级的制约，获得甚至相对于统治阶级而言的自主性，从中谋求官僚集团自身的狭隘利益，因而在一定程度上表现出相对于全社会的自主性。在统治阶级面临内部分裂和外部困境的条件下，国家官僚的自主性有可能膨胀，从而出现完全不受社会制约的国家机器。

国家的相对自主性构成国家工具性的对立面，同时也带来国家与社会关系的悖论：一方面，国家作为阶级统治的工具，为经济上占统治地位的阶级服务，代表统治阶级的利益；另一方面，国家又具有一定程度的独立自主性，似乎能够不受统治阶级的约束，表现出脱离其经济基础

---

① 《马克思恩格斯文集》第 2 卷，人民出版社，2009，第 565 页。
② 《马克思恩格斯文集》第 4 卷，人民出版社，2009，第 191 页。

的倾向。这一悖论,在某种意义上构成"经济决定论"的反例,表明"经济基础决定上层建筑"的历史唯物主义规律在现实社会的复杂运作。

(四) 国家的历史阶段性:国家随阶级产生和消亡

在《家庭、私有制和国家的起源》中,恩格斯以希腊、罗马和德意志的三个不同国家的起源为例,运用历史唯物主义原理探讨国家起源的一般机制,分析国家产生的历史条件和本质特征,指出国家不是从外部强加于社会的力量,也不是"伦理观念的现实""理性的形象和现实",而是人类社会发展的特定历史阶段的产物。一方面,国家是随着阶级的产生而产生的,是社会分工、私有制演进、阶级斗争的结果:当"社会陷入了不可解决的自我矛盾,分裂为不可调和的对立面而又无力摆脱这些对立面"——"经济利益互相冲突的阶级,不致在无谓的斗争中把自己和社会消灭,就需要有一种表面上凌驾于社会之上的力量"。"这种从社会中产生但又自居于社会之上并且日益同社会相异化的力量,就是国家。"① 另一方面,国家作为社会历史现象,将随着私有制和阶级的消灭而消亡:"随着阶级的消失,国家也不可避免地要消失。在生产者自由平等的联合体的基础上按新方式来组织生产的社会,将把全部国家机器放到它应该去的地方。"②

二 马克思恩格斯国家观中的"应然国家"

在马克思恩格斯看来,如果说国家"应该"怎么样,那么,国家最终应该消亡,国家的最终应然状态是"无"。但是,在国家消亡的漫长历史过程中,无产阶级将不得不继续利用国家的力量来促使国家的自行消亡。在此期间,国家仍将发挥其应有的作用。只不过它将不再是"虚幻的共同体",而是"真实的共同体",是整个社会普遍利益的真正代

---

① 《马克思恩格斯文集》第4卷,人民出版社,2009,第189页。
② 《马克思恩格斯文集》第4卷,人民出版社,2009,第193页。

表。这个共同体要从组织上、制度上保证人民当家作主，扩大社会自治权，逐步使国家权力回归社会，使国家最终复归社会。

（一）"真正的民主制"：社会成为治理的主体

在《黑格尔法哲学批判》中，马克思认为，相对于封建专制制度，资产阶级民主制要进步很多。但由于国家与市民社会的分裂，它并没有解决特殊性和普遍性、个体和类的矛盾，甚至将这种矛盾外在化、彻底化。他进一步指出，只有"真正的民主制"才能够消除政治国家同市民社会、政治领域同社会领域、国家公民同作为市民社会成员的市民的分离。因为，"真正的民主制"有自己的基础，是现实的人民创作："国家制度、法律、国家本身，就国家是政治制度来说，都只是人民的自我规定和人民的特定内容。"①

"真正的民主制"带来的结果是国家的消亡："在民主制中，作为特殊东西的国家仅仅是特殊东西，而作为普遍东西的国家则是现实的普遍东西。""国家不是有别于其他内容的规定性。"② 在此，马克思第一次提出国家消亡的可能性及其条件。当然，伴随着国家的消亡而来的，并不是无政府状态，而是国家的管理组织被社会的管理组织所取代。社会的机体或组织将成为治理的主体。

（二）无产阶级专政的"社会共和国"：国家向社会复归的过渡形态

巴黎公社是无产阶级夺取政权并建立全新国家的伟大尝试。在《法兰西内战》中，马克思全面总结巴黎公社的历史经验，指出资产阶级国家是资产阶级的统治工具。无产阶级不能简单地掌握现成的国家机器，并运用它来达到自己的目的。它必须建立自己的政权机构来代替统治阶级的国家机器。这样建立起来的、被称之为"社会共和国"的国家，"应该剥夺资本家和地主阶级手中的国家机器……公开宣布'社会解放'

---

① 《马克思恩格斯全集》第 3 卷，人民出版社，2002，第 41 页。
② 《马克思恩格斯全集》第 3 卷，人民出版社，2002，第 41 页。

是共和国的伟大目标，从而以公社的组织来保证这种社会改造"。① 公社就是实现社会解放的政治形式："社会把国家政权重新收回，把它从统治社会、压制社会的力量变成社会本身的充满生气的力量……这是人民群众获得社会解放的政治形式。"② 在经济上，公社把"奴役和剥削劳动的手段的生产资料，即土地和资本完全变成自由的和联合的劳动的工具，从而使个人所有制成为现实"③。在政治上，在打碎资产阶级国家机器、建立无产阶级的政权之后，要把国家权力还给社会，防止国家和国家机关由社会公仆变成社会主人："公社体制会把靠社会供养而又阻碍社会自由发展的国家"，"所夺去的一切力量，归还给社会机体"④。国家的各项职能回归社会，扩大社会自治权，吸引最广大的人民群众参加国家政治管理，即公社的权力机构和人民代表由普选产生，可以随时撤换；取消常备军，武装力量按照民主原则组织；建立"廉价政府"，所有公职人员领取相当于工人工资的报酬等。马克思指出，这正是劳动解放的开始："一方面，取缔国家寄生虫的非生产性活动和胡作非为，从根源上杜绝把巨量国民产品浪费于供养国家这个魔怪，另一方面，公社的工作人员执行实际的行政管理职务，不论是地方的还是全国的，只领取工人的工资。"⑤ 中央的职能仍然存在，但是，社会公职"不再是中央政府赏赐给它的爪牙的私有财产"，而应当由"公社的勤务员"执行，并且"总是处于切实的监督之下"⑥。

在《哥达纲领批判》中，马克思第一次区分共产主义社会发展的两个阶段，把二者之间的过渡形态称之为"无产阶级的革命专政"："在资本主义社会和共产主义社会之间，有一个从前者变为后者的革命转变时期。同这个时期相适应的也有一个政治上的过渡时期，这个时期的国家

---

① 《马克思恩格斯文集》第3卷，人民出版社，2009，第205页。
② 《马克思恩格斯文集》第3卷，人民出版社，2009，第195页。
③ 《马克思恩格斯文集》第3卷，人民出版社，2009，第158页。
④ 《马克思恩格斯文集》第3卷，人民出版社，2009，第157页。
⑤ 《马克思恩格斯文集》第3卷，人民出版社，2009，第198页。
⑥ 《马克思恩格斯文集》第3卷，人民出版社，2009，第222页。

只能是无产阶级的革命专政。"① 在马克思的设想中，无产阶级专政时期的国家是完全服从于社会的机构，一个其自身的"自由"受到高度限制的机构。这个国家自身的"自由"受到多大程度的限制，这个社会就享有多大程度的自由。针对拉萨尔派提出的"自由国家"纲领，马克思指出："自由就在于把国家由一个高踞社会之上的机关变成完全服从这个社会的机关；而且就在今天，各种国家形式比较自由或比较不自由，也取决于这些国家形式把'国家的自由'限制到什么程度。"②

（三）"自由人联合体"：国家向社会的完全复归

在《德意志意识形态》中，马克思恩格斯提出用"真正的共同体"取代"虚假共同体"，指出"各个人在自己的联合中并通过这种联合获得自己的自由"③。在《哲学的贫困》中，马克思将"共同体"概念发展为"联合体"概念，认为"劳动阶级在发展进程中将创造一个消除阶级和阶级对抗的联合体来代替旧的市民社会"④。在《共产党宣言》中，马克思恩格斯明确宣告，"代替那存在着阶级和阶级对立的资产阶级旧社会的，将是这样一个联合体，在那里，每个人的自由发展是一切人的自由发展的条件"⑤。"自由人联合体"的设想在此首次表述，并在《资本论》中进一步阐发。在《资本论》第一卷中，马克思提出："设想有一个自由人联合体，他们用公共的生产资料进行劳动，并且自觉地把他们许多个人劳动力当作一个社会劳动力来使用。"⑥ 其中，人们联合的纽带是"劳动"，人们自由联合的基础是重新建立的"个人所有制"："在资本主义时代的成就的基础上，也就是说，在协作和对土地及靠劳动本身生产的生产资料的共同占有的基础上，重新建立个人所有制。"⑦ 这种

① 《马克思恩格斯文集》第3卷，人民出版社，2009，第445页。
② 《马克思恩格斯文集》第3卷，人民出版社，2009，第444页。
③ 《马克思恩格斯文集》第1卷，人民出版社，2009，第571页。
④ 《马克思恩格斯文集》第1卷，人民出版社，2009，第655页。
⑤ 《马克思恩格斯文集》第2卷，人民出版社，2009，第53页。
⑥ 《马克思恩格斯选集》第2卷，人民出版社，1995，第141页。
⑦ 《马克思恩格斯选集》第2卷，人民出版社，1995，第269页。

重建的个人所有制，就是实现劳动者与生产资料直接结合、克服私人劳动与社会劳动矛盾的"社会所有制"。最终，"社会所有制"的建立和"联合劳动"的实现，将实现劳动的社会化和生产资料的社会化，使社会组建成自由自觉的联合体。在这个联合体中，以往的国家完成了向社会的完全复归而终结历史使命，无任何存在的必要。

三　马克思恩格斯国家观中的"应然"原则

从马克思恩格斯对"实然国家"的解读和对"应然国家"的设想中，我们可以看到马克思恩格斯国家观的"基本立场"和"价值取向"，即贯穿于马克思恩格斯关于"实然国家"解读与"应然国家"设想中的"应然"原则。

第一，不能离开社会孤立地探讨国家。马克思恩格斯探讨国家，是从国家与市民社会的关系入手，揭示国家的从属性、工具性、相对自主性、历史阶段性，其无一不是相对于社会而言的；设想"应然国家"，如"真正的民主制""社会共和国"等，无一不是放在与未来社会的关系中进行研究。准确地说，马克思恩格斯的国家理论应该是"国家—社会"的理论。在国家与社会的关系中，社会是基础，决定着历史的发展，而国家是被决定者。有时，国家机器的表现会掩盖社会底层的现实，但不能因此忽视社会在国家背后起着决定作用。这种"社会本位的方法论原则"①，确立了社会高于国家的历史地位，确立了人民群众高于统治者的历史地位，也契合了马克思恩格斯的历史唯物主义立场。

第二，冷静看待国家机器的消极作用。与"社会本位"的观念相对应，马克思恩格斯对资本主义国家持强烈的批判态度。在《路易·波拿巴的雾月十八日》中，马克思用"缠住法国社会并阻塞其一切毛孔的可怕的寄生机体"②来形容法兰西第二共和国，即使它加速了封建制度的崩溃。在《法兰西内战》中，马克思将法兰西第三共和国视为"寄生赘

---

① 荣剑：《马克思的国家和社会理论》，《中国社会科学》2001年第3期。
② 《马克思恩格斯文集》第2卷，人民出版社，2009，第564页。

瘤"，提醒公社警惕国家机构拥权自肥以致"社会公仆"变成"社会主人"。在《法兰西内战》1891 年导言中，恩格斯指出，即便是在革命成功之后，也要防止国家的流毒危害到无产阶级政权："在争取阶级统治的斗争中获胜的无产阶级"，必须尽量除去国家"这个祸害的最坏方面，直到在新的自由的社会条件下成长起来的一代有能力把这国家废物全部抛掉"①。因此，限制国家机器的消极作用，就是"限制国家的自由"，将国家权力逐步还给社会。在马克思恩格斯设想的未来共产主义阶段，国家将随着阶级的消亡而消亡，社会将作为"自由人的联合体"而实现自我管理。这是社会的自我解放，也是人类全面和最终的解放。

当人类迈入"传媒聚光灯"和"大众麦克风"时代，网络空间成为强大的公共领域。网络监督成为制度监督的有益补充。任何丑恶、虚伪、欺骗，都会在这里被揭露和被批判。积极开发和充分利用互联网这一新型舆论监督资源，能够发挥其在规范权力运行、净化社会风气、导正个体言行、实现社会公正方面所不可替代的独特作用，增强公共权力运行的合法性基础。"任何监督都需要被监督。"网络监督同样需要运行在法律和道德的框架内。只有大力弘扬健康向上的网络参与文化，打造"知荣辱、讲文明、促正义、守法制"的网络监督环境，才能引导网民汇聚"正能量"，维护网络空间的和谐，追求社会的公平正义。

---

① 《马克思恩格斯文集》第 3 卷，人民出版社，2009，第 111 页。

暴力的作用及其限度[*]

——论马克思恩格斯的暴力革命思想

王中汝

无产阶级革命学说，是马克思主义理论体系的重要组成部分。就其内容而言，无产阶级革命，本质上是资本主义社会发展连续性的中断，是以社会主义为前途的飞跃性质变。就其形式而言，运用革命的暴力，反对反革命的暴力，是马克思主义创始人始终坚持的基本观点。在马克思恩格斯身后，一些社会主义国家，无论在实践还是在理论中，或轻或重都存在歪曲马克思恩格斯的暴力革命思想的现象，有的甚至导致了不可挽回的灾难。认真梳理马克思恩格斯的相关论述，准确理解他们关于暴力革命的主要观点，是科学对待马克思主义的基本要求，也是顺利推进马克思主义在当代中国创新发展的重要前提。

一 暴力革命是无产阶级解放的基本方式

在资本主义社会的变革历程中，无产阶级既是变革的领导者，又是变革的主体力量。无产阶级怎么推动资本主义变革？早在 1848 年，马克思恩格斯就在《共产党宣言》中提出了基本设想。

马克思恩格斯认为，1848 年的西欧特别是英法的资本主义制度，已经发展到这样一个阶段："社会所拥有的生产力已经不能再促进资产阶级文明和资产阶级所有制关系的发展；相反，生产力已经强大到这种关

　＊　本文原载于《理论视野》2019 年第 1 期，收入本书时有改动。

系所不能适应的地步……资产阶级的关系已经太狭窄了，再容纳不了它本身所造成的财富了。"① 也就是说，从生产力和生产关系基本矛盾的角度看，资本主义消亡的历史时刻已经来到。与此同时，负有终结资本主义历史使命的无产阶级，也随着大工业的发展而成长起来。历史的发展，要求"无产阶级用暴力推翻资产阶级而建立自己的统治"②。接下来，无产阶级要"以统治阶级的资格用暴力消灭旧的生产关系"，从而消灭阶级的存在条件乃至阶级本身，建立"每个人的自由发展是一切人的自由发展的条件"的"联合体"。以统治阶级的资格运用的"暴力"，类似于马克思所说的"原来意义上的政治权力"，即"一个阶级用以压迫另一个阶级的有组织的暴力"③。最后，《共产党宣言》强调："共产党人不屑于隐瞒自己的观点和意图。他们公开宣布：他们的目的只有用暴力推翻全部现存的社会制度才能达到。让统治阶级在共产主义革命面前发抖吧。无产者在这个革命中失去的只是锁链。他们获得的将是整个世界。"④

一般认为，《共产党宣言》关于暴力作用的论述，代表了马克思恩格斯的暴力革命思想。所谓的暴力革命，就是以暴力为手段的革命形式。在马克思恩格斯的很多论述中，革命本身就意味着暴力。如恩格斯1872年指出："革命无疑是天下最权威的东西。革命就是一部分人用枪杆、刺刀、大炮，即用非常权威的手段强迫另一部分人接受自己的意志。获得胜利的政党如果不愿意失去自己努力争得的成果，就必须凭借它的武器对反动派造成的恐惧，来维持自己的统治。要是巴黎公社不依靠对付资产阶级的武装人民这个权威，它能支持一天以上吗？反过来说，难道我们没有理由责备公社把这个权威用得太少了吗？"⑤ 当然，"革命不能随意制造"的理念，也深深扎根于马克思恩格斯的思想深处。这一点，使得他们明显区别于布朗基等"过去一代的革命家"："我们伦敦的布朗

---

① 《马克思恩格斯文集》第2卷，人民出版社，2009，第37页。
② 《马克思恩格斯文集》第2卷，人民出版社，2009，第43页。
③ 《马克思恩格斯文集》第2卷，人民出版社，2009，第53页。
④ 《马克思恩格斯文集》第2卷，人民出版社，2009，第66页。
⑤ 《马克思恩格斯全集》第18卷，人民出版社，1964，第344页。

基主义者所根据的仍然是这样的原则：革命完全不是自己发生的，而是由人制造出来的；革命是由为数不多的一批人根据预定的计划实现的；在任何时刻都能够'马上干起来'。"①

其实，早在《共产党宣言》发表之前，马克思恩格斯对暴力革命思想就有所阐发了。1831 年和 1834 年，法国里昂工人两次武装起义，被军队残酷镇压。1844 年，普鲁士西里西亚纺织工人起义，也被政府扼杀。年轻的马克思恩格斯，从这些血的事实中，得出了暴力革命必然性的结论。1842 年，恩格斯就英国工人阶级运动指出，"采用合法途径的革命""是实际上不可能的事"，因为停工、罢工本身就是暴力的、非法的措施。无产阶级必须意识到："用和平方式进行革命是不可能的，只有通过暴力变革现有的反常关系，根本推翻门阀贵族和工业贵族，才能改善无产者的物质状况。" 只是，"英国人所特有的守法观念还在阻碍着他们从事这种暴力革命"②。1844 年，马克思就西里西亚纺织工人起义指出，包括法国工人在内的工人阶级对革命的认识不完全准确，如"认为一切弊端的根源都在于意志，认为全部补救办法就在于暴力，在于把这种或那种特定的国家形式推翻"，但"事实上他们是社会主义的战士"，他们的行动也是合乎历史发展要求的："一般的革命——推翻现政权和废除旧关系——是政治行动。但是，社会主义不通过革命是不可能实现的。社会主义需要这种政治行动，因为它需要破坏和废除旧的东西。"③

从早年到晚年，马克思恩格斯对暴力革命的坚持是一以贯之的。1889 年，恩格斯在一封信中强调："无产阶级不通过暴力革命就不可能夺取自己的政治统治，即通往新社会的唯一大门。"④ 1891 年，恩格斯在《1891 年社会民主党纲领草案批判》中指出，在"政府几乎有无上的权力"的德国，必须"像虾挣破自己的旧壳那样"，"用暴力来炸毁"社会制度的"旧壳"，包括"那还是半专制制度的、而且是混乱

① 《马克思恩格斯全集》第 18 卷，人民出版社，1964，第 581 页。
② 《马克思恩格斯全集》第 3 卷，人民出版社，2002，第 411 页。
③ 《马克思恩格斯全集》第 3 卷，人民出版社，2002，第 393~395 页。
④ 《马克思恩格斯文集》第 10 卷，人民出版社，2009，第 578 页。

得不可言状的政治制度的桎梏"，才能迎来新社会。① 恩格斯在这里所表达的，和马克思 1875 年在《哥达纲领批判》中表达的，毫无二致：德国是"一个以议会形式粉饰门面、混杂着封建残余、同时已经受到资产阶级影响、按官僚制度组成、以警察来保护的军事专制国家"。在这样的国家，不可能"'用合法手段'"争得"在民主共和国里才有意义的东西"。②

二 革命暴力是对统治阶级反动暴力的有效回应

统治阶级依靠国家机器的政治统治，尤其是他们面临被统治者反抗时无情使用的反革命暴力，是马克思恩格斯暴力革命思想产生的最深根源。马克思恩格斯，无非揭穿了统治阶级仁义道德的外衣，向世人展示了阶级统治的血淋淋、赤裸裸的残酷现实。

早在 1847 年，恩格斯就深刻洞察到暴力革命的内在逻辑："世界上几乎所有国家的无产阶级的发展都受到有产阶级的暴力压制，因而是共产主义者的敌人用暴力引起革命。"③ 恩格斯的结论，在 1848 年革命中得到实践的严格检验。在 1848 年革命中，巴黎工人的 6 月起义最为壮烈："总计大约 1500 人在巷战中丧生——其中政府军大约占 2/3。……失败后的穷人有大约 3000 人遭到无情的屠杀；另外还有 1.2 万人遭到逮捕。"④ 这使得马克思得出同样的结论："凡是反革命当局用暴力手段阻挠这些安全委员会成立和活动的地方，都应当用一切暴力手段来还击暴力。消极反抗应当以积极反抗为后盾。否则这种反抗就像被屠夫拉去屠宰的牛犊的反抗一样。"⑤ 20 多年后的 1871 年，巴黎公社起义，再次向世人展示了统治阶级暴力统治的残酷性："公社被镇压后，无数社员遭

---

① 《马克思恩格斯文集》第 4 卷，人民出版社，2009，第 414 页。
② 《马克思恩格斯文集》第 3 卷，人民出版社，2009，第 446 页。
③ 《马克思恩格斯全集》第 42 卷，人民出版社，1979，第 378 页。
④ 艾瑞克·霍布斯鲍姆：《资本的年代：1848—1875》，张晓华等译，中信出版社，2017，第 19 页。
⑤ 《马克思恩格斯全集》第 6 卷，人民出版社，1961，第 38 页。

屠杀。凡尔赛方面承认它们杀了 1.7 万人，但这个数字连实际被害的半数都不到。4.3 万人被俘，1 万人被判刑……从此，巴黎工人和他们'上司'之间就被一条血河隔开。"① 反革命的暴力的存在，是革命的暴力存在的前提，也成为一个不言自明的公理。

统治阶级的反动暴力，体现在国家机器的复杂设置上。在 19 世纪的欧洲，法国最为典型。马克思指出，法国的"行政权有庞大的官僚机构和军事机构，有复杂而巧妙的国家机器，有 50 万人的官吏大军和 50 万人的军队"。"这个俨如密网一般缠住法国社会全身并阻塞其一切毛孔的可怕的寄生机体"，"经常和绝对控制着大量的利益和生存；在这里，国家管制、控制、指挥、监视和监护着市民社会——从其最广泛的生活表现到最微不足道的行动，从其最一般的生存形式到个人的私生活……而现实的社会机体却极无独立性、极不固定"。② 正是这种状况，使得马克思得出"工人阶级不能简单地掌握现成的国家机器，并运用它来达到自己的目的"③ 的著名论断。所谓"不能简单地掌握"，马克思解释说："不应该象以前那样把官僚军事机器从一些人的手里转到另一些人的手里，而应该把它打碎，这正是大陆上任何一次真正的人民革命的先决条件。"④ 在这里，马克思把"打碎""官僚军事机器"局限在"大陆"国家，包括法国、德国、俄国等国。因为，在马克思看来，正是这些国家，是反革命暴力最强盛、最肆虐的国家。

1848～1849 年的革命，最后归于失败。马克思所著的《1848 年至 1850 年的法兰西阶级斗争》，在某种程度上说是总结失败教训、分析革命前途的著作。他指出："巴黎无产阶级在资产阶级逼迫下发动了六月起义"，"它的失败才使它确信这样一条真理：它要在资产阶级共和国范围内稍微改善一下自己的处境只是一种空想，这种空想只要企图加以实现，就会成为罪行"。法国工人阶级，需要在"一个大胆的革命战斗口

---

① 艾瑞克·霍布斯鲍姆：《资本的年代：1848—1875》，张晓华等译，中信出版社，2017，第 19 页。
② 《马克思恩格斯文集》第 2 卷，人民出版社，2009，第 511～564 页。
③ 《马克思恩格斯文集》第 3 卷，人民出版社，2009，第 151 页。
④ 《马克思恩格斯全集》第 33 卷，人民出版社，1973，第 206 页。

号"下前进："推翻资产阶级！工人阶级专政！"① 同样，马克思也反思了 1871 年巴黎公社起义失败的教训。马克思认为："公社未能建立起阶级统治的新形式。通过把一切劳动资料转交给生产者的办法消灭现存的压迫条件，从而迫使每一个体力适合于工作的人为保证自己的生存而工作，这样，我们就会消灭阶级统治和阶级压迫的唯一的基础。但是，必须先实行无产阶级专政，才可能实现这种变革，而无产阶级专政的首要条件就是无产阶级的军队。工人阶级必须在战场上争得自身解放的权利。"② 马克思将巴黎公社的失败，归结为"未能建立起阶级统治的新形式"，没能"实现无产阶级专政"，没能建立起强大的"无产阶级的军队"。换言之，巴黎公社没有对阶级敌人实行有效的革命暴力。

对掌握反革命暴力的阶级敌人，实行有效的革命暴力，在阶级对垒的战场上实现自身的解放，在反复出现的反革命屠杀后，成为马克思恩格斯关于无产阶级革命的坚定信念。

三 暴力在社会变迁中作用的发挥

革命暴力与反革命暴力，从本质上说都是暴力，只是性质不同。纵观人类历史，暴力作为一种具有鲜明强制性的力量，普遍存在于整个人类生活中。马克思指出："在真正的历史上，征服、奴役、劫掠、杀戮，总之，暴力起着巨大的作用。"③ 体现在资本的原始积累上，既有资产阶级对农民土地、教会地产的剥夺，也有国家出台惩治被剥夺者的血腥立法，以及针对落后民族的殖民掠夺，等等。"所有这些方法都利用国家权力，也就是利用集中的、有组织的社会暴力，来大力促进从封建生产方式向资本主义生产方式的转化过程，缩短过渡时间。暴力是每一个孕育着新社会的旧社会的助产婆。暴力本身就是一种经济力。"④ 马克思这

---

① 《马克思恩格斯文集》第 2 卷，人民出版社，2009，第 103~104 页。
② 《马克思恩格斯全集》第 17 卷，人民出版社，1963，第 468 页。
③ 《马克思恩格斯文集》第 5 卷，人民出版社，2009，第 821 页。
④ 《马克思恩格斯文集》第 5 卷，人民出版社，2009，第 861 页。

些论述，有着丰富的内涵。

首先，暴力是新社会的助产婆。作为新社会助产婆的暴力，既包括被统治者的反抗统治者的革命暴力，也包括客观上推动了社会进步的统治者的暴力，如有利于资本原始积累的国家暴力，尽管后者在通常意义上不属于暴力革命范畴。"助产婆"的定位表明，暴力革命只是在事物质变的"临界点"① 上或"一切决定性的'关键'时期"②，发挥了加速变革进程的作用：如果母体压根就没有孕育生命，任何暴力行为，也不能无中生有制造出一个生命。社会领域中的变迁，如同新生儿的孕育、生产一样，是一个自然的过程。暴力在其中所起的作用，只是帮助社会变迁完成它最后的临门一脚，而不能随意地、违反规律地推动或阻碍社会变迁。暴力的"革命的作用"，体现在它是"社会运动借以为自己开辟道路并摧毁僵化的垂死的政治形式的工具"③ 上。只是，革命的时机即临界点，需要革命者根据各种事实作出准确判断。

其次，国家权力是集中的、有组织的社会暴力。所谓集中的，是指暴力的形式、种类、手段的高度集中。所谓有组织的，是指暴力构成、实施的组织性。恩格斯在《〈反杜林论〉的准备材料》中，指出"这种具有组织形式的暴力叫做国家"④。在《家庭、私有制和国家的起源》中，恩格斯详细地论述了国家权力的历史和实质。"构成这种权力的，不仅有武装的人，而且还有物质的附属物，如监狱和各种强制设施。""为了维持这种公共权力，就需要公民缴纳费用——捐税。"国家是"最强大的、在经济上占统治地位的阶级的国家"，"现代的代议制的国家是

---

① 恩格斯也用过"临界点"概念。1893 年，恩格斯感慨资本主义变革的历史进程太慢："我们的进展太慢，那些必然使资本主义制度达到临界点的经济后果，目前在我们周围的各个国家只是刚刚开始发展……这就是到世纪末还剩下的一切。"(《马克思恩格斯文集》第 10 卷，人民出版社，2009，第 650 页)

② 《马克思恩格斯全集》第 26 卷，人民出版社，2014，第 367 页。

③ 《马克思恩格斯文集》第 9 卷，人民出版社，2009，第 191~192 页。

④ 《马克思恩格斯全集》第 26 卷，人民出版社，2014，第 371 页。

资本剥削雇佣劳动的工具"。① 强调国家权力的集中性、组织性，是为了强调工人阶级组织起来的重要性。"在政治上，只有两种决定性的力量：有组织的国家暴力——军队和人民群众没有组织的自发的暴力。"② 没有组织的自发暴力，是没有力量的。工人群众，"作为个人和以暴力来反对旧社会制度是没有用的"③。面对有组织的国家权力，工人阶级必须组织起来，才有力量推进革命。革命胜利后，"工人阶级应当首先掌握有组织的国家政权并依靠这个政权镇压资本家阶级的反抗和按新的方式组织社会"④，否则还要归于失败。当然，看到国家政权作为有组织的社会暴力的一面，决不能忽略它作为公共权力的社会职能："政治统治到处都是以执行某种社会职能为基础，而且政治统治只有在它执行了它的这种社会职能时才能持续下去。"⑤ 这个道理，对于任何性质与类型的国家，都是适用的。

最后，暴力本身就是一种经济力。作为经济力的暴力，指的是有组织的国家权力对于经济的促进或阻碍作用。根据唯物史观，国家权力属于政治上层建筑，归根结底是为经济基础服务的。恩格斯在1890年解释说："暴力（即国家权力）也是一种经济力量"，"国家权力对于经济发展的反作用可以有三种：它可以沿着同一方向起作用，在这种情况下就会发展得比较快；它可以沿着相反方向起作用，在这种情况下，像现在每个大民族的情况那样，它经过一定的时期都要崩溃；或者是它可以阻止经济发展沿着某些方向走，而给它规定另外的方向——这种情况归根到底还是归结为前两种情况中的一种。但是很明显，在第二和第三种情况下，政治权力会给经济发展带来巨大的损害，并造成大量人力和物力的浪费"。⑥ 在《反杜林论》中，恩格斯再次强调了暴力的经济作用，并

① 《马克思恩格斯文集》第4卷，人民出版社，2009，第190~191页。
② 《马克思恩格斯全集》第21卷，人民出版社，1965，第491页。
③ 《马克思恩格斯全集》第27卷，人民出版社，1972，第7页。
④ 《马克思恩格斯全集》第25卷，人民出版社，2001，第609页。
⑤ 《马克思恩格斯文集》第9卷，人民出版社，2009，第187页。
⑥ 《马克思恩格斯文集》第10卷，人民出版社，2009，第597页。

提出了"经济发展总是毫无例外地和无情地为自己开辟道路"① 的观点。

此外，恩格斯还认为，武装反抗政府的不法行为是历史权利。1884年，恩格斯指出，面对德国统治阶级的迫害，工人阶级政党千万不要这么做："不管在什么情况下，都不诉诸暴力，而要屈从于任何压迫和任何暴力，不仅在它们形式上是合法的（在我们的敌对者看来是合法的）时候是这样，甚至在它们直接违法的时候也是这样！"因为，"任何一个政党，要是不撒谎的话，都不曾否认过在一定的情况下有进行武装反抗的权利。从来没有一个政党会放弃这种非常的权利"②。以革命的暴力，对抗政府的非法暴力，在欧洲的革命传统中，是历史悠久的自然权利（反抗权）。英国的洛克，法国的卢梭，都主张内容略有不同的社会契约论。洛克的社会契约论主张，当政府违背契约时，人民有权用革命的手段，终止委托，收回权力。

从革命暴力在社会变革临界点上的临门一脚，到有组织的国家暴力在经济上的作用，再到工人阶级作为一种力量组织起来的必要性，最后强调对抗政府非法暴力的革命暴力的历史正当性、合法性，马克思恩格斯全面系统地论述了暴力的作用，为共产党人在革命、建设中正确对待和使用暴力，提供了基本遵循和行动指南。

四　不能把暴力的作用绝对化

在《反杜林论》中，恩格斯针对杜林的政治较之经济更基础、更具决定性、"本原的东西必须从直接的政治暴力中去寻找"等观点，花费了大量篇幅，去阐述马克思和他的暴力理论。其中，不能把暴力包括革命暴力的作用绝对化，是恩格斯着重强调的观点之一。

"暴力仅仅是手段"，"经济利益才是目的"。③ 而且，"暴力不是单纯的意志行为，它要求具备各种实现暴力的非常现实的前提，特别是工

---

① 《马克思恩格斯文集》第 9 卷，人民出版社，2009，第 191 页。
② 《马克思恩格斯全集》第 36 卷，人民出版社，1975，第 240 页。
③ 《马克思恩格斯文集》第 9 卷，人民出版社，2009，第 167 页。

具"，包括武器等，后者"是以整个生产为基础"。① 在工业社会，"暴力本身的'本原的东西'"，"是经济力量，是支配大工业这一权力手段"。② 作为国家的暴力的根本目的，也不是暴力本身，而是维护"社会的外部生产条件"，"把被剥削阶级控制在当时的生产方式所决定的那些压迫条件下（奴隶制、农奴制或依附农制、雇佣劳动制）"。③

暴力不是私有财产产生的根本原因。历史上的私有财产的出现，包括资本主义私有制的形成，绝不是掠夺和暴力的结果，而是"为了提高生产和促进交换——因而都是由于经济的原因"。"全部过程都由纯经济的原因来说明，而根本不需要用掠夺、暴力、国家或任何政治干预来说明。"④ 换言之，私有财产，如果没有丧失它的历史合理性，如提高生产、改善人们生活等，单单依靠暴力是消灭不了的。

暴力不是阶级和统治关系产生的根本原因。阶级的产生和对立，主要是"人的劳动"的"相对不发展的生产率"的结果。只有在资本主义时代，"只有通过大工业所达到的生产力的极大提高"，"只是在现在，任何统治阶级和剥削阶级才成为多余的，而且成为社会发展的障碍"。⑤ 统治关系，也不只是暴力问题。"政治统治到处都是以执行某种社会职能为基础，而且政治统治只有在它执行了它的这种社会职能时才能持续下去。"⑥ 履行社会职能，是政治统治的"合理性"基础。

资本主义社会的产生和灭亡，根本上同样不取决于暴力。在历史上，资产阶级"不是用任何暴力的戏法，而是以纯经济的方法，实现了它自己的地位的变革，并造成了新的阶级，即无产阶级"。当资产阶级开始丧失历史的合理性之时，"它拥有的生产力发展得超过了它的驾驭能力，好似以自然的必然性把整个资产阶级社会推向毁灭，或者推向变革"⑦。资产

---

① 《马克思恩格斯文集》第 9 卷，人民出版社，2009，第 173 页。
② 《马克思恩格斯文集》第 9 卷，人民出版社，2009，第 181 页。
③ 《马克思恩格斯文集》第 9 卷，人民出版社，2009，第 297 页。
④ 《马克思恩格斯文集》第 9 卷，人民出版社，2009，第 169~171 页。
⑤ 《马克思恩格斯文集》第 9 卷，人民出版社，2009，第 189~190 页。
⑥ 《马克思恩格斯文集》第 9 卷，人民出版社，2009，第 187 页。
⑦ 《马克思恩格斯文集》第 9 卷，人民出版社，2009，第 172 页。

阶级求助于暴力，也不能避免"经济状况及其不可避免的发展"，不能"用克虏伯炮和毛瑟枪就能把蒸汽机和由它推动的现代机器的经济结果，把世界贸易以及现代银行和信用的发展的经济结果从世界上消除掉"。①

鉴于暴力在历史上、在现实生活中的地位与作用，恩格斯在《反杜林论》第二编"政治经济学"部分的第二、三、四章，以"暴力论"为题专门对暴力主要是以国家权力或政治权力为代表的暴力进行了阐述。在此基础上，1887年至1888年3月，恩格斯又根据德国的历史，初步写就了第四章，准备以《暴力在历史中的作用》为题，出版一本小册子，甚至已经草拟了序言，但最后没有出版。这本没有出版的小册子，开宗明义地指出："现在，让我们把我们的理论应用于今天的德国历史，应用于它的血和铁的暴力实践。从这里，我们将会清楚地看到，为什么血和铁的政策暂时必然得到成功，为什么它最终必然破产。"② 这也体现了马克思恩格斯一贯的观点：暴力，无论是革命的暴力还是反革命的暴力，无论它能够发挥多大的历史作用，终究不能违背决定社会发展方向和进程的经济发展的自然规律；迷信暴力的作用，以为暴力能够解决所有问题，并不适当地使用暴力，必将受到历史的惩罚。

---

① 《马克思恩格斯文集》第9卷，人民出版社，2009，第173页。
② 《马克思恩格斯全集》第21卷，人民出版社，1965，第463页。

第四编　精神上层建筑

自由的含义及其意义[*]

——对马克思自由思想的阐释

牛先锋

自由，是个神圣的字眼。自由也似乎是人与生俱有的天性，是无须证明的公理。然而，若自由是人的天性，人人向往自由，又为何人总是处于约束之中？若自由是无须证明的公理，从古至今的思想家们又为何著书立说不厌其烦大加论证呢？看来，理解自由很难从自由本身展开，至少应该有个参照物，甚至找到自由的对立面，认识什么是不自由。自由的对立面是强制，那么是什么强制了人的自由呢？围绕对自由这些问题的思考，思想史上形成了对自由认识的两大思想体系：一是马克思主义，二是自由主义。

本文采取将马克思主义与自由主义相对照的方法，力图从抽象的哲学与具体的实践相统一的角度来揭示马克思视域中"自由"的内涵，进而梳理出自由实现的条件，为推动当代中国社会人的自由发展提供思想启发。

一 自由是人所固有的东西

自由思想在欧洲历史悠久，但谈论自由首先遇到的是，人为什么有自由？经历文艺复兴和启蒙运动洗礼之后，无论是自由主义还是马克思主义，普遍把"人人生而自由"看作公理，是天赋人权，不需要证明。

---

* 本文原载于《理论视野》2019 年第 1 期，收入本书时有改动。

马克思对自由的认识，也承继了欧洲自由思想的这个传统。

第一，自由确实是人固有的东西。自由是人的天性、人的生命本质的外现。自由自觉的劳动是人的类本质，否定了人天性的自由，也就否定了人的类存在基础。马克思在还是青年黑格尔派的时候就说过："自由确实是人所固有的东西，连自由的反对者在反对实现自由的同时也实现着自由；他们想把曾被他们当作人类天性的装饰品而否定了的东西攫取过来，作为自己最珍贵的装饰品。"① 自由不仅是人的天性，而且弥足珍贵，"没有一个人反对自由，如果有的话，最多也只是反对别人的自由"②。这就是说，没有人否定自由，即使剥夺他人自由的人也是以自由的名义在行事。

第二，不能以任何借口否定自由。按照马克思"自由确实是人所固有的东西"的理路演进，接下来的结论就是：不能因为阻碍实现自由的因素无处不在，就把自由本身否定掉。在批驳书报检查制度时，马克思用类比的方法辩驳道："要真正为检查制度辩护，辩论人就应当证明检查制度是出版自由的本质。他不来证明这一点，却去证明自由不是人的本质。他为了保存一种良种而抛弃了整个类，因为自由是全部精神存在的类的本质，因而也就是出版的类的本质。为了消除产生恶的可能性，他消除了产生善的可能性而实现了恶，因为对人说来只有体现自由的东西才是好的。"③ "自由是全部精神存在的类的本质""自由的东西才是好的"表达出了马克思的两重意思，一是自由的价值不能被否认；二是不能因为担心实施自由可能带来的问题而连同自由一起消灭，真正应该消灭的是阻碍自由的制度，而不是自由本身。

第三，自由的范围是不损害他人权利。1789 年法国《人权宣言》第一条规定："在权利方面，人们生来是而且始终是自由平等的。"第二条规定：这些权利包括"自由、财产、安全和反抗压迫"四项内容，其中自由居第一，这些权利是"人的自然的和不可动摇的权利"。马克思在

① 《马克思恩格斯全集》第 1 卷，人民出版社，1956，第 63 页。
② 《马克思恩格斯全集》第 1 卷，人民出版社，1956，第 63 页。
③ 《马克思恩格斯全集》第 1 卷，人民出版社，1956，第 67 页。

《论犹太人问题》中讲："自由是可以做和可以从事任何不损害他人的事情的权利。"这是对《人权宣言》自由思想的直接继承，但马克思没有就此停下来。接着，他探讨了"不损害他人的事情的权利"界限如何确认。马克思讲，人的本质就其现实性上是社会关系的总和，社会关系需要由法律来调节、由法律来规定，因此"不损害他人的事情的权利"当然也只能用法律界定，这"正像两块田地之间的界限是由界桩确定的一样"①。依据这样的逻辑来推定，自由就不应该只是个人的权利，而是建立在人与人相结合的社会关系基础之上。因此，探讨自由就应该进入人与人相结合的社会关系之中，从规定社会关系的法律制度中寻找自由实现和阻碍自由实现的条件。这就开辟了"自由"由抽象的理论思辨走向生活实践舞台的道路。

二　束缚自由实现的因素

唯物史观把自由拉入现实生活来考察，从而使对自由的理解摆脱了纯粹的理性发问和哲学的幽思。一旦进入现实生活，"可以做任何不损害他人的事情的权利"的应然性自由，就满身遍布绳索。

第一，自由受现实政治法律制度的束缚。在社会生活中，马克思着重审视的是人的政治自由，他认为："各种自由向来就是存在的，不过有时表现为特权，有时表现为普遍权利而已。"②"特权"表现出的是特权者的自由，而"普遍权利"表现出的是人民的自由。马克思追求的是人民的自由，而把人民的自由排除在外的不是法律条文，而是法律的制定者，即占统治地位的阶级以国家名义把本阶级的特权说成是社会普遍的权利。马克思分析说："法律不是限制自由的手段，正如重力定律不是阻止运动的手段一样……法典就是人民自由的圣经。"③ 所以，在现实的社会关系中，自由的实现不是要消除法律和规则，而是要消灭反映这

---

① 《马克思恩格斯文集》第1卷，人民出版社，2009，第40页。
② 《马克思恩格斯全集》第1卷，人民出版社，1956，第63页。
③ 《马克思恩格斯全集》第1卷，人民出版社，1956，第71页。

种法律意志的制定者，进而消除这个不符合人的自由权利的社会。

马克思对自由的演进有过这样的评价，他指出："人没有摆脱宗教，他取得了信仰宗教的自由。他没有摆脱财产，他取得了占有的自由。他没有摆脱经营的利己主义，他取得了经营的自由。"① 这虽然是自由迈出的一大步，但却脆弱地经不起一点风吹雨打，"自由这一人权一旦同政治生活发生冲突，就不再是权利，而在理论上，政治生活只是人权、个人权利的保证，因此，它一旦同自己的目的即同这些人权发生矛盾，就必定被抛弃"②。这样，探寻对政治生活起支配作用背后的根由，顺理成章成了下一步的任务。

第二，自由受到现实的经济关系束缚。支撑自由的根基不在于法律，而在隐藏于法律关系背后的经济关系，在于复归劳动者与劳动资料的直接结合。法律只是对经济关系的确认，在法律关系中处于有利位置者，也一定是牢固地掌握着劳动资料并控制了社会经济生产过程的所有者。捡拾林木枯枝的穷人成了林木盗窃者，而林木占有者却受到法的尊重和保护。这一不合理而又合法的事实使马克思遇到了难题，在求索这一难题答案的过程中，马克思把目光转向了经济，而一旦触及经济生活，答案就豁然明朗，"自由这一人权的实际应用就是私有财产这一人权"，而"私有财产这一人权是任意地、同他人无关地、不受社会影响地享用和处理自己的财产的权利；这一权利是自私自利的权利"③。所以，人的自由权利的全部基础是现实的经济关系，即劳动者对生产资料的真正占有。

劳动是劳动者使用生产资料创造财富的过程，在劳动者与生产资料相统一的条件下，即劳动者运用自己的生产资料进行劳动时，即使劳动技能简单、劳动任务繁重，但劳动整个过程包括劳动结果由劳动者自己支配。这时，除了生存压力，劳动是一种自由自觉的活动，是发展自由的实践，是人对自己本质的占有。随着生产力发展和社会财富积累，出

---

① 《马克思恩格斯文集》第1卷，人民出版社，2009，第45页。
② 《马克思恩格斯文集》第1卷，人民出版社，2009，第43页。
③ 《马克思恩格斯文集》第1卷，人民出版社，2009，第41页。

现了私有制和分工。私有制使劳动者与生产资料产生了分离，劳动者使用他人的生产资料进行劳动，劳动产品由生产资料所有者支配。所有者不仅支配整个生产过程，而且还占有他人的劳动，劳动过程成为监督下的奴隶般的活动，劳动本身也成为单一的谋生手段——挣得工资。这样，劳动就不再是实现人的自由的手段，而是奴役人的方法，不是对人的本质的肯定而是否定，劳动不是人自身发展的需要而是为了劳动以外的东西。私有制使劳动者与生产资料发生了分离，使劳动这一人的自由自觉的活动与人的本质相对立，最终导致了人自身的异化。

第三，自由受奴隶般的固定分工束缚。分工，尤其是奴隶般的固定分工，限制了人的能力的全面发展。从过程来看，全面的人被分割成了生产中的一个零部件，机械地、畸形地运用某一种机能；从职业来看，全面的人被固定在某种岗位上，只能片面地发挥某一种能力；从全社会来看，"分工使精神活动和物质活动、享受和劳动、生产和消费由不同的个人来分担这种情况不仅成为可能，而且成为现实"①。分工和私有制说的是同一件事情，一个是就活动而言，另一个是就活动的产品而言，两者所指向的结果一样，即使人丧失了人的自由这一本质。

分工和私有制促使了劳动者与生产资料的分离，现实的法律只不过是对这种状况的肯定，在这种法的关系中只有劳动力而丧失生产资料的劳动者的自由被法律排斥在了权利之外。劳动者的自由只是出卖劳动力的自由，而占有者的自由不仅是占有生产资料的自由，还包括占有他人劳动的自由。因此，在私有制社会，法律上对人的自由权利的规定掩盖了现实中人与人之间的奴役关系，马克思指出资本主义社会中"在自由竞争中自由的并不是个人，而是资本"②。因此，要使自由由神圣的法律规定回归为现实的人的真正权利，唯有劳动者直接占有生产资料及自己的劳动产品。可见，自由不在于有约束因素的存在，而在于清除那些违背人性、公理的政治束缚。

第四，自由受生产力不发展的束缚。无论是政治关系、法律关系还

---

① 《马克思恩格斯文集》第 1 卷，人民出版社，2009，第 535 页。
② 《马克思恩格斯文集》第 8 卷，人民出版社，2009，第 179 页。

是经济关系，最根本的是由生产力发展水平和物质财富的丰裕程度来决定的。发展生产力，创造更加丰富的社会财富，这是实现人的解放、人的自由的绝对必要的前提。

就社会变革来讲，人是社会关系的总和，人的自由实现过程与社会变革的过程是相统一的。而一切社会变革的终极原因不应该到人的头脑中去寻找，而应该到时代的经济关系、物质生产中去寻找。资产阶级灭亡不可避免，但这不在于它不符合理性、道义，而在于"生产力已经强大到这种关系所不能适应的地步……资产阶级的关系已经太狭窄了，再容纳不了它本身所造成的财富了"①。无产阶级的胜利不可避免，同样不在于无产阶级受剥削、受压迫，值得同情，而在于与其他阶级相比较它始终站在大工业发展的前列，代表了生产力发展的方向。没有生产力的发展，就不会有"两个同样不可避免"，也不会有"每一个人的自由发展"的未来新社会。可见，变革不自由的社会关系和建立保证自由的新社会制度，都离不开生产力的极大提高。

就实现个人自由而言，个人的自由必须建立在十分宏大的工业和农业生产发展基础之上，"这样一来，社会将生产出足够的产品，可以组织分配以满足全体成员的需要"②，"如果没有这种发展，那就只会有贫穷、极端贫困的普遍化；而在极端贫困的情况下，必须重新开始争取必需品的斗争，全部陈腐污浊的东西又要死灰复燃"③。在谈到无产阶级实现自由时，马克思恩格斯指出："无产阶级能够而且必须自己解放自己。但是，如果无产阶级不消灭它本身的生活条件，它就不能解放自己。"④无产阶级"本身的生活条件"最直接的就是物质生活资料。因此，理解自由必须把自由置于现实的生产力水平基础之上，自由是受生产力发展程度所制约的。

---

① 《马克思恩格斯文集》第 2 卷，人民出版社，2009，第 37 页。
② 《马克思恩格斯文集》第 1 卷，人民出版社，2009，第 688 页。
③ 《马克思恩格斯文集》第 1 卷，人民出版社，2009，第 538 页。
④ 《马克思恩格斯文集》第 1 卷，人民出版社，2009，第 262 页。

三　实现自由的途径

解除了捆绑自由的绳索，就为实现自由开辟了通途。从上述分析中，可以将束缚自由的因素归为两类：一类是个人实现自由的内在能力；另一类是外在于个人的、奴役人的社会政治经济关系。从这两类因素出发，可以揭示出实现自由的途径。

第一，提升自身实现自由的内在能力。自由是对规律的认识和把握，实现自由建立在对规律的认识和把握基础之上。自由不在于有无穷的选择，不在于随心所欲而为之。恰好相反，自由在于具备从眼花缭乱的多重选项中找到正确方案的能力。正如马克思所讲："意志自由只是借助于对事物的认识来作出决定的能力。因此，人对一定问题的判断越是自由，这个判断的内容所具有的必然性就越大；而犹豫不决是以不知为基础的，它看来好像是在许多不同的和相互矛盾的可能的决定中任意进行选择，但恰好由此证明它的不自由，证明它被正好应该由它支配的对象所支配。"① 所以，自由是一种正确的选择能力。

这种选择能力不仅体现在对客体事物的选择上，同时也体现在对主体自身和主体活动的认识上。只有掌握了自然界发展规律、社会发展规律和人自身的发展规律，才能真正实现与自然、社会、自身矛盾的和解，才能真正摆脱思维和行动的盲目而达到自觉自由的状态。认识到规律，并在实践中按照规律办事，这是从必然王国到自由王国的飞跃的基本路径。而要认识并掌握规律，就要培育和提升人的各方面认知能力、行动能力。恩格斯在总结人类自由成长史时指出："自由就在于根据对自然界的必然性的认识来支配我们自己和外部自然；因此它必然是历史发展的产物。最初的、从动物界分离出来的人，在一切本质方面是和动物本身一样不自由的；但是文化上的每一个进步，都是迈向自由的一步。"②

提升人实现自由能力的物质实践基础是社会生产力的提高，只有在

① 《马克思恩格斯文集》第9卷，人民出版社，2009，第120页。
② 《马克思恩格斯文集》第9卷，人民出版社，2009，第120页。

社会必要劳动时间大大缩短，而自由时间大大延长的条件下，人们才能从必要劳动中解放出来，根据个人的兴趣发展体力、智力等各方面的能力；根据自己的兴趣，自由地做这样或者那样的事情。这时，劳动已经不是谋生的手段，而成为实现人本质的一种自由自觉的活动，人的自由达到了理想的境界。

第二，认清资产阶级自由的虚假本质。只有认清资产阶级自由的虚假本质，才能使无产阶级觉醒，为争得自由而斗争。资产阶级社会的自由是一种虚假的自由，在反抗封建专制等级制和宗教压迫的时候，资产阶级是自由的启蒙者，一旦它上升为统治阶级，自由就成了剥夺无产阶级自由的遮羞布。

资产阶级以自由为旗帜，把人从宗教和专制的奴役下解放出来之后，就把自由写在宪法最令人注目的位置，继续挥舞着自由的旗帜，把社会说成是各种自由的总汇，"人身、新闻出版、言论、结社、集会、教育和宗教等自由，都穿上宪法制服而成为不可侵犯的了。这些自由中的每一种都被宣布为法国公民的绝对权利，然而总是加上一个附带条件，说明它只有在不受'他人的同等权利和公共安全'或'法律'限制时才是无限制的"。这样看来，即使法律上的自由也只是一种欺世盗名的假象，表面上大张旗鼓的自由被案底下的绳索结实地捆绑起来。马克思愤怒地指出："宪法的每一条本身都包含有自己的对立面，包含有自己的上院和下院：在一般词句中标榜自由，在附带条件中废除自由。"①

不仅宪法中公开的自由被附带条件所阉割，而且市场交换中的自由也被所有权完全剥夺。从法律层面上看，无产者与有产者一致享有平等的自由权利，劳资双方在市场上做自由的买卖，独立而平等地缔结契约，而一离开交换领域，就会看到劳动者的自由实质上只是受奴役的自由，马克思指出："这里所说的自由，具有双重意义：一方面，工人是自由人，能够把自己的劳动力当做自己的商品来支配，另一方面，他没有别的商品可以出卖，自由得一无所有，没有任何实现自己的劳动力所必需

---

① 《马克思恩格斯文集》第 2 卷，人民出版社，2009，第 483~484 页。

的东西。"①

在资本主义现实生活中，同样可以发现："无产者在法律上和事实上都是资产阶级的奴隶，资产阶级掌握着他们的生死大权。它给他们生活资料，但是取回'等价物'，即他们的劳动。"② 因此，对于无产者这一社会的大多数而言，自由就等于自由地接受资本的奴役，舍此别无选择。"生产者只有在占有生产资料之后才能获得自由。"③ 这是通向自由的必然之路。

第三，推翻阻碍实现自由的资本主义政治经济制度。哲学家们只是用不同的方式解释世界，而问题在于改变世界。作为革命家的马克思，绝不可能止步于对自由的抽象阐释，真正的指向是改变资本主义世界，消灭奴役人的社会制度。"我们的目的是要建立社会主义制度，这种制度将给所有的人提供健康而有益的工作，给所有的人提供充裕的物质生活和闲暇时间，给所有的人提供真正的充分的自由。"④

将自由从抽象的概念转化为现实，马克思借助了阶级斗争这一社会革命的方式。他指出："共产党人的理论原理，决不是以这个或那个世界改革家所发明或发现的思想、原则为根据的。这些原理不过是现存的阶级斗争、我们眼前的历史运动的真实关系的一般表述。"⑤ 阶级斗争是社会发展的直接动力，而在现存的阶级关系中，只有无产阶级才能够承担起解放自己和解放全人类的历史使命。以无产阶级为人类解放的主体，马克思清晰地揭示出了一条实现每一个人自由发展的线路。① "使无产阶级形成为阶级，推翻资产阶级的统治，由无产阶级夺取政权。"⑥ ② "无产阶级将利用自己的政治统治，一步一步地夺取资产阶级的全部资本，把一切生产工具集中在国家即组织成为统治阶级的无产阶级手里，

---

① 《马克思恩格斯文集》第 5 卷，人民出版社，2009，第 197 页。
② 《马克思恩格斯全集》第 2 卷，人民出版社，1957，第 360 页。
③ 《马克思恩格斯文集》第 3 卷，人民出版社，2009，第 568 页。
④ 《马克思恩格斯全集》第 21 卷，人民出版社，1965，第 570 页。
⑤ 《马克思恩格斯文集》第 2 卷，人民出版社，2009，第 44~45 页。
⑥ 《马克思恩格斯文集》第 2 卷，人民出版社，2009，第 44 页。

并且尽可能快地增加生产力的总量。"① ③ "当阶级差别在发展进程中已经消失而全部生产集中在联合起来的个人的手里的时候，公共权力就失去政治性质。"② ④ "代替那存在着阶级和阶级对立的资产阶级旧社会的，将是这样一个联合体，在那里，每个人的自由发展是一切人的自由发展的条件。"③

自由人联合体，就是自由的个人在自觉的基础上结成的共同体。"只有在共同体中，个人才能获得全面发展其才能的手段，也就是说，只有在共同体中才可能有个人自由。"④ 在这个共同体中，没有了阶级和阶级斗争、没有了剥削压迫，社会占有了生产资料，不再有任何人对个人生活资料的忧虑，个体生存斗争停止，人同已被认识的自然规律和谐一致地生活。

四 与自由主义"自由"观的简要对照

自由主义在欧洲有悠久的历史传统，作为思想家的马克思不可能不受自由主义的浸淫，他对自由的理解与自由主义在许多方面有着割不断的联系，两者同中有异，异中有同。

第一，关于自由的原始含义。马克思认为自由是人固有的东西；自由主义认为，自由是人的个性。在这方面，两者的认识是一致的，承认自由是一种天赋人权。但由于对人的理解不同，两者的差异性就表现出来了。马克思认为人具有自然属性和社会属性，而就其本质来讲，是现实社会关系的总和。这样，人的自由就只能在社会关系中实现，社会关系直接制约着人的自由的实现。而自由主义偏重于从个人而不是社会关系来认识人，把自由更多地看作道德人的一种个性。因此，自由的实现要偏重于个人权利不受他人强制。两者的相同之处表明，在人类文明史

---

① 《马克思恩格斯文集》第 2 卷，人民出版社，2009，第 52 页。
② 《马克思恩格斯文集》第 2 卷，人民出版社，2009，第 53 页。
③ 《马克思恩格斯文集》第 2 卷，人民出版社，2009，第 53 页。
④ 《马克思恩格斯文集》第 1 卷，人民出版社，2009，第 571 页。

上，自由是人类的共同价值，即使思想体系相左，也没有谁去否定自由；而两者对自由原始含义认识的差异，却使两者的思想体系直接走向了分野。

第二，关于自由与实现自由的能力之关系。马克思和自由主义者都承认，个人能力是影响自由的重要因素，实现自由必须要提高个人的能力。但是，马克思认为，提高个人能力主要是提高个人智力、体力等各方面能力，以便对自然界、社会、人自身发展规律更好地把握，以利用规律实现自己预期目标。他肯定的是人的实践能力，强调人通过改造外部环境（包括自然界和社会）来实现自由。相反，自由主义并不把环境约束当作阻碍自由的条件，它认为自由专指人与人之间的关系。"一个人是否自由，并不取决于选择范围的大小，而是取决于他能否根据自己的意愿行事。"① 因此，提高个人能力，重要的是启发和提高个人的心智和理性，形成自我约束和遵从道德的习惯，而不是提高强制他人和改变自然的能力。

第三，关于个人自由与现存制度之间的关系。社会制度，尤其是政治制度直接关乎个人自由，这是马克思和自由主义者共有的观点。但是，在对待现存制度和对新制度的预设问题上，两者观点出现了明显的分歧。立足于现实的资本主义社会，马克思认为，资产阶级社会中的人始终处于被奴役、被污辱、被压迫、被蔑视的关系之中，是不符合人的自由本质的社会，他从实践唯物主义出发，强调人的主观能动性，召唤无产阶级进行革命斗争，推翻资本主义制度，来实现人的解放和自由全面发展。而自由主义偏重于自然秩序，强调政治制度是人们在历史生活中自然演进生成的，这种制度不可避免地会强制个人自由，但理性、私人财产权的保护、人格独立及自由市场等，可以把强制保持在最小限度。这样，推翻制度就会打破自然秩序，积极地实施自由甚至会导致暴政。②

---

① 弗雷德里希·奥古斯特·冯·哈耶克：《自由宪章》，杨玉生等译，中国社会科学出版社，1999，第30页。

② 当代自由主义者以赛亚·伯林把自由划分为"积极自由"和"消极自由"，积极自由是指"去做什么的自由"，消极自由是指"免于什么的自由"，同时他警告积极自由容易导致统治者的恣意妄为。

第四，关于自由实现程度和制度设计。马克思和自由主义者都认识到自由的实现是一个历史过程，当原始自由的含义推广到现实生活中时，自由的范围也经常地处于不断变化之中。为了推进自由的实现，马克思认为历史发展是有规律可循的，按照规律、经过无产阶级革命，可以达到"以每一个个人的全面而自由的发展为基本原则的社会形式"，即共产主义社会。自由主义者认为："一个生活在人群之中的人，只能希望逐渐接近这种状态，而不能完全达到它"①，进而对社会发展规律持否定态度，更是对共产主义社会持敌视态度，把追求共产主义当成"通向奴役之路"。自由主义者主张秩序的自然生成，哲学家罗素指出："自由主义的本质就是企图不根据非理性的教条而获得一种社会秩序，并且除了为保存社会所必须的束缚而外，不再以更多的束缚来保证社会的安定。这种企图是否可以成功，只有未来才能够断定了。"②

比较两者的异同，更有助于理解马克思的自由内涵，从而也有助于在推动中国特色社会主义伟大事业进程中，更好地实现当代中国人的自由发展。

五　现实启示

阐释马克思自由思想，以及将马克思与自由主义者关于自由的思想做对照，有助于加深对自由内涵和实现条件的全面理解，有利于更加准确地认识社会主义核心价值观中"自由"的含义及要求，更有利于在社会主义现代化建设过程中不断推进当代中国人的自由发展。通过梳理马克思的自由思想，可以从中得到以下几点启示。

第一，重视人的自由和全面发展。追求自由是人固有的本性，是马克思主义的价值追求，也是人类的共同价值。在当代中国，坚持以人为本、坚持以人民为中心的发展观，就要坚持把发展的落脚点放在促进人

① 弗雷德里希·奥古斯特·冯·哈耶克：《自由宪章》，杨玉生等译，中国社会科学出版社，1999，第31页。
② 罗素：《西方哲学史》（上），何兆武、李约瑟译，商务印书馆，1963，第23页。

的自由和全面发展上，绝不能以牺牲人的自由为代价。

第二，积极推动经济社会发展，为人的自由发展创造条件。自由是建立在经济社会发展基础之上的，必须坚持以经济建设为中心，统筹推进"五位一体"总体布局和协调推进"四个全面"战略布局，不断为中国人民的自由发展奠定基础。

第三，注重提高自身实现自由的能力。自由是人的一种素质和能力，个人不仅需要深化对自由内涵的理解，培育良好的道德素养、社会责任意识，遵守公序良俗，更要提升现代公民应有的科学文化素质，全面发展个人的体力、智力和各方面能力，为实现自由创造条件。

第四，立足既定条件，体现真实的自由。讲自由既要讲自由的价值理想，更要重视真实的自由。我国正处于并将长期处于社会主义初级阶段，这是我国的基本国情。因此，讲自由不能离开基本国情，而只从自由的内涵出发，空讲自由的价值、理想；同时，也不能借口我们正处于初级阶段，而否定人们对自由这一美好生活的需求。必须从实际出发，尽力而为、量力而行，切切实实地保证人民在经济、政治、文化、社会生活中的自由权力，增强人们的自由感。

论马克思的"自由个性"观[*]

陈曙光 杨 洁

马克思在《政治经济学批判（1857—1858年手稿）》中创造性地提出了"自由个性"这一全新的哲学范畴。毋庸置疑，马克思首先是在社会形态的意义上来使用这一概念的，但"自由个性"概念意涵丰富，可以从多个维度来理解。

一 作为人的发展状态，"自由个性"是对"人的依赖性"和"物的依赖性"的双重超越

马克思认为，从"人的依赖性"到"物的依赖性"，最终通往"自由个性"，这是历史发展的逻辑，也是人的发展的逻辑。人的发展必须依次经过"人的依赖性"阶段，"以物的依赖性为基础的人的独立性"阶段，最后达到"自由个性"阶段。[①] 其中后一阶段以前一阶段为基础和前提，前一阶段的发展为后一阶段创造条件。

"人的依赖性"是人的发展的最初阶段，人表现为"自然的个人"，或者称之为"依附的个人"。这是马克思对前资本主义社会中人的发展状态的定位。在"人的依赖性"阶段，"个人"不是作为一个独立的个体与其他人发生关系，人的生产能力只是在狭小的范围内和孤立的地点上发展着，自然界和共同体具有至高无上的权威。具体来说，在原始社

---

* 本文原载于《北京大学学报》（哲学社会科学版）2017年第6期，收入本书时有改动。

① 《马克思恩格斯全集》第46卷（上），人民出版社，1979，第104页。

会，人不仅奴隶般地服从于自然界，也温顺地从属于"共同体"。一方面，人是匍匐于自然界脚下的奴隶。人们依靠自然、敬畏自然，盲目崇拜自然。另一方面，单个人为了保存自身，自发地结成了以血缘关系为基础的"天然共同体"。个人消融于共同体之中，社会共同体的价值具有绝对的优先性，个人绝对地服从共同体的利益，缺乏独立性和自主性。诚如马克思所言，"我们越往前追溯历史，个人，从而也是进行生产的个人，就越表现为不独立，从属于一个较大的整体"①。到了奴隶社会和封建社会，生产力的缓慢发展促使人类在一定程度上摆脱了自然界的奴役，获得了对大自然的有限的独立性。这为人在客观世界中地位的提升创造了可能，也为人的主体性的萌发准备了条件。但是，个人的生存与发展仍旧不独立，缺乏自主性。这是由"政治共同体"对个人的超经济强制所决定的。一方面，个人具有一定的政治身份，作为某一等级的成员而从属于"共同体"。个人与共同体的关系表现为一种人身依附关系，神或君主作为共同体的代表，具有无条件地统治权力。现实的个人身份固化，除了被迫接受等级依附和政治强制之外，别无选择。正如马克思所指出，在这时，"贵族总是贵族，平民总是平民……这是一种与他的个性不可分割的品质"②。这种"依附的个人"在经济生活中常常表现为禁欲主义，在精神生活中表现为蒙昧主义，在政治生活中表现为专制主义。③ 另一方面，人的个体意识虽然产生，但社会整体意识始终是凌驾于个体意识之上的绝对权威，以至于人丧失了最基本的人身权利和自由。在这一阶段，唯有牺牲个体的发展，才能保证整个人类的生存与发展。这是早期人类的必然选择，也是一种自然而然的选择。

"物的依赖性"是人的发展全面异化的阶段，人表现为"偶然的个人"，或者称之为"独立的个人"。这是马克思对资本主义社会中人的发展状态的科学定位。在这一阶段，人摆脱了人身依附关系，获得了对他人的独立性。然而，这种"独立性"不过是形式上的"独立性"——

① 《马克思恩格斯文集》第 8 卷，人民出版社，2009，第 6 页。
② 《马克思恩格斯文集》第 1 卷，人民出版社，2009，第 571 页。
③ 孙正聿：《属人的世界》，吉林人民出版社，2007，第 161 页。

"以物的依赖性为基础的人的独立性"，"对物的依赖"取代了"对人的依赖"而成为套在每个人头上的新的枷锁。在"物的依赖性"阶段，人的全面异化与人对"物"的依赖的确立是同一个过程。从人的地位上来看，人虽然获得了在客观世界中的主体地位，即人从自然的奴隶转变为自然的主人。但是，人却成为商品、货币以及资本等死的东西的奴隶，形成了商品拜物教、货币拜物教、资本拜物教。从人与自然的关系来看，人与自然之间不再是人屈从于自然的对立关系，而是人凌驾于自然之上的对立关系。这种对立关系最终走向了人类中心主义，导致了人类对其他物种的傲视和践踏，也导致了自然对人类的报复。从人与人的社会关系来看，人与人之间虽然形成了内容丰富、形式多样的社会关系，但是，从性质上来说，这种"全面性"的社会关系的形成却是以人对"物"的依赖的确立为前提的。在这种物化了的社会关系中，不是人支配物，而是物统治人。人与人之间的社会关系实则转变为普遍的拜物性。因此，即便个人获得了对他人的独立性，这种独立性也只是形式上的。从个人发展与社会发展的关系来看，资本主义社会的巨大发展并没有带来与之相适应的个人全面发展。畸形片面发展成为个人发展的常态。这是由资本主义本身所固有的、无法克服的基本矛盾所决定的。在这一阶段，人的活动受资本逻辑的牵制，自由的是资本，而不是人。人只有在服从资本主宰的前提下才是"自由"的。一句话，资本主义社会是一个"自由地追求自己目的的私人利益、无政府状态、自我异化的自然个性和精神个性的社会"①。

"自由个性"是人的发展的理想状态，其实质是每个人的自由全面发展，这时期人表现为"真正的个人"，或者称之为"有个性的个人"。这是马克思对共产主义社会中人的发展状态的科学预测。在"自由个性"阶段，每个人既超越了对于"人的依赖"，也超越了对于"物的依赖"，上升为社会的主人、历史的主人、自身命运的主人。也就是说，人不再是受制于自然界的仆人，不再是"物"的统治的奴隶，也不再依附于任何与人相对立的"虚假共同体"。这样的人，是自由发展与全面

---

① 《马克思恩格斯文集》第 1 卷，人民出版社，2009，第 324 页。

发展的统一，是自由自觉地行走于历史之中的人。在这一阶段，人与人之间不再是一切人对一切人的战争状态，而是形成了"人人为我、我为人人"的社会关系，造就了一切"己"都在"他者"中得以共生的和谐局面。在这一阶段，个人发展与社会发展之间不再对立，共同体的发展不再以牺牲个体的发展为代价，个人的自由全面发展不再以牺牲他人的全面发展为前提。马克思指出："代替那存在着阶级和阶级对立的资产阶级旧社会的，将是这样一个联合体，在那里，每个人的自由发展是一切人的自由发展的条件。"① 在这一阶段，人的能力得到充分发展，每个人都不再受制于特殊的活动范围和发展空间，能够从事自主活动，能够自主地选择、自由地发展，能够为全人类的幸福和自身的完美贡献力量。

二 作为一种社会形态，"自由个性" 是共产主义的高级阶段

人类社会从低级到高级的发展有着自身的发展规律和历史逻辑。在《〈政治经济学批判〉序言》中，马克思从生产关系的视角出发，将人类社会划分为原始社会、奴隶社会、封建社会、资本主义社会以及未来的共产主义社会五种形态，即人们通常所说的"五形态说"。在《政治经济学批判（1857—1858 年手稿）》中，马克思从人的发展的视角出发，将人类社会划分为三种社会形态："人的依赖关系（起初完全是自然发生的），是最初的社会形式……以物的依赖性为基础的人的独立性，是第二大形式……建立在个人全面发展和他们共同的、社会的生产能力成为从属于他们的社会财富这一基础上的自由个性，是第三个阶段。"② 这是"三形态说"的最初理论表达。"五形态说"和"三形态说"不是相互排斥的，而是互补的关系。它们都有各自存在的意义和价值，都是马克思对历史发展一般规律的揭示，是人类社会无法绕开的历史逻辑。

"人的依赖关系"是人类社会发展的第一个阶段，大致相当于前资

---

① 《马克思恩格斯选集》第 1 卷，人民出版社，2012，第 422 页。
② 《马克思恩格斯文集》第 8 卷，人民出版社，2009，第 52 页。

本主义社会。这一阶段涵盖了原始社会、奴隶社会以及封建社会。人类历史越是往前追溯，人对自然界的依赖程度就会越高，人的自由也就越少，个人必须依赖于一个更大的整体，否则就无法生存。进入奴隶社会以后，"人的依赖关系"呈现为奴隶对奴隶主的人身依附。到了封建社会，这种关系转变为农奴对领主的依附，个人总是不能自己代表自己，总是需要有一个外在的主体来代表自己。

"物的依赖性"是人类社会发展的第二个阶段，也即资本主义社会。这是一个全面异化的社会，表面上，各个人要比先前更自由些，"事实上，他们当然更不自由，因为他们更加屈从于物的力量"①，受制于物的统治，在"物的依赖"中"再度丧失了自己"；表面上，各个人看起来也比先前更独立些，事实上不过是个人可以"独立地""自由地"出卖自己的劳动力，"自由得一无所有"②。然而，相较于第一个阶段，资本主义具有巨大的历史进步性。马克思指出："资产阶级在它的不到一百年的阶级统治中所创造的生产力，比过去一切世代创造的全部生产力还要多，还要大。"③ 资产阶级在历史上起过非常革命的作用，它推翻了封建统治和专制制度，极大地解放了生产力，发展了生产力。但是，从根本上来说，资本主义社会仍然是一个少部分人压迫和剥削绝大多数人的虚假共同体。资本主义社会的巨大发展并不能扭转其必然灭亡、必然为更加美好的社会形态所取代的历史命运。正是基于对资本主义社会中人的全面异化的基本事实以及资本主义制度本身的批判，马克思在展望未来新社会时，提出了"自由个性"的新阶段。

"自由个性"是人类社会发展的"第三个阶段"，是最高级的社会形式。从实质上来说，它是以每个人自由全面发展为基本原则的共产主义社会，这是一个"自由人的联合体"。共产主义是人类社会的理想形式，到那时，生产力高度发达，人们的精神境界极大提高，"集体财富的一切源泉都充分涌流"，社会在自己的旗帜上写上"各尽所能，按需分

---

① 《马克思恩格斯选集》第 1 卷，人民出版社，2012，第 200 页。
② 《马克思恩格斯全集》第 23 卷，人民出版社，1972，第 192 页。
③ 《马克思恩格斯文集》第 2 卷，人民出版社，2009，第 36 页。

配"①；社会已经完全超出了资产阶级权利的狭隘边界，人类社会实现了从"必然王国"向"自由王国"的飞跃。

共产主义社会分为两个阶段，社会主义社会是其第一阶段，"自由个性"是其高级阶段。社会主义不管是在生产力和生产关系方面，还是在物的发展和人的发展方面，还达不到"自由个性"的高度，但是不经过社会主义阶段的凤凰涅槃，就不可能达到共产主义的彼岸，就不可能实现"自由个性"。换句话说，社会主义社会是人类通往"自由个性"的必经阶段。从理论层面上看，作为共产主义社会的第一阶段，社会主义社会是比资本主义社会更加高级的社会形态。从现实层面上看，社会主义社会本身还是一个生成中的、不成熟的、不完善的社会。当代社会主义国家在发展过程中遭遇的种种挑战和危机，是人类通往"自由个性"阶段、过上诗意生活之前必经的苦难。唯有社会主义社会才是人类通往"自由个性"的现实起点。"自由个性"的实现意味着"人类史前时期"的结束以及真正"人类史"的开启。

三 作为一种价值追求，"自由个性"是"以人为本"的完成形态

"自由个性"概念具有深刻的价值观意蕴。共产主义既是一种社会制度，又是一种价值目标，它以每个人的自由全面发展即"自由个性"为最高价值。"自由个性"在理论上实现了对权本位价值观、神本位价值观和抽象人本主义价值观的超越，在现实上实现了对社会主义人本实践的超越。"自由个性"作为一种价值理念，是人的自由的理想状态，是个性发展的最高境界，是人的发展的完美样态，是"以人为本"的完成形态。

"自由个性"摆脱了君权和神权的奴役，是对封建专制主义价值观的否定。尽管封建社会的开明君主和进步思想家也提出了不少"以人为本"的口号，但口号是一回事，制度和实践又是一回事。马克思指出，

---

① 《马克思恩格斯选集》第3卷，人民出版社，2012，第365页。

封建"专制制度的唯一原则就是轻视人类"，这种"君主政体的原则总的说来就是轻视人，蔑视人，使人不成其为人"；这种专制制度的"原则就是使世界不成其为人的世界"，世界完全沦为"庸人的世界"，"政治动物的世界"①。更为重要的是，这个原则不单是一个原则，而且还是事实。专制制度下的人绝不是具有人格平等、个性自由的人，而是等级分明、人格依附、个性泯灭的人。所以，封建社会不存在真正意义上的"以人为本"。

"自由个性"摆脱了物的奴役、资本的奴役，是对西方自由主义意识形态和抽象人本主义价值观的扬弃。西方人本主义思想丰富，但理论的丰富并不等于理论的成熟。尽管资产阶级思想家们从抽象的人道主义立场出发，为人们描绘了一幅令世人向往的理想社会蓝图，试图经由资本开辟道路、资产阶级主宰社会的前提下实现全体公民的自由、民主、平等、博爱等人道主义追求。但是，以私有制为基础的所谓个人自由，归根结底只是少数人即有产者的自由，资本逻辑是唯一的主导力量，资本是唯一的主人。资本主义生产方式造成了人的物化与物的人格化，强制性分工导致了人的发展的片面化，技术的资本主义应用加剧了人的生存环境危机，工具理性的膨胀带来了精神家园的失落，物的膨胀导致了人生意义的单一化，社会的全面发展牺牲了个人的丰富个性，资本的僭越导致了一切人本价值的虚伪化。在资本主义社会，个人表面上是独立的、自由的，却无往不在物的统治、资本的枷锁之中。因此，在资本主义社会诞生以来的几百年间，尽管以人为本的实现程度比前资本主义社会有了很大的提升，但距离"自由个性"的理想社会还很遥远。爱因斯坦在历数了资本主义私有经济的若干弊端之后说："我相信，只有一种办法可以消灭这种邪恶的灾祸，那就是建立社会主义经济。"②

"自由个性"摆脱了人本实践的局限性，是对社会主义国家"以人为本"的现实状况的超越。众所周知，现实的社会主义国家并不是诞生于发

---

① 《马克思恩格斯全集》第 1 卷，人民出版社，1956，第 410~411 页。

② 爱因斯坦：《为什么要社会主义》，《光明日报》1991 年 7 月 7 日。

达的资本主义国家，而是诞生于经济社会发展相对落后的东方国家，这些
国家还不具备马克思所描述的实现共产主义的社会历史前提。具体来说，
这些东方国家并不具备高度发达的生产力水平，基本上还处于以农业经济
为主的发展水平上，其市场化程度还很低。因此，在社会主义社会，特别
是社会主义初级阶段，"以人为本"无论是在范围、程度，还是在层次、
水平等方面都是有局限的，是很不完善的，虽然社会主义以"自由个性"
为前进的方向，但依然任重而道远。比如中国，社会依然处于"物的依赖
性"阶段而非"自由个性"阶段，财富依然表现为"物的丰富"而非
"人的自由全面发展本身"，劳动依然是"谋生的手段"而非"生活的第
一需要"，产品依然遵从以按劳分配为主的原则而非按需分配，资本依然
无法超越而不得不服从资本的逻辑，人依然受制于强制性的分工而无法自
由全面地发展自己的才能，这些因素都决定了中国还远未进入马克思设想
的理想的人本社会。马克思在《1844 年经济学哲学手稿》中对未来理想社
会的"以人为本"进行了展望："这种共产主义，作为完成了的自然主义，
等于人道主义，而作为完成了的人道主义，等于自然主义，它是人和自然
界之间、人和人之间的矛盾的真正解决，是存在和本质、对象化和自我确
证、自由和必然、个体和类之间的斗争的真正解决。"[1] 相较于不完美的
现实，"自由个性"的理想状态还在远方，但我们已经行走在正确的路
上。现实中"以人为本"的每一次推进，都是向着理想的人本社会挺
进，都将为最终实现"自由个性"开辟道路。

"自由个性"的实现意味着以人为本的历史性飞跃，意味着全人类
的普遍解放，意味着完全意义的人本社会得以降临，意味着"真正的人
类历史时期"的开启。"自由个性"，从时间向度来说，是指向遥远未来
的，它具有最高的完满性，"所标示的是人的个性发展的最高境界"[2]，
是"以人为本"的理想社会形式。人类社会只有进入了"真正的人类历史
时期"才能实现"自由个性"，在此之前的每一历史阶段上，"以人为本"
的实现程度总是残缺的，总是不完美的。人类社会是一个不断向着"自由

---

① 《马克思恩格斯文集》第 1 卷，人民出版社，2009，第 185 页。
② 汪信砚：《汪信砚论文选》，中华书局，2009，第 309 页。

个性"迈进的过程。到那时，人既摆脱了人身依附，又摆脱物的奴役，任何个人都不必拘束于特殊的活动范围，而是可以根据自己的兴趣在任何部门内自由发展；到那时，"迫使个人奴隶般地服从分工的情形已经消失"①，工农之间、城乡之间、脑体之间的对立不复存在，每个人都可以自由全面地发展自己的才能；到那时，劳动不再是单纯的谋生手段，而是上升为"生活的第一需要"；到那时，"每个人的自由发展是一切人的自由发展的条件"②，"人终于成为自己的社会结合的主人，从而也就成为自然界的主人，成为自身的主人"③。一句话，"自由个性"的实现意味着人本价值的完满实现，这是迄今为止人们所能设想的最美好的社会。

四　作为一种生存体验，"自由个性"
是对人的本质的真正占有

在《1844年经济学哲学手稿》中，马克思将人的类本质界定为自由自觉的活动。他指出："一个种的全部特性、种的类特性就在于生命活动的性质，而人的类特性恰恰就是自由的自觉的活动。"④ 人作为人的理想的生存体验，就是摆脱一切外在的奴役，实现对人的本质的真正占有，实现自由自觉的活动。

在原始社会，人是自由自觉的。但是，人对自由的生存体验是原始的、肤浅的，自由归根结底是本能的自由，而不是思想的自由、实践的自由。马克思指出："人是唯一能够由于劳动而摆脱纯粹的动物状态的动物——他的正常状态是和他的意识相适应的而且是要由他自己创造出来的。"⑤ 但是，在原始社会，生产力的发展极其落后，不足以支撑人走出纯粹动物式的生存状态；人的认识能力极其有限，不足以支撑其摆脱盲目必然性的支配而获得自由；人的实践能力极其低下，既无法驾驭自

---

① 《马克思恩格斯文集》第3卷，人民出版社，2009，第435页。
② 《马克思恩格斯文集》第2卷，人民出版社，2009，第55页。
③ 《马克思恩格斯文集》第9卷，人民出版社，2009，第398页。
④ 《马克思恩格斯全集》第42卷，人民出版社，1979，第96页。
⑤ 《马克思恩格斯全集》第20卷，人民出版社，1971，第535~536页。

然，也无法驾驭社会，不足以支撑其通过改造客观世界以获得自由。在这一阶段，人的劳动只能满足人们最基本的生存需求，人的活动服从于本能的支配，人无法通过自身的努力成为高度自由的人。所以，这一时期，人尽管尚未遭遇权力和资本的奴役，但正如马克思所说，"在发展的早期阶段……留恋那种原始的丰富，是可笑的，相信必须停留在那种完全的空虚化之中，也是可笑的"①。

进入私有制社会，特别是资本主义社会，人丧失了自由自觉的本性，沦为异化受动的人。与之相适应，人的生存体验是一种"异化"的体验，物的世界的全面发展以牺牲人的全面发展为代价，人的尊严遭遇到了资本的扭曲。近代以来，资本、金钱的魔力发挥到了极致，它可以使黑的变成白的，丑的变成美的，错的变成对的，卑贱变成尊贵，老人变成少年，懦夫变成勇士，寡妇重做新娘，父子化为水火，冰炭化为胶漆，仇敌互相亲吻，商人攫取权力，资本统治人间。马克思在《1844年经济学哲学手稿》中批判指出，人"在自己的劳动中不是肯定自己，而是否定自己，不是感到幸福，而是感到不幸，不是自由地发挥自己的体力和智力，而是使自己的肉体受折磨、精神遭摧残"②。今天，这种极端恶劣的生存体验也许有了很大改进，但并没有从根本上扭转，更谈不上终结。在这种"非人"的生存状态之中，自由是资本的专利，而不是人的本质。人的能力由资本赋予，人的价值由资本衡量，人的地位由资本决定，人的活动受资本逻辑的宰制，人的社会关系不过是物的社会关系的投射。一句话，人只有在服从资本主宰的前提下才是"自由"的。所以，"在资产阶级社会里，资本具有独立性和个性，而活动着的个人却没有独立性和个性"③。相比于原始社会的虚空化状态，这种"非人"的生存状态让人产生了"充实"的错觉。然而，这不过是物质上的充实，这种充实以精神上的空虚为代价。因为，人唯有通过占有物，才能感受到自身的生存、价值和意义。相比于自由自觉的本真状态，这种"非人"的生存

① 《马克思恩格斯文集》第8卷，人民出版社，2009，第56~57页。
② 《马克思恩格斯文集》第1卷，人民出版社，2009，第159页。
③ 《马克思恩格斯文集》第2卷，人民出版社，2009，第46页。

状态极度地贬低人。

在未来理想社会，每个人都能真正占有自己的本质，实现诗意的栖居和优雅的生存，这是一种理想的生存体验。在那个时候，人摆脱了自发性的主宰，摆脱了外在的剥削和压迫，摆脱了物的力量的奴役，成为自由自觉的存在，成为真正的个人。也就是说，到那时，人摆脱了自然的奴役、权力的奴役、资本的奴役，清除了一切阻碍人自由全面发展的桎梏，成为自己的主人、社会的主人、历史的主人，实现人与社会、人与人、人与自然之间的真正和解，实现全人类的完全解放，过上真正属于人的优雅生活；到那时，人从动物性或本能性的生存体验中走出来，真正进入人的生存状态之中，实现了人的本质的复归，成为自由自觉的人；到那时，劳动上升为生活的乐趣，分工为全面发展创造了条件，工作成为人们体验美好生活的重要场所，社会"不仅可能保证一切社会成员有富足的和一天比一天充裕的物质生活，而且还可能保证他们的体力和智力获得充分的自由的发展和运用"①。在未来社会，人的生存体验是完满的、幸福的，是自由的、自觉的，"人以一种全面的方式，就是说，作为一个完整的人，占有自己的全面的本质"②。

五 人类社会行走在通往"自由个性"的途中

人类通往"自由个性"是一条漫长的路，资本主义的充分发展为"自由个性"开辟道路，社会主义是通往"自由个性"的必经阶段，"自由个性"的实现不是历史的终结，而是人类走向更加美好未来的出发阵地。

（一）"自由个性"的实现是一个自然历史过程

作为一种社会形态，人类走向"自由个性"是一个漫长的自然历史过程，既不可能一蹴而就，也不可能一帆风顺。"自由个性"终将实现，

---

① 《马克思恩格斯选集》第 3 卷，人民出版社，2012，第 670 页。
② 《马克思恩格斯文集》第 1 卷，人民出版社，2009，第 189 页。

这是社会基本矛盾运动的必然结果，是历史发展的大逻辑，是不以任何个人的意志为转移的客观规律，它既不会因为资产阶级的百般阻挠而姗姗来迟，也不会因为无产阶级的殷殷期盼而蓦然驾到。资本主义的社会形态横跨五个世纪，历经几百年的狂飙，目前已经进入了衰退期，但是在它所能容纳的全部生产力发挥出来以前，是绝不会自动退出历史舞台的；"自由个性"的社会形态，在它的物质存在条件成熟以前，是绝不会出现的。

作为一种社会理想和目标，"自由个性"的实现是理想引导现实和现实趋向理想的统一，这是同一过程的两个方面。一方面，"自由个性"作为个人发展和社会发展的完满状态，它不是既成的历史结果，而是有待实现的美好理想。理想之为理想而不同于空想和幻想的地方就在于它与现实之间保持着合理的张力，它们之间隔着的不是一道永远无法逾越的鸿沟，而是一步一步向前迈进的阶梯。"正因为有了'未来'这个向度，人的生活才有了意义和追求。"① "自由个性"的崇高理想虽然在远方，但只要坚持不懈地为之奋斗，总有一天会变成现实。另一方面，现实之所以叫现实，当然是不理想的，否则便不需要发展了；但是它既然能成为前进的起点，它就必然包含理想性于自身之中，否则它就不能在实践中走向理想。今天，现实还没有到达"自由个性"的彼岸，但社会中已经包含了"自由个性"即共产主义的因素，随着实践的发展，这种共产主义因素只会越来越多、越发鲜明，最终累积起实现"自由个性"的巨大能量，完成人类历史上最伟大、最动人心弦的惊险一跃。

（二）资本主义的充分发展为"自由个性"创造条件

马克思指出，"第二个阶段为第三个阶段创造条件"②。这句话包含两层意思，资本主义的前方是人类社会的第三个历史阶段，资本主义的充分发展为人类社会进入"第三个阶段"创造了条件。

---

① 陈曙光：《直面生活本身：马克思人学存在论革命研究》，北京师范大学出版社，2012，第185页。
② 《马克思恩格斯文集》第8卷，人民出版社，2009，第52页。

其一，物质条件。"自由个性"的发展阶段是人类迄今为止所设想到的最高级的阶段，这一阶段建立在生产力高度发达、物质财富极大丰富的基础上。这种新的更高的生产关系，在它的物质存在条件在旧社会的胎胞里成熟以前，是绝不会出现的。在资产阶级社会的胎胞里发展的生产力，同时又创造着解决资本主义社会矛盾、实现"自由个性"的物质条件。

其二，革命条件。生产的社会化与生产资料私人占有之间的矛盾是资本主义社会的主要矛盾，也是在资本主义制度框架内无法调和的对抗性矛盾。随着资本主义的高度发展，随着物质生产力发展到一定的阶段，资本主义生产关系便由生产力的发展形式变成了生产力的桎梏。那时社会革命的时代就到来了，资本主义的灭亡就是不可避免的了。"资产阶级的生产关系是社会生产过程的最后一个对抗形式……因此，人类社会的史前时期就以这种社会形态而告终。"①

其三，主体条件。资本主义的充分发展，资本的全球扩张，在世界范围内造就了资本主义的掘墓人——无产阶级，为"自由个性"的实现培养了开创者。全世界无产者联合起来，终将汇聚起实现"自由个性"的磅礴力量。

（三）社会主义社会是人类走向"自由个性"的必经阶段

100年前，世界上第一个社会主义国家——苏联诞生，开启了人类历史的新纪元。从此，社会主义作为一种崭新的社会形态正式出场，人类社会从此进入了资本主义与社会主义"两制共存"的新时代。与未来理想社会相比，社会主义社会显然还是一个处于生成中的、不成熟的、不完善的社会。但它是比资本主义社会更加高级的社会形态，是人类社会走向"自由个性"的必经阶段。

现在有人质疑，曾经风光无限的社会主义阵容早已瓦解，烟消云散；个别社会主义国家的作为与共产主义的原则相距甚远，"自由个性"的前景究竟在何方？其实，"他们不知道，'苏东'剧变不是马克思'惹的

---

① 《马克思恩格斯文集》第2卷，人民出版社，2009，第592页。

祸',不是因为坚持了共产主义原则,而是因为背离了马克思主义;他们不知道,某种社会主义模式的失败不等于社会主义的失败;他们不知道,苏东剧变不过是国际共运途中的一个'踉跄',社会主义事业的暂时受挫不等于历史的终结;他们不知道,有波峰,有低谷,波浪式前进,正是任何一种社会形态演进的规律性现象"①。

现实的社会主义事业是共产主义运动的一部分,是走向"自由个性"的一大步。经过 60 多年的风雨兼程,我国的共产主义事业已经推进到了为实现中华民族伟大复兴的"中国梦"而奋斗的新阶段,中国特色社会主义已经进入了新时代。党的十八大以来,我们全面建成小康,实施精准扶贫,推进共同富裕,建设美丽中国,实现民族复兴,等等,这些都是在社会主义的母体中植入的共产主义的因子。我们致力于完成现阶段的历史任务,正是为了向着未来的理想社会挺进,为了给"自由个性"的最终实现积蓄能量、开辟道路。共产主义再难,"自由个性"阶段再远,只要不犯颠覆性、方向性的错误,就会不断接近。

今天,中国特色社会主义事业一枝独秀,中国奇迹震撼全球,中国正健步行走在重回世界之巅的途中。中国特色社会主义道路是实现社会主义现代化的必由之路,是创造人民美好生活的必由之路,也是走向共产主义、实现"自由个性"的必由之路。我们应该有这样的道路自信。

(四)"自由个性"的实现不是历史的终结

"自由个性"的实现,意味着人类社会站在了新的历史起点上,历史不会终结。一方面,"自由个性"是比前资本主义社会和资本主义社会更高级的社会形式,它不是人类社会发展的终点,它没有终结历史的未来发展,历史不会止步于"自由个性",因而也不构成历史的终结。相反,"自由个性"的实现是一个新的更高的起点,是人类社会再攀高峰的出发阵地。另一方面,"自由个性"标志着个人发展的完满形态,是对"人的依赖性"和"物的依赖性"的双重超越,为每个人的自由全

---

① 陈曙光:《共产主义这面旗帜什么时候都不能丢》,《光明日报》2016 年 3 月 17 日。

面发展奠定了坚实的基础，开辟了更为广阔的空间，但这并不代表人的发展就此止步，每个人都只需要坐享其成；也不意味着人的发展已经达到了顶峰，发展的全面度和自由度已经达到了极限，失去了向上提升、向外扩展的任何可能性和空间。

如果"自由个性"的实现，意味着历史的终结，意味着人的发展空间的封闭，意味着社会进步的凝固，意味着自由发展、全面发展的极限，那绝不是人类的幸运，不是人类社会追求"自由个性"的初衷，也不符合马克思恩格斯的设想。从方法论上来说，共产主义终结论既不符合历史唯物论，也违背历史辩证法，是一种典型的形而上学思维。根据历史唯物主义，"自由个性"的实现不会终结人类社会的未来发展，相反，它展现了人类社会未来发展的辉煌前景和无限可能性。在"自由个性"的目的地，便是人类社会向着未来进发的新起点。

论"每个人自由全面发展"*

陈曙光

"每个人自由全面发展"是马克思哲学的核心概念，是人类解放的终极追求。经典作家致力于未来社会来描绘"每个人自由全面发展"，而当代中国则立足于社会主义初级阶段来推进"每个人的自由全面发展"，这就产生了理想性维度与现实性维度的分野。站在初级阶段的地基上，如何理解"每个人自由全面发展"的核心要义与当代价值，仍然是一个有待澄明的重大课题。

一 科学个人观的创立：马克思人学革命的伟大贡献

不必讳言个人，马克思主义有"个人观"。在中西方哲学史上，马克思主义才是真正重视个人的，真正科学解答了个人与社会的关系问题，第一次创立了科学的个人观。

第一，"现实的个人"是历史唯物主义的逻辑起点。考察历史必须从"人"出发，关键在于从什么样的"人"出发。经典作家在《德意志意识形态》中指出，我们开始要谈的前提"是一些现实的个人，是他们的活动和他们的物质生活条件"①。联系马克思的其他论述，"现实的个人"有四层内涵：其一，这是"有生命的个人"，把人看作"感性的对象"；其二，这些人不是"孤立的个人"，不是"唯一的个人"，而是

---

* 本文原载于《北京大学学报》（哲学社会科学版）2019 年第 2 期，收入本书时有改动。

① 《马克思恩格斯选集》第 1 卷，人民出版社，1995，第 67 页。

"在历史中行动的个人"，是从事实践活动的个人，把人看作"感性的活动"；其三，这些人是在现成的和他们自己创造出来的物质生活条件中活动和表现他们自己的；其四，马克思所讲的"个人"与抽象人性论所讲的"个人"是有本质区别的：抽象人性论所讲的"个人"实际上只是他们"自己"，是排斥他人、社会的"单个人"；马克思所讲的"个人"通常是"每一个个人"即"每个人"；马克思所讲的"个人的全面性""个人的全面发展""个人自由"则是指"每个人的全面性""每个人的全面发展""每个人的自由"。"现实的个人"是历史观领域的最伟大发现之一，"马克思历史观变革的实质是个人观的创新"①，科学个人观的形成奠定了唯物史观的前提。

第二，"人们的社会历史始终只是他们的个体发展的历史"。在马克思看来，社会生产力的发展不过是个人本身力量的确证，与生产力的发展相适应的交往形式也不过是个人自主活动创造的。交往形式的"历史同时也是发展着的、为各个新的一代所承受下来的生产力的历史，从而也是个人本身力量发展的历史"②。从这个意义上说，"人们的社会历史始终只是他们的个体发展的历史"③，生产力和交往形式不过是个人本身力量发展的不同方面。不仅如此，"社会结构和国家总是从一定的个人的生活过程中产生的"④。正是在这个意义上，马克思认为，"整个所谓世界历史不外是人通过人的劳动而诞生的过程，是自然界对人来说的生成过程"⑤。在马克思看来，人类社会的发展史归根结底是个体发展史，是个性不断发展的历史，人类社会发展的最终归宿归根结底是实现每个人的"自由个性"，理想的人类社会归根结底是"有个性的个人"组成的"自由人联合体"。

第三，"应当避免重新把'社会'当作抽象的东西同个体对立起

---

① 侯惠勤：《马克思主义的个人观及其在理论上的创新》，《马克思主义研究》2004 年第 2 期。

② 《马克思恩格斯全集》第 3 卷，人民出版社，1960，第 81 页。

③ 《马克思恩格斯选集》第 4 卷，人民出版社，1995，第 532 页。

④ 《马克思恩格斯选集》第 1 卷，人民出版社，1995，第 71 页。

⑤ 《马克思恩格斯全集》第 3 卷，人民出版社，2002，第 310 页。

来"。社会是个人生产出来的，个人也是社会生产出来的。首先，个人不是外在于社会而存在的。马克思认为，"个人"总是处于一定社会关系中的个人，"不管个人在主观上怎样超脱各种关系，他在社会意义上总是这些关系的产物"①。个人是"社会存在物"，或者说是"社会个人"，"他的生命表现，即使不采取共同的、同他人一起完成的生命表现这种直接形式，也是社会生活的表现和确证"②。人是一个特殊的个体，并且正是因为他的特殊性使他成为一个个体，成为一个单个的社会存在物；同样，"他也是总体，观念的总体"，"特定的个体不过是一个特定的类存在物"③。即使表面上看来先于社会存在的"个人"其实在一开始就已经被打上了社会的烙印，总是一个类的存在物。其次，社会也不是外在于个人而存在的。"社会本身，即处于社会关系中的人本身"④；社会不过是"表示这些个人彼此发生的那些联系和关系的总和"⑤；"正像社会本身生产作为人的人一样，社会也是由人生产的"。⑥ 离开了个人的社会关系，不会有社会；离开了个人的生活过程，不会有社会结构和国家。社会结构和国家等社会组织是人们自己的社会关系的组织化、制度化，是人的本质的外化和实现。

第四，每个人的意志都对历史的"合力"有所贡献。人民群众是推动历史发展的动力。恩格斯认为，社会由个人组成，每个人的意志相互冲突、相互作用，形成无数互相交错的力量，形成无数个力的平行四边形，由此就产生出一个"合力"，即历史结果。这个结果就是呈现在每个人面前的现实社会。因为任何一个人的愿望都会受到任何另一个人的妨碍，因此最后出现的结果就是谁都没有希望过的事物。但是，历史的发展虽然不会以某个人的意志为转移，各个人的意志虽然都达不到自己的愿望，而是融合为一个总的"合力"，然而从这一事实中绝不应得出

---

① 《马克思恩格斯选集》第2卷，人民出版社，1995，第102页。
② 《马克思恩格斯全集》第3卷，人民出版社，2002，第302页。
③ 《马克思恩格斯全集》第3卷，人民出版社，2002，第302页。
④ 《马克思恩格斯全集》第46卷（下），人民出版社，1980，第226页。
⑤ 《马克思恩格斯全集》第46卷（上），人民出版社，1979，第220页。
⑥ 《马克思恩格斯全集》第3卷，人民出版社，2002，第301页。

结论说，这些意志等于零。相反地，每个意志都对"合力"有所贡献，因而都是包括在这个"合力"里面的①。可见，历史是所有参与者即每个人的"合力"造成的。

第五，"每个人的自由发展是一切人的自由发展的条件"。马克思恩格斯指出，在"自由人联合体"中，"每个人的自由发展是一切人的自由发展的条件"。这里明确揭示了"每个人"与"一切人"的关系：不是"一切人的自由发展是每个人自由发展的前提"，而是"每个人的自由发展是一切人的自由发展的条件"；只有每个人都能自由发展，才可能有一切人的自由发展。在这里，"每个人的自由发展"是前提，"一切人的自由发展"是结果。这表明："每个人"和"一切人"这两个概念不仅存在重大差别，而且比较起来，"每个人"居于基础的层面上。经典作家设想的未来社会不是任何别的社会，而是"每个人的自由发展是一切人的自由发展的条件"的社会，是"个人的独创的和自由的发展不再是一句空话的唯一的社会"②，是"自由个性"得以实现的社会，是"排除一切不依赖于个人而存在的东西"③ 的社会。

二 个人之外没有人："每个人自由全面发展" 不能遮蔽个体向度

个人与社会的关系问题始终是人学思想史上的重大问题。有的人习惯于把个人利益与社会利益对立起来，出现了用集体主义原则来限制个人利益的倾向，把合理的个人利益当成个人主义加以批判，把集体主义道德原则当成了社会对个人的单向要求，这是片面的。

事实上，人首先是个体存在物。一方面，个人与社会不是对立的，不能以社会遮蔽个人。离开了个人无所谓社会的存在，个人之外没有人。马克思多次指出："社会，即联合起来的单个人。"④ 个人之所以称为

---

① 《马克思恩格斯选集》第 4 卷，人民出版社，1995，第 697 页。
② 《马克思恩格斯全集》第 3 卷，人民出版社，1960，第 516 页。
③ 《马克思恩格斯全集》第 3 卷，人民出版社，1960，第 79 页。
④ 《马克思恩格斯全集》第 46 卷（下），人民出版社，1980，第 20 页。

个人，"正是因为每个人在世界上都是唯一的、个别的、不可重复的、不可替代的、独特的存在"①，任何个人都处于特定的时空中，拥有独特的个性特征和精神世界。另一方面，集体主义与个人利益也不是对立的，不能以集体利益消解个人利益。马克思指出，"私人利益本身已经是社会所决定的利益，而且只有在社会所创造的条件下并使用社会所提供的手段，才能达到"②；也就是说，私人（个人）利益离开了社会条件和手段是无法实现的。集体主义不是国家、集体对个人的单向要求，而是对国家、集体和个人之间的双向要求。以集体利益为幌子无视甚至践踏个人利益，这不是集体主义，恰恰是对集体主义的僭越，是集体专制主义。

坚持每个人自由全面发展，必须防止以抽象的集体利益吞没个体利益，以抽象的公共意志抹杀个人意志的现象。全国如一人，无条件地遏制个人以保全社会并不具有合理性、正当性。个人绝不仅仅是人类的"样品"或"标本"，忽略了个人的独特性，就会被他人、社会所扭曲。马克思主义经典作家一贯反对脱离个人来谈人和社会。马克思指出，"要不是每一个人都得到解放，社会也不能得到解放"③。个人没有得到解放，社会是不可能得到解放的，真正的解放应该是社会中的每一个个人获得解放。列宁也十分强调个人利益与社会利益的协调，他说："不同个人利益结合，什么也办不成。"④ 早在民主革命时期，毛泽东就强调每个人的发展，他指出："不能设想每个人不能发展，而社会有发展"⑤；他还指出，我们建立新中国就是为了"几万万人民的个性的解放和个性的发展"⑥。然而，长期以来我们的逻辑似乎总是这样的：解放无非就是社会的解放，社会解放了，社会中的个人也自然得到解放；发展无非就是社会的发展，社会发展了，社会中的个人也自然得到发展；利益无非

---

① 韩庆祥：《思想是时代的声音——从哲学到人学》，新世界出版社，2005，第 206 页。

② 《马克思恩格斯全集》第 46 卷（上），人民出版社，1979，第 102~103 页。

③ 《马克思恩格斯选集》第 3 卷，人民出版社，1995，第 644 页。

④ 《列宁全集》第 51 卷，人民出版社，1988，第 449 页。

⑤ 《毛泽东文集》第 3 卷，人民出版社，1996，第 416 页。

⑥ 《毛泽东选集》第 3 卷，人民出版社，1991，第 1060 页。

就是社会的利益，社会利益满足了，社会中个人的利益也自然会得到满足。其实，现实情况并非如此简单。恩格斯说："每个人都追求幸福"，这是"颠扑不破的原则"，"是无须加以论证的"原理①。没有每个人对幸福的积极追求，就没有人类的整体幸福。个人的发展程度反映整个社会的发展程度和文明程度，社会发展最终要体现到每个人的发展上来，要通过每个人的发展来实现。即使是在"自由人联合体"中，也不是把个人吞没了，不是排除掉个人利益；恰恰相反，它是自由的个人的联合体。罗素下面这段话不乏深刻："一个社会的存在不是，或者至少不应是为了满足一种外观，而是要给构成它的个人带来幸福的生活。最终的价值正是应当在个人身上，而不是在整体那里追求。一个善的社会是为了给构成它的成员们谋得幸福生活的一种手段，而不是某种由于自身的缘故而孤芳自赏的东西。"②

三 社会之外没有人："每个人自由全面发展"不能降低为个人主义

个人之外没有人，"每个人自由全面发展"必须落实到个体，这是对的。但是，这还只是问题的一个方面。问题的另外一个方面是，社会之外也没有人，"每个人自由全面发展"不能降低为个人主义。

个人是社会之中的个人，社会之外没有人。马克思认为，人的本质是一切社会关系的总和，只能从主体间性、从社会关系方面来考察人的本质。个体是社会存在物，"个体生活的存在方式是——必然是——类生活的较为特殊的或者较为普遍的方式，而类生活是较为特殊的或者较为普遍的个体生活。……特定的个体不过是一个特定的类存在物"③。"人不是抽象的蛰居于世界之外的存在物。人就是人的世界，就是国家，

① 《马克思恩格斯全集》第 42 卷，人民出版社，1979，第 373~374 页。
② 伯特兰·罗素：《权威与个人》，肖巍译，中国社会科学出版社，1990，第 100 页。
③ 《马克思恩格斯全集》第 3 卷，人民出版社，2002，第 302 页。

社会。"① 这些无非都是说明，人与社会本为一体，人之外无所谓社会的存在，社会之外无所谓人的存在；人只有通过向社会的奉献才能体现人的价值，社会只有通过回报人民才能体现社会的价值。

个人只有在社会中才能确认自己的存在。社会之中不仅存在着作为个人的"我"，还存在着作为个人的"你"和"他"，"我—你—他"是社会的基本结构关系。正如马克思所说："人对自身的关系只有通过他对他人的关系，才成为对他来说是对象性的、现实的关系"②；"人起初是以别人来反映自己的。名叫彼得的人把自己当作人，只是由于他把名叫保罗的人看作是和自己相同的"③。个人一旦离开社会，就很难意识到自己作为人的存在。马克思明确反对那种将个人和社会对立起来的做法，他指出，"从事科学之类的活动，即从事一种我只在很少情况下才能同别人进行直接联系的活动的时候，我也是社会的……不仅我的活动所需的材料——甚至思想家用来进行活动的语言——是作为社会的产品给予我的，而且我本身的存在是社会的活动"④。在马克思看来，那些很少与别人交往的人，那些专门从事思想活动的人也是社会的产物，不存在脱离社会的纯粹个体。个人的视野中不仅要有自己，也要有别人乃至整个社会。正如布朗指出的那样，"每一个体，因其存在，其对权利的要求都是有效的；但是，还有其他的众多个体，他们有着同样的本质和类似的要求，这造成了社会性的情境，因此，需要进行普遍性的管控。由于不仅有个体存在，而且还有众多其他个体以及社会的存在，因此权利和义务对于社会中的人来说就是必不可少的"⑤。如果只是片面地强调自己权利的有效性，而无视他人权利的有效性；仅仅将自己的权利视为现实的，而将他人的权利视为抽象的，那么，"个人全面发展"就降低到了

---

① 《马克思恩格斯选集》第 1 卷，人民出版社，1995，第 1 页。
② 《马克思恩格斯全集》第 3 卷，人民出版社，2002，第 276 页。
③ 《马克思恩格斯全集》第 23 卷，人民出版社，1972，第 67 页。
④ 《马克思恩格斯全集》第 3 卷，人民出版社，2002，第 301～302 页。
⑤ Bernard Edward Brown, "American Conservatives," *The Political Thought of Francis Lieber and John W. Burgess*, New York：Columbia University Press, 1951, p. 28.

个人主义的层次上。

个人的发展取决于与其交往的其他一切人的发展。个人对社会的依赖性主要表现在：个人的生存依赖于社会生产，个人的生活依赖于社会规范，个人的发展依赖于社会进步。离开了集体、社会、国家，不可能有个人的生存与发展。马克思指出："一个人的发展取决于和他直接或间接进行交往的其他一切人的发展；彼此发生关系的个人的世世代代是相互联系的，后代的肉体的存在是由他们的前代决定的，后代继承着前代积累起来的生产力和交往形式，这就决定了他们这一代的相互关系。总之，我们可以看到，发展不断地进行着，单个人的历史决不能脱离他以前的或同时代的个人的历史，而是由这种历史决定的。"① 社会对于个人而言，绝不是一个可有可无的抽象实体；相反，一个人"生活在什么样的社会中，就决定了他是什么样的个体"②；因此，"必须使个别人的私人利益符合于全人类的利益"③，试图通过排斥其他人的发展而谋求个别人的发展是断不可能的。马克思早就说过，"只有在共同体中，个人才能获得全面发展其才能的手段……才可能有个人自由"④。个人的非自足性、有限性和不完整性决定了个人不能离开社会共同体而生存，个人总是以共同体的合作方式与自然、与他人、与社会发生关系，并在此基础上满足个人的生存和发展需要。

社会不是个人自由全面发展的桎梏，相反，是其条件。社会与个人是相对的，而不是对立的。人只有通过参与社会活动，只有在社会关系中，才能发展我们的个性和自由。没有社会限制的自由是不存在的，自由不是一种反社会的现象。"没有社会'限制'，自由与个性都不会存在……社会限制——或者最好是说社会影响——是人类所有真正自由的必不可少的前提条件，它也是人类发展的必不可少的前提条件。一个最

① 《马克思恩格斯全集》第 3 卷，人民出版社，1960，第 515 页。
② 莱斯利·史蒂文森：《人性七论：基督教、弗洛伊德、洛伦茨、马克思、萨特、斯金纳和柏拉图论人性》，赵汇译，国际文化出版公司，1988，第 59 页。
③ 《马克思恩格斯全集》第 2 卷，人民出版社，1957，第 167 页。
④ 《马克思恩格斯选集》第 1 卷，人民出版社，1995，第 119 页。

基本的事实是，没有他人的'限制'，个人注定会消亡。"① 即使到了共产主义社会，在这个"自由人联合体"中，联合起来的是"个人"，"在这个集体中个人是作为个人参加的"，"个人的全面发展"是宗旨，是归宿，但也不能因此得出结论说：共产主义社会是一个"以个人为本位"的社会。因为，即使在这时个人也只有在集体中通过"自由的联合"才能实现个人的全面发展，个人对社会、集体的依赖一刻也不曾摆脱过。

四 "每个人自由全面发展"：一个彻底的集体主义命题

"每个人自由全面发展"既不是个体主义命题，也不是整体主义命题，而是一个彻底的集体主义命题，是集体主义的最高表现和完成形态。原子个体主义和社会整体主义在处理个人与社会的关系问题上都有其片面性，"每个人自由全面发展"实现了对个体主义和整体主义的双重超越，开辟了个人与社会关系理论的新境界。

其一，"每个人自由全面发展"是对原子个体主义的超越。

个体主义粗暴地处置了个人与社会的相互关系，主张只有个人才是价值中枢和意义中心，是独立先在的、自足的、高高在上的绝对权威，强调个人权利对社会的绝对优先性；而社会只不过是个人的无方向的集合，而不是一个有机的整体，不具有独立的价值；个人没有责任服从和服务于社会，而社会却有责任为个人服务。

个人主义的共同要素在于：它们是一种以个人为中心的体系，是主张个人价值至高无上的理论。鲍顿指出："个人主义是一种认为个人至高无上的学说。"② 卢克斯认为，个人主义的主要含义和特有成分正在于：个人价值至高无上，"保全个人可以损害社会的更高利益"③。为了

---

① 肖恩·塞耶斯：《马克思主义与人性》，冯颜利译，东方出版社，2008，第9页。

② Pierre Birnbaum, *Individualism*, Oxford：Clarendon Press, 1990, p. 31.

③ Steven Lukes, *Individualism*, Oxford：Basil Blackwell, 1973, p. 7.

"修补"个人主义的不足，为了给资本剥削劳动作"辩护"，西方出现了所谓"合理个人主义"。其实，个人主义无论怎么粉饰还是个人主义。"合理个人主义"主张"对己以合理的自我节制，对人以爱"，但是，资本家要满足资本无限增殖的欲望，他会"对己节制，对人以爱"吗？资本主义社会的现实早已戳穿了"合理个人主义"的欺骗性和虚伪性。

个人主义的一个重要使命就是通过消解个人对社会的责任来减轻个人的重负，但是，与其初衷相反，它所选择的是与社会相分离的道路。这种个人至上的个体主义试图离开集体来谋求个体的发展，甚至把个人视为完全自足的自我，强调个人自由是无条件的自然权利。然而，社会上并不存在完全自足的个人，离开集体，个人就失去了全面发展自己的条件。爱因斯坦晚年说道：资本主义社会的时代危机是个人的畸形发展，究其原因就在于个人与社会之间关系的错位，其要害是社会整体意识的淡漠。个人不是把社会作为一份宝贵的财富和一种保护性的力量，相反，他把社会视为对自身权利的威胁。个人在社会中过分强调以自我为中心，社会意识变得越来越淡薄。人类不知不觉地成为自我主义的囚徒。但个人只要把自己奉献给社会，人才能发现生命的意义。①

可见，原子个体主义确认个人为本体，主张个人优先于社会，这虽然合理地道出了社会受制于个人的一面，但无法揭示个人又依赖于社会的另一面。从表面上看，"每个人自由全面发展"与个人主义都把发展个性视为价值追求，但实质上二者大相径庭。个人主义所追求的"个性"就是个体之间的差异性，而"发展个性"就是反对社会控制，因而孤独、张狂、桀骜不驯就成为其通常的表现形式。而"每个人自由全面发展"就是个人自然禀赋的全面发展，就是个人的丰富性、完整性，由于个人总是通过对象化活动、通过交往活动而实现自我，因而"发展个性"也就表现为个人与他人、与社会、与自然界交往的全面性②。在现实生活中，原子个体主义根本行不通，个人只有在集体中，才能获得全

---

① 爱因斯坦：《为什么要社会主义》，《光明日报》1991 年 7 月 7 日。

② 侯惠勤：《马克思主义的个人观及其在理论上的创新》，《马克思主义研究》2004 年第 2 期。

面发展其才能的手段，才能有个人自由。"每个人自由全面发展"与个人主义是根本对立的，马克思并不认为个体价值的实现本身是个人的，个人不可能在离群索居的孤独状态下自满自足和展现个性①。"每个人自由全面发展"是对个人主义的超越。

其二，"每个人自由全面发展"是对社会整体主义的超越。

社会整体主义同样粗暴地处置了个人与社会的相互关系，主张只有社会才是价值中枢和意义中心，才是真实的存在，社会成了外在于个人的世界中心，社会对个人具有绝对优先的地位。"个人"根本无力与社会构成两相对应的关系，社会中根本没有"个人"的存在，而只有"人"的存在，个人只是实现社会目的的手段。

黑格尔是社会整体主义的典型代表。在他看来，个人、家庭和市民社会隶属于国家，理性的国家是调节市民社会和个人矛盾的权威力量。国家是目的自身，个人只是实现国家目的的环节和手段。黑格尔把国家视为可以独立存在的实体，"国家是绝对自在自为的理性东西"②，个人从国家等社会组织中引申出来并从属于社会整体。在黑格尔看来，个人只追求自身的利益，因而必然造成一切人反对一切人的利益冲突。而国家等社会组织则具有维护生活秩序的功能，国家是永恒正义的伦理实体，是伦理理念的最高体现，国家作为"伦理性的规定就是个人的实体性或普遍本质，个人只是作为一种偶性的东西同它发生关系。个人存在与否，对客观伦理来说是无所谓的，唯有客观伦理才是永恒的，并且是调整个人生活的力量。因此，人类把伦理看作永恒的正义，是自在自为地存在的神，在这些神面前，个人的忙忙碌碌不过是玩跷跷板的游戏罢了"③。可见，黑格尔没有给个人的独立与自由留下充分的空间，个人的存在与作用是微不足道的。

可见，社会整体主义设定社会为本体，主张社会优先于个人。这虽然合理地道出了社会制约个人、个人依赖社会的一面，但无法揭示个

① 侯惠勤：《马克思主义的个人观及其在理论上的创新》，《马克思主义研究》2004年第2期。
② 黑格尔：《法哲学原理》，范杨、张企泰译，商务印书馆，1961，第253页。
③ 黑格尔：《法哲学原理》，范杨、张企泰译，商务印书馆，1961，第165页。

人改造社会、社会依赖个人的另一面。从表面上看，"每个人自由全面发展"与整体主义都重视社会的价值，但二者存在本质区别。在现实社会中，社会整体主义行不通，它没有给个人自由发展留下空间，它所强调的"国家""集体"正是马克思曾经批判过的"虚幻的集体"，它是个人自由的桎梏，在这个"集体"中不可能有个人自由。"每个人自由全面发展"与社会整体主义不同，马克思并不认为个人除了融入整体之外就毫无价值，相反，个人是价值的源泉。"每个人自由全面发展"是对整体主义的超越。

其三，"每个人自由全面发展"是集体主义的最高表现和完成形态。

"每个人自由全面发展"是集体主义的命题，但不是原始集体主义的命题，也不是封建宗法集体主义的命题，甚至也不同于社会主义集体主义（无产阶级集体主义）的命题。它是未来无阶级社会的集体主义命题，即共产主义集体主义的命题，是集体主义的最高表现和完成形态。

"每个人"是一个离"个人"更远而靠"集体"更近的概念。"每个人"不等于"个人"，这可以从各自与"集体"的关系来分析。首先，关于"个人"与"集体"的关系。"个人是相对集体而言的范畴，与集体或社会是对立的"，因而"个人"固然可以含有"每个人""每个自我"之意，但一般来说，却仅仅是指"自我"。"个人"与"自我"，一般而言，是同一概念。所以，个人与集体的利益既可能一致也可能不一致：有利于集体却可能有损于个人，有利于个人却可能有损于集体。① 承认个人价值的至高无上性，意味着对集体主义原则的否定。其次，关于"每个人"与"集体"的关系。"每个人"并不是相对集体或社会而言的范畴，恰恰相反，它属于集体或社会范畴："每个人"不仅不排斥他人、集体，而恰恰是以他人、集体为前提的；或者说，集体或社会就是"每个人"的联合体。"每个人"固然可以含有"个人"之意，但一般来说，却很少单独用来指称"个人""自我"。"每个人"与集体的利益具有一致性，承认每个人的价值，同时内蕴着承认集体价值。因而，

---

① 王海明：《论自由主义》，《人文杂志》2006 年第 4 期。

"每个人自由全面发展"是一个彻底的集体主义的命题。

"共产主义集体主义"并不排斥"每个人"。共产主义集体主义只存在于"真实的集体"中，而"真实的集体"正是以"每个人自由全面发展"为目标。马克思曾经将集体区分为"真实的集体"和"虚假的集体"。"真实的集体"中，"个人"不是"作为阶级的成员"参加的，而是"作为个人"参加的；"真实的集体"中，"各个个人在自己的联合中并通过这种联合获得自由"①；"真实的集体"不是个人自由的限制力量，而是个人获得自由的手段。尽管"虚假的集体"也宣称代表全体人民的利益，但实际上只是代表统治集团的利益，在这个集体中，个人不是作为个人而是作为阶级的成员而存在。马克思说："从前各个个人所结成的那种虚构的集体，总是作为某种独立的东西而使自己与各个个人对立起来"；在"虚假的集体"中，"个人自由只是对那些在统治阶级范围内发展的个人来说是存在的"②。可见，"虚假的集体"中没有真正的"集体主义"。

"每个人自由全面发展"与"共产主义集体主义"是同一个东西。在共产主义社会，坚持"每个人自由全面发展"就是真正坚持"共产主义集体主义"原则，两者在本质上是完全一致的。因为共产主义社会是"个体和类之间的斗争的真正解决"③，是个人利益与社会利益之间的矛盾的真正解决，是个人全面发展与社会全面进步相协调的社会。在未来社会，"每个人自由全面发展"既不像"自我牺牲"那样泯灭个性来追求社会的发展，也不像"唯我独尊"那样不顾一切地发展自己，而是追求个人发展与社会发展相一致。在未来社会中，集体利益不过是建立在独立的个人利益基础之上的共同利益；集体和集体利益之存在的必要性，乃在于它是个人发展的条件和手段，每个人的发展和自由个性的实现才是最终的目的。因此，"每个人自由全面发展"与"共产主义集体主义"不是两个事物，而是同一事物的一体两面。在共产主义社会，社会朝着

① 《马克思恩格斯全集》第3卷，人民出版社，1960，第84页。
② 《马克思恩格斯全集》第3卷，人民出版社，1960，第84页。
③ 《马克思恩格斯全集》第3卷，人民出版社，2002，第297页。

符合个人发展要求的方向发展，个人朝着符合社会发展要求的方向发展——这就是"共产主义集体主义"的真谛，也是"每个人自由全面发展"的真谛。

五　共产主义社会本质上是"每个人自由全面发展"的社会

实现共产主义是马克思主义的最高理想。马克思对"共产主义社会"先后有过三次经典表述，尽管每一次所使用的语言不同，但本质内核却是相通的。

第一次是隐喻式表述。在《德意志意识形态》中，马克思恩格斯使用诗意的语言描绘道："在共产主义社会里，任何人都没有特殊的活动范围，而是都可以在任何部门内发展，社会调节着整个生产，因而使我有可能随自己的兴趣今天干这事，明天干那事，上午打猎，下午捕鱼，傍晚从事畜牧，晚饭后从事批判，这样就不会使我老是一个猎人、渔夫、牧人或批判者。"① 在未来社会中，每个人都可以摆脱强制性的旧式分工，不必局限在特殊的活动范围内从事某种单一的社会工作；每个人都可以随着自己的兴趣在任何部门内自由发展，可以出于自愿选择适合自己的任何工作。这样，个人就不再是一个片面的人，而是一个全面发展的人，自由的人。

第二次是总括式表述。《共产党宣言》对未来社会作出了总括式界定："代替那存在着阶级和阶级对立的资产阶级旧社会的，将是这样一个联合体，在那里，每个人的自由发展是一切人的自由发展的条件。"② 这是关于未来社会的一个核心命题。马克思在《资本论》第一卷重申，共产主义社会是以"每个人的全面而自由的发展为基本原则的社会形式"③。这两个命题深刻地揭示了共产主义的本质特征——"每个人的自

---

① 《马克思恩格斯选集》第 1 卷，人民出版社，1995，第 85 页。
② 《马克思恩格斯选集》第 1 卷，人民出版社，1995，第 294 页。
③ 《马克思恩格斯全集》第 23 卷，人民出版社，1972，第 649 页。

由全面发展"。在未来社会中，除了追求"每个人自由全面发展"，共产主义社会没有更高尚的追求；除了以"每个人自由全面发展"来表征未来社会，共产主义社会没有其他更加合适的身份标识。"每个人自由全面发展"这一命题"具有最高的完满性和启示性"①，正是这一点将共产主义社会同一切旧社会甚至也同社会主义社会从根本上区别开来。

第三次是对比式表述。在《1857—1858 年经济学手稿》中，马克思用对比的手法指出："人的依赖关系（起初完全是自然发生的），是最初的社会形态……以物的依赖性为基础的人的独立性，是第二大形态……建立在个人全面发展……基础上的自由个性，是第三个阶段。"② 在这里，"最初的社会形态"对应前资本主义社会，"第二大形态"对应资本主义社会，"第三个阶段"则对应共产主义社会。在第三个阶段，人已经发展为"真正的个人"，实现了对人的依赖性和物的依赖性的双重超越，个人以全面的方式占有自身，实现了个人的自由全面发展，实现了人与自然、人与人、人与社会之间的真正和解。

综上，经典作家关于未来社会的论述，其本质是一致的，那就是：共产主义社会是以每个人的自由全面发展为基本原则的社会形式，是一个"自由人联合体"。

在共产主义社会中，个人的存在由于消除了阶级属性，消除了为争夺物质财富而展开的竞争，消除了人剥削人的现象，因而具有了完全不同的性质和状况；个人的片面、畸形发展由于消除了强制性的旧式分工，"把一个人变成农民、把另一个人变成鞋匠、把第三个人变成工厂工人、把第四个人变成交易所投机者"的现象，也将不复存在③。未来理想社会不仅不与个人相对立，而且已经"排除一切不依赖于个人而存在的东西"④；已经结束"牺牲一些人的利益来满足另一些人的需要的状况"⑤，

①　张盾：《"历史的终结"与历史唯物主义的命运》，《中国社会科学》2009 年第 1 期。
②　《马克思恩格斯全集》第 46 卷（上），人民出版社，1979，第 104 页。
③　《马克思恩格斯选集》第 1 卷，人民出版社，1995，第 243 页。
④　《马克思恩格斯全集》第 3 卷，人民出版社，1960，第 79 页。
⑤　《马克思恩格斯选集》第 1 卷，人民出版社，1995，第 243 页。

每个人的发展不再以牺牲他人的发展为前提，而是为他人的发展创造条件。共产主义社会区别于以往任何社会的根本标志就在于"真正的个人"的实现，在于"自由个性"的获得，在于"外部世界对个人才能的实际发展所起的推动作用为个人本身所驾驭"①。可见，共产主义社会就是要"为所有的人创造生活条件，以便每个人都能自由地发展他的人的本性"②的社会。

"每个人自由全面发展"只有上升为"世界历史性的存在"才有可能实现。马克思指出："共产主义……只有作为'世界历史性的'存在才有可能实现。"③共产主义事业是全人类的事业，"每个人自由全面发展"也只有从全人类的角度去理解才有意义。"地域性的个人"是发展不够的产物和结果，是发展不自由不全面的表现，超越地域限制的"世界历史性的个人"是人的发展的重大跃迁。由于历史的原因，世界各国的发展是很不平衡的，每个人的发展也必然是不平衡的。而在历史已经转变为世界历史，单个人的活动已经扩展为世界历史性的活动的背景下，剥削也跨越国界演变为世界性的剥削，单个人越来越受到对他们来说是异己的力量的支配，受到日益扩大的、归根结底表现为世界市场的力量的支配。人在一国内获得解放并不意味着在世界范围内也获得了解放，"每一个单个人的解放的程度是与历史完全转变为世界历史的程度一致的"④，在一国内已经获得解放的人们仍然受到来自其他国家尤其是发达资本主义国家剥削、压迫和奴役的"非人"现象完全可能存在。因此，只要共产主义社会还没有在全人类真正实现，"每个人自由全面发展"就是不彻底的。共产主义运动的最终目的是在世界范围内解放全人类，共产主义在世界范围内的实现，同时也意味着"每个人自由全面发展"在世界范围内的实现。

---

① 《马克思恩格斯全集》第 3 卷，人民出版社，1960，第 330 页。
② 《马克思恩格斯全集》第 2 卷，人民出版社，1957，第 626 页。
③ 《马克思恩格斯选集》第 1 卷，人民出版社，1995，第 87 页。
④ 《马克思恩格斯选集》第 1 卷，人民出版社，1995，第 89 页。

六　共产主义的实现不是"每个人自由全面发展"的终结

"每个人自由全面发展"内在地包含两个维度：理想性维度和现实性维度。从理想性维度来看，"每个人自由全面发展"是指人类解放的最高价值和终极追求，它指向人类生活最高的善，指向未来的共产主义社会，就其展开方式而言是一种"动词性"的"未完成"状态，具有无限的可能性。从现实性维度来看，"每个人自由全面发展"是指社会主义条件下人的发展程度和发展水平，它是面向当下的，就其存在方式而言是一种"名词性"的"已完成"状态，具有直接的确定性。即使是在社会主义初级阶段，它也仍然不失为一种经验性的存在。

在社会主义初级阶段，"每个人自由全面发展"尚未成为现实，但也不是与现实无关的幻想。前面已经说过，唯有共产主义社会是"每个人自由全面发展"的社会，这就是说，"每个人自由全面发展"还不是现实，而只是一种有待实现的理想。"每个人自由全面发展"与共产主义一样，只有在社会主义社会充分发展和高度发达的基础上才能实现，这是一个非常漫长的历史过程。但这并不等于说，"每个人自由全面发展"是一种与现实生活毫无关涉的、不着边际的幻想，是一张无法支取、不能兑现的空头支票。"每个人自由全面发展"，从时间向度来说，确实是指向遥远未来的，它具有最高的完满性；但从价值向度来说，它是当代中国的价值范导，对社会发展具有重要的引领作用。"每个人自由全面发展"是终极目标与现实目标的辩证统一。当前，我们既要坚定"每个人自由全面发展"必定实现的信念，更要脚踏实地为提升现阶段人的发展水平而不懈努力，人的发展的每一次重大推进，都是向"每个人自由全面发展"这一理想目标的接近。

"每个人自由全面发展"的目的地在远方，但终将成为现实。马克思曾经说："全面发展的个人……不是自然的产物，而是历史的产物。"①

---

① 《马克思恩格斯全集》第46卷（上），人民出版社，1979，第108页。

"每个人自由全面发展"是历史本身辩证运动的结果，是人类长期发展的结果，人类社会终将发展到那样一天：通过长期的发展，社会生产力将高度发达，社会的物质财富和精神财富将充分涌流，"不仅可能保证一切社会成员有富足的和一天比一天充裕的物质生活，而且还可能保证他们的体力和智力获得充分的自由的发展和运用"①；通过长期的发展，私有制将被消灭，劳动将不再是谋生的手段而成为生活的第一需要，全部生产将集中在联合起来的个人手里并成为他们的共同财富；通过长期的发展，强制分工将不复存在，任何人都不必局限于特殊的活动范围，都可以在任何部门内自由发展自己的才能；通过长期的发展，必将结束牺牲一些人的利益满足另一些人的需要的状况，人人都能得到全面而自由的发展。一言以蔽之，通过长期的发展，"每个人自由全面发展"将会历史性地呈现在那个时代的地平线上。

"每个人自由全面发展"的内涵是开放的、生成的，随着历史的发展不断赋予其新的时代内容。马克思充分强调了个人全面发展的生成论性质。他说，当历史使人的全面发展成为目的本身时，"在这里，人不是在某一种规定性上再生产自己，而是生产出他的全面性；不是力求停留在某种已经变成的东西上，而是处在变易的绝对运动之中"②。这就是说，个人的全面性是生产出来的，是创造出来的，而不是现成的。同样，个体发展的"自由度"和"全面性"也是不断提升的。相对于明天的"全面发展"，今天的发展再怎么"全面"也会黯然失色；相对于明天的"自由发展"，今天的发展再怎么"自由"也会自惭形秽。更为重要的是，在共产主义社会中，人类整体的全面发展、自由发展与个体的全面发展、自由发展在其程度上必然存在不一致的情况。由于人类整体发展的无限可能性和个体生命的有限性，个体的全面发展、自由发展永远不可能完全体现人类整体发展的成果，永远不可能达到人类整体发展的那种全面性、自由性。相对于人类整体的全面发展，个体发展无论如何全

---

① 《马克思恩格斯选集》第 3 卷，人民出版社，1995，第 633 页。
② 《马克思恩格斯全集》第 46 卷（上），人民出版社，1979，第 486 页。

面也始终显得只是一种"片面"的发展①；相对于人类整体的自由发展，个体发展无论如何自由也始终显得只是一种"束缚"的发展；因而始终存在向着更加全面、更加自由的方向拓展的巨大空间和无限可能。

共产主义的实现意味着"每个人自由全面发展"的实现，但绝不意味着个人的"全面自我终结"或"全面自我凝固"②；也不意味着人的发展从此将失去向上提升的一切空间。共产主义的实现不是"每个人自由全面发展"的终结，而是新的起点。按照"止于至善"的要求，"每个人自由全面发展"从来都不是也永远不可能是一种完全成就了的事实，永远不可能完全地、一无遗漏地得到实现；人们所能谋求的只能是更高层次、更高程度、更高水平上的发展，而不可能是人的发展的顶峰和最后完成，并不存在终极意义上的、既成的人的发展状态。"每个人自由全面发展"作为人类的终极追求，永远也不会失却其超越现实、高于现实的理想性质。社会生产力和经济文化的发展水平是逐步提高、永无止境的历史过程，"每个人自由全面发展"也是逐步提高、永无止境的历史过程。

---

① 汪信砚：《汪信砚论文选》，中华书局，2009，第260页。
② 李德顺：《论"以人的自由全面发展为原则"》，《社会科学战线》2006年第6期。

实践哲学视角下的"外化"*

——《巴黎手稿》对黑格尔外化理论的解读与超越

张 严

异化是马克思《巴黎手稿》①（以下简称《手稿》）中的一个中心概念。围绕这个概念学界已经有了很多精深研究，但以往研究多聚焦于马克思手稿中提出的异化理论本身，而该理论的直接哲学来源——黑格尔的外化理论，以及该理论与黑格尔外化理论的关系，则仍未得到足够的开掘。在《手稿》中，正是在对黑格尔外化理论进行了细致解读和集中批判的基础上，马克思基于实践哲学的立场，对现代社会合理性及社会发展运行规律进行了深入思考，而作为这种批判和思考之结果的劳动异化和交往异化理论，则成为历史唯物主义的前身。

一 黑格尔外化理论的逻辑建构

对异化问题的思考与对现代性的反思始终紧密联系在一起。卢梭是对现代文明作出最初反思的先驱人物，他的"异化"概念是对现代性在政治层面的基本运作机制及其可能后果的深刻总结，而德国古典哲学则率先在哲学层面对现代性进行了系统反思。就最一般的理解而言，哲学

* 国家社会科学基金一般项目"德国古典哲学与法兰克福学派现代性批判的思想谱系研究"（15BZX023）、中央党校一般项目"新媒体环境下马克思主义大众化问题研究"（020200B2015k56）的阶段性成果。本文原载于《学习与探索》2018 年第 12 期，收入本书时有改动。
① 本文将《1844 年经济学哲学手稿》与《穆勒评注》合称为《巴黎手稿》。

上的异化指的是从一个主体派生出来的东西，作为不依赖于主体的力量，与主体相对立。这个定义只是一个抽象的公式，因为在这个定义中，什么是主体，主体派生出来的是什么东西，为何派生，如何派生，派生出来的东西为何不依赖于主体并反对主体，如何反对，等等，都是尚待进一步界定和解释的。也就是说，这些问题是这个公式中的"未知数"，需要进一步求解。

黑格尔开启了现代性反思的辩证—整体主义向度。作为自康德以来的现代性哲学话语的集大成者，黑格尔接受了康德的启蒙方案，集中代表着现代性的自我确证和自我理解。作为以"和解"为核心的现代性反思传统的开创者，黑格尔不仅意识到现代性的内在分裂，而且采纳了审美现代性的统一要求，自觉地把和解作为理性的目标，力图实现主体与客体、自然与自由、特殊与普遍、形式与内容的统一。黑格尔的现代性解决方案即是弥合主客二分、扬弃外化从而达到同一性的方案，也就是精神与自身和解的方案："这种最高的分裂，就是思维与存在的对立，一种最抽象的对立；要掌握的就是思维与存在的和解。从这时起，一切哲学都对这个统一一发生兴趣。"①

外化及其扬弃是黑格尔现代性批判的核心范畴。以往的研究往往用异化来指称黑格尔的外化，黑格尔的外化概念被淹没在历史上的异化概念中，而后者又背负了法学、政治学、经济学等多重含义，黑格尔外化概念的本来面目反而模糊不清了。但实际上，外化（Entäußerung）这个词在黑格尔的著作中出现的频次要远远高于异化（Entfremdung）。在黑格尔那里，外化和广义的异化是同义的。黑格尔也有狭义上的异化概念，主要用于如下两处：一是在《精神现象学》的"自我异化了的精神：教化"一节中，指的是在伦理实体碎裂、世界陷入无序、个人丧失自我意识的情况下，自我形成有序世界从而使得实体成为外在现实的过程；二是在《自然哲学》中，指的是绝对精神外化为自然的过程，因为精神一开始没有认识到自然是由自身外化而来的，所以自然对精神来说是"陌

---

① 黑格尔：《哲学史讲演录》第4卷，贺麟、王太庆译，商务印书馆，1978，第6页。

生的"，是"异在"。黑格尔有时不加区别地使用外化和广义上的异化，因而在对黑格尔的研究中这两个概念时常纠缠在一起，但就绝对精神的整个发展过程而言，狭义的异化只是外化的个别环节，是从属于外化的。

笛卡尔的心物二元论确立了近代西方哲学中主客二分的思想格局。斯宾诺莎试图用实体一元论取代笛卡尔的心物二元论，以克服主客二元分立，但斯宾诺莎那里的"思想"和"广延"仍然是分立的。康德试图以"统觉"实现先天综合统一，弥合主观和客观之间的鸿沟，但最终未能统一"现象"与"物自体"。费希特从主观的绝对自我出发，通过自我的"设定"，寻求自我与非我、主体与客体的统一，然而他用以统一主客体的"自我意识"仍然是"脱离自然的精神"，因而主体还不是实体。谢林用能动性原则统一自然与精神、客观世界与主观世界，以达到一种绝对同一性，不过这种同一性中缺乏差异和区分，缺乏必然性和历史性。黑格尔综合了斯宾诺莎的实体、康德的统觉、费希特的自我意识、谢林的客观的主体—客体等概念，提出了作为最高统一体的绝对精神这个概念，在绝对精神的自我展开（分裂）和重新统一的辩证过程中实现主体和客体的最终统一。

在绝对精神的发展过程中，主体与客体的分离和对立是必然环节，黑格尔称之为绝对精神的外化。在逻辑上，绝对精神最初表现为抽象的理念，是永恒的单纯的本质，即自在自为的理念，这些理念实际上是处于胚胎状态的"实体"，通过辩证逻辑"预先"展现了绝对精神的展开过程，正如树木的种子中已经包含了根、枝、叶的区分，但这些成分在种子中只是潜在的，直到种子按照一定的顺序开枝发叶、长成树木，它们才得到"实现"。这些以辩证逻辑的方式联系起来形成的整体就是绝对理念。这是黑格尔的逻辑学研究的内容。

绝对理念是绝对精神的"原始形态"，是"在其自身的"，是抽象的，还没有"内容"，不具有现实性，它需要将自身现实化、外在化。绝对理念将自己现实化、外在化、特殊化的过程，就是外化。绝对理念外化出的各个形态和外化过程遵循辩证法，构成了绝对精神自我展开的历史，这个历史与辩证逻辑是一致的，这就是"历史与逻辑的统一"。绝对理念外化的第一个结果，是外在化的理念，即自然。相对于抽象的绝对理念，自然作为空间中的定在，是绝对理念的对象化和自我否定。在自然中，精神是他在的和异在的，是不自知的，是沉睡在直接感性东西的外壳里的。作为整体的自然处于外在必然性之中，没有自身的历史。对绝对理念来说，自然是一个"他者"，因此从绝对理念到自然的外化同时又是"异化"，自然是自我"异化"的精神。这是黑格尔的自然哲学研究的内容。

在动物有机体这个自然的最高阶段上，产生了有自我意识的"人"，理念就超出了自然的范围，打破自己的直接感性东西的外壳，如凤凰涅槃一样从自然中涌现出来，这就进入了绝对精神发展的第三阶段，即"精神"阶段。"精神"是自知的理念，是自为存在着和向自在自为状态生成着的理念，是正在实现着和实现了自我认识的理念。这是黑格尔的精神哲学研究的内容。一方面，在"精神"的初级阶段"有限精神"环节内部，外化仍然在进行，即绝对理念在时间和空间中继续展开，进一步现实化，成为时间和空间中的定在，这就是世界历史。另一方面，就绝对精神发展的整个过程而言，相对于自然，"精神"是理念扬弃外在性，从外化了的状态回到自身，最终扬弃了外化。"精神"发展的最高阶段是绝对知识，此时绝对精神完全返回到了自身，认识到自然和"有限精神"都是从自身外化出来的，是与自身相同一的。这种认识，与外化或"异化"相对立，可以称之为内化或"同化"。从绝对理念到自然是外化，是否定之否定的第一个否定，从自然到"精神"是内化，是否定之否定的第二个否定，两次否定构成了从正题到反题再到合题的"正反合"，形成了一个闭合的圆圈，这是黑格尔辩证法在最高层次上的应用。在整个外化—内化过程中，绝对理念首先将自身展开为实体即"主体是实体"，再从实体回归到自身即"实体是主体"，从而扬弃了主体与客体的分裂和对立，最终达到了自身同一，一种经过了中介环节的同一、包含着差异的同一，用黑格尔的话来说，是同一与非同一的同一。

列宁用以描述事物发展过程的螺旋式上升过程，可以借用来描绘黑格尔《哲学全书》所展现的绝对精神外化—内化过程。精神的发展过程类似于半径下小上大的螺旋，如同龙卷风一样。绝对理念外化出的各形态构成了向上盘旋的螺旋，绝对理念是螺旋的轴心。螺旋在横向上扩张，表明了精神的广度，轴心在纵向上延伸，表明了精神的深度。外化是将纵向的东西（绝对理念）往横向发散，内化是将横向发散的东西（外化各形态）往纵向的轴聚拢。精神的广度与深度是同步的，随着螺旋的上升，螺旋的外缘离轴心越来越远。黑格尔认为，"精神力量的外在表现有多强大，精神力量就有多强大，精神在自身的展开中能自身扩展和迷失到怎样的程度，精神自身就能达到怎样的深度"①。精神发展的程度越深，精神的外延就越广，发展意义的外延"是一种结合，发展的外延愈广、内容愈丰富，则这种结合也就愈深而有力"②。但是，精神的外延越大，概念与从概念外化出来的实体的差别就越大，绝对理念的外化形态离开绝对理念本身越远，主体与实体的分离、疏远和对立就越大。文化越扩张，可以交织在分裂中的生命变化就越多样，分裂的力量就越强大③。换言之，精神的发展程度越高，绝对理念的外化形态越复杂，精神就越难以从千姿百态的外化形态返回到自身即认识自身，就要忍受越发深重的分离痛苦，即"异化"的程度越高。这样，从螺旋向轴心的回归就要走过越发遥远的距离，外化或"异化"的扬弃就需要付出越发艰巨的努力。但是，就绝对精神的整个发展过程而言，精神与其实体的疏离只是暂时的、阶段性的，而外化或"异化"的扬弃是必然的，精神终归要回归到自身，自我与对象、主体与客体、普遍与特殊等各种对立最终会统一，同一性会取代非同一性。"抽象地来看，普遍性、特殊性、个别性就是同一、差别和根据那样的东西。"④ 在绝对精神发展的最高阶段，精神历尽艰辛回归到了自身，克服了"异化"，弥合了分离，最终实现了自身同一性。

　　黑格尔的"外化"和"内化"要达到的目的，是有限中的无限，是

① Hegel, *Phänomenologie des Geistes*, Hamburg, 1952, p. 15.
② 黑格尔：《哲学史讲演录》第 1 卷，贺麟、王太庆译，商务印书馆，1978，第 35 页。
③ 黑格尔：《费希特与谢林哲学体系的差别》，宋祖良、程志民译，商务印书馆，1994，第 9 页。
④ 黑格尔：《哲学全书·第一部分·逻辑学》，梁志学译，人民出版社，2002，第 300 页。

时间中的超越或者说"横向的超越"。但既然外化的内核是无时间的绝对精神，内化的最终结果也超出了时间，是无时间的绝对知识，那么黑格尔的整个精神其实就只有中间部分在时间之中，而"头"和"尾"则在时间之外。就此而言，黑格尔仍然如柏拉图那样预设了一个永恒的领域，从而并未最终实现"横向的超越"，而仍然是一种"纵向的超越"，也就并未彻底扬弃异化。黑格尔的现代性反思以深沉的历史感批判了主观思想，关注了社会现实，但他将"和解"理解为精神的自我认识，表明他的现代性解决方案仍然局限于主体性内部，未能走出意识哲学范式。因此，黑格尔哲学仍然未能超出形而上学，也未给出扬弃外化（异化）的最终解决方案。

二 《巴黎手稿》中马克思对黑格尔外化理论的批判

黑格尔之后，异化问题得到了更多关注。虽然思想家们就异化提出了不少新问题和新理论，但归根结底，在对异化的探讨中核心问题仍然是黑格尔外化理论：第一，主体与客体、人与人的创造物为何会分离？第二，这种分离是否能被克服？第三，如何克服这种分离？这些问题也是马克思予以严肃对待并殚精竭虑思考过的问题。对第一个问题而言，马克思把主体与客体的分离看成暂时性的，认为其根源在于社会分工和私有制。对第二个问题而言，马克思坚信主客体的分离能够而且必然会被克服，异化能够也必然会被扬弃。对第三个问题而言，马克思给出的解决方案是共产主义，这就需要进行经济和政治等各个层面的实践，实现制度变革。马克思的回答贯穿着一条根本性的线索，这就是实践。

在《手稿》的《对黑格尔的辩证法和整个哲学的批判》一节中，马克思对黑格尔的外化理论进行了深入探讨。马克思认为，外化和异化是黑格尔哲学的中心主题。在他看来，黑格尔的《哲学全书》是哲学精神的自我外化，而哲学精神又是外化的世界精神："整整一部《哲学全书》不过是哲学精神的展开的本质，是哲学精神的自我对象化；而哲学精神不过是在它的自我异化内部通过思考即抽象地理解自身的、异化的宇宙精神。"① 不过，马克思更为重视黑格尔的《精神现象学》，特别是对《精神现象学》中黑格尔的劳动外化思想进行了着重评析。他认为，对黑格尔而言，人的自我产生是人自己劳动的结果，这个产生过程就是外化过程，外化就是对象化。同时，对象化又是非对象化，是对外化的扬弃，是把外化收回到自身的、对象性的运动："黑格尔的《现象学》及其最后成果——辩证法，作为推动原则和创造原则的否定性——的伟大之处首先在于，黑格尔把人的自我产生看作一个过程，把对象化看作非对象化，看作外化和这种外化的扬弃。"② 马克思强调了黑格尔对劳动的创造性解释的积极意义，指出"他抓住了劳动的本质，把对象性的人、现实的因而是真正的人理解为他自己的劳动的结果。人同作为类存在物的自身发生现实的、能动的关系，或者说，人作为现实的类存在物即作为人的存在物的实现，只有通过下述途径才有可能：人确实显示出自己的全部类力量——这又只有通过人的全部活动、只有作为历史的结果才有可能——并且把这些力量当作对象来对待，而这首先又只有通过异化的形式才有可能"③。就此而言，马克思对《精神现象学》特别是其中阐述的思辨辩证法作了积极的评价，认为《精神现象学》是"黑格尔哲学的真正诞生地和秘密"，是理解黑格尔哲学奥秘的关键，而《精神现象学》的重要成果在于它在阐述异化的各种形式时提供了"辩证法，作为推动原则和创造原则的否定性"④。

鉴于马克思对黑格尔外化理论的接受和肯定，日本学者广松涉在探讨马克思《手稿》中的异化概念时，把它的实质归结为"自我异化"（Selbstentfremdung），即主体将自己异化（外化）出去，然后再扬弃异化回归自身的过程。这种"自我异化"的特点是一个孤立的主体的自我运动，其典型形态是黑格尔的"精神"概念和黑格尔左派的"自我意识"理论。"自我异化"的逻辑必然要设定一个先验的主体，因此它将不可

① 《马克思恩格斯全集》第 3 卷，人民出版社，2002，第 317 页。
② 《马克思恩格斯全集》第 3 卷，人民出版社，2002，第 319~320 页。
③ 《马克思恩格斯全集》第 3 卷，人民出版社，2002，第 320 页。
④ 《马克思恩格斯全集》第 3 卷，人民出版社，2002，第 320 页。

避免地带有"唯心主义"或者"抽象的人道主义"色彩。基于此，广松涉认为，马克思的异化论是从个体出发的主客二元论，是与唯物主义无缘的。他指出，在1844年的《手稿》时期，已经成功地换掉了黑格尔左派的主体概念——"精神"或"自我意识"，甚至将费尔巴哈的"人"都看成特定生产关系下的"劳动者"，将国民经济学下的劳动看成异化劳动。但是，从异化劳动的理论架构，特别是从异化劳动的前三个规定，即劳动者同自己的劳动产品、自己的劳动过程和自己的类本质相异化，以及将劳动异化直接定义为"自我异化"等事实来看，马克思的异化概念仍然属于"自我异化"；在方法论上，如果说马克思主义的形成受到德国古典哲学、英国古典政治经济学和法国空想社会主义的影响的话，那么当时的马克思还主要是依据"自我异化"逻辑来实现对上述三个来源的综合的。因此，从整体上看，《手稿》还是一部"自我异化"的手稿，当时的马克思还没有摆脱黑格尔左派的框架①。广松涉认为，马克思"与自我异化这一概念的诀别"是在两年后写作的《德意志意识形态》中，其标志是物象化概念的出现："在《形态》中，自我异化的逻辑本身遭到了批判（自我批判），过去马克思曾在《手稿》中主张的命题被彻底抛弃，取代异化论而登场的是物象化论的逻辑。"② 在广松涉看来，物象化与异化的不同之处在于：物象化不再是一个单纯的主客关系结构，而是一个包括多个主体的复杂的社会关系（主要指私有者之间的分工和交换关系）结构；物象化的主体不再是抽象的"人"，而是以商品和货币等为中介的私有者；物象化在理论层次上高于异化：如果说异化论对应的是黑格尔左派的人本主义的话，那么"物象化论"对应的则是唯物史观，因此"物象化论"的出现意味着马克思主义的真正形成③。

广松涉用"物象化论"来标记马克思的历史唯物主义，凸显了马克

① 广松涉：《唯物史观的原像》，邓习议译，南京大学出版社，2009，第215~217页。

② 広松渉『マルクス主義の地平』劲草書房、1969、245頁。

③ 韩立新：《评日本的"早期马克思论争"——兼论〈穆勒评注〉对重构马克思异化论的意义》，《哲学研究》2010年第9期。

思成熟时期思想的革命意义，但他所认定的"异化论"与"物象化论"之间的断裂，过于强调青年马克思与黑格尔、黑格尔左派之间的连续，相对忽视了马克思自身思想发展的连贯性。需要指出的是，《手稿》中马克思的异化理论尽管还带有很深的黑格尔思辨哲学痕迹，但已经走出黑格尔的"自我异化"范式，并对黑格尔的外化理论提出了"有原则高度"的批判。

第一，黑格尔把人的本质等同于自我意识。马克思认为，黑格尔正确地把外化理解为自我否定，理解为人的本质的表现、现实化和对象化，"因为黑格尔理解到——尽管又是通过异化的方式——有关自身的否定具有的积极意义，所以同时也把人的自我异化、人的本质的外化、人的非对象化和非现实化理解为自我获得、本质的表现、对象化、现实化"①。但黑格尔把对象化等同为自我意识的对象化，而对象是对象化的自我意识和作为对象的自我意识，是人的自我意识外化的产物，人的本质的一切异化都是自我意识的异化："人的本质，人，在黑格尔看来＝自我意识。因此，人的本质的全部异化不过是自我意识的异化。"② 对于黑格尔所说的"自我意识的外化建立了事物性"，马克思指出，这个事物性仍然是抽象的物，不是独立的东西，不是现实的物。在马克思看来，自我意识的设定活动并不是主体的，它是对象性的本质力量的主体性，它之所以能设定对象，只是因为它本身是被对象所设定的，因为它本身就是自然界。因此并不是意识创造对象，而是对象性的产物证实了意识的对象性活动。

第二，黑格尔抽象的思辨性将外化过程抽象化了。在黑格尔那里，全部外化的运动不过是在思维内部的运动，是纯思想的辩证法："全部外化历史和外化的全部消除，不过是抽象的、绝对的思维的生产史，即逻辑的思辨的思维的生产史。因此，异化——它从而构成这种外化的以及这种外化之扬弃的真正意义——是自在和自为之间、意识和自我意识之间、客体和主体之间的对立，就是说，是抽象的思维同感性的现实或

---

① 《马克思恩格斯全集》第 3 卷，人民出版社，2002，第 332 页。
② 《马克思恩格斯全集》第 3 卷，人民出版社，2002，第 321 页。

现实的感性在思想本身范围内的对立。"① 黑格尔抓住劳动的本质，把劳动本质看作人的本质力量的对象化，但他"唯一知道并承认的劳动是抽象的精神的劳动"②。在黑格尔那里，人不是具有现实的本质力量的现实的人，而是自我意识；外化的不同形式无非意识和自我意识的不同形式。就外化的过程而言，黑格尔将外化与对象化相等同，马克思则区分了外化与对象化，将对象化看作中立的活动，肯定了对象化的积极意义。

第三，黑格尔将外化的主体与客体颠倒了。黑格尔的外化主体是抽象的绝对精神，而且在逻辑上强调理念的先在性，因而异化是在观念的框架内进行的。"主语和谓语之间的关系被绝对地相互颠倒了：这就是神秘的主体—客体，或笼罩在客体上的主体性，作为过程的绝对主体，作为使自身外化并且从这种外化返回到自身的、但同时又把外化收回到自身的主体，以及作为这一过程的主体；这就是在自身内部的纯粹的、不停息的圆圈。"③ 在马克思看来，异化的主体是人的本质，是人的自由自觉的活动，而黑格尔的逻辑学也不过是人的本质的普遍异化："独立于自然界和精神的特定概念、普遍的固定的思维形式，是人的本质普遍异化的必然结果，因而也是人的思维普遍异化的必然结果。"④

第四，由于黑格尔主张这种抽象思辨性，因此在黑格尔那里外化的扬弃也仅仅是在思想中进行的，脱离了人的感性实践活动："对异化了的对象性本质的全部重新占有，都表现为把这种本质合并于自我意识。"⑤ 在马克思看来，黑格尔所谓的占有或同化完全是虚伪的，因为它只是一种在意识内、在纯思维内，也就是在抽象性里进行的占有或同化。扬弃是一种在纯思维中的占有："对于人的已成为对象而且是异己对象的本质力量的占有，首先不过是那种在意识中、在纯思维中即在抽象中发生的占有，是对这些作为思想和思想运动的对象的占有。"⑥ 黑格尔认

---

① 《马克思恩格斯全集》第3卷，人民出版社，2002，第318页。
② 《马克思恩格斯全集》第3卷，人民出版社，2002，第320页。
③ 《马克思恩格斯全集》第3卷，人民出版社，2002，第332~333页。
④ 《马克思恩格斯全集》第3卷，人民出版社，2002，第333页。
⑤ 《马克思恩格斯全集》第3卷，人民出版社，2002，第322页。
⑥ 《马克思恩格斯全集》第3卷，人民出版社，2002，第318页。

为绝对精神认识了自身就占有或同化了自身，就扬弃了异化，但实际上最终达到的只是"主观自然与客观自然、主观精神与客观精神、客观精神与绝对知识仅仅在思想领域中达成的和解"①，只是抽象的自由而非现实的自由："这种扬弃是思想上的本质的扬弃，就是说，思想上的私有财产在道德的思想中的扬弃。"② 马克思认为，异化的扬弃只有通过真正的实践，通过人的积极的感性实践活动，通过共产主义才能达到："共产主义是私有财产即人的自我异化的积极的扬弃，因而是通过人并且为了人而对人的本质的真正占有。"③

在深入考察国民经济学对劳动、资本等相关问题的探讨，批判地吸收黑格尔哲学特别是其异化理论和辩证法思想，并借鉴费尔巴哈唯物主义思想的基础上，马克思建构了他的劳动异化理论。《1844 年经济学哲学手稿》对劳动异化的分析，不是来自抽象的思辨，而是马克思在对现实世界特别是资本主义社会经济现实进行深入考察后作出的。在《1844年经济学哲学手稿》中，马克思把雇佣劳动、资本和地租理解为决定资本主义社会阶级结构的范畴，通过对工资、资本的利润和地租的分析，揭示了工人与资本家、土地所有者之间对立的经济根源。同时，马克思也考察了国民经济学家的相关论述，肯定了国民经济学把劳动提高为政治经济学的唯一原则的功绩，同时也指出国民经济学只是从经济事实出发，见物不见人，不把工人当人看，而产品则是一切。在这些论述的基础上，马克思阐述了工人劳动的四重异化。马克思的劳动异化是一个有着多种用法的概念。它既是动词（如工人的劳动异化了），又是名词（如工人劳动的异化），还是形容词（如工人的异化劳动）；它既是一个过程概念，又是一个状态概念；它既能用于"自相关"结构中（不带宾语，如人的本质的异化），又能用于"他相关"结构中（带宾语，如人与人相异化）。同时，马克思的劳动概念又是一个有着复杂内涵的概念。在马克思那里，劳动异化是四层意义的叠加：一是外化，二是转让、让

---

① 哈贝马斯：《现代性的哲学话语》，曹卫东等译，译林出版社，2004，第62页。

② 《马克思恩格斯全集》第3卷，人民出版社，2002，第330页。

③ 《马克思恩格斯全集》第3卷，人民出版社，2002，第297页。

渡，三是"自我反对"，四是"疏远"。在这四重内涵中，第一、二重内涵针对的是劳动的过程，第三、四重内涵针对的是劳动的结果。这四重内涵与劳动异化的四种形式相关，但又不与它们完全重合。无疑，工人的异化劳动直接生产出来的是劳动产品，但在马克思看来，异化劳动的真正结果不是作为人的本质的对象化反过来反对人的劳动产品，而是关系："通过异化劳动，人不仅生产出他对作为异己的、敌对的力量的生产对象和生产行为的关系，而且还生产出他人对他的生产和他的产品的关系，以及他对这些他人的关系。"① 而私有财产，正是异化劳动所生产出来的关系的产物："私有财产是外化劳动即工人对自然界和对自身的外在关系的产物、结果和必然后果。"② 没有工人的异化劳动，就没有私有财产的产生，没有异化劳动的持续进行，就没有私有财产的持续增加，就没有私有财产的主宰和统治地位。在此，我们几乎可以看到历史唯物主义思想的萌芽了。

在《手稿》中，马克思异化理论相对于黑格尔异化理论的另一个突破在于，在《穆勒评注》中，马克思开辟了一个新的研究方向：经济领域中的交往异化。日本学者望月清司在反驳广松涉对马克思异化理论的评价时指出，应该根据《手稿》的文献学成果，突破原有的仅仅在"哲学范畴"意义上来解释异化的框架，将异化看成"哲学范畴"和"经济学范畴"的统一。在望月清司看来，异化的"哲学范畴"指的是以"自我异化"为母体的异化劳动，而异化的"经济学范畴"则是指经过了国民经济学洗礼的、被加进了"私有者的分工和交换"等内容的交往异化。前者对应的是《第一手稿》，后者对应的则是《穆勒评注》。而一个完整的马克思异化理论应该是"哲学范畴"和"经济学范畴"的统一，也就是异化劳动和交往异化的统一③。可见，"交往异化"概念在某种程度上构成了《1844年经济学哲学手稿》中的劳动异化理论与《德意志意识形态》中的唯物史观间的过渡，使得马克思思想发展的路径更为平滑。

---

① 《马克思恩格斯全集》第3卷，人民出版社，2002，第276页。
② 《马克思恩格斯全集》第3卷，人民出版社，2002，第277页。
③ 望月清司：《马克思历史理论的研究》，韩立新译，北京师范大学出版社，2009，第34页。

在《穆勒评注》中，马克思描绘了一幅人的异化的讽刺画："他的活动由此而表现为苦难，他个人的创造物表现为异己的力量……而他本身，即他的创造物的主人，则表现为这个创造物的奴隶。"① 这幅画面和《1844年经济学哲学手稿》中马克思描绘的工人的悲惨景象有相似之处，但造成这两种悲惨境遇的原因却不完全相同，《1844年经济学哲学手稿》中工人的悲惨命运是劳动异化造成的，而《穆勒评注》中人的苦难主要是交往异化带来的。在《穆勒评注》中，马克思主要从以下三个方面阐述了交往异化。

其一，作为交往异化的交换。就其本义而言，交往是指人与人之间不以营利为唯一目的的物质和精神交流，但在市民社会中，交往转变为单纯的买卖关系和单纯以物为中介的商品交换。在马克思看来，这种以营利为目的的交换的特征是：第一，"营利劳动以及劳动者的产品同劳动者的需要、同他的劳动规定没有任何直接的关系"；第二，"产品是作为价值，作为交换价值，作为等价物来生产的，不再是为了它同生产者直接的个人关系而生产的"②。"交往"变成"交换"是一种最根本的交往异化，也是市民社会中其他形式的交往异化的基础。

其二，作为交往异化的生产和消费。在市民社会，人们主要为了交换而生产产品，不是为了满足人的真正需要，因而是异化了的生产和消费。生产者为了向他人卖出其产品会刺激和"创造"他人的需要："工业的宦官顺从他人的最下流的念头，充当他和他的需要之间的牵线人，激起他的病态的欲望，默默盯着他的每一个弱点，然后要求对这种殷勤服务付酬金。"③ 在《1844年经济学哲学手稿》的第三手稿中，马克思指出，这种对他人需要的诱导实际上导致了人与人之间的明争暗斗，这种斗争甚至使人陷于物即产品的支配之下："每个人都力图创造出一种支配他人的、异己的本质力量，以便从这里面找到他自己的利己需要的满足。"④ 在这种斗争驱使下的生产显然不是满足人的真正需要的生产。

① 《马克思恩格斯全集》第42卷，人民出版社，1979，第25页。
② 《马克思恩格斯全集》第42卷，人民出版社，1979，第28页。
③ 《马克思恩格斯全集》第3卷，人民出版社，2002，第340页。
④ 《马克思恩格斯全集》第3卷，人民出版社，2002，第339页。

一方面，劳动成为直接谋生的劳动，它与工人的需要没有任何直接的联系，成为完全偶然的和非本质的，不是他的天然禀赋和精神目的的实现，因此与劳动主体相异化，但为了谋生，工人不得不服从异己的社会需要从事生产，这就是生产的异化；另一方面，真正为人需要的产品没有人去生产，或者生产出来的产品没有到达真正需要的人的手中，而人们并不真正需要的产品却被源源不断地生产出来，以满足被刺激或创造出来的虚假需要，这就是需要和消费的异化："这种异化也部分地表现在：一方面所发生的需要和满足需要的资料的精致化，另一方面产生着需要的牲畜般的野蛮化和最彻底的、粗陋的、抽象的简单化。"① 马克思对人的需要及消费异化问题的这些论述，可以说是西方马克思主义的"消费异化"学说的先驱。

其三，作为交往异化结果的货币。在《穆勒评注》中马克思指出，货币作为异己的媒介是私有财产的外化，而基督是外化的上帝和外化的人。"在不论对材料的性质即私有财产的特殊物质还是对私有者的个性都完全无关紧要的货币中，表现出异化的物对人的全面统治，过去表现为个人对个人的统治的东西，现在则是物对个人、产品对生产者的普遍统治。"② 货币作为一般等价物被创造出来，成为在人之外和在人之上的本质。在货币面前，人的愿望、活动以及同他人的关系都成了与自己相异己的力量，人反而丧失了自身，将货币当作目的本身。人与物象之间的主客关系开始发生颠倒，人沦落为货币的奴隶，货币拥有了支配人的权力，成为真正的上帝。

一般认为，异化是早期马克思思想的核心概念。例如，卡尔维兹在《卡尔·马克思的思想》中认为，"马克思早在青年时代就从黑格尔接受下来异化这一哲学范畴，构成他的成熟时期的这一巨著的骨架"。"《资本论》不外是包括经济思想领域的异化在内的根本异化的理论。"③ 尽管关于异化理论在马克思思想中的地位的这些说法多少有些言过其实，但

---

① 《马克思恩格斯全集》第3卷，人民出版社，2002，第340页。
② 《1844年经济学哲学手稿》，人民出版社，2000，第164页。
③ 泰·伊·奥伊则尔曼：《马克思的〈经济学—哲学手稿〉及其解释》，刘丕坤译，人民出版社，1981，第129页。

成熟时期马克思的历史唯物主义思想无疑是在马克思青年时期的思想基础上形成的。马克思异化理论的核心是异化劳动理论。异化劳动理论源自对国民经济学前提的追问，马克思追问私有财产的人学本质，这一追问不仅导向政治经济学批判，而且引发了本体论上的革命，即摆脱了传统的形而上学的束缚，通向现象学的人学将传统的对人的抽象思辨的探讨转化为对人的生存论本质的探讨。这一探讨获得了这样一个洞见：人的历史的感性活动产生了社会关系。这一基本洞见凝结为作为人的生存之历史性的"实践"概念，从而完成了历史唯物主义的奠基工作①。可以说，异化劳动理论为历史唯物主义的创立作了充分的理论准备，换言之，异化劳动理论是历史唯物主义的前身，没有异化劳动理论就没有历史唯物主义。

三　异化的历史必然性及其扬弃

20世纪，人类经历了深刻的文化冲突和文化危机，文化层面的问题上升为各种社会矛盾的集中点。在这个背景下，发端于卢卡奇、葛兰西、柯尔施等思想家的西方马克思主义把批判重心放在文化层面，在新的历史条件下发展了马克思的异化理论。在早期的西方马克思主义者看来，扬弃异化更多地依靠文化和思想意识上的变革来实现。后期的西方马克思主义者则大多把异化的根源归结到人本身，认为主客体的分离是无法克服的，主体与客体之间无法实现同一。部分西方马克思主义者和后马克思主义者甚至由此走向非同一性，以此抵制黑格尔式的统一主客体、实现主客体同一性的要求。总体来看，无论是马克思还是西方马克思主义者，抑或后马克思主义者，在探讨异化的根源和扬弃异化的途径时都排除了超时间的、永恒的领域，这与现代西方哲学反形而上学的趋势是一致的。但是，只有马克思哲学实现了实践转向，在异化问题上，既从实践角度来考察异化的根源，又从实践角度给出了扬弃异化的途径，从

---

① 王德峰：《论异化劳动学说对于历史唯物主义的奠基意义》，《复旦学报》（社会科学版）1999年第5期。

而真正地超越了形而上学。

在历史唯物主义创立之后，马克思对异化的探讨转化为运用历史唯物主义对现代性进行批判。马克思的现代性反思体现了黑格尔的和解诉求，但无论在现代性理解还是在现代性解决方案上，都远远超越了意识哲学的视域。马克思不仅对构成现代性两大支柱的资本与形而上学进行了彻底批判①，而且基于历史唯物主义立场给出了现代性的治疗方案。在马克思看来，现代性的实质是形而上学与资本逻辑合谋实现的对人的抽象统治。通过其历史辩证法，马克思揭示了资本逻辑的内在自反性，实现了对资本逻辑和形而上学的双重消解，并试图以辩证的方式把握资本主义生产方式内在矛盾中蕴含的政治解放潜能，通过根本性制度变革来弥合资本主义实然状态与共产主义应然状态、存在与本质、必然与自由之间的鸿沟，实现人与人、人与自然的和解，从而为人的彻底解放开辟科学道路。这一解决方案为扬弃异化、实现人的最终解放指明了方向。因为作为现代性悖论的异化的最终源头是普遍性与特殊性之间的矛盾，或者说，是存在与本质之间、必然与自由之间的矛盾。

普遍性和特殊性之间的矛盾，是现代性自反性的根源。期望这个矛盾在现代性框架内的根本消除，是不现实的浪漫主义。马克思本人对此有清醒的认识，他于1856年《在〈人民报〉创刊纪念会上的演说》中指出，"在我们这个时代，每一种事物好像都包含有自己的反面。我们看到，机器具有减少人类劳动和使劳动更有成效的神奇力量，然而却引起了饥饿和过度的疲劳。财富的新源泉，由于某种奇怪的、不可思议的魔力而变成贫困的源泉。技术的胜利，似乎是以道德的败坏为代价换来的"②。

在《1857—1858年经济学手稿》中，马克思更以深沉的历史感对异化的产生及其扬弃的必然性作出了历史唯物主义的判定："全面发展的个人——他们的社会关系作为他们自己的共同的关系，也是服从于他们自己的共同的控制的——不是自然的产物，而是历史的产物。要使这种

---

① 吴晓明：《论马克思对现代性的双重批判》，《学术月刊》2006年第2期。
② 《马克思恩格斯文集》第2卷，人民出版社，2009，第580页。

个性成为可能，能力的发展就要达到一定的程度和全面性，这正是以建立在交换价值基础上的生产为前提的，这种生产才在产生出个人同自己和同别人相异化的普遍性的同时，也产生出个人关系和个人能力的普遍性和全面性。"在此，马克思指出了异化的另一面——异化是作为人在一定历史阶段的发展的代价而存在的，并且再次批判了那种为了逃避异化而退回到原始的非异化状态的浪漫主义观点："在发展的早期阶段，单个人显得比较全面，那正是因为他还没有造成自己丰富的关系，并且还没有使这种关系作为独立于他自身之外的社会权力和社会关系同他自己相对立。留恋那种原始的丰富，是可笑的，相信必须停留在那种完全的空虚化之中，也是可笑的。"①

在现代社会中，在某种意义上，由西方马克思主义者进行了补充的、广义的异化是进步的另一面，是进步的代价，是现代人的某种宿命，是为更高层次上的人的发展已经付出和将要付出的牺牲。这是一个可从"历史评价优先论"引申出来的令人无奈的结论。异化是历史发展到一定阶段的必然产物，也必将在历史的进程中被扬弃，无论是异化的产生，还是异化的扬弃，都不以人的意志为转移，这就是历史唯物主义所给出的历史的必然性，是人类社会发展的"自然"法则。在历史的必然性之前，任何怀旧的浪漫主义，任何个人的善良意志，任何特定的道德法则，任何人本主义的诉求，都不成为扬弃异化的灵丹妙药。能够扬弃异化的，唯有产生异化的历史本身。正是因为马克思以一种如此深邃的历史感理解了现代性，如此深刻地把握住了异化的本质和根源，海德格尔才会这样说，"因为马克思在体会到异化的时候深入到历史的本质性的一度中去了，所以马克思主义关于历史的观点比其余的历史学优越。但因为胡塞尔没有，据我看萨特也没有在存在中认识到历史事物的本质性，所以现象学没有、存在主义也没有达到这样的一度中，在此一度中才有可能有资格和马克思主义交谈"。"人们可以以各种不同的方式来对待共产主义学说及其论据，但从存在的历史的意义看来，确定不移的是，一种对有世界历史意义的东西的基本经验在共产主义中自行道出来了。谁若把

① 《马克思恩格斯全集》第 30 卷，人民出版社，1995，第 112 页。

'共产主义'认为只是'党'或只是'世界观',他就是像那些把'美国制度'只认为而且还加以贬低地认为是一种特殊生活方式的人一样,以同样的方式想得太短浅了。"① 人类全面进入工业文明以来,普遍性和特殊性之间的矛盾日渐加深。可以说,是现代化的特定进程激化了普遍性和特殊性之间的矛盾。相应地,异化作为一种社会现象也越发普遍,并渗入每个人生活的最深层。我们固然不能指望异化在当前现代性框架下的迅速根除,但这并不意味着我们完全无能为力。马克思对他那个时代的异化的诊疗,或许没有为根治今天的异化开出药到病除的药方,但为我们缩小异化的范围、程度和代价,为人类尽早扬弃异化找到了依据,指明了方向。

---

① 《海德格尔选集》（上），孙周兴选编,生活·读书·新知上海三联书店,1996,第383~384页。

马克思主义意识形态的双重属性
及其现实意义*

唐爱军

虽说法国人特拉西首次提出了意识形态（Ideology）概念，但几乎无人否认马克思在意识形态流变史中的奠基性地位。当今关于意识形态的所有讨论，几乎都无法脱离马克思主义的语境。无论是资本主义的"意识形态终结论"等思潮，还是社会主义国家的意识形态建设，都需要回溯到马克思主义的意识形态概念及其语义场中进行理解和阐释。在马克思主义文本中，意识形态概念是复杂多变的，但基本上可以在两种语境中被理解：一是否定性和批判性语境；二是中性化（甚至肯定性）语境。把握意识形态的这两种属性，不仅对于理解马克思主义意识形态理论，而且对于社会主义意识形态建设都具有"极端重要性"。

一 否定性内涵与批判逻辑

在某种意义上，马克思的意识形态理论应该被称为"意识形态批判"理论。马克思主要在否定性意义上使用意识形态概念，对意识形态也是持批判态度。怎么理解否定性或批判性意义上的意识形态概念呢？汤普森的说法可供参考："批判性概念意味着特点为意识形态或意识形态的这种现象是误导的、幻想的或片面的；把一些现象的特点视为意识

---

* 本文原载于《上海师范大学学报》（哲学社会科学版）2019 年第 3 期，收入本书时有改动。

形态就带有对它们的含蓄批判或谴责。"① 具体讲来，意识形态的否定性内涵至少包括四个方面的内容。

（一）"虚假意识形态"：观念与物质实践的颠倒

意识形态的否定性内涵最直接体现为虚假意识的解读模式。"虚假意识论"在马克思恩格斯那里有最直接的文本依据。其一是马克思的"照相机隐喻"："如果在全部意识形态中，人们和他们的关系就像在照相机中一样是倒立呈像的，那么这种现象也是从人们生活的历史过程中产生的，正如物体在视网膜上的倒影是直接从人们生活的生理过程中产生的一样。"② 其二是恩格斯关于意识形态的"经典定义"："意识形态是由所谓的思想家通过意识、但是通过虚假的意识完成的过程。推动他的真正动力始终是他所不知道的，否则这就不是意识形态的过程了。因此，他想象出虚假的或表面的动力。因为这是思维过程，所以它的内容和形式都是他从纯粹的思维中——不是从他自己的思维中，就是从他的先辈的思维中引出的。"③ 我们可以从三个方面把握作为"虚假意识"的意识形态。第一，人类意识的形式取决于人们的物质生活条件。不能简单地将意识形态看成一种认知上的"误识"，意识形态之所以是颠倒的、虚假的，根源于颠倒的、有缺陷的现实。虚假意识是"由他们狭隘的物质活动方式以及由此而来的他们狭隘的社会关系所造成的"④。第二，分工促进观念活动的独立化，为"纯粹"的意识形态提供了条件。人类社会出现的体力劳动与脑力劳动的分工使得脑力劳动者能够独立地从事观念的生产，因而，意识能够摆脱现实世界去构造"纯粹的"意识形态。第三，意识形态最终会被"真正的实证科学"所取代。随着社会的发展，人们能够正确地描述社会生活及其发展进程。在马克思看来，历史唯物主义就是这样的"实证科学"，它必然替代诸如青年黑格尔派的唯心史观。

---

① 汤普森：《意识形态与现代文化》，高铦等译，译林出版社，2005，第60页。
② 《马克思恩格斯选集》第1卷，人民出版社，1995，第72页。
③ 《马克思恩格斯选集》第4卷，人民出版社，1995，第726页。
④ 《马克思恩格斯选集》第1卷，人民出版社，1995，第72页。

（二）"占统治地位的思想"：维护统治阶级的利益

在马克思的语境中，意识形态与统治阶级利益有着内在的勾连，这种勾连表现为它们——观念的生产与分配和阶级利益的扩张与巩固——之间的本质关联。"统治阶级的思想在每一时代都是占统治地位的思想。这就是说，一个阶级是社会上占统治地位的物质力量，同时也是社会上占统治地位的精神力量。"①作为批判维度的意识形态，受到利益的"污染"，与"自由的精神生产"相去甚远。汤普森将其界定为"副现象"概念。"根据副现象概念，意识形态是一种观念体系，它表达的是统治阶级的利益而以幻想的形式代表阶级关系。"②为什么要采用"虚假"的、"幻想"的形式呢？因为，为了获得社会的认同，统治阶级必须给其特殊利益披上"普遍性的外衣"，"赋予自己的思想以普遍性的形式，把它们描绘成唯一合乎理性的、有普遍意义的思想"③。

（三）为社会资源和权力不平等分配辩护的思想体系

马克思主要是在阶级利益和阶级统治的框架中揭示意识形态的辩护功能，但他也关注性别、民族和种族领域的统治与压迫。乔治·拉伦在《意识形态与文化身份：现代性和第三世界的在场》中接续了马克思的批判思路，重点关注民族、种族甚至性别等领域的统治与压迫问题。从引申的意义上讲，马克思语境中的意识形态就是为特定统治与压迫辩护的思想体系，这种辩护更多的是为社会资源和权力不平等分配辩护，为压抑人性的既定秩序辩护。西方学者帕雷卡在《马克思的意识形态理论》中指出，马克思使用的意识形态概念内含两个要素：一是唯心主义（Idealism），二是思想辩护（Apologetic）④。可见，从功能维度来说，意识形态的否定性内涵来源于它为非正义的统治辩护的特征。"思想辩护"

---

① 《马克思恩格斯选集》第1卷，人民出版社，1995，第98页。
② 汤普森：《意识形态与现代文化》，高铦等译，译林出版社，2005，第41页。
③ 《马克思恩格斯选集》第1卷，人民出版社，1995，第100页。
④ 张秀琴：《马克思意识形态理论的当代阐释》，中国社会科学出版社，2005，第65页。

的观点影响深远，麦克莱伦（又译麦克里兰）指出，意识形态的目标在于"为社会的和经济的权力的不平衡分配辩护，努力将社会描绘为有凝聚力而非冲突的"①。汤普森认为，意识形态就是为不平等的权力关系和统治结构辩护的意义体系，研究意识形态就是研究意义服务于建立和支撑统治关系的方式。由此可见，具有否定性功能的意识形态可以从为统治阶级利益辩护，拓展为替一切不平等的秩序辩护。

（四）掩饰或否定社会矛盾

马克思提出一个具有否定性和批判性内涵的意识形态概念，很大程度上是由于他是从"掩饰或否定社会矛盾"的内在标准来界定意识形态的。"并非所有思想，而仅是那些掩盖社会矛盾的思想才是意识形态的。"② 英国学者乔治·拉雷恩也指出："意识形态是意识的一种具体形式，它为矛盾提供一个不合适的、歪曲的图绘——要么是通过忽视矛盾的方式、要么是因为误认所致。与矛盾的这种具体的关联方式，是意识形态的思想所特有的和典型的特点。"③ 意识形态具有一种"积极的政治力量"，它虚假解决现实中的冲突和矛盾，将现实转变成一种自然的、不变的、普遍的状态。④

黑格尔的国家理论、青年黑格尔派的"思辨哲学"以及古典经济学之所以都是资本主义的意识形态，就在于它们或是掩饰或是否定现实矛盾。特别是在商品、货币和资本拜物教意识形态的笼罩下，资本主义的内在矛盾被遮蔽了。"生产关系中固有的剥削和不平等被流通领域中自由交换的外表所掩盖，只关注这一点，导致自由、平等一类典型的资本

---

① 大卫·麦克里兰：《意识形态》，孔兆政、蒋龙翔译，吉林人民出版社，2005，第17页。

② 大卫·麦克里兰：《意识形态》，孔兆政、蒋龙翔译，吉林人民出版社，2005，第18页。

③ 乔治·拉雷恩：《马克思主义与意识形态：马克思主义意识形态论研究》，张秀琴译，北京师范大学出版社，2013，第24~25页。

④ 特里·伊格尔顿：《历史中的政治、哲学、爱欲》，马海良译，中国社会科学出版社，1999，第84页。

主义意识形态产生。"①

在意识形态批判中，马克思提出了掩藏（矛盾）机制的几种形式。①否认矛盾。这是最简单的形式，即意识形态否认矛盾的存在。②误解矛盾。虽然承认矛盾，但对矛盾的性质进行错误的解释，由此否认解决矛盾的可能性。③置换矛盾。它与误解矛盾相似，用其他矛盾代替真正的矛盾。比如，用工人与机器之间的矛盾，来代替真正的矛盾即工人与资本家之间的矛盾。④稀释矛盾。承认社会矛盾的存在，却主张一种稀释方案，即主张用一种调和机制来解决矛盾，这就弱化了基本社会矛盾的严重性。例如，空想社会主义者虽然看到资本主义矛盾，却主张调和矛盾，认为资本与劳动的对抗可以在既定秩序中解决。②

意识形态是用来掩盖和调节社会矛盾的，格尔茨将这种理论称为张力论（the strain theory）。在马克思那里，掩盖或否定矛盾，不仅构成意识形态的内在要素，而且也是意识形态发挥功能的关键机制。对统治阶级而言，维护既定秩序的方法很多，但通过意识形态来掩盖或否定社会矛盾，是一个成本较低又极有效果的软手段。

由上可见，从认识论角度来看，否定意义上的意识形态是一种虚假意识；从功能学角度来看，它是为统治阶级利益或不平等权力关系辩护的思想体系；从发生学角度③来看，它是掩饰社会矛盾的思想型工具。这三个方面所呈现出来的，都是意识形态所具有的批判逻辑。批判逻辑贯穿于马克思的宗教批判和形而上学批判之中，贯穿于自由主义法权批判之中，贯穿于拜物教批判之中。批判逻辑立足于意识形态之外的某种

---

① 大卫·麦克里兰：《意识形态》，孔兆政、蒋龙翔译，吉林人民出版社，2005，第 21~22 页。

② 乔治·拉雷恩：《马克思主义与意识形态：马克思主义意识形态论研究》，张秀琴译，北京师范大学出版社，2013，第 38~39 页。

③ 这里所谓的"发生学"指研究意识形态的起源、发挥社会功能的途径。意识形态的产生过程，就是某种思想观念解释、处理社会矛盾的过程。此外，意识形态要发挥功能，需要一定的途径和载体，而这些与掩饰矛盾机制相关联。

标准，对意识形态进行认知和价值评价，其结果是负面的。比如，通过科学理性标准，对意识形态进行"真假判断"，揭示意识形态在认知上的虚假性；通过公平正义标准，对意识形态进行"功能判断"，揭示意识形态在效用上的非正义性。不论怎样，批判逻辑强调要消灭意识形态本身，用意识形态的对立面（不过很多时候，只不过是另一种意识形态）来取代它。

二 中性化内涵与建构逻辑

尽管否定性是马克思意识形态的主导内涵，但马克思之后，否定性内涵越来越被置于次要地位，意识形态概念出现了"中性化"的趋势。何为中性意义的意识形态呢？"中性概念意味着一些现象的特点是意识形态或意识形态的，而并不是说这些现象必定是误导的、幻想的，或者与任何特定集团的利益相一致的。"① 简单说来，虚假意识不是意识形态的内在构成，特殊利益也不必然是意识形态的表述对象。

中性化的意识形态能从马克思文本那里获得依据。最重要的文本依据是 1859 年的《〈政治经济学批判〉序言》。再结合其他文本，可以发现，中性意义上的意识形态包括三个方面的内涵。

（一）"观念的上层建筑"

在后期著作中，马克思对意识形态概念最著名的表述就是"经济基础—上层建筑"的空间隐喻。意识形态是与经济基础、政治上层建筑相区别的社会结构要素，并且马克思明确了它与后两者的关系。显然，意识形态是一个描述意义的结构性概念，谈不上贬义的或褒义的内涵。即便从构成要素来看（"观念的上层建筑"等同于全部社会意识形式，包括非意识形态的意识形式，以及意识形态的意识形式），此处的意识形态概念同样是中性意义的。

---

① 汤普森：《意识形态与现代文化》，高铦等译，译林出版社，2005，第 59 页。

（二）阶级的世界观

在否定性意义上，意识形态是统治阶级意志和利益的体现，其内在包含了有意欺骗和压迫两个要素。如果将意识形态内涵扩展到所有阶级的阶级意识、政治思想和世界观，就无法依据意识形态自身来对思想的合理性进行判断了。那么，马克思有没有进行这种"内涵扩展"呢？马克思指出，在夺取政权的过程中，为了发动无产阶级和劳动群众与资产阶级做斗争，无产阶级也不得不"把自己的利益又说成是普遍的利益"。为了取得统治地位、完成自己的历史使命，无产阶级需要自己的意识形态。但是，对于无产阶级的思想观念、阶级意识，马克思从来没有称之为"意识形态"，他的一般表述是"共产主义意识"，因为在绝大多数语境中，马克思对虚假意识的意识形态持批判态度。威廉斯的看法是对的：马克思意识形态概念动摇于"一定阶级的信念特性体系"和"能够与真理或科学知识形成对照的虚幻信念体系—虚假观念或虚假意识"之间。但不管怎么样，无产阶级意识形态概念在马克思那里呼之欲出了，马克思打开了以阶级意识界定意识形态的通道。后来的列宁和卢卡奇都从马克思的这一思想受到启发，并且丰富和发展了阶级的世界观的阐释路径。

（三）人类文化发展的载体

意识形态不仅具有阶级性，而且具有文化性。人类文化正是通过意识形态这种形式得到了发展，它是阶级社会文化发展、精神生产的重要载体。在阶级社会中，精神生产的主要形式是统治阶级的意识形态生产，它具有一定的狭隘性和特殊性，但是它仍然含有"自由精神生产"的维度，它对社会的文明进程、人的教化塑造起着积极的作用。从人类文化发展的载体来看，意识形态内涵和功能都是具有肯定性的。

在马克思之后，意识形态概念的中性化趋势存在两条路向：一条是列宁开启的马克思主义传统；另一条是以曼海姆为代表的非马克思主义传统。列宁并没有受到《德意志意识形态》文本的影响，而是更多的从无产阶级政治实践角度来研究意识形态。一方面，无产阶级政党需要先进的科学理论武装自己，指导工人运动。另一方面，无产阶级政权的建设也需要意识形态进行合法性建构。列宁的意识形态理论主要有三个重要方面。

第一，将否定性的意识形态概念中性化，重新厘定了意识形态批判的"规范标准"。列宁剥离了意识形态的否定性内容，将其理解为任何阶级集团都拥有的政治思想或阶级意识。包括无产阶级在内的每个阶级都有自己的意识形态立场，不同阶级之间存在着意识形态斗争。在否定性意识形态那里，人们根据其内在的标准（虚幻意识、维护统治、掩饰矛盾等）评价某种思想观念。在中性化的语境中，并不是说不存在"批判维度"，而是说批判的标准从内部转化为外部的阶级标准了。比如，列宁批判资产阶级意识形态的虚假性，并不因为它是意识形态所以就注定是虚假的，而是根源于资产阶级的特殊利益和狭隘的阶级偏见。

第二，强调意识形态的"战斗功能"。剥离否定性内涵，随之而来的就是对意识形态功能的肯定。列宁认为，工人阶级需要科学的理论武装，在与资产阶级的斗争中，要充分发挥社会主义意识形态的战斗功能。并且，工人阶级不能自发产生科学理论，所以需要从外部向工人灌输科学社会主义思想。

第三，提出了无产阶级或社会主义的意识形态概念。"或者是资产阶级的思想体系，或者是社会主义的思想体系。这里中间的东西是没有的。"① 并且，由于无产阶级意识形态与客观实际相符合，所以它是"科学的意识形态"。"任何科学的思想体系（例如不同于宗教的思想体系）都和客观真理、绝对自然相符合，这是无条件的。"② 我们常说的社会主义意识形态建设就是以"科学的意识形态"概念为前提的。

与列宁一样，一些西方马克思主义者也是将意识形态概念中性化。他们普遍反对经济决定论，认为意识形态不再是"软弱无力"地反映社会现实，而是一种积极力量，他们对意识形态的肯定性内涵及其"建构逻辑"保持理论上的敏锐性。

卢卡奇完全从阶级意识来界定意识形态。资本主义社会是一个物化社会，

---

① 《列宁选集》第 1 卷，人民出版社，1995，第 326 页。
② 《列宁选集》第 2 卷，人民出版社，1995，第 96 页。

物化结构沉浸于人们的意志之中，形成物化意识。作为资产阶级意识形态，物化意识控制着人们的思想，使人们成为物的奴隶。不可避免，无产阶级也受到物化结构影响，也产生了物化意识，所以，无产阶级要实现革命的胜利，需要激发自己的阶级意识，摆脱资产阶级意识形态的束缚。"只有无产阶级的自觉意志才能使人类免遭灾祸。换言之，当资本主义的经济危机击中资本主义时，革命的命运（以及与此相关联的是人类的命运）要取决于无产阶级在意识形态上的成熟程度，即取决于它的阶级意识。"[1]

在将意识形态概念中性化的思想史中，葛兰西取得了最富有创意的成果。他通过"随意的意识形态"与"有机的意识形态"的概念区分，放弃了意识形态的否定用法。意识形态被界定为特定社会集团或阶级的"思想体系"（system of ideas）和"世界观"，它能够为社会行动提供导向或指南，具有组织民众的能力。葛兰西主要从三个方面论述了意识形态的肯定性维度和建构逻辑。一是意识形态的"黏合剂"作用。葛兰西批判对意识形态的经济还原论解释模式，认为意识形态具有社会"黏合剂"的功用，它是能够整合秩序的"社会水泥"。二是意识形态的领导权。"一个社会集团的霸权地位表现在以下两个方面，即'统治'和'智识与道德的领导权'。"[2] 后者就是意识形态领导权，其基本内涵是：某个社会集团（包括处于统治地位的，也包括处于被统治地位的），运用宣传、教育等文化手段，争取其他社会集团的认同，以达到维护或扩张自身权力的目的。意识形态领导权的根本特征是"同意"。资产阶级统治的重要形式就是掌握文化领导权，取得来自被统治阶级的"同意"；无产阶级要取得政权，就必须掌握市民社会的领导权，消解资产阶级统治的合法性，让民众"同意"其未来所建构的社会秩序。三是意识形态建构的主体即知识分子。意识形态的建构、文化领导权的实施都离不开知识分子的作用。为了获取霸权，特定社会集团要拥有自己的知识分子

---

① 卢卡奇：《历史与阶级意识——关于马克思主义辩证法的研究》，杜章智等译，商务印书馆，1996，第129页。

② 葛兰西：《狱中札记》，曹雷雨等译，中国社会科学出版社，2000，第38页。

团队，进而阐释、调适和传播自身的世界观。"霸权的扩展同时就是世界观持续构造和再造的过程，也是知识分子队伍持续不断的组建和重组的过程。"①

阿尔都塞对意识形态的态度是暧昧的，但他在意识形态与主体关系问题上采用了中性化的内涵。意识形态不是无意义的个人幻想，而是对社会秩序的建构，对再生产起着积极作用。他认为，意识形态对个体实现着"召唤"功能，把个体"建构"成屈从于既定统治系统的主体。"所有意识形态的功能（这种功能定义了意识形态本身）就在于把具体的个人'构成'为主体。"② 社会秩序的建构需要"屈从主体"，而这恰恰是意识形态建构起来的。当然，阿尔都塞放弃了否定性意识形态概念，通过召唤机制，意识形态可以将个人建构为"屈从主体"，也可以是"英勇主体"。资产阶级意识形态建构的是前者，无产阶级意识形态建构的是后者，即反对资本主义既定秩序的革命主体。在这里，意识形态对主体的建构，主要还是阶级召唤，到了拉克劳那里，则转换为大众民主的召唤。但不管怎样，"召唤"机制鲜明表征了描述意义的意识形态的建构功能。

因此，从认识论角度来看中性化意识形态，可将它定位为"观念的上层建筑"，是关于经济和政治生活的反映体系，与虚假意识没有必然关联；从功能学角度来看，任何阶级都有自己的意识形态，并为之辩护；从发生学角度，意识形态发挥自身社会功能的途径或载体不一定是有意欺骗、掩饰矛盾等"扭曲机制"，还可以有其他"客观"方式，如思想灌输、文化霸权等。这三个方面所呈现出来的，都是意识形态所具有的建构逻辑。建构逻辑意味着，任何阶级以及社会集团都可以根据自己的利益和诉求，主动建构自己的意识形态，都可以发挥意识形态在维护自身利益、辩护政治主张等方面的建设性功能。

---

① 乔治·拉雷恩：《马克思主义与意识形态：马克思主义意识形态论研究》，张秀琴译，北京师范大学出版社，2013，第91页。

② 阿尔都塞：《哲学与政治：阿尔都塞读本》，陈越编译，吉林人民出版社，2003，第361页。

三　从否定性到肯定性：意识形态的现实建构

任何理论都要随着时代的变迁而不断发展。坚持"实践优先"逻辑的马克思主义尤为如此。马克思恩格斯所处的时代，决定了他们更突出意识形态的否定性内涵，强调它的批判性和革命性逻辑，致力于揭示资产阶级意识形态的特殊性和虚假性。在建立了第一个无产阶级专政的国家之后，列宁在社会主义建设的实践中，探索意识形态的建设规律。他的中性化的意识形态概念奠定了社会主义意识形态建设的理论前提。在实践探索中，他意识到，必须改变革命战争时期的某些思维和做法，需要尊重社会主义建设规律，社会主义意识形态工作必须进行立场转变：从革命时期的破坏性立场转变为积极的建设性立场，要"从为政治和军事服务转到经济建设的轨道上来"①。致力于阶级斗争、革命与反革命博弈的意识形态，要发挥自身的"建构性功能"："整个共产主义宣传归根到底要落实到实际指导国家建设。"②

改革开放以来，时代主题的变换、工作重心的转移，特别是党的历史方位的转变等都对传统的意识形态提出了挑战。在新的条件下，建构适宜的意识形态，充分发挥意识形态的效应，一个重要前提就是对意识形态概念理解的转变：从否定性到肯定性。③ 从"肯定性"逻辑把握主流意识形态，需要坚持有效性原则和合法性原则的有机统一。有效性原则要求意识形态在理论建构过程中从社会客观实际出发，正确地反映社会经济生活，尤其是对它的变迁作出合理有效的解释。合法性原则要求执政党的意识形态工作着眼于政治认同，充分发挥意识形态的积极的社会功能，从而维护执政党的利益和社会秩序。如果说意识形态的"理论阐释"侧重于有效性原则，那么"功能释放"则侧重于合法性原则。

---

① 《列宁选集》第4卷，人民出版社，1995，第350页。
② 《列宁选集》第4卷，人民出版社，1995，第309页。
③ "肯定性"还是意味着在中性意义上把握意识形态的含义，只不过要强调主流意识形态即社会主义意识形态的"肯定性"内涵，更加突出其积极的政治社会功能。

（一）"理论阐释"

在否定性语境中，意识形态总是与唯心主义联系在一起。而在中性化语境下，意识形态并不必然是虚假的。美国著名意识形态理论家古尔德纳认为，为了发挥社会效用，意识形态不一定要采取"虚假意识"形式，也可以是合理解释现实的"理性话语"。并且，意识形态只有提供人们对现实生活的合理解释，才能获得民众的认同。诺思曾精辟地指出："大凡成功的意识形态必须是灵活的，以便能得到新的团体的忠诚拥护，或者作为外在条件变化的结果而得到旧团体的忠诚拥护。"① 意识形态是一种思想观念系统，它为社会和民众提供认知图式，进而解释社会及其变迁。

具体到当代中国语境，主流意识形态需要不断增强自身的灵活性，提高自我调适能力，提升社会解释力。主流意识形态必须能对转型中的中国、变化中的世界作出有效的解释与说明。着眼于批判资本主义的传统话语（比如"阶级斗争""剥削""剩余价值""批私斗修""战争与革命"等）无法有效地解释当代中国的社会现实，主流意识形态在理论阐释上需要实现从"革命话语"到"建设话语"、从"批判话语"到"建构话语"的转型。当代中国转型最重要的方面就是从计划经济到市场经济的转型，由此，主流意识形态核心的理论阐释就是建构一套能够反映并有效引导"社会主义市场经济"的话语体系。

（二）"功能释放"

在否定性框架下，意识形态要么是经济关系的"函数"，没有任何作用可言；要么是社会生活的虚幻物，发挥着掩盖社会矛盾的消极功能。在肯定性逻辑下，意识形态是能够反作用于经济生活和政治生活的，特别是行之有效的意识形态具有经济促进导向、政治维护导向以及文化建构导向等社会功能。在中性，甚至肯定性逻辑中理解意识形态的功能，关键是把握意识形态在政治合法性上的建构功能。合法性（Legitimacy）

---

① 道格拉斯·C. 诺思：《经济史中的结构变迁》，陈郁等译，上海三联书店、上海人民出版社，1994，第58页。

是政治学和社会学研究的重要主题。李普塞特认为："合法性意味着政体具备提出并维持一种信念——现有的政治制度是最适合所在社会的制度——的能力。"① 可见，合法性是任何一种统治或政治共同体持存的基础。合法性的来源是多方面的，但主要是绩效、法律和意识形态。在当代中国，随着经济增长带来的绩效合法性日益削减（亨廷顿概括为"政绩困局"），意识形态（以及法律）具有的合法性作用越来越重要。所以，中国共产党维护和拓展执政合法性，需要发挥意识形态的主动"建构"功能。在当代中国，着眼于执政合法性的意识形态建构，就是要充分论证和宣传中国共产党执政的有效性与合法性。从执政党与社会发展的关系看，这样的合法性建构可以从动力、平衡和引导三个方面入手。第一，充分论证和宣传中国共产党解放和发展社会生产力，为社会发展提供强大动力的能力。第二，充分论证和宣传中国共产党化解社会冲突、解决社会矛盾，进而维护社会稳定的强大的平衡协调能力。第三，充分论证和宣传中国共产党在倡导和践行核心价值、道德规范等方面的强大的引导能力。从执政党与民众关系看，这样的合法性建构需要着眼于"党与人民利益的一致性"，充分论证和宣传执政党的人民性。合法性归根结底是民众对执政党的政治认同，而政治认同的基础就是执政党代表民众利益，并且能有效地维护，甚至拓展民众利益。当前意识形态的合法性建构的一项重要任务就是通过有效宣传解决"塔西佗陷阱"，提升执政党的公信力。

在执政条件下，强化意识形态的合法性建构功能，并不意味着否定性意识形态的理论效用完全丧失。事实上，否定性意识形态中的诸多理论要素都可以在意识形态建构中发挥积极作用。比如，在否定性逻辑下，掩盖或否定社会矛盾成为界定意识形态的内在标准，这一点可以被"创造性转化"。无论在否定性语境中，还是中性化逻辑下，社会矛盾的处理机制是意识形态发挥功能的重要途径或载体。社会主义意识形态不一定通过掩盖或否定矛盾来维护秩序，但可以通过合理解释、有效调节等方式来处理、整合社会矛盾，从而达到维护秩序和辩护既定主张的意图。

① 西摩·马丁·李普塞特：《政治人：政治的社会基础》，郭为桂、林娜译，江苏人民出版社，2013，第51页。

马克思道德概念的两种理解[*]

——基于《共产党宣言》的分析

王　巍

近年来，对马克思的道德思想和道德理论的解读，成为学界长期关注且备受争议的话题。对马克思道德观是否存在的争论更成为一个学术热点话题。一些西方学者指出，马克思根本就没有道德理论。例如，艾伦·W. 伍德就认为，马克思是一个"非道德主义者"[①]。而苏巴特则说："马克思理论以及其反伦理倾向而区别于其他任何社会理论，马克思理论自始至终没有任何伦理言论、伦理命题和伦理预设。"[②] 与之相反，有学者则认为，道德问题一直是马克思探讨的中心问题之一，从中学毕业论文中"为人类谋利益而劳动"的目标开始，马克思的思考中始终贯穿着对资本主义的道德批判和对人类未来美好道德的追求。

为了回应这些争论，廓清马克思道德概念的迷雾，本文依据对马克思道德概念的广义和狭义区分这一框架，基于《共产党宣言》的文本解读，驳斥那些认为"马克思不讲道德"的观点，从文本解读和思想研究的双重角度证明，马克思拒斥一切狭义的道德，而坚持广义的道德。

---

[*] 国家社科基金青年项目"历史唯物主义视域下的资本逻辑批判研究"（13CZX011）、"中央党校人才强校专项基金"优秀教研人才资助项目的阶段性成果。本文原载于《江西社会科学》2016 年第 7 期，收入本书时有改动。

[①] 艾伦·W. 伍德：《作为意识形态的道德——马克思关于道德的思想》，张娜、林进平译，《国外理论动态》2018 年第 5 期。

[②] 凯·尼尔森：《正义之争：马克思主义的非道德主义与道德主义》；林进平等译，《马克思主义与现实》2009 年第 6 期。

一 道德的广义和狭义理解

尽管"道德"这个概念在日常生活中被广泛使用，但它在哲学上的意义却需要细加辨明。在西方哲学史中，对道德有广义与狭义两种不同的理解。

按照广义的理解，道德是人类生活中涉及人的终极幸福的方方面面的总和，这种道德观念是古希腊伦理学对道德的典型看法。例如在与柏拉图的对话中，苏格拉底直接关注的道德哲学问题就是人应当如何生活才能获得幸福。按照狭义的理解，道德只涉及人类生活中的一个方面，它与义务的概念结合在一起，用以评价和规范人的某些行为，而道德的善恶就在于人的行为是否符合特定的义务。这是以康德为典型代表的近代道德哲学的一个基本特征。按照狭义的理解，人们在道德的善和恶之外，还有自然的善与恶，例如学识渊博、身体健康、生活舒适等都是自然的善，而愚昧无知、体弱多病、生活困苦则都是自然的恶。

从广义和狭义的区分来分析马克思的道德概念，可以看出，马克思在批判"道德一般"时是从狭义上理解道德的，否则当他宣称要"废除宗教、道德"① 时，他就同时废除了人类追求幸福的全部可能的基础，而这无疑与马克思哲学的理论主题相悖。然而，在谈到对未来社会的美好展望时，马克思提及的道德哲学问题又似乎要从广义上理解，因为正如马克思那句脍炙人口的名言所说，他最终所要实现的目标是"一切人的自由发展"②，而这一点显然不能纳入以义务为核心概念的狭义道德观中。

对此，著名的马克思主义研究专家同时也是近代道德哲学史的研究专家伍德在其题为《卡尔·马克思》的专著中，首先也明确提出了这两种道德观念的区分，并将讨论限制在狭义的道德概念上，进而将"人的自由发展"这样的理想看作非道德的③。然而，笔者认为他的这种处理

---

① 《马克思恩格斯选集》第 1 卷，人民出版社，2012，第 420 页。
② 《马克思恩格斯选集》第 1 卷，人民出版社，2012，第 422 页。
③ Allen Wood, *Karl Marx*, London：Routledge Press, 2004, p. 128.

是有问题的，因为作为一种理想的"人的自由发展"是与马克思在前面对道德本性的思考密切相关的，因而必须将其视为一种道德理想，是马克思道德理论的自然延伸。更为重要的是，马克思本人曾经指出，共产主义将是康德的目的王国的化身①，而"每个人的自由发展是一切人的自由发展的条件"② 这一命题显然与康德关于目的王国的学说有很大的亲缘性。因此，如果把康德的这一理论看作其道德哲学中不可或缺的一部分（这是研究康德哲学的所有学者公认的），那么就必须把马克思的这一观点也纳入他关于道德问题的讨论中。下文以《共产党宣言》为例，将在不同的地方考察马克思对道德的多个层次的理解，并试图表明广义与狭义这两种道德的区分对于准确理解马克思关于道德的思考有着极为重要的意义。

二 《共产党宣言》中的两种道德概念

在《共产党宣言》中，一方面，马克思对构成资本主义市民社会基础的财产、家庭，以及与之相关的民族国家和道德、宗教等方面进行了彻底批判，另一方面也展望无产阶级革命成功后的未来前景。本部分以对道德问题的思考为线索，考察《共产党宣言》中对资本主义的批判和对共产主义的展望时所提出的种种主张和论证，分析其中关于道德问题的广义与狭义的双重理解。

《共产党宣言》对道德的思考是多方面的，可以说是一个"艺术的整体"。首先，马克思给出了一个一般性的理论奠基，然后在此基础上分别考察了在历史发展中逐次出现和将要出现的具体道德形态，从而形成对历史发展的科学预测和对当时工人运动的实际指导，另外又反过来印证了他关于道德的一般性理论。这样，对马克思的文本本身的分析就构成了对他关于道德学说的体系性的重构。

---

① 阿拉斯代尔·麦金太尔：《伦理学简史》，龚群译，商务印书馆，2003，第282页。
② 《马克思恩格斯选集》第1卷，人民出版社，2012，第422页。

（一）道德的本性、基础和阶级性

与以往所有的道德哲学家不同，马克思的思想是全新的、革命性的。用他自己的话说："共产主义革命就是同传统的所有制关系实行最彻底的决裂；毫不奇怪，它在自己的发展进程中要同传统的观念实行最彻底的决裂。"① 以往的哲学家试图通过各种方式来为道德奠定基础，而用于奠基的这些概念也就成了这些哲学家的道德理论的核心。如亚里士多德将"德性"看作伦理学的核心概念，以各种德性为基础来思考人的幸福问题；中世纪以来自然法的思想又在道德哲学中居于核心地位，按照这种思想，每个人心中都普遍具备关于善与恶的一般观念，凭借着这些观念，人们能够认识哪些行为在道德上是合法的，哪些是不合法的；到了近代早期，契约论的思想又产生了很大影响，持这种观点的哲学家把他们设想的人与人之间从原始状态走向文明的过程中不可或缺的订立契约的行为看作道德的基础，并以此为模型来解释各种道德现象存在的合理性；康德第一次系统地提出了义务论伦理学，把道德的全部基础都建立在人的理性上，将人的自由，也就是自我规定，看作道德法则的根据，而这一条道德法则就决定了人类所应遵守的各种道德义务。除此之外，功利主义的道德哲学也是传统伦理学的一种重要理论，按照这种观点，道德上的善被等同于多数人的最大利益；与之有些类似，但实则并不相同的一种立场是快乐主义，坚持这种立场，道德上的善是人的最大的（感性）快乐。

尽管这些立场千差万别，而且持有相同立场的不同哲学家之间的观点也莫衷一是，但他们共同的认识在于：人类的道德都是普遍的，都奠定在一个对全人类来说都是共同的基础上，从这个基础出发，人们就能建立一套放之四海而皆准的道德规范。马克思与这种观点的彻底决裂最突出的表现在他实际上否认了这样一种普遍的道德规范的可能性："人们的观念、观点和概念，一句话，人们的意识，随着人们的生活条件、人们的社会关系、人们的社会存在的改变而改变，这难道需要经过深思

---

① 《马克思恩格斯选集》第 1 卷，人民出版社，2012，第 421 页。

才能了解吗?"① 换言之,道德,作为(马克思的意义上)人类意识的一个方面,是会随着社会状况的改变而改变的,而绝非什么普遍的、永恒的东西。这表面上看起来是一种很常见的道德相对主义的理论,似乎并没有任何新的、独创性的观点,因为早在古希腊的史学家希罗多德那里就明确提出了"习俗就是君王"这一著名论断。不过,在细加分析之后就可以看到,马克思的观点实际上与这些相对主义的论断完全不同,在相对主义者完全否认道德的共同基础的时候,马克思却保留了它。

紧接着上面那句话,马克思继续反问道:"思想的历史除了证明精神生产随着物质生产的改造而改造,还证明了什么呢?"② 道德,作为人类精神生产的一种产物,其现实基础实际上就在于人的物质生产上。由于这个基础不是永恒不变的,而是随着人类历史的发展不断变化、不断演进的,因此建立在它之上的道德也是会随着它的改变而改变,随着它的发展而发展的。我们知道,马克思毕生追求的一个重要目标就是揭示人类物质生产的一般规律以及这一规律在历史发展过程中的各种表现。如果他成功地完成了这一目标,那么就能够认识作为道德基础的物质生产的发展规律,从而也就能够在此基础上对道德的变化与发展的规律作出科学的把握。

如果说传统的伦理学给道德披上了一层永恒的、神圣的外衣,而相对主义的道德观则使道德陷入了偶然的、随意的、不可知论的泥沼,那么马克思的道德观则创造性地在这二者之间找到了一个全新的立场:他一方面拒斥了在前者看来永恒不变的道德基础,另一方面又不同于后者彻底取消任何基础而使道德变成纯粹偶然的东西。马克思最终把道德放入"社会—历史"不断发展的框架中,为理解道德提供了一个崭新的视域。这一视域不是别的,就是我们耳熟能详的历史唯物主义。按照这种理论,对道德的任何说明和辩护都必须以物质生产的历史过程中的特定阶段为基础来展开,这就很自然地引向了下面要考察的主题。

---

① 《马克思恩格斯选集》第 1 卷,人民出版社,2012,第 419~420 页。
② 《马克思恩格斯选集》第 1 卷,人民出版社,2012,第 420 页。

（二）资产阶级道德的特点

在《共产党宣言》中，马克思辩证地看待了资产阶级在历史发展中的地位和作用。在指出资本主义必将灭亡的同时，马克思也肯定了"资产阶级在历史上曾经起过非常革命的作用"①。他将资产阶级不同于过去一切时代的特征归纳为："生产的不断变革，一切社会状况不停的动荡，永远的不安定和变动。"② 这就是说，在资本主义社会里，作为道德基础的物质生产与以往一切时代相比，其发生变化的程度和频率都要大得多。正是因为这一点，资产阶级在道德、宗教和政治等领域相比之前中世纪的封建社会有了翻天覆地的变化。

对于这种改变，马克思深刻地指出："一切固定的僵化的关系以及与之相适应的素被尊崇的观念和见解都被消除了，一切新形成的关系等不到固定下来就陈旧了。一切等级的和固定的东西都烟消云散了，一切神圣的东西都被亵渎了。"③ 资产阶级的革命性在这些方面都充分展示出来，它破除旧的、披着神圣的宗教外衣的腐朽的道德秩序，建立新的、世俗化的、反等级制的道德信条，并让人们从神命论的阴影下走出，赋予人以独立自主的地位，凭借自身的力量去增进自己的利益。正是以此为前提，资产阶级才能充分发挥自己的能力创造越来越多的财富，才能充分发展潜在于人类社会中的生产力，最终创造出人类历史中的一个伟大奇迹："资产阶级在它的不到一百年的阶级统治中所创造的生产力，比过去一切世代创造的全部生产力还要多，还要大。"④

由于资产阶级对生产力发展的巨大推动作用，马克思断定它是革命的，但与此同时，马克思也看到了伴随着这种生产力的飞速发展出现的严重问题。由于资产阶级把他们的新道德建立在世俗化的个人自由的基础上，而对于世俗化的个人来说，财产权又构成他的极为重要乃至本质性的一个特征（这一点在下文中还会谈及），因而增进自己的财富利益

---

① 《马克思恩格斯选集》第 1 卷，人民出版社，2012，第 402 页。
② 《马克思恩格斯选集》第 1 卷，人民出版社，2012，第 403 页。
③ 《马克思恩格斯选集》第 1 卷，人民出版社，2012，第 403 页。
④ 《马克思恩格斯选集》第 1 卷，人民出版社，2012，第 405 页。

就不可避免地成为资产阶级中每一个个体所必须追求的目标，其他一切社会关系也都要围绕这个目标建立起来。在这种情况下，资产阶级要拒绝其他一切可能的道德基础，"把宗教虔诚、骑士热忱、小市民伤感这些情感的神圣发作，淹没在利己主义打算的冰水之中"，最终"用公开的、无耻的、直接的、露骨的剥削代替了由宗教幻想和政治幻想掩盖着的剥削"①。正是通过这些剥削，资产阶级才积累起了它拥有的巨大物质财富，促成了资本主义社会中生产力的巨大发展。

马克思在描述资产阶级的这种剥削时似乎充满了不满与激愤。但必须看到，资产阶级在这样做的时候并没有任何不道德的行为，恰恰相反，其中一些正直的、善良的资本家的行为实际上是最符合当时的道德规范的，而按照历史唯物主义的理论，这一现象的根源就在于，无论是人们通常认可的道德准则，还是哲学家们通过思辨而构造出来的道德体系，都与当时实际的社会生产密不可分，因此，谁更好地适应了物质生产的发展，谁同时就实现了当时人们对道德的要求。诚然，在资产阶级中也会有一些不法的、不符合当时道德规范的人获取了巨大的商业利益，但这仅仅表明，遵守当时的道德规范并不是在所有具体情况下总能带来更多、更大的利益，却并不表明就整个资产阶级总体来看，其道德规范不是与增进其利益相一致的。② 事实上，按照许多道德哲学家（尤其是功利主义者们）的思考，只有当每个人都按照他们所设想的那种道德标准来行动时，整个社会的财富才会得到最大限度的增加。因此，总的来说，资产阶级的道德是适应当时的社会发展的，与中世纪的道德相比是革命的，而资本家对工人的剥削在一般情况下也不是不道德的。

但无法否认的是，资本主义给工人带来了深重的苦难，面对这种苦难，马克思对资本主义发起了猛烈的攻击。③ 不过这种攻击不是道德上的，尽管马克思在批判中常常指责各种人道德上的败坏，但他对资本主义的总的批判却不是基于道德的立场，因为那样他就必须接受一种资产

---

① 《马克思恩格斯选集》第1卷，人民出版社，2012，第403页。
② 《马克思恩格斯选集》第1卷，人民出版社，2012，第127~161页。
③ 贺汉魂、许银英：《现代视域下马克思劳动正义思想的根本维度与基本内容探析》，《求实》2015年第11期。

阶级发明并认可的道德语词，却不能对这一语词的发明者——资产阶级本身展开充分的批判。他批判的对象毋宁是资产阶级的道德规范本身，而随着对作为资本主义社会的基础的道德秩序的批判的完成，蕴含在资本主义社会中的各种问题也就暴露无遗了。下面就来考察一下马克思的这些批判是如何进行的。

（三）对资产阶级道德的批判

马克思用一句话对资本主义的问题作出了深刻诊断："你们（指资产阶级——引者注）的利己观念使你们把自己的生产关系和所有制关系从历史的、在生产过程中是暂时的关系变成永恒的自然规律和理性规律，这种利己观念是你们和一切灭亡了的统治阶级所共有的。"① 正如在前面论述马克思对道德基础的思考时已经指出的，资产阶级的哲学家们努力为道德寻求一个根本的、普遍的基础，但他们的这一努力是注定要失败的，因为用作调节人与人之间关系的道德是由在特定历史条件下人类社会的物质生产状况决定的。这是历史唯物主义导出的直接结论，按照这一结论，一切特定的道德规范都是暂时的，是要发展变化的；它们绝不是从人类普遍的理性中直接导出的永恒真理，而是人们在特定的生产条件下为了适应生产力的发展而建构起来的一套有效规范。

除了从总体上批判一切追求普遍永恒的道德原则的理论，马克思又特别批判了资产阶级道德中的几个核心的具体问题：财产、家庭、民族国家以及道德和宗教。按照上面的区分，这里谈到的道德是狭义上的道德，而这几个问题则全都包括在广义道德的范围内。在对这几个方面的具体批判中，马克思将重心明显放在了对财产，即资产阶级所有权的批判上，并把这一批判看作其他几个批判的基础。他说："共产党人可以把自己的理论概括为一句话：消灭私有制。"② 可见，在马克思看来，所有制问题是共产主义与资本主义决裂的关键所在，人类道德生活的一切方面（即广义的道德）都取决于这一点。这与他对黑格尔的理解和批判

① 《马克思恩格斯选集》第 1 卷，人民出版社，2012，第 417 页。
② 《马克思恩格斯选集》第 1 卷，人民出版社，2012，第 414 页。

是分不开的。在《法哲学原理》中，黑格尔认为："人为了作为理念而存在，必须给他的自由以外部的领域。"① 这里所说的"外部的领域"指的就是人所拥有的财产。不久他又说："人惟有在所有权中才是作为理性而存在的。"② 由于篇幅和主题的限制，在这里不可能对黑格尔关于所有权的理论作出详细评析，但至少可以看到，在他那里，所有权对于人作为一个道德的存在者必须具备的基本特征——自由和理性——来说，具有本质性的重要意义：没有了所有权，人便不能在社会中确立他的地位，从而也就丧失了其道德生活的全部基础。

马克思在谈到资产阶级的道德哲学家对他的理论进行攻击时，也强调了私有财产对资产阶级道德的重要性："有人责备我们共产党人，说我们要消灭个人挣得的、自己劳动得来的财产，要消灭构成个人的一切自由、活动和独立的基础的财产。"③ 面对这种指控，马克思针锋相对地指出："在资产阶级社会里，资本具有独立性和个性，而活动着的个人却没有独立性和个性。"④ 在马克思看来，在资产阶级社会里人发生了严重的异化，本来是直接地属于活生生的人的独立性，却必须借助物而建立起来。而自由，这一资产阶级的道德哲学家宣称为全人类所普遍拥有的东西，实际上也被局限在资产阶级内部。资产阶级"把人的尊严变成了交换价值，用一种没有良心的贸易自由代替了无数特许的和自力挣得的自由"⑤。这就表明，当资产阶级打破将自由封闭在少数封建贵族范围内的铁栏杆时，旋即又将自由仅仅局限在他们内部之中。他们凭借着资本在贸易中获得独立自主的地位，而与此同时，离开了资本的人本身则失去了这一地位。这就是造成资产阶级社会里工人生活苦难的根源，而要使工人们摆脱这种苦难，使自由和独立重新回到人之为人本身，就必须打破这种以资本为逻辑的社会制度，即消灭私有制。

可以看到，在这里的论证中，马克思实际上是把一般的个人财产与

① 黑格尔：《法哲学原理》，范扬、张企泰译，商务印书馆，1961，第50页。
② 黑格尔：《法哲学原理》，范扬、张企泰译，商务印书馆，1961，第50页。
③ 《马克思恩格斯选集》第1卷，人民出版社，2012，第414页。
④ 《马克思恩格斯选集》第1卷，人民出版社，2012，第415页。
⑤ 《马克思恩格斯选集》第1卷，人民出版社，2012，第403页。

资本等同起来，而他自己也为这种做法提出了一些理由。他认为，这里所说的个人财产归根结底指的是现代资产阶级的私有财产，而在雇佣劳动的过程中，这种私有财产就直接表现为资本。由于篇幅的限制，这里的考察只能集中在《共产党宣言》对财产的批判上，不过正如上面的分析揭示的那样，根据历史唯物主义的一般学说，很容易理解其他几个批判。

（四）共产主义社会的道德理想

在第二节末尾，马克思用那句脍炙人口的名言表明了他对共产主义社会的道德理想的美好展望："代替那存在着阶级和阶级对立的资产阶级旧社会的，将是这样一个联合体，在那里，每个人的自由发展是一切人的自由发展的条件。"① 尽管很多学者都认为人的自由全面发展是马克思主义的理论主题，但在《共产党宣言》中，马克思似乎只是提出这一主张，而并没通过具体论证来说明这一点。因此，在理解这句话时首先必须根据马克思全部思想发展的一般线索来对它进行适当的定位，然后再在一种特定的框架内对其加以解释。这里，我们从道德问题的视角来阐发。

马克思拒斥一切永恒的、普遍的道德真理，但并没有陷入相对主义的泥沼，乃是因为他在种种特定的道德的标准之外，找到了一个绝对的、历史的标准，即人类自由的发展和自我实现，在马克思看来，这种发展和人类社会中生产力的发展息息相关，后者是前者实现的基础。正是由于这个标准的确立，使得一切（狭义上的）道德标准都变成了暂时的、依赖于特定历史条件的东西。而这一标准同时又代表着一个终极的（广义上的）道德理想，那就是人本身的独立、自由的发展，人类从各种异化状态向人性自身的回归。这一理想本身并不能等同于任何特定的、狭义上的道德规范，我们永远不能先天地根据它来导出任何永恒的、绝对必然的道德准则；但另外，作为广义上的道德理想，它乃是整个人类发展的最终走向，是人类实现自身幸福的终极归趋。

---

① 《马克思恩格斯选集》第 1 卷，人民出版社，2012，第 422 页。

总之，借助于两种意义上的道德的区分，可以看到马克思在拒斥一切狭义道德的永恒必然性的同时，赋予道德以广义的最高意义：人的自由发展。而他对共产主义的道德理想的展望恰恰就表现了这种最高的道德意义，这即是说，共产主义的实现是必然地与决定人类社会生活的基本秩序（即广义上的道德）发展的根本原则相一致的，换言之，这也就表明了共产主义实现的必然性。

三　马克思道德概念的准确内涵

按照本文第二部分的解释，一方面可以对马克思在《共产党宣言》中的核心论题——"两个必然"——有一个更加清楚的认识（而非仅仅停留在主张或口号上），另一方面也可以客观全面地看待其中的一些容易引起争论的语句。例如："共产主义要废除永恒真理，它要废除宗教、道德，而不是加以革新，所以共产主义是同至今的全部历史发展相矛盾的。"① 从字面上看，这里的意思似乎是说共产主义再也不需要任何道德了——不仅仅是不需要过去的某种特定的旧道德，因为如果是那样的话，共产主义者们要做的就只有革新了；共产主义否定的是道德一般，但人们很难设想的是，在马克思那里，理想的社会竟然要处于一种无道德、无政府的状态中，人的社会生活竟然要脱离一切调节和约束——事实上，这绝不是马克思本人的观点。正如肖恩·塞耶斯所言，马克思重视的是历史地研究道德而不是道德地研究历史②。在他看来，一般道德观念（即本文语境下的狭义道德概念）和基于道德观念的平等、公正等道德原则本身应被视为一种历史现象、意识形态以及特定社会条件的产物与反映。

在人类有史以来的阶级社会中，只有具体的、历史的、反映一定阶级利益的道德观念和道德原则，而没有抽象的、永恒的和超越阶级利益

① 《马克思恩格斯选集》第1卷，人民出版社，2012，第420页。
② 肖恩·塞耶斯：《分析马克思主义与道德》，载罗伯特·韦尔、凯·尼尔森编《分析马克思主义新论》，鲁克俭等译，中国人民大学出版社，2002，第71页。

的道德观念和原则。正因为狭义的道德观念和道德原则的非基础性和历史性，马克思拒绝在研究社会结构组成与历史发展过程中诉诸任何抽象的道德观念和原则，而是从历史本身发展的过程中去考察历史本身，这不仅体现在对资本主义社会的考察中，也体现在对社会主义和共产主义思想的探讨中。因此，在马克思看来，共产主义就不是一种简单矗立于未来的有待实现的道德理想，而是一种处于现今资本主义社会各种力量矛盾作用结果之中并将逐渐取代资本主义的一个具体历史阶段："共产主义对我们来说不是应当确立的状况，不是现实应当与之相适应的理想。我们所称为共产主义的是那种消灭现存状况的现实的运动。"①

因此，马克思欲废除的只是狭义上的道德，这种道德把某种特定的规范宣称为永恒的、神圣的真理，而实质上则只是服务于某个特定阶级的利益。但是，马克思决不否认广义上的道德在人类生活中的地位，因为在那里面包含了人类追求自由与幸福的整个历史发展的根本原理和终极目标："从直接生活的物质生产出发阐述现实的生产过程，把同这种生产方式相联系的、它所产生的交往形式即各个不同阶段上的市民社会理解为整个历史的基础；从市民社会作为国家的活动描述市民社会，同时从市民社会出发阐明意识的所有各种不同的理论产物和形式，如宗教、哲学、道德等等，而且追溯它们产生的过程。"②

因此，对于从狭义道德观念以及依靠这种道德观念所蕴含的平等、正义理念来理解社会发展和历史进程的做法，马克思在理论和实践层面均持一种强烈的批判态度。这不仅包括早期的对于黑格尔法哲学中伦理国家观的批判，也包括对于青年黑格尔派尤其是"真正的社会主义者"企图以抽象的脱离具体社会历史条件的道德观念来实现理想社会的批判；不仅包括对于费尔巴哈式的诉诸抽象的人的类本质的爱来实现人的发展与社会改造的唯心主义倾向，也包括对蒲鲁东的小资产阶级式的诉诸抽象的平等、公正概念来实现社会主义的不彻底性的批判；不仅包括对早期空想社会主义者诉诸朴素的、抽象的道德理想来追求未来美好社会的

---

① 《马克思恩格斯选集》第 1 卷，人民出版社，2012，第 166 页。
② 《马克思恩格斯选集》第 1 卷，人民出版社，2012，第 171 页。

同情性批判，也包括对拉萨尔等社会民主主义者希求通过简单的分配平等，而不是更根本地彻底改造不合理的生产关系与生产结构来追求公平、正义的激烈批判。

综上，通过这一"破"一"立"，马克思并没有成为一个"非道德主义者"，相反，其成功地建立起了自己独树一帜的道德哲学，为人们对道德问题的思考拓展了一个崭新维度。

第五编　社会主义

把社会主义置于现实基础之上[*]

——读恩格斯《社会主义从空想到科学的发展》

牛先锋　张　逊

以 1516 年莫尔的《乌托邦》发表为标志，社会主义距今已经有 500 多年的历史。在这长达 500 余年的历史中，大部分时间社会主义呈现为一种空幻的想象，只是到了 19 世纪中期它才实现了由空想到科学的发展，其重要标志是 1848 年马克思恩格斯共同发表的《共产党宣言》。社会主义实现由空想到科学的发展经历了 300 多年的时间，实属不易。但以"社会主义行家和改革家"自称的杜林，却从小资产阶级的立场出发，在德国社会主义工党和工人中散布"高超的胡说"，企图扭转理论的逻辑，把社会主义由科学变回到空想。为了回击杜林对科学社会主义理论的歪曲，恩格斯受友人之邀编写了《社会主义从空想到科学的发展》。这篇光辉著作详细地阐发了科学社会主义理论，有力回击了杜林的"体系"，对于当时在工人中传播科学社会主义理论发挥了重要作用。《社会主义从空想到科学的发展》是科学社会主义的入门教材，是马克思主义大众化的典范，在新时代条件下重读这本著作，对于我们更好地认识和理解科学社会主义基本原则，坚持和发展新时代中国特色社会主义，对于我们树立实事求是的良好学风，不断推进马克思主义大众化，都有重要的帮助作用。

---

* 本文原载于《中共中央党校（国家行政学院）学报》2020 年第 2 期，收入本书时有改动。

一 科学社会主义的思想材料

科学社会主义"同任何新的学说一样，它必须首先从已有的思想材料出发，虽然它的根子深深扎在物质的经济的事实中"①。从思想史角度看，空想社会主义是科学社会主义"已有的思想材料"。在 500 多年的社会主义思想史上，空想社会主义横跨 4 个世纪、历时 300 余年，为科学社会主义的创立留下了丰富的思想材料。

其中，16 世纪的空想社会主义大多以文学、游记的形式反映了资本主义生产方式初期社会的矛盾冲突，经常用生动的语言来表达对旧社会的批判和对新社会的向往。而 17 世纪的空想社会主义，总是以自然法为据，批判违背自然法则的资本主义生产方式，构建符合自然原则的新社会大厦。这两个阶段，资本主义大工业的生产方式还没有建立起来，与此相应，资产阶级的政治统治地位并未确立，阶级斗争主要发生在资产阶级与封建贵族之间，尽管每一次斗争期间都爆发过作为现代无产阶级的先驱者的独立的运动，但尚不能成为主流运动。所以，这时的理论也只能限于对理想社会制度的空想描述。18 世纪的空想社会主义大都以启蒙思想的形式表现出来，"理性""平等""正义"是其理论大厦不可缺少的构建材料。然而，当资产阶级取代封建贵族统治、资产阶级国家确立之后，人们旋即发现"这个理性的王国不过是资产阶级的理想化的王国；永恒的正义在资产阶级的司法中得到实现；平等归结为法律面前的资产阶级的平等；被宣布为最主要的人权之一的是资产阶级的所有权；而理性的国家、卢梭的社会契约在实践中表现为，而且也只能表现为资产阶级的民主共和国"②。这个"理性的王国"并非空想社会主义者所追求的理想王国。于是，一些社会智士提出了建立共产主义新社会的要求，并且用行动宣誓自己的诉求，直接的共产主义理论便应运而生了。

到 19 世纪初，机器大工业的普遍出现和资产阶级统治地位在西欧国

① 《马克思恩格斯选集》第 3 卷，人民出版社，2012，第 775 页。
② 《马克思恩格斯选集》第 3 卷，人民出版社，2012，第 776 页。

家的确立，使资本主义生产方式的矛盾开始暴露，无产阶级与资产阶级之间的斗争也日益显现，以圣西门、傅立叶和欧文为代表的空想社会主义者的思想应运而生。尽管他们的思想有其局限性，但其历史进步意义显著，为社会主义从空想到科学的飞跃提供了直接的思想材料。马克思恩格斯积极吸收了空想社会主义的进步思想，克服了其历史局限性，创造性地形成了科学社会主义学说。

马克思恩格斯从思想发展的历史进程出发，科学地指出了空想社会主义思想包含的许多历史进步因素。第一，朦胧地意识到历史发展的规律性，认识到资本主义社会并不会永恒存在，必将被新社会所替代。傅立叶把"社会历史到目前为止的全部历程分为四个发展阶段：蒙昧、野蛮、宗法和文明。……每个历史阶段都有它的上升时期，但是也有它的下降时期"，所谓文明时期就是指 16 世纪发展起来的资本主义社会制度。他看到了"文明时代是在'恶性循环'中运动"，指出："在文明时代，贫困是由过剩本身产生的"①，其最终必将走向灭亡。这一思想既包含着辩证法思想，也包含唯物主义成分，并且直接将辩证、唯物的思想运用到历史发展之中，初显了历史唯物主义的思想萌芽。

第二，对资本主义生产方式及其社会弊端进行尖锐的批判，有些批判直接指向资本主义主要矛盾，近乎于发现了资本主义矛盾解决的正确途径。圣西门"首先关心人数最多和最贫困的阶级"，他天才地认识到："法国革命是阶级斗争，并且不仅是贵族和资产阶级之间的，而且是贵族、资产阶级和无财产者之间的阶级斗争。"② 傅立叶把资本主义工商业危机称为"多血症危机"，一针见血地指出，这种危机是由过剩引起的。欧文认识到"私有制、宗教和现在的婚姻形式"是阻碍社会改革的三大障碍，提出"到目前为止仅仅使个别人发财而使群众受奴役的新的强大的生产力，提供了改造社会的基础，它作为大家的共同财产只应当为大家的共同福利服务"③。这与通过消灭私有制来实现理想社会的思想仅有

---

① 《马克思恩格斯选集》第 3 卷，人民出版社，2012，第 784 页。
② 《马克思恩格斯选集》第 3 卷，人民出版社，2012，第 782 页。
③ 《马克思恩格斯选集》第 3 卷，人民出版社，2012，第 787 页。

一步之遥。

第三，在批判资本主义旧社会中，详尽描述了未来社会的新景象，这些描述尽管充斥着不切实际的幻想，但也包含着闪耀的智慧之光。圣西门宣布未来社会"人人应当劳动"，由实业家进行领导和统治，必须把"游手好闲者"排除在外；他还大胆地提出"政治是关于生产的科学，并且预言政治将完全溶化在经济中"①，明确表达出了"国家消亡"的思想。傅立叶提出了"妇女解放的程度是衡量普遍解放的天然尺度"的进步思想。欧文以实干家的精神致力于共产主义实验，组建"消费合作社和生产合作社""劳动市场"，减少工人工作时间，提高工人福利，进行慈善事业，组建全国工会，提倡人的尊严，举办幼儿园，"让成长中的一代受到精心的教育"②。空想社会主义者在描述未来社会时，都普遍认识到理想社会应该建立在生产力的高度发展基础之上，更应该对生产、消费等进行有计划的调节，避免出现周期性的危机。

马克思恩格斯在承认空想社会主义者的历史进步性的同时，也准确揭示了他们的历史局限性。第一，占主导地位的历史观依然是唯心主义，永恒的、抽象的"理性、正义、自由"等启蒙思想还是空想社会主义者认识历史的重要工具。例如，圣西门在看待经济问题时，认识到工业生产和科学对社会发展的作用，但是在谈到如何把学者和工业家结合起来时，却借助于神秘的宗教，企图用一种"新基督教"来"恢复从宗教改革时起被破坏了的各种宗教观点"③，并以此来建立社会成员之间联系的纽带。傅立叶把历史发展看作一个过程，富有辩证法的思想，但这种辩证法与黑格尔有许多相似的地方，根子上还是"思想"的辩证法。欧文虽然以共产主义实验而著称，但他更著名的称号是"慈善家"，想要通过塑造新道德、培养人性来改革资产阶级旧社会。正如恩格斯所指出的，"他们和启蒙学者一样，想建立理性和永恒正义的王国"，但他们比启蒙学者进步的地方在于认识到以启蒙思想为原则"建立起来的资产阶级世

---

① 《马克思恩格斯选集》第3卷，人民出版社，2012，第783页。
② 《马克思恩格斯选集》第3卷，人民出版社，2012，第649页。
③ 《马克思恩格斯选集》第3卷，人民出版社，2012，第782页。

界也是不合理性的和非正义的，所以也应该像封建制度和一切更早的社会制度一样被抛到垃圾堆里去"，"真正的理性和正义至今还没有统治世界"①。

第二，客观地认识到资本主义社会存在的压迫与被压迫、剥削与被剥削以及穷人与富人之间的对立，但把这种对立仅仅看作社会经济现象，把无产阶级仅仅看作一个值得同情的阶级和社会发展的被动力量，没有真正找到实现未来社会的社会主体。空想社会主义者认识到阶级的存在，但他们区分阶级的标准比较混乱。例如，圣西门经常用"游手好闲的等级""第三等级""特权等级""劳动者"这些词语来划分社会阶级，但他所说的"游手好闲者不仅是指旧时的特权分子，而且也包括一切不参加生产和贸易而靠租息为生的人。而'劳动者'不仅是指雇佣工人，而且也包括厂主、商人和银行家"②。恩格斯恰如其分地评价说："所有这三个人有一个共同点：他们都不是作为当时已经历史地产生的无产阶级的利益的代表出现的。他们和启蒙学者一样，并不是想首先解放某一个阶级，而是想立即解放全人类。"③ 他们把无产阶级看作一个受苦受难的阶级，但并没有认识到无产阶级是实现自身解放的力量。找不到实现理想社会的阶级力量，正是空想主义者的"空想"所在。

第三，关于实现未来社会的方式还主要局限于理性的演进和社会的逐步改良，醉心于经济合作，对于政治革命普遍持排斥的态度。虽然空想社会主义者"看到了阶级的对立，以及占统治地位的社会本身中的瓦解因素的作用。但是，他们看不到无产阶级方面的任何历史主动性，看不到它所特有的任何政治运动"④。圣西门认识到法国大革命是阶级斗争，但他认为那是一个"恐怖时代"；傅立叶强调历史的自然演进，欧文重视共产主义实验区的模范引领，同样反对无产阶级的暴力革命。所以，他们把理想社会实现的方式要么寄托于有财产和教养的人的身上，要么寄托在天才人物的身上。他们认为理性和正义的王国之所以还没有

---

① 《马克思恩格斯选集》第3卷，人民出版社，2012，第778页。
② 《马克思恩格斯选集》第3卷，人民出版社，2012，第781页。
③ 《马克思恩格斯选集》第3卷，人民出版社，2012，第778页。
④ 《马克思恩格斯选集》第1卷，人民出版社，2012，第431页。

实现，是因为还没有被人们正确地认识，"所缺少的只是个别的天才人物，现在这种人物已经出现而且已经认识了真理；至于天才人物正是在现在出现，真理正是在现在被认识到，这并不是从历史发展的联系中必然产生的、不可避免的事情，而纯粹是一种侥幸的偶然现象。这种天才人物在 500 年前也同样可能诞生，这样他就能使人类免去 500 年的迷误、斗争和痛苦"①。

总之，"不成熟的理论，是同不成熟的资本主义生产状况、不成熟的阶级状况相适应的"②。空想社会主义是当时资本主义生产状况、阶级状况在人们头脑中的反映，它对于启发当时工人的觉悟起到了积极的作用，也为科学社会主义的创立提供了直接的思想材料。但空想社会主义并未同历史的发展共进步，当资本主义大工业生产方式的矛盾已经充分显现，无产阶级作为一支独立的政治力量已经登上历史舞台之时，它还要再不识时务地去影响工人，自然沦为逆历史潮流而动的学说而被历史所抛弃。

二　科学社会主义的理论基石

理论的构建如同大厦的构建，不仅需要有建筑材料，还需要有建筑学理论指导。空想社会主义是构建科学社会主义的思想材料，而唯物史观和剩余价值学说，则是把这些思想材料构建成思想大厦的理论基石。社会主义处于空想的历史时期，也是哲学还没有走出"头足倒置"和政治经济学还没有走出剩余价值被利润所遮蔽的时期。

唯物史观是马克思恩格斯"清算从前的哲学信仰"的结果，而这个结果是"以批判黑格尔以后的哲学的形式来实现的"③。恩格斯认为黑格尔"最大的功绩，就是恢复了辩证法这一最高的思维形式"④。说"恢复"是因为，古希腊哲学家都是天生的自发的辩证论者，只是到近代，

① 《马克思恩格斯选集》第 3 卷，人民出版社，2012，第 778 页。
② 《马克思恩格斯选集》第 3 卷，人民出版社，2012，第 780 页。
③ 《马克思恩格斯选集》第 2 卷，人民出版社，2012，第 4 页。
④ 《马克思恩格斯选集》第 3 卷，人民出版社，2012，第 789 页。

由于对自然界分门别类的研究和对机器在生产中的运用观察，形而上学的思维方式才占据了哲学的主流。但是，人们对自然和社会观察越是深刻、积累的经验越是丰富，就越能清晰地发现形而上学的思维方式根本解释不了事物的存在，于是黑格尔哲学便产生了。黑格尔哲学第一次"把整个自然的、历史的和精神的世界描写为一个过程，即把它描写为处在不断的运动、变化、转变和发展中，并企图揭示这种运动和发展的内在联系"[1]。然而，可惜的是"在他看来，他头脑中的思想不是现实的事物和过程的或多或少抽象的反映，相反，在他看来，事物及其发展只是在世界出现以前已经以某种方式存在着的'观念'的现实化的反映。这样，一切都被头足倒置了，世界的现实联系完全被颠倒了"[2]。这表明黑格尔的体系是一次巨大的流产，虽然它发现了辩证法，却丢掉了唯物主义。在批判近代的形而上学和黑格尔的唯心主义体系的过程中，马克思恩格斯从新的事实出发对全部历史作了一番新的研究，结果发现："以往的全部历史，除原始状态外，都是阶级斗争的历史；这些互相斗争的社会阶级在任何时候都是生产关系和交换关系的产物，一句话，都是自己时代的经济关系的产物；因而每一时代的社会经济结构形成现实基础，每一个历史时期的由法的设施和政治设施以及宗教的、哲学的和其他的观念形式所构成的全部上层建筑，归根到底都应由这个基础来说明。"[3] 唯物史观的发现，为正确认识人类社会、认识资本主义社会发展规律，提供了科学的方法论。

马克思恩格斯运用唯物史观来观察资本主义生产方式内在矛盾时，在批判吸收英国古典政治经济学的优秀成果基础上发现：在雇佣劳动条件下，资本家在劳动力市场上购买了工人的劳动力，但在生产过程中使用的却是工人的劳动，而劳动创造的价值远远高于劳动力的价值，高出的部分被资本家无偿占有了，高出的这一部分就是剩余价值。剩余价值的发现，揭露了资本主义生产方式一直隐蔽着的矛盾，为无产阶级革命

---

[1] 《马克思恩格斯选集》第3卷，人民出版社，2012，第793页。

[2] 《马克思恩格斯选集》第3卷，人民出版社，2012，第794页。

[3] 《马克思恩格斯选集》第3卷，人民出版社，2012，第796页。

提供了直接的理论根据。

唯物史观揭示了资本主义社会并不是一个"永恒的理性王国"，如同任何社会一样，都是一个历史的过程，有产生也必然走向灭亡。剩余价值学说揭示了资本家剥削工人的秘密。无产阶级受压迫、受剥削的地位决定了，它必然是资产阶级的掘墓人，是建设新社会的力量。恩格斯指出，唯物史观和剩余价值这两个伟大发现，"都应当归功于马克思。由于这两个发现，社会主义变成了科学"①。

三　科学社会主义的基本原理

《社会主义从空想到科学的发展》一书开宗明义地指出："现代社会主义，就其内容来说，首先是对现代社会中普遍存在的有财产者和无财产者之间、资本家和雇佣工人之间的阶级对立以及生产中普遍存在的无政府状态这两个方面进行考察的结果。"② 在这里，"现代社会主义"既包括空想社会主义，也包括科学社会主义，这两种社会主义"考察"的社会内容完全一样，但"考察"的理论结果一个表现为空想，另一个表现为科学。理论性质上的天壤之别，根源于考察社会方法上的天壤之别。

唯物史观和剩余价值学说是基于下述原理来考察人类历史和资本主义发展历史的。即"生产以及随生产而来的产品交换是一切社会制度的基础；在每个历史地出现的社会中，产品分配以及和它相伴随的社会之划分为阶级或等级，是由生产什么、怎样生产以及怎样交换产品来决定的。所以，一切社会变迁和政治变革的终极原因，不应当到人们的头脑中，到人们对永恒的真理和正义的日益增进的认识中去寻找，而应当到生产方式和交换方式的变更中去寻找；不应当到有关时代的哲学中去寻找，而应当到有关时代的经济中去寻找"③。循着这一基本原理，马克思恩格斯从资本主义经济关系以及必然由此决定的阶级关系中发现了资本

---

① 《马克思恩格斯选集》第 3 卷，人民出版社，2012，第 797 页。
② 《马克思恩格斯选集》第 3 卷，人民出版社，2012，第 775 页。
③ 《马克思恩格斯选集》第 3 卷，人民出版社，2012，第 789~798 页。

主义社会发展的规律，揭示出了科学社会主义的基本原则。

第一，资本是生产力发展的重要因素，是推动社会变革的重要力量。

在以劳动者私人占有生产资料为基础的小生产状态下，生产的目的是自己消费，交换只是偶尔发生的现象，生产工具简陋、生产场所有限、生产力水平低下、交往范围狭隘。在摧毁这样的中世纪小生产，把分散的生产资料集中起来，形成强大生产力的过程中，资本是强有力的杠杆。资本对利润的追逐要求摆脱一切的特权羁绊，它同地方特权、等级特权、世袭制、人身依附等封建制度格格不入。在摧毁封建制度的各种特权中，资本同样发挥着革命性的作用，最终把人的解放从"人的依赖"水平提升到"物的依赖"的高度，并在革命中确立了资产阶级的统治地位。

在资产阶级的统治地位确立之后，资本的革命性作用更是发挥得淋漓尽致。一是普遍提高了社会生产力。随着机器在生产中的普遍应用，大城市的广泛建立，交换关系的扩大，"资产阶级在它的不到一百年的阶级统治中所创造的生产力，比过去一切世代创造的全部生产力还要多，还要大"①。二是扩大了世界交往，使民族的历史走向世界的历史。在资本的驱使下，生产工具迅速改进，交通日益便利，商品的价格更为低廉，这一切都为资本的全球扩张创造了更加有利的条件。资本奔走于世界各地，到处开发，到处安家，最终它"挖掉了工业脚下的民族基础"，"使一切国家的生产和消费都成为世界性的了"，"过去那种地方的和民族的自给自足和闭关自守状态，被各民族的各方面的互相往来和各方面的互相依赖所代替了。物质的生产如此，精神的生产也是如此"②。正是在资本推动下，世界一切民族甚至最野蛮的民族，如果它们不想灭亡的话，都不得不采用资本主义的生产方式，都被裹挟进资本全球扩张的浪潮之中。

共产主义建立需要两个基本条件，一是生产力的发展，二是世界交往的普遍扩大。马克思恩格斯在《德意志意识形态》中指出："共产主义只有作为占统治地位的各民族'一下子'同时发生的行动，在经验上

① 《马克思恩格斯选集》第 1 卷，人民出版社，2012，第 405 页。
② 《马克思恩格斯选集》第 1 卷，人民出版社，2012，第 404 页。

才是可能的，而这是以生产力的普遍发展和与此相联系的世界交往为前提的。"① 资本这两大历史作用发挥得越是充分，为共产主义社会奠定的基础就越是雄厚。由此可见，马克思恩格斯并不是一味地从道义上谴责资本，而是运用历史的、唯物的视角来对待资本，充分肯定资本在历史上起过的非常革命的作用。

第二，社会化生产和资本主义占有之间不可克服的矛盾，决定了资本主义必然灭亡的历史命运。

资本的革命作用是与资本的社会化属性紧密联系在一起的。恩格斯指出："资产阶级要是不把这些有限的生产资料从个人的生产资料变为社会化的即只能有一批人共同使用的生产资料，就不能把它们变成强大的生产力。……同生产资料一样，生产本身也从一系列的个人行动变成了一系列的社会行动，而产品也从个人的产品变成了社会的产品。"② 毫无疑问，此时的生产目的也不是生产者自己或家庭消费，消费也社会化，商品交换关系也成了资本主义社会普遍的关系。资本的社会属性——生产资料、生产过程、产品、消费的社会化——要求把资本当作一种社会力量，然而，在资本主义条件下它却被资本家私人占有。于是，在社会化生产和资本主义占有之间便形成了一对内在的矛盾。

在资本主义生产方式产生的初期，生产社会化程度还不高，这对矛盾暴露得还不充分；当社会生产从简单协作、工厂手工业发展到狂飙猛进的机器大工业时代，社会化生产和资本主义占有的不相容性，就越加鲜明地表现出来了。这对矛盾在阶级关系上表现为"无产阶级和资产阶级间的对立"③；在生产中表现为"个别工厂中生产的组织性和整个社会中生产的无政府状态之间的对立"④。这种对立随着生产力的发展变得日益紧张，冲突不可避免地就要到来，这时"商品流通暂时停顿下来；流通手段即货币成为流通的障碍；商品生产和商品流通的一切规律都颠倒

---

① 《马克思恩格斯选集》第 1 卷，人民出版社，2012，第 166 页。
② 《马克思恩格斯选集》第 3 卷，人民出版社，2012，第 799~800 页。
③ 《马克思恩格斯选集》第 3 卷，人民出版社，2012，第 375 页。
④ 《马克思恩格斯选集》第 3 卷，人民出版社，2012，第 804 页。

过来了。经济的冲突达到了顶点：生产方式起来反对交换方式"①。这就是早为傅立叶所发现的"恶性循环"，即周期性的经济危机。

周期性的经济危机是资本主义"多血症"的表现，是猛烈增长着的生产力对资本私人占有的反作用，它表明资本主义生产方式越来越没有能力继续驾驭它自己所创造的生产力了。资本主义生产方式要想继续生存下去，就不得不把生产力当作社会生产力来看待，就不得不为资本的社会化属性寻找出路。于是，到了19世纪末期工业商业中便出现了股份公司、托拉斯以及在更大范围内国家对生产的管理形式。股份公司、托拉斯、国家管理生产的形式，是对资本社会化属性在可接受的范围内的被迫承认，这在一定程度上为生产力的发展提供了空间，但并没有改变资本私人占有性质，也没有消除生产力的资本属性。所以，私人资本以社会化形式的表现，只能为下一次更大规模、更加激烈的危机爆发积累条件。

然而，私人资本以社会化形式表现并不是没有任何积极意义，相反，它表明：一方面资产阶级"自己已成为多余的阶级；它的全部社会职能现在由领工薪的职员来执行了"②。另一方面，股份公司占有、托拉斯占有、国家占有等虽然不是资本主义主要矛盾冲突的解决，但是"这里包含着解决冲突的形式上的手段，解决冲突的线索"③，为生产资料和产品社会化的社会主义社会到来开辟了道路。

因此，资本主义必然灭亡并不是出自哪个天才人物的预言，也不是出自哪个慈善家善良的愿望，它是生产社会化和资本主义私人占有之间矛盾运动的历史规律。这个规律深植于资本主义经济发展的事实之中，当资本私人占有的外壳无法容纳社会生产力的蓬勃发展，无法容纳自身所创造的财富时，它的外壳就要炸毁了，资本主义灭亡就不可避免了。

第三，无产阶级的经济社会地位决定了它肩负着推翻资产阶级统治、消灭阶级和阶级斗争、建立无产阶级社会、实现共产主义的历史使命。

---

① 《马克思恩格斯选集》第3卷，人民出版社，2012，第807页。
② 《马克思恩格斯选集》第3卷，人民出版社，2012，第817页。
③ 《马克思恩格斯选集》第3卷，人民出版社，2012，第810~811页。

资本的统治地位是在消灭分散的、个人的生产资料的小生产过程中确立起的，这个过程是劳动者与生产资料相分离的过程。过程的结果：一方面是生产资料集中在资本家手中，另一方面是劳动者除了自身劳动力以外一无所有，成为真正的无产者。资本只有找到可以雇佣的劳动力才能生产，而一无所有的无产者也只有与资本相结合才能维持生存。所以，无产阶级与资产阶级的对立内在于资本主义生产方式之中，它既不是阶级仇恨的产物，也不是人为制造的结果，而是资本主义矛盾的必然反映，是经济利益冲突在政治上的必然表现。

资本力量的增长是与雇佣劳动力量的增长成反比的。资本为了追逐更多的利润，总是不停地在采用和改进机器，而每一次机器的改进都使劳动者受到排挤，在机器旁边形成了一批"超过资本雇工的平均需要的、可供支配的雇佣劳动者，一支真正的产业后备军；这支后备军在工业开足马力工作的时期可供随意支配，而由于随后必然到来的崩溃又被抛到街头；这支后备军任何时候都是工人阶级在自己同资本进行生存斗争中的绊脚石，是把工资抑制在合乎资本家需要的低水平上的调节器"[1]。可见，资本主义生产本身就生产着资本与劳动的对立，劳动资料不断地夺走工人的生活资料，工人受自己生产的产品的奴役。机器越是广泛地采用，工人就越是更多地失业；不变资本比例越是提高，用于支付工人劳动力的工资就越是减少；资本积累的规模越大、速度越快，工人受剥削的幅度就越大、受压榨的程度就越高。资本主义生产方式导致的结果必然是，"在一极是财富的积累，同时在另一极，即在把自己的产品作为资本来生产的阶级方面，是贫困、劳动折磨、受奴役、无知、粗野和道德堕落的积累"[2]。两极分化成为资本积累的必然趋势，随着资本力量的增加，套在劳动者脖子上的绞索就拉得越紧。

在资本主义生产方式运行过程中，一方面，社会化大生产的发展日益要求把资本当作社会的生产资料来看待，另一方面，社会成员中的绝

---

① 《马克思恩格斯选集》第 3 卷，人民出版社，2012，第 805 页。
② 《马克思恩格斯选集》第 3 卷，人民出版社，2012，第 806 页。

大多数成为无产者。这种生产方式不仅锻造了置自身于死地的武器——社会化生产力，同时，还产生了运用这武器的人——现代无产阶级。恩格斯指出，这种生产方式本身就指明了完成这个变革的道路，即"无产阶级将取得国家政权，并且首先把生产资料变为国家财产。但是这样一来，它就消灭了作为无产阶级的自身，消灭了一切阶级差别和阶级对立，也消灭了作为国家的国家"①。

第四，生产资料由社会占有，通过社会化生产来满足人自身的需要，最终使人类实现从必然王国到自由王国的飞跃。

在资本主义生产方式下，资本这一生产资料被资本家私人占有，但是，"资本是集体的产物，它只有通过社会许多成员的共同活动，而且归根到底只有通过社会全体成员的共同活动，才能运动起来"②。这样看来，实行生产资料社会占有并不是把个人财产变为社会财产，而只是恢复了财产的社会性质。从这个意义上讲，现代资产阶级私有制这一最后而又最完备的私有制表现形式，不是被消灭的，而是生产社会化的必然要求。

生产资料由社会占有，不仅能够避免现存制度下生产力和产品的浪费与破坏，消除资本家对社会财富穷奢极欲的挥霍，为全社会节省物质资料；更为重要的是，它消灭了现代生产力与生产关系的冲突，为解放和发展社会生产力提供了广阔的前景，"通过社会化生产，不仅可能保证一切社会成员有富足的和一天比一天充裕的物质生活，而且还可能保证他们的体力和智力获得充分的自由的发展和运用"③，把人的解放提到"个性自由"的新高度。

从未来社会的特征来看，一旦社会占有了生产资料，社会就能够有计划地组织社会生产，生产无政府状态将会消除；生产目的也将发生从追求交换价值到满足人自身需要的根本性变化，商品、货币、市场关系将不复存在；各尽所能、按需分配原则将最终确立，劳动不再是谋生的

---

① 《马克思恩格斯选集》第 3 卷，人民出版社，2012，第 812 页。
② 《马克思恩格斯选集》第 1 卷，人民出版社，2012，第 415 页。
③ 《马克思恩格斯选集》第 3 卷，人民出版社，2012，第 814 页。

手段，而成为实现人的本质的需要；阶级和阶级对立因失去存在的经济基础而消失；"国家政权对社会关系的干预在各个领域中将先后成为多余的事情而自行停止下来。那时，对人的统治将由对物的管理和对生产过程的领导所代替"①，国家将自行消亡。

从未来社会人的发展状态来看，一旦社会占有生产资料，"个体生存斗争停止了。于是，人在一定意义上才最终地脱离了动物界，从动物的生存条件进入真正人的生存条件"。人们第一次真正成了社会关系的主人，成为自然界的主人，成为自身的主人。"只是从这时起，人们才完全自觉地自己创造自己的历史；只是从这时起，由人们使之起作用的社会原因才大部分并且越来越多地达到他们所预期的结果。这是人类从必然王国进入自由王国的飞跃。"②

四　赋予科学社会主义鲜明的中国特色

中国特色社会主义是当代中国的马克思主义，它既坚持了科学社会主义的基本原则，又赋予其鲜明的中国特色，是科学社会主义的理论逻辑与中国发展的历史逻辑的统一。在当代中国，只有中国特色社会主义而没有其他任何别的主义能够引领中华民族走向伟大复兴。经过长期努力，中国特色社会主义进入新时代，站在我国发展新的历史方位上，如何进一步坚持和发展新时代中国特色社会主义？恩格斯的《社会主义从空想到科学的发展》一书给我们提供了富有价值的启示。

第一，始终保持高度的理论清醒，自觉同各种背离科学社会主义基本原则的思想作斗争，保证中国道路沿着社会主义的正确方向前进。

从社会主义思想史考察，科学社会主义的诞生之作《共产党宣言》，就是在同各种反动势力对共产主义"幽灵"污蔑的斗争中、在对各种社会主义流派的批判中构建起来的，《共产党宣言》直指"封建的社会主义""小资产阶级的社会主义""德国的或'真正的'社会主义"的痛

---

① 《马克思恩格斯选集》第3卷，人民出版社，2012，第812页。
② 《马克思恩格斯选集》第3卷，人民出版社，2012，第815页。

处，一针见血地指出这些社会主义是想挽救他们行将失去的或者已经失去的地位，企图把历史重新拉回到过去，它们逆历史潮流而动，其本质是反动的；揭露"保守的或资产阶级的社会主义"只是妄图对资本主义的弊端修修补补，其本质是维护资产阶级理性王国的永恒存在；指出"批判的空想的社会主义和共产主义"只是一种思想的历史存在，在资本主义矛盾已经暴露、阶级斗争日益高涨的情况下，还看不到历史发展的主体力量，只能降低整个无产阶级运动的水平。正是在同这些思潮不妥协的斗争中，《共产党宣言》揭示出了资产阶级的灭亡同无产阶级的胜利是同样不可避免的历史结论，阐述了无产阶级的历史使命和无产阶级政党的先进性，确立起了"每个人的自由发展是一切人自由发展的条件"的共产主义理想。

即使在科学社会主义学说产生之后，还不时出现企图扭转社会主义科学性的社会思潮。在第一国际和第二国际时期，马克思恩格斯先后同蒲鲁东主义、巴枯宁主义、工联主义、拉萨尔主义等各种社会思潮进行针锋相对的斗争，通过斗争捍卫了社会主义的科学性，维护了国际共产主义运动的团结，巩固了科学社会主义在国际工人运动中的地位。1875年5月，德国社会主义工人党成立，马克思恩格斯对这个政党倾注大量的心血，亲自指导党纲的制定，用科学社会主义学说武装全党、教育工人。此时，"杜林先生突然以社会主义的行家兼改革家身份"，从哲学世界观、政治经济学和社会主义等方面向马克思主义提出全面的挑战。"为了不在如此年轻的、不久前才最终统一起来的党内造成派别分裂和混乱局面的新的可能"[1]，恩格斯在友人再三请求下开始全面清算杜林的理论"体系"，最终形成了《反杜林论》的光辉著作。《社会主义从空想到科学的发展》就是在《反杜林论》的基础上形成的，它严厉批判了杜林的冒牌社会主义，循着哲学、政治经济学和社会主义的"杜林体系"对杜林主张进行了逐一的批判，在批判中阐发了科学社会主义思想，在工人群众中传播了科学社会主义思想。

社会主义的科学性不是与生俱来的，也不是一劳永逸的，它每前进

---

[1] 《马克思恩格斯选集》第3卷，人民出版社，2012，第379页。

一步都要付出艰辛的斗争。中国特色社会主义是在思想解放的大背景下创立起来的，如果没有真理标准问题大讨论，如果没有对"两个凡是"极左思潮的彻底批判，党的实事求是的思想路线就难以恢复，僵化教条的思维就难以去除，更难有对"什么是社会主义、怎样建设社会主义"基本问题的重新思考，那样也就根本谈不上有中国特色社会主义的开创了。中国特色社会主义也是在同来自"左"和右两个方面的斗争中发展起来的，东欧剧变和苏联解体以及世纪之交之时，关于"反和平演变"应不应该成为党和国家工作中心的问题，关于社会主义能不能搞市场经济的问题，关于我国如何进行对外开放的问题，关于新社会阶层能不能入党的问题等，都冒出来了。面对这些问题，"左"右之争言论激烈，党中央正是坚持了科学社会主义的基本原则，才成功地把中国特色社会主义推向 21 世纪，并且在新的历史起点上成功地发展了中国特色社会主义。

进入新时代之后，我国社会发展的主要矛盾发生了根本性的转变，改革发展稳定形势复杂，世界正经历百年未有之大变局，经济全球化、政治多极化、社会信息化在曲折中发展，大国博弈日益激烈。国际国内问题的交织在思想领域反应剧烈，我国面临的政治风险和意识形态风险问题表现突出，像极左思潮、民粹主义思潮、新自由主义思潮就极具代表性。

极左思潮的标准画像就是"今不如昔"，经常拿经济发展中出现的社会差距扩大、伦理道德低下、教育就业住房医疗等问题说事，唉声叹气，企图回到过去。这种思潮几乎是《共产党宣言》中所批判的反动的社会主义的翻版。民粹主义思潮有一个强大的外表，却有一个极其脆弱的心，在对待外部世界时妄自尊大，认为谁都不如自己，在对待自己时极度膨胀，只看长处而掩盖短板。这种思潮活在幻想之中，要么骄傲地自我欺骗，要么总是以爱国主义为旗帜来绑架别人，这是当前我国实现民族伟大复兴的潜在障碍。自由主义思潮总是挥舞着"民主、自由、公平、正义"抽象口号的旗帜，来贩卖自己的货色，偏执地认为世界的发展就只有而且只能有一种它所主张的模式，用所谓的"普适"来否定特殊的国情，凡是与它不一致的都要进行诱导、打压甚至颠覆，是彻头彻尾的霸权主义。这三种社会思潮严重影响、干扰、阻碍、侵蚀着中国道路的社会主义性质，我们必须看清其本质都是要歪曲社会主义的科学性。

因此，坚持和发展新时代中国特色社会主义，首要的就是要坚持科学社会主义基本原则，既不走僵化封闭的老路，也不走改旗易帜的邪路，始终保持中国道路的科学社会主义颜色。

第二，社会主义的根本任务是解放和发展生产力，必须紧紧扭住经济建设这个中心，只有把经济生产搞上去了，科学社会主义才有坚实的物质基础。

空想社会主义思想具有浓郁的禁欲主义和平均主义色彩，这是在经济不发展、物质财富缺乏条件下推行社会主义的必然结果。生产力的发展是社会主义"绝对必需的实际前提"，"如果没有这种发展，那就只会有贫穷、极端贫困的普遍化；而在极端贫困的情况下，必须重新开始争取必需品的斗争，全部陈腐污浊的东西又要死灰复燃"①。在贫困的海滩上偶尔会出现海市蜃楼的社会主义幻觉，但绝不可能建立起牢固的科学社会主义大厦。邓小平在总结我国社会主义建设的经验教训时说："搞社会主义，一定要使生产力发达，贫穷不是社会主义。我们坚持社会主义，要建设对资本主义具有优越性的社会主义，首先必须摆脱贫穷。现在虽说我们也在搞社会主义，但事实上不够格。"② 正是清醒地认识到，科学社会主义的根必须深扎于现实的物质经济事实之中，以邓小平同志为主要代表的中国共产党人才果断地中止"以阶级斗争为纲"，及时把党和国家的工作中心转移到经济建设上来，大胆迈出了改革开放的步伐，形成了"一个中心，两个基本点"的基本路线，开启了中国特色社会主义新征程，使科学社会主义在中国焕发出了生机活力。

改革开放以来，我们取得的最大成就，就是把社会主义奠定在坚定的经济发展之上，找到了一条在经济文化比较落后的国家如何建设社会主义的正确道路，赋予了科学社会主义以鲜明的中国特色，形成和发展

---

① 《马克思恩格斯选集》第 1 卷，人民出版社，2012，第 166 页。
② 《邓小平文选》第 3 卷，人民出版社，1993，第 225 页。

了中国特色社会主义。今天，我国已经成为世界第二大经济体、制造业第一大国、货物贸易第一大国、商品消费第二大国、外资流入第二大国，中国特色社会主义具有了雄厚的经济基础。但是，我们也要清醒地认识到，我国发展不平衡不充分的问题还十分突出，科技创新能力和水平还不高，经济发展中的短板、弱项还需要补强，建设创新型国家还任重道远。我国社会主义初级阶段的国情还没有变，世界上最大的发展中国家的国际地位也没有变。这"两个没有变"决定了"以经济建设为中心"的地位绝对不能动摇，改革开放的步伐也绝对不能停滞。

坚持"以经济建设为中心"，坚持全面深化改革、不断扩大开放，最根本的是要坚持和完善中国特色社会主义基本经济制度，把制度优势转化为推进经济发展的效能。为此，一要毫不动摇地巩固和发展公有制经济，毫不动摇地鼓励、支持、引导非公有制经济发展，保证各种所有制主体依法平等使用资源要素、公开公平公正参与、同等受到法律保护，共同促进经济发展。二要坚持按劳分配为主体、多种分配方式并存，充分发挥初次分配、二次分配、三次分配各自的作用，鼓励勤劳致富，保护合法收入，增加低收入者收入，扩大中等收入群体，调节过高收入，清理规范隐性收入，取缔非法收入，让劳动、资本、土地、知识、技术、管理、数据等创造财富的源泉充分涌流。三要加快完善社会主义市场经济体制，建设高标准的市场体系，充分发挥市场在资源配置中的决定性作用，更好发挥政府作用，合理用好"看不见"的手和"看得见"的手，推进经济高质量发展。

总之，科学社会主义"根子深深扎在物质的经济的事实中"[1]，要使科学社会主义在中国根深叶茂，就必须使各项工作服务于经济建设这个中心，培育好、维护好、发展好"物质的经济的事实"这片沃土。

第三，不断推进马克思主义大众化进程，用科学社会主义理论武装广大人民，激发人民群众坚持和发展新时代中国特色社会主义的自觉性。

从广义上讲，科学社会主义就是马克思主义。马克思主义大众化就是要用科学社会主义理论武装全党，教育群众，促进无产阶级从自在阶

---

① 《马克思恩格斯选集》第3卷，人民出版社，2012，第775页。

级向自为阶级转变，促进社会主义实践从自发状态向自觉阶段飞跃。科学社会主义诞生之作《共产党宣言》就是为当时共产主义者同盟这个工人组织而起草的，它以鲜活而生动的语言阐述了工人阶级能够明白的道理，极大地启发了工人阶级的觉悟，激荡起轰轰烈烈的国际共产主义运动，促成了社会主义制度在世界上的建立，无疑成为"全部社会主义文献中传播最广和最具有国际性的著作，是从西伯利亚到加利福尼亚的千百万工人公认的共同纲领"①。

《社会主义从空想到科学的发展》是根据《反杜林论》编辑而成的，而《反杜林论》起初是一部纯学术著作，"原来根本不是为了直接在群众中进行宣传而写的"，当德国社会民主党需要一本关于社会主义的宣传性著作时，恩格斯颇费精力地对此进行了大众化改造：一是"增加了若干比较详细的说明"，二是"删去一切不必要的外来语"，三是保证内容"对德国工人来说困难是不多的"。《社会主义从空想到科学的发展》的出版发行获得了巨大的成功，在工人运动中产生了广泛的影响，对于清除杜林的小资产阶级社会主义错误思潮，扩大科学社会主义在德国工人中的影响起到了重要的作用。后来，这本书也成为共产党人必读的科学社会主义入门教材，在世界各国共产党中流行传播。

马克思恩格斯本人就是马克思主义大众化的典范，他们共同开创了马克思主义大众化的先河。马克思主义大众化的经验告诉我们，实现马克思主义大众化至少需要两个条件，一是用大众可以理解的语言，二是讲大众可以明白的道理。这两条，对于我们改进学风、不断推进马克思主义大众化有重要的方法论启示。马克思主义不是神秘主义，它讲的是"现实的人"自己的事情，只要把事情发展的来龙去脉给群众讲清楚了，现实生活中的人就会理解马克思主义。华丽漂亮的辞藻，华而不实的语言，哗众取宠的态度，不仅不能推进马克思主义大众化，而且会伤害马克思主义的科学性、真理性。

社会主义自成为科学以来，就要求人们用科学的态度去对待它，即以实事求是的态度去学习、研究、宣传它。习近平新时代中国特色社会

---

① 《马克思恩格斯选集》第1卷，人民出版社，2012，第384页。

主义思想是当代中国的马克思主义、21 世纪的马克思主义，在新时代不断推进马克思主义大众化，就要不断推动用党的创新理论武装头脑，对习近平新时代中国特色社会主义思想的学习要往深里走、往心里走、往实里走。在这个过程中，我们一定要把握马克思主义大众化的经验，树立起实事求是的学风。

马克思恩格斯社会主义思想再认识[*]

李海青

　　"如何理解社会主义"是现实社会主义实践中首先需要回答的问题。对此问题的认识程度如何不仅关系到社会主义国家如何进行内部建设，而且关系到如何处理与资本主义世界的关系、把握当代资本主义的发展趋势。论及对社会主义的理解问题，不能不回到马克思主义创始人对社会主义的最初规定与阐释这一理论源头，回到马克思恩格斯的相关经典著作。科学社会主义诞生距今已经 100 多年，在这 100 多年的时间中，人类社会发生了巨大的变化，现实社会主义国家的建设与发展也积累了丰富的经验。立足于当今时代，结合历史与现实，为了更好地指导我们的理论创新与实践创新，有必要通过对相关经典著作的重新研读来进一步深化对马克思主义创始人社会主义思想的认识与理解，以期达到正本清源与返本开新的目的。

　　马克思恩格斯社会主义思想再认识主要从以下三个方面阐述：在社会主义内在本质问题上，认为马克思恩格斯的观点是"功能论"，即主要从社会主义应该具有的功能——生产力发展基础之上人的自由全面发展的角度来把握社会主义的深层规定性；在社会主义外在形态上，认为马克思恩格斯已经非常清楚地强调了社会主义、共产主义是一种"世界历史性的存在"，而这一思想过去为我们所忽视；在社会主义实现路径上，按照马克思恩格斯的理论逻辑，新的社会因素已在发达资本主义国家内部产生，将经过一个相对和平而漫长的自发过程逐步过渡到社会主义，而现实社会主义国家的发展则应呈现为一个自觉从"现实的人"出发，从现有前提和

---

　　* 本文原载于《中国特色社会主义研究》2013 年第 6 期，收入本书时有改动。

条件出发的现实运动过程。以上三个方面，分别涉及社会主义内在本质、外在形态、实现路径问题，这实际上是社会主义理论研究中最为重要的三大核心问题。内在本质与外在形态侧重从静态角度对马克思恩格斯社会主义理念进行结构分析，实现路径则着重从动态角度对马克思恩格斯社会主义理念进行过程分析。动态与静态相结合，结构与过程相结合，有助于我们立体而深刻地把握马克思恩格斯社会主义思想之要义。

一 社会主义的内在本质："功能论"的理解

社会主义的本质是什么？这是研究马克思恩格斯社会主义思想首先需要回答的问题。回顾社会主义国家的历史，对于这一问题实际上有两种不同的解答方式。一种解答方式可以称之为"制度论"，另一种解答方式可以称之为"功能论"。"制度论"主要是从经济制度的角度来理解社会主义，将纯粹公有制的制度结构视为社会主义的本质而进行坚守。苏联模式的社会主义对于社会主义本质观就持这种理解。客观地讲，这种理解模式的形成有一定的必然性：一是针对资本主义私有制弊端的充分暴露，二是马克思主义创始人在著作中确实有对未来社会经济制度方面的阐释与规定。但是，在这种"制度论"理解指导下的社会主义实践却最终陷入了困境，现实社会主义国家不论是苏联还是我国纯粹公有制的探索都不成功。因此我们不能不深入思考：社会主义的本质就是纯粹公有制的经济结构吗？恐怕不能再从这个角度去理解问题。邓小平在改革开放之初就曾明确地指出："什么叫社会主义？什么叫马克思主义？我们过去对这个问题的认识不是完全清醒的。"① 换言之，对此问题必须重新认识。

在总结历史经验教训的基础上，邓小平认为，不能再将纯而又纯的公有制经济结构作为社会主义的本质，"社会主义本质，是解放生产力，发展生产力，消灭剥削，消除两极分化，最终达到共同富裕"②。相比于

---

① 《邓小平文选》第 3 卷，人民出版社，1993，第 63 页。
② 《邓小平年谱（1975—1997）》（下），中央文献出版社，2004，第 1343 页。

资本主义社会，现实社会主义能够通过生产关系的自觉改革与主动调整更好地推动生产力的发展，通过消灭剥削与逐步消除两极分化最终达到共同富裕。生产力的自觉解放与发展，共同富裕的最终实现实际上指的是社会主义作为一种社会形态所应该具有的功能。正是这样一种功能使社会主义与资本主义根本区别开来，使得社会主义成为"社会主义"而不是其他主义。相比于"制度论"，邓小平的社会主义本质观实际上开启了理解社会主义本质的"功能论"视角。按照这种"功能论"理解，凡是能够推动生产力发展与人的发展的，凡是能够实现社会主义各种价值与功能的，凡是符合"三个有利于"标准的，什么样的经济体制都可以采用。邓小平著名的"猫论"实际上就是功能论社会主义本质观的形象说法。

这种对社会主义本质的"功能论"理解是否符合马克思恩格斯社会主义思想的基本逻辑呢？回答是肯定的。仔细研读、分析《共产党宣言》等经典著作，可以发现，马克思恩格斯实际上主要从三个层次对未来的理想社会进行了规定：一是制度层次，未来理想社会实行生产资料的社会所有制；二是生产力层次，未来理想社会生产力高度发展；三是人的发展层次，未来理想社会是一个以每个人的自由全面发展为基本原则的和谐社会形态。这三个层次均与社会主义的性质特点有关，然而，对于社会主义的认识而言，这三个层次在逻辑上又是依次递进，一步一步地深入到社会主义的本质深处。之所以如此，是因为按照马克思恩格斯的社会主义思想逻辑，生产资料社会所有制的建立是为了充分解放生产力、更好地发展生产力，而生产力的充分解放与更好发展从根本上讲则是为了实现每个人的自由全面发展。换言之，在对共产主义三个层次的规定中，制度层次的规定服从并服务于生产力层次的规定，生产力层次的规定又服从并服务于人的发展层次的规定。这说明，生产力发展以及以之为基础的人的发展是社会主义、共产主义更为本质、更为深层的规定性。实际上，对于这一点，马克思主义创始人也有非常明确的阐述。在《共产党宣言》中，马克思恩格斯在列举了向共产主义过渡时期所采取的措施之后，特别强调指出，"代替那存在着阶级和阶级对立的资产阶级旧社会的，将是这样一个联合体，在那里，每个人的自由发展是一切人的自由发展的条件"①。在 1894 年，有人请求恩格斯为即将出版的《新纪元》周刊题词，用简短的字句来表述未来社会主义的基本思想，恩格斯明确指出，除了以上的表述外，再也找不出更合适的了。按照马克思恩格斯社会主义思想的内在逻辑，生产关系的变革固然重要，但这只是实现功能的手段而不是目的，不能把手段变成目的本身。可以假设，即使马克思恩格斯活到今天，他们也不会赞成现在就建立纯粹公有制的经济结构。"马克思恩格斯从不抽象地推崇任何结构性质的东西。在他们看来，人的各种需要及其满足，这才是最根本、最重要的事情……他们发现的历史规律也表明，生产关系、上层建筑中的制度性、规范性的东西，并不是最重要、最根本的东西。真正最重要、最根本的东西实际是人的需要及其满足，以及为满足这些需要所必需的各种物质、社会生活条件的创造。因此，一切属于制度性、规范性的东西都不是独立自在的和神圣不可侵犯的，归根到底，它们的去留取舍都要取决于它们的社会功能，即取决于它们能否适应为满足人的需要所必需的生产力和社会发展的实际需要，是否真正具有满足人的需要的实际功能。"②

当然，由于马克思恩格斯对未来社会规定的多层次性，也由于社会主义与资本主义在经济制度方面的区别最为直观，所以人们往往更习惯于主要在经济制度层面来规定社会主义的本质。这种理解方式的长期存在说明对马克思主义创始人思想的准确把握并非能一蹴而就，也说明理论认识的纠偏与深入往往需要以现实的经验教训为基础。今天，基于历史的经验教训，重新研读相关经典著作，我们认为，应该主要从功能而非从经济结构的角度来理解社会主义的本质是符合马克思恩格斯思想之内在逻辑的。换言之，对社会主义本质的理解应突破具体经济结构的层面而深入到其功能的层面，亦即不再简单地从结构着眼，而是从功能着眼，不是先定性，而是先重实效，是功能决定了对结构的选择与结构的变迁而不是相反，是结构服务于功能而不是相反。只有这样，才能切实

① 《马克思恩格斯文集》第 2 卷，人民出版社，2009，第 53 页。
② 王占阳：《新民主主义与新社会主义：一种新社会主义的理论研究和历史研究》，中国社会科学出版社，2004，第 15~16 页。

把握马克思恩格斯社会主义思想的价值实质与本质精髓。也只有这样，才能够切实打破各种僵化教条的束缚，实现真正的思想解放。实际上，正是基于这样一种功能论的理解，改革开放以来我们才确立起了以公有制为主体、多种所有制共同发展的经济结构。不仅经济领域如此，其他领域亦是同理。概言之，这样一种功能论的理解实现了对马克思主义创始人社会主义思想的正本清源与返本开新，其对理论创新与实践创新的指导意义是不言而喻的。

二　社会主义的外在形态：作为"世界历史性的存在"

如同在社会主义内在本质问题上传统认识不完全清醒一样，在社会主义外在形态问题上传统认识也存在失误。这种认识失误的典型就是苏联时期斯大林主张的"一国建成社会主义"理论。按照这种理论，社会主义如果能够在一国建成，那么，其存在形态就可以是国别化的、区域化的。但是，这种在特定时期形成的认识既已被历史发展所证伪，也根本不符合马克思主义创始人对于社会主义的理解与认识。按照马克思恩格斯的社会主义理论，社会主义就其发展与存在的形态而言，应该是世界历史性的。之所以如此，是因为社会主义本身是人类社会发展至"世界历史"阶段的产物。

在《共产党宣言》中，马克思恩格斯在分析资产阶级进步作用的时候，曾指出资产阶级通过开辟世界市场从总体上推动了人类文明的发展进程。"过去那种地方的和民族的自给自足和闭关自守状态，被各民族的各方面的互相往来和各方面的互相依赖所代替了。……民族的片面性和局限性日益成为不可能。""资产阶级，由于一切生产工具的迅速改进，由于交通的极其便利，把一切民族甚至最野蛮的民族都卷到文明中来了。"① 世界市场的开拓，各个民族与国家的普遍交往表明人类的历史已经进入了"世界历史"，即整个世界越来越一体化的历史。实际上，在早于《共产党宣言》而撰写的《德意志意识形态》中，马克思恩格斯

① 《马克思恩格斯文集》第 2 卷，人民出版社，2009，第 35 页。

就提出了"世界历史"这一概念，而现在全球化的不断发展使我们可以更好地理解马克思主义"世界历史"理论的伟大预见性与深刻性。既然资本主义已经开辟了世界市场，人类历史已经成为世界历史，而社会主义又是建立在资本主义文明成果之上、比资本主义更高级的社会形态，所以按照马克思主义的基本理论逻辑，社会主义也必须建立在整个世界历史普遍交往、普遍联系的基础之上。在《德意志意识形态》中，马克思恩格斯明确地将世界历史视为共产主义存在的历史基础。"交往的任何扩大都会消灭地域性的共产主义。共产主义……是以生产力的普遍发展和与此相联系的世界交往为前提的。"① "共产主义……只有作为'世界历史性的'存在才有可能实现。"② "每一个单个人的解放的程度是与历史完全转变为世界历史的程度一致的。……只有这样，单个人才能摆脱种种民族局限和地域局限而同整个世界的生产（也同精神的生产）发生实际联系，才能获得利用全球的这种全面的生产（人们的创造）的能力。"③ 这说明，按照马克思恩格斯的理论逻辑，全球性的普遍联系与交往是社会主义与共产主义本身所固有的形态规定性。

既然如此，我们在生产力落后情况下建立的社会主义国家的发展自然就必须充分借鉴发达国家的先进成果，在可能的情况下就要采取对外开放政策。社会主义革命可以在一国胜利，但社会主义却不可能在闭关锁国、僵化封闭的环境下建成。实际上，自近代资产阶级开辟世界市场以来，一个国家再想要关起门来发展、闭关锁国而不懂得借鉴先进的生产力就必然会吃大亏。按照马克思主义的基本理论逻辑，闭关锁国首先还不是一个能不能搞好社会主义的问题，而是那根本就不是社会主义。鉴于此，邓小平指出："我们过去固守成规，关起门来搞建设，搞了好多年，导致的结果不好。经济建设也在逐步发展，也搞了一些东西，比如原子弹、氢弹搞成功了，洲际导弹也搞成功了，但总的来说，很长时间处于缓慢发展和停滞的状态，人民的生活还是贫困。"④ 实际上，原子

① 《马克思恩格斯文集》第1卷，人民出版社，2009，第538~539页。
② 《马克思恩格斯文集》第1卷，人民出版社，2009，第539页。
③ 《马克思恩格斯文集》第1卷，人民出版社，2009，第541~542页。
④ 《邓小平文选》第3卷，人民出版社，1993，第223页。

弹、氢弹等也并不全是我们自己关起门搞出来的，因为"两弹一星"元勋中很多是从国外学成归来的，这等于我们利用了发达国家的教育与科研成果。对外开放之所以取得重大成就，并不是偶然的，从根本上讲，就是因为这一政策恰恰体现和符合了社会主义的内在要求。

三　社会主义实现的路径

（一）内部已孕育新社会因素的资本主义在自发的渐进过程中逐步过渡到社会主义

自马克思恩格斯在《共产党宣言》中指出"两个必然"的著名论断，资本主义的发展又经历了100多年的时间，并且资本主义内部的矛盾与冲突较之《共产党宣言》发表的时代似乎得到了较大程度的协调与缓和，今天的资本主义好像还具有较强的活力。既然如此，对西方资本主义发展进程中社会主义实现问题应如何认识呢？

对此问题应做辩证分析。首先，当时马克思主义创始人尽管正确揭示了资本主义的内在矛盾，但也确实低估了资本主义的自我调节能力、危机应对能力与生存发展能力。在《共产党宣言》发表的时代，资本主义还处于早期的自由竞争阶段，发展还不充分，就如同一个刚刚学会走路、经常摔倒的小孩一样，其本身常常发生严重的危机。在此后100多年的发展进程中，面对早期的种种危机，资本主义在经济、政治、社会等各方面都进行了改革与调整。经济方面，发展混合经济、加强国家宏观调控、实行计划调节。比如，就计划调节而言，按照传统观念，好像只有社会主义国家才有计划，资本主义国家没有计划。实际上，现代资本主义国家也有计划。二战以后日本就设有经济企划厅、国土厅，法国设有计划总署和现代化委员会等计划部门。资本主义国家的经济计划一方面是应对经济危机的需要，另一方面也是向社会主义国家学习的结果。所以，现在认为资本主义国家没有计划已经不准确了。政治方面，在选举权上逐步取消了财产、教育资格的限制和种族偏见等，工人阶级与普通大众的各种政治权利逐步得到承认。在当代西方，工人阶级一是通过工会，二是通过工人阶级政党，像社会民主党、社会党、工党等来争取有利于自己的立法或者政策措施，维护和争取自己的利益。随着西方各项民主权利的不断扩大，工人阶级和普通民众逐渐成为体制内的一种力量，原先在自由竞争阶段高度紧张的阶级关系趋于缓和。社会方面，建立健全劳动政策、分配政策、保障政策，推进社会公平等多项措施都有实效。正是通过这种多方面的不断调节，资本主义很大程度上还能够适应生产力的发展要求，从而延缓了自身最终灭亡的时间。

其次，这种不断的调节与改革也使发达资本主义国家内部开始产生越来越多的新社会因素，比如合作社的不断发展、计划调节的不断实施、三大差别的大大缩小、社会福利的逐步完善、社会公平的不断推进等。这些因素都非资本主义的内在要求，而是资本主义对自身矛盾调节的结果，是工人阶级联合社会大众不断斗争争取的结果，具有相当的社会主义性质。可以预见，在以后的历史发展中，资本主义世界对危机和矛盾越调节，其自身包含的社会主义因素就会越多。而这就涉及一个如何认识社会主义与资本主义关系的方法论问题。按照苏联时期斯大林的观点，社会主义生产关系不能在资本主义社会内部形成，只能由无产阶级政权在"空地上"创造出来。换言之，依照其理论逻辑，资本主义社会与社会主义社会根本对立、泾渭分明，资本主义社会作为一个整体都是需要批判与否定的，其内部不可能生成社会主义的因素。实际上，这种观点并不符合马克思恩格斯的思想，反映的是一种僵化而片面的思维方式。按照辩证唯物主义的观点，新事物代替旧事物要有一个量的积累的过程，而这种积累就是在旧事物内部进行的，社会主义的产生同样如此。从资本主义社会向社会主义社会的转变不是一蹴而就的，社会主义因素有一个在资本主义社会内部从少到多逐步积累的过程，随着新社会因素的不断积累，从量变到部分质变再到彻底质变，资本主义社会最终被社会主义社会所代替。只有这样解释才符合辩证法，也才能够客观合理地解释现实。

马克思恩格斯对此也有非常清楚而一贯的论述。《共产党宣言》指出："当人们谈到使整个社会革命化的思想时，他们只是表明了一个事实：在旧社会内部已经形成了新社会的因素，旧思想的瓦解是同旧生活条件的瓦解步调一致。"① 在《〈政治经济学批判〉1857—1858 年手稿》中，马克思指出："新的生产力和生产关系不是从无中发展起来的，也不是从空中，又不是从自己产生自己的那种观念的母胎中发展起来的，而是在现有的生产发展过程内部和流传下来的、传统的所有制关系内部，并且与它们相对立而发展起来的。"② 在 1871 年《法兰西内战》一书中，马克思指出："工人阶级不是要实现什么理想，而只是要解放那些由旧的正在崩溃的资产阶级社会本身孕育着的新社会因素。"③ 就此而言，无视资本主义社会内部正在孕育与生成的新社会因素，抽象地谈论姓"资"姓"社"的问题都是不科学的，都是有害无益的。从资本主义社会的发展趋势看，从资本主义社会内部所生成和具有的新社会因素看，社会主义代替资本主义的历史必然性和现实可能性已经显露，发达的资本主义世界将经过一个漫长的过程逐渐为新的社会形态所代替。也就是说，现在资本主义虽然并没有最终灭亡，但实际上正在按照马克思恩格斯所指出的趋势发展，其发展的过程就是不断否定自身的过程。

（二）现实社会主义国家的发展应呈现为一个从现有前提和条件出发的自觉运动过程

发达资本主义国家由于内部孕育着新社会因素，从而将在不断的渐进发展中逐步过渡到社会主义理想形态，那么，现实的社会主义国家如何从不合格的社会主义逐步发展为合格的社会主义呢？马克思恩格斯对此问题虽然没有直接论及，但其对共产主义"运动论"的理解对我们却极具启示意义。所谓"运动论"理解是相对于"形态论"理解而言的。按照一般看法，理想社会主义是一种要经过漫长的历史时段才能实现的社会形态，此即对于社会主义的"形态论"理解。这种"形态论"的理解并不全错，但对于把握社会主义而言并不全面。实际上，按照

① 《马克思恩格斯文集》第 2 卷，人民出版社，2009，第 51 页。
② 《马克思恩格斯全集》第 46 卷（上），人民出版社，1979，第 235 页。
③ 《马克思恩格斯文集》第 3 卷，人民出版社，2009，第 159 页。

马克思恩格斯社会主义的理论逻辑，社会主义不仅是一种美好的社会形态，更是一个从现实的人出发，不断满足人的现实利益需求、不断推进人的现实发展、不断实现社会理想的持续的历史过程与历史运动。"我们的出发点是从事实际活动的人。""符合现实生活的考察方法则从现实的、有生命的个人本身出发。""这种考察方法不是没有前提的。它从现实的前提出发，它一刻也不离开这种前提。它的前提是人……是处在现实的、可以通过经验观察到的、在一定条件下进行的发展过程中的人。"① "我们所称为共产主义的是那种消灭现存状况的现实的运动。这个运动的条件是由现有的前提产生的。"② 社会主义只有从现实出发，关心现实的人，不断满足人的现实利益需求，它作为一种理念与制度才会具有吸引力。如此，社会主义才具有现实性。正像邓小平指出的："人民，是看实践。人民一看，还是社会主义好，还是改革开放好，我们的事业就会万古长青！"③ 当下的实践效果决定了社会主义事业的恒久吸引力与万古长青。对于马克思恩格斯的社会主义现实"运动论"思想，长期以来我们一直关注不够。恰恰因为对这一思想关注不够，缺乏充分的重视与研究，社会主义国家建设实践中很长时间都存在着在指导思想上脱离实际、忽视人的现实利益、主观主义特别是教条主义严重等问题。

今天，从现实运动的角度来理解社会主义，要求我们既要心怀高远，又要脚踏实地，既要明确马克思主义的根本价值追求与目标理念，又要注意依据现实条件将之在实践中努力推进与落实。就中国特色社会主义建设而言，要将马克思主义人的自由全面发展理念切实体现于实践之中，当前应重点做好两方面的工作。一是维护社会公正，推进改革成果共享。马克思恩格斯在《共产党宣言》中针对早期资本主义两极分化社会结构的批判对于今天的中国社会依然很有警示意义。邓小平在改革之初也强调："社会主义的目的就是要全国人民共同富裕，不是两极分化。如果

---

① 《马克思恩格斯文集》第 1 卷，人民出版社，2009，第 525 页。
② 《马克思恩格斯文集》第 1 卷，人民出版社，2009，第 539 页。
③ 《邓小平文选》第 3 卷，人民出版社，1993，第 381 页。

我们的政策导致两极分化，我们就失败了。"① 就此而言，改革成果的公正分配关乎社会主义本质与优越性的体现。二是积极规范、引导社会组织的健康发展，增强社会自治能力。马克思主义创始人曾指出共产主义社会是自由人联合体，这种自由人联合体在社会组织形式上首先表现为公众小范围的自由结社联合，在此基础之上共产主义社会才展现为一个大的自由人联合体。没有小范围的自由结社联合，社会整体性的自由人联合体是不可能存在与形成的。就此而言，现代社会中公众自由结社的大规模出现可以说是共产主义自由人联合体的征兆，充分证明了马克思主义共产主义理论的科学性。对于以马克思主义为指导的执政党而言，放权于社会，积极规范、引导社会组织的发展，让社会更好地增强与实现自我组织、自我管理功能，是坚持马克思主义的必然要求，是"社会主义"的题中应有之义。

四　结　语

通过以上分析，在对社会主义的理解上可以得出如下认识：生产力发展基础之上人的自由全面发展是社会主义的深层本质，应确立"功能论"的社会主义本质观；全球性的普遍联系与交往是社会主义内在规定性，社会主义是一种世界历史性的存在形态；内部已孕育新社会因素的资本主义能够在自发的渐进过程中逐步过渡到社会主义，而对现实社会主义国家而言，其发展应呈现为一个从"现实的人"出发的自觉运动过程。以上认识，既是对马克思恩格斯社会主义思想的正本清源，也是对其社会主义思想的返本开新。当然，对于马克思恩格斯社会主义思想的再解读而言，以上几点并不全面。随着社会的不断发展以及研究的不断深入，在理论与现实的反复碰撞中，马克思恩格斯的社会主义思想必将会从新的视域获得新的、更为深入的理解，理论上的正本清源、返本开新将是一个开放的、持续不断的过程。

---

① 《邓小平文选》第 3 卷，人民出版社，1993，第 110~111 页。

马克思的共产主义观[*]

——基于《1844 年经济学哲学手稿》的解读

王虎学

众所周知,《1844 年经济学哲学手稿》（以下简称《手稿》）是青年马克思的一部早期文献,是马克思主义形成起点上的一部经典著作,借用马克思对黑格尔《精神现象学》的评价,我们把《手稿》视为马克思学说的"秘密和诞生地"。尤为重要的是,马克思在《手稿》中明确提出并借助于异化劳动理论,首次从哲学上阐明了消灭异化劳动、扬弃私有财产进而把人失去的人的关系、人的世界还给人自身,最终实现人的解放也即实现共产主义的历史必然性。诚如大哲学家黑格尔所言:熟知并真知。因此,本着正本清源、返本开新的原则,我们重读马克思,回到经典,尝试考察并梳理马克思的共产主义观。我们都知道,在《手稿》笔记本Ⅲ的〔私有财产和共产主义〕部分,马克思对共产主义既有"破"更有"立",在批判地考察了粗陋的共产主义等错误思潮之后,马克思对自己的共产主义观进行了比较细致而全面的阐述:"共产主义是私有财产即人的自我异化的积极的扬弃,因而是通过人并且为了人而对人的本质的真正占有;因此,它是人向自身、向社会的即合乎人性的人的复归,这种复归是完全的,自觉的和在以往发展的全部财富的范围内生成的。这种共产主义,作为完成了的自然主义＝人道主义,而作为完成了的人道主义＝自然主义,它是人和自然界之间、人和人之间的矛盾的真正解决,是存在和本质、对象化和自我确证、自由和必然、个体和

＊ 国家社科基金项目"马克思主义价值观研究"（15CKS032）的阶段性成果。本文原载于《学术研究》2018 年第 11 期,收入本书时有改动。

类之间的斗争的真正解决。它是历史之谜的解答，而且知道自己就是这种解答。"① 为了更好更准确地把握和理解马克思的共产主义观，我们可以从上述这一大段引文中进一步概括、提炼出如下观点，求教于方家，谨以此纪念马克思 200 周年诞辰。

一　共产主义意味着人本身的解放

在马克思看来，共产主义是对私有财产的积极扬弃，而所谓"对私有财产的积极的扬弃，就是说，为了人并且通过人对人的本质和人的生命、对象性的人和人的作品的感性的占有"②。而这里的私有财产实际上就是人的自我异化的一种物质的、感性的表现而已，所以，马克思认为，对私有财产的积极扬弃的共产主义，也就是意味着"人的一切感觉和特性的彻底解放"③。

人的一切感觉和特性的彻底解放就意味着人本身的解放。在这里，人的一切感觉包括人的五官感觉、精神感觉和实践感觉，进一步而言，人的一切个体的器官，人对世界的任何一种人应该具有的关系，也就是说，包括人的触觉、视觉、听觉、味觉、嗅觉，人的感觉、愿望、直观、思维，人的活动、爱，等等，这一切人的关系都将不再受到异化劳动奴役和约束，也不再受到私有财产的束缚和限制，人正是在人自身与对象的这种真正的人的关系的意义上而占有对象、肯定自身。总之，人的规定性，人同对象的关系，不再使人自身失去现实性，不再使人自身的劳动及其成果变成反对他自己的异己的力量，而是人的现实性的实现。关于这一点，马克思进一步阐述指出，对私有财产的积极扬弃之所以意味着人的一切感觉与特性的全面彻底解放，"正是因为这些感觉和特性无论在主体上还是在客体上都成为人的"。也只有这时候，眼睛才真正成为人的眼睛，耳朵才真正成为人的耳朵。在马克思看来，"不言而喻，

---

① 《1844 年经济学哲学手稿》，人民出版社，2000，第 81 页。
② 《1844 年经济学哲学手稿》，人民出版社，2000，第 85 页。
③ 《1844 年经济学哲学手稿》，人民出版社，2000，第 85~86 页。

人的眼睛与野性的、非人的眼睛得到的享受不同，人的耳朵与野性的耳朵得到的享受不同，如此等等"①。

人的一切感觉和特性的彻底解放，不仅使对象成为人的对象，而且使人成为对象化的人。这时候，对象对人的意义的生成，就不仅仅取决于对象本身的性质，而且取决于作为主体的人的感觉及其特性所及的程度。所以，"从主体方面来看：只有音乐才激起人的音乐感；对于没有音乐感的耳朵来说，最美的音乐毫无意义，不是对象，因为我的对象只能是我的一种本质力量的确证"②。同样的道理，对于没有形式美的眼睛来说，最美的图画恐怕也是毫无意义的；对于一个饥肠辘辘、忧心忡忡的、贫穷的人来说，即使面对最美的风景恐怕也毫无感觉；对于以经营矿物为生的商人而言，恐怕也是没法真正感觉到矿物独特的美的存在的，在他眼里，恐怕也只有矿物的商业价值了。

从人的存在及其解放的角度看，"品位"意识意味着人的生命意义的彰显，意味着人对精神生活的自觉的认同和追求。如果说"没有音乐感的耳朵"是与没有品位的精神生活直接联系在一起的话，那么，相反，"有音乐感的耳朵"则是与有品位的精神生活直接联系在一起的，是人之为人的重要维度之一。实际上，人不同于其他动物并高于其他动物的地方就在于，人的生命不是一个维度，而是两个维度。诚然，人与其他动物一样，也要吃、喝、拉、撒、睡，但是，对于其他动物而言，这是其生命活动的全部，但是对人而言，这些只是人的生命活动的最低层次的维度，人生命的第二个维度也即更高层次的维度就是向精神意义世界的延伸，追求有品位的生活。

二　共产主义意味着对人的本质的真正占有

共产主义是对人的本质的真正占有，这与马克思对异化劳动的规定有着密切的关系，马克思的共产主义理论是其异化劳动理论的自然的合

---

① 《1844 年经济学哲学手稿》，人民出版社，2000，第 86 页。
② 《1844 年经济学哲学手稿》，人民出版社，2000，第 87 页。

乎逻辑的展开而已。在马克思看来，共产主义是通过人并且为了人而对人的本质的真正占有。所谓"通过人"，就是说，共产主义的实现并不是单纯通过对"物"特别是对私有财产这种"物"的异化的扬弃就可以获得的，而是要通过对人的异化或者说对异化了的人的异化性质的真正扬弃才能得到，因为异化了的"物"只是外观，是表现而已，被这种外观所掩盖着的真正的异化是"人"的异化。所谓"为了人"，就是说，共产主义的实现绝不是单纯为了占有物或者说占有对象形态的财富，而是为了人的获得感、安全感、幸福感的提升和增强，为了人本身的解放。而所谓的"对人的本质的真正占有"，马克思不仅明确了"两个不应当"，即"不应当仅仅被理解为直接的、片面的享受，不应当仅仅被理解为占有、拥有"。而且，他强调："人以一种全面的方式，就是说，作为一个总体的人，占有自己的全面的本质。"① 这段论述可以看作青年马克思对"人的全面发展"这一概念的比较明确且经典的界定，因为在这个定义中，主体与客体、人与人、人与自然都达到了完美的统一。从主体的角度来看，共产主义超越了使人越来越狭隘的私有制，使人从片面的占有观和狭隘的拥有观中解放出来了，因此，这时候的人不再是不被当作人看的一种异己的存在物，而是真正成为一个全面占有自己丰富的本质规定的完整的人、全面发展的人。只有共产主义社会才"创造着具有人的本质的这种全部丰富性的人，创造着具有丰富的、全面而深刻的感觉的人作为这个社会的恒久的现实"②。在此值得一提的是，波兰著名哲学家 A. 沙夫关于马克思"人的全面发展"的深刻洞见具有重要启示。在沙夫看来，"人的全面发展理论是正确理解马克思主义的人道主义与异化理论、马克思主义哲学，乃至整个马克思主义的真正钥匙"。他认为马克思主义关于人的全面发展的观点，既是一种观念，更是一种观察分析人与社会的方法，"这种观念和方法在当今世界具有特别重要的意义：一是可以用它来评判现代资本主义；二是可以用它来重新界定社会

---

① 《1844 年经济学哲学手稿》，人民出版社，2000，第 85 页。
② 《1844 年经济学哲学手稿》，人民出版社，2000，第 88 页。

主义的本质；三是可以用它来作为社会发展目标来赢得人民的支持。"①

共产主义对人的本质的占有是全面的、彻底的，是人的本质向人自身的全面复归。共产主义不是片面地从物的占有或拥有，即不是从物的纯粹有用性上理解人的本质的，因为这样做，实际上是一种利己主义，会导致人的本质的丧失和对人的本质的歪曲。相反，共产主义意味着从人的原则高度来理解和把握人与物的关系，在这种人与物的关系中，共产主义把物的属性与人的需要和人的本性联系起来看待，然后通过人的实践，按照人本身的需要和人的本性，从而实际地占有并掌握物，使之真正符合人的本性、人的需要，体现人的本质。也就是说，共产主义的目的是人本身。在马克思看来，共产主义消灭私有财产将使人的丰富本质得到实现。社会性是人的本质特征，私有财产的存在使它丧失，共产主义则是人的社会性的复归即人向自身、向社会的（即人的）人的复归。吉登斯分析指出："复归人类生存的社会性质是马克思共产主义信念中不可或缺的部分"，未来的共产主义社会就"建立在个人与社会共同体之间相互依存关系的清醒认识基础之上"，这种相互依存关系就体现为，"只有在社会共同体中，通过使用集体生产的劳动成果，人才能实现其个性化的存在"②。对此，国内有学者也明确指出，在《手稿》中，马克思关于人的本质从异化到复归的历史观称得上是马克思一个真正经典的思想，不仅"集中反映了马克思恩格斯对共产主义的理解，堪称经典，其中的思想贯穿马克思恩格斯的一生"，而且指明了"共产主义最主要的特征是人的本质向人自身的复归，这是异化的扬弃，是人道主义的实现，它的目的是人"③。

在马克思看来，共产主义本来是人展示并占有自己的全面本质的，但是，私有财产的存在使人的本质的全面性、丰富性丧失了。正如马克思

---

① 陈学明、马拥军：《走近马克思——苏东剧变后西方四大思想家的思想轨迹》，东方出版社，2002，第495页。

② 安东尼·吉登斯：《资本主义与现代社会理论——对马克思、涂尔干和韦伯著作的分析》，郭忠华、潘华凌译，上海译文出版社，2007，第21页。

③ 安启念：《和谐马克思主义：一个被长期遮蔽的视域》，《中国人民大学学报》2006年第3期。

所分析的那样，"私有制使我们变得如此愚蠢而片面，以致一个对象，只有当它为我们拥有的时候，就是说，当它对我们来说作为资本而存在，或者它被我们直接占有，被我们吃、喝、穿、住等等的时候……才是我们的"①。很显然，在人对物的这种占有、拥有、使用、支配关系中，人把物作为可利用可计算的客体对象来对待，这样看起来人是够主体的，但是由于主客关系固有的辩证法，人以这样的方式对待物，反过来导致物对人的统治，把人贬低为客体和物。因此在这种情况下，人对物的占有或拥有，反而意味着人的自我丧失，也就是自我异化。

毫无疑问，马克思所批判的正是一种现代性的物化生存方式，这对于今天我们反思自身的生存状况仍具有重要的启示意义。人生在世，当我们的生活被一种狭隘的片面的对物的占有欲所充斥的时候，人的"动物机能"就会吞噬人的"人的机能"，我们的生存本质上就异化了。当处身于喧嚣急躁的社会之中的时候，我们更多是对金钱、财富、权力的外逐，并用以确证自身的存在与价值，而我们是否已经忘记了对人自身的个性、能力、修养、内心的培育和观照，而后者对人来说是更为重要的。

三　共产主义意味着对人类所创造的一切财富的保存

共产主义是对人类所创造的全部财富的保存，强调这一点，旨在说明共产主义的实现本身是有其经济基础的，是以人类的全部财富为支撑的，而不是虚无缥缈的海市蜃楼。马克思明确指出，共产主义"是人向自身、向社会的即合乎人性的人的复归，这种复归是完全的，自觉的和在以往发展的全部财富的范围内生成的"②。共产主义不是也不能理解为对整个人类文明的否定，而是应该看作对人类全部财富的保存。共产主义向人类自身的复归，是一种人类自身的辩证发展，是对以往全部成就的保留，并为人类文明的丰富发展开辟了广阔道路，从而实现人类的彻

---

① 《1844年经济学哲学手稿》，人民出版社，2000，第85页。
② 《1844年经济学哲学手稿》，人民出版社，2000，第81页。

底解放。在马克思看来，"共产主义决不是人所创造的对象世界的消逝、舍弃和丧失，即决不是人的采取对象形式的本质力量的消逝、舍弃和丧失，决不是返回到非自然的、不发达的简单状态去的贫困"①。这里的"两个决不是"已经清楚地表明，共产主义不是取消而是保存、不是抛弃而是继承以往人类社会发展所取得的一切积极成果，包括在私有制条件下创造的文明成果。正如马克思所说的，"不难看到，整个革命运动必然在私有财产的运动中，即在经济的运动中，为自己既找到经验的基础，也找到理论的基础"②。事实上，共产主义社会本身也是要以资本主义所创造的一切物质条件为基础的，是对资本主义的辩证性超越。在马克思看来，资本主义的扬弃必将为未来的共产主义社会创造条件，二者之间并非断裂的，而是具有一定的连续性的。对此，吉登斯指出，为了区别于"乌托邦"主义的立场，"马克思拒绝为未来的社会提供明晰的蓝图。作为对资本主义的辩证性超越，新的社会秩序将依据生活在当前社会中的人们只能模糊地把握的那些原则组织起来"③。因此，新社会并不是横空出世，与旧社会彻底断裂，尤其是在新社会的最初阶段，往往带有它脱胎而来的那个旧社会的痕迹。简言之，"社会主义社会是建立在资本主义历史发展基础之上的"④。

四　共产主义意味着自然主义与人道主义的和解

从理论形态上来讲，共产主义是完成了的自然主义与完成了的人道主义的统一，意味着自然主义和人道主义的和解，这讲的是共产主义的哲学基础。在这里，所谓"完成了的"，就是"完善的""完备的""全部实现了的"意思。自然主义强调自然，人道主义推崇人，本都无可厚

---

① 《1844 年经济学哲学手稿》，人民出版社，2000，第 112~113 页。
② 《1844 年经济学哲学手稿》，人民出版社，2000，第 82 页。
③ 安东尼·吉登斯：《资本主义与现代社会理论——对马克思、涂尔干和韦伯著作的分析》，郭忠华、潘华凌译，上海译文出版社，2007，第 69 页。
④ 安东尼·吉登斯：《资本主义与现代社会理论——对马克思、涂尔干和韦伯著作的分析》，郭忠华、潘华凌译，上海译文出版社，2007，第 73 页。

非，但自然主义在强调自然先于人的存在这一自然事实的基础上，却把自然界视为世界唯一的绝无仅有的真正的本体，没有看到或者忽视了人是历史的主体这一历史事实；反过来，人道主义在推崇人，强调人才是世界的真正主人，人才是一切创造物的主体本质的过程中，又完全忘记了或故意忽视自然界先于人的存在的事实，所以，马克思指出，共产主义是"自然主义"和"人道主义"的真正和解，追求的是人与自然的和谐共生。从根本上而言，虽然自然主义和人道主义都有其各自的价值与合理之处，但是，问题在于，过去二者之间一直是彼此分离的，人道主义脱离自然主义走向唯心主义，自然主义脱离人的作用成为机械论。因此，只有二者的统一才是真理。在马克思看来，"自然界，就它自身不是人的身体而言，是人的无机的身体。……所谓人的肉体生活和精神生活同自然界相联系，不外是说自然界同自身相联系，因为人是自然界的一部分"①。实际上，马克思当时也曾明确宣称自己就是这样一种完成了的人道主义者，自己的学说就是实践的人道主义学说。马克思写道："正像无神论作为神的扬弃就是理论的人道主义的生成，而共产主义作为私有财产的扬弃就是要求归还真正人的生命即人的财产，就是实践的人道主义的生成一样；或者说，无神论是以扬弃宗教作为自己的中介的人道主义。"②

五　共产主义意味着历史之谜的解答和自觉

根据马克思的论述，共产主义是对"六对矛盾"的解答和自觉。具体而言，共产主义"是人和自然界之间、人和人之间的矛盾的真正解决，是存在和本质、对象化和自我确证、自由和必然、个体和类之间的斗争的真正解决。它是历史之谜的解答，而且知道自己就是这种解答"③。

由于私有财产的存在，人与自然、人与人之间存在着矛盾甚至对抗。

---

① 《1844年经济学哲学手稿》，人民出版社，2000，第56~57页。
② 《1844年经济学哲学手稿》，人民出版社，2000，第112页。
③ 《1844年经济学哲学手稿》，人民出版社，2000，第81页。

共产主义扬弃了人与人、人与自然相对立的异化，实现了它们的统一，并且是它们的高度发展了的统一，因而成为包括以往自然主义和人道主义发展的全部成果的唯物主义，因而是"历史之谜的解答"。同样，由于私有财产的存在，人现实地存在着，但丧失了自己的本质；人的劳动使自己的意识对象化，但人们只从中看到了财富的增加，看不到这是人的本质与特征的自我确证；人的本质是自由，但具体的个人是被各种必然性支配的，不自由的，诚如卢梭所言，人人生而自由却无往不在枷锁之中，也即是说，在人身上存在着人的自由本质与作为对这一本质的限制的必然的斗争；人的个体的有限性、有死性与类的无限性、永恒性之间也处于矛盾和斗争之中。而一旦私有财产被共产主义消灭，上述斗争或矛盾也将随之消失。共产主义因揭示了历史发展规律而解答了历史之谜，而且知道共产主义自身就是历史发展规律的必然产物，也即"知道自己就是这种解答"。因为，"不难看到，整个革命运动必然在私有财产的运动中，即在经济的运动中，为自己既找到经验的基础，也找到理论的基础"①。

六　共产主义意味着一种客观的历史运动

在马克思看来，历史的全部运动，既是现实中的共产主义的诞生活动，又是在思维中被理解和被认识到的共产主义的生成运动。这表明，马克思在论及共产主义的时候，总是非常清晰地区分了思想上的共产主义运动和现实的共产主义运动。他还特别强调："我们在思想中已经认识到的那正在进行自我扬弃的运动，在现实中将经历一个极其艰难而漫长的过程。"② 换言之，理论上的共产主义和现实的共产主义不是一回事，二者不能简单地直接地画等号，也不能胡子眉毛一把抓，而要具体问题具体分析。

客观地讲，当马克思认为"共产主义是对私有财产即人的自我异化

① 《1844 年经济学哲学手稿》，人民出版社，2000，第 82 页。
② 《1844 年经济学哲学手稿》，人民出版社，2000，第 128 页。

的积极的扬弃"的时候，这本身就已经清楚地表明：对于资本主义时代以"劳动"和"资本"的形式出现的"私有财产"，共产主义不是单纯地在"批判"和"消灭"的意义上消极地扬弃，而是力图用某种新的东西去取代它。这样一来，马克思从一开始就划清了"共产主义"与那些单纯地"否定"私有财产（例如，蒲鲁东等人的所谓"财产就是盗窃"等）、单纯地要求"砸烂旧世界"式的、破坏性地"扬弃私有财产的消极表现"之间的界限，从而肯定了作为一种"现实运动"的共产主义对于推动人类社会发展和前进的积极意义。马克思明确指出："从工人阶级运动成为现实运动的时刻起，各种幻想的乌托邦消逝了——这不是因为工人阶级放弃了这些乌托邦主义者所追求的目的，而是因为他们找到了实现这一目的的现实手段——取代乌托邦的，是对运动的历史条件的真正理解以及工人阶级战斗组织的力量的日益积聚。但是，乌托邦主义者在前面宣布的运动的两个最后目的，也是巴黎革命和国际所宣布的最后目的。只是手段不同，运动的现实条件也不再为乌托邦寓言的云雾所掩盖。"在著名的《法兰西内战》中，马克思在总结巴黎公社工人阶级的革命的实践的基础上，已经更加明确地指出了这一点，即"工人阶级不是要实现什么理想，而只是要解放那些由旧的正在崩溃的资产阶级社会本身孕育着的新社会因素"①。

正是基于对现实的工人运动的实际状况的深入了解，恩格斯早就认识到：共产主义本身作为一种客观的现实的运动，正是要通过无产阶级的解放最终实现全人类的解放。这一深刻转变表明了恩格斯对共产主义认识的深化。恩格斯在其早期的《英国工人阶级状况》一文中，就明确表达了这样一种观点和看法，他认为，共产主义绝不是一种单纯的所谓工人阶级的党派性的学说，而是一种社会解放理论，它的最终目的就是要把包括资本家在内的整个社会从资本主义现有的、狭小的范围中真正解放出来。后来，恩格斯在他的这部著作的 1892 年德文第 2 版序言中对自己进行了自我批评，他说道："这在抽象的意义上是正确的，然而在实践中在大多数情况下不仅是无益的，甚至还要更坏。只要有产阶级不

_____

① 《马克思恩格斯选集》第 3 卷，人民出版社，1995，第 60 页。

但自己不感到有任何解放的需要，而且还全力反对工人阶级的自我解放，工人阶级就应当单独地准备和实现社会革命。"① 否则，关于共产主义的认识以及人的解放的认识必然成为一厢情愿、自作多情的空话。

其实，马克思在《手稿》中也强调："共产主义是作为否定的否定的肯定，因此，它是人的解放和复原的一个现实的、对下一段历史发展来说是必然的环节。共产主义是最近将来的必然的形式和有效的原则。但是，共产主义本身并不是人的发展的目标，并不是人的社会的形式。"② 也就是说，以扬弃私有财产为中介的共产主义并不意味着人类社会已实现了完美的理想状态，恰恰相反，它仅仅是人类史前史的结束，是真正的人类史的开启，是人的解放的"必然环节""必然的形式和有效的原则"。在《手稿》之后，关于共产主义是一种不以个人意志为转移的客观的现实的运动的观点，马克思恩格斯在其合作完成的《德意志意识形态》一书中，进一步明确地表述道："共产主义对我们来说不是应当确立的状况，不是现实应当与之相适应的理想。我们所称为共产主义的是那种消灭现存状况的现实的运动。"③

总之，马克思在《手稿》中关于共产主义的阐述对于我们今天弄清楚包括共产主义在内的整个人类社会的发展都有着极其重要的启示：共产主义不是遥不可及的，而正是资本主义消灭私有制、扬弃异化劳动之后的一个新的社会形态。实际上，在对人类社会发展阶段的认识中，马克思的认识是一以贯之的，在他看来，人类社会不仅是一个从低级阶段向高级阶段不断发展的历史过程，也是一个由片面发展逐渐走向全面发展的历史进程。后来在《哥达纲领批判》中，马克思明确将共产主义社会划分为两个发展阶段，即共产主义第一阶段和共产主义的高级阶段，指出：实现共产主义社会的高级阶段，共产主义社会的第一阶段是不可

---

① 《马克思恩格斯选集》第 4 卷，人民出版社，1995，第 423 页。
② 《1844 年经济学哲学手稿》，人民出版社，2000，第 93 页。关于这段译文本身及其理解，学界存在不同观点，比较有代表性的可参见许兴亚《应当如何理解共产主义不是"人类发展的终点"？——马克思〈1844 年经济学——哲学手稿〉中译文辨析》，《海派经济学》2007 年第 1 期。
③ 《马克思恩格斯选集》第 1 卷，人民出版社，1995，第 87 页。

逾越的必经阶段。再后来，列宁继承并发展了马克思关于共产主义社会发展阶段的思想。他在 1917 年出版的《国家与革命》中进一步将马克思所说的"共产主义社会的第一阶段"称之为"社会主义社会"，自此开始，"共产主义社会的第一阶段"变成了"社会主义社会"，"共产主义社会的高级阶段"变成了"共产主义社会"。1920 年，列宁在《共产主义运动中的"左派"幼稚病》中把整个共产主义社会明确地划分为三个阶段，即"低级阶段"、"中级阶段"和"最高阶段"，其中的"低级阶段"和"中级阶段"是指社会主义社会的两个不同发展阶段，"最高阶段"是指共产主义社会，而"最初阶段"则是指"从资本主义向社会主义即向共产主义低级阶段过渡的"阶段。

综上，基于《手稿》的解读，我们看到，共产主义理论是理解和把握马克思学说的基本点，也是关键点。完整准确地把握进而辩证地理解马克思的共产主义观，我们必须要有这样的理论自觉和理论自信：共产主义必胜，但绝不会速胜；共产主义是长期的，但绝不是遥遥无期的①。

---

① 王虎学：《"共产主义"的现实性与超越性》，《光明日报》2016 年 1 月 27 日。

论列宁领导社会主义建设的基本思想[*]

王中汝

作为世界上第一个社会主义国家的缔造者，列宁一生理论与实践活动的最突出特点是创新。十月革命是创新，开创并巩固第一个社会主义国家也是创新。在列宁领导下，社会主义从理论变成实践，实现了伟大飞跃。列宁的社会主义观，或者说他对社会主义的认识，既有来自"本本"的普遍看法，更有基于俄国实践的创新性观点。列宁的创新成果弥足珍贵，更有价值的是他的基于唯物史观和唯物辩证法的、以创新与改革为核心的解决矛盾、指导实践的思想方法。

一 社会主义不是圣像而是活生生的实践

列宁是马克思恩格斯之后最伟大的马克思主义者。在他看来，马克思主义的科学方法，主要有两点：一是唯物史观，特别是生产力观点；二是唯物辩证法。

相对于唯物史观，列宁更重视唯物辩证法的运用。在社会发展问题上，他强调："世界历史发展的一般规律，不仅丝毫不排斥个别发展阶段在发展的形式或顺序上表现出特殊性，反而是以此为前提的。"① 在社会主义建设问题上，列宁强调苏维埃俄国，"在政治制度方面，在工人政权的力量方面，比不管什么英国或德国都要先进，但在组织像样的国家资本主义方面，在文明程度方面，在从物质和生产上'实施'社会主

---

* 本文原载于《科学社会主义》2020 年第 2 期，收入本书时有改动。

① 《列宁全集》第 43 卷，人民出版社，2017，第 374 页。

义的准备程度方面，却比西欧最落后的国家还要落后"。这种"经济'力量'和政治力量不相称"的状况，是正常的，因为"'相称'是永远不会有的，在自然界的发展中，也和在社会的发展中一样，这样的相称都是不可能有的，只有经过多次的尝试——其中每次单独的尝试都会是片面的，都会有某种不相称的毛病——才能从一切国家无产者的革命合作中建立起胜利的社会主义"①。以上诸点，无不是把唯物辩证法运用于俄国革命和建设实践得出的科学结论。

列宁领导的俄国社会主义把理论上的社会主义变成生动的实践，正是在唯物辩证法和唯物史观的指导下展开的。理论上的社会主义，特别是已经成为列宁那个时代普遍共识的一些设想、方案，在俄国的具体条件下，首先遭遇到落实的难题。列宁的办法，是既基本上坚持既有的观点，又对不符合既有观点的做法进行合理性论证。例如，1920年底，在采用新经济政策之前，列宁指出："从货币向不用货币的产品交换过渡，是毫无疑义的。"② 不通过货币这个中介，实行产品的直接交换，是共产主义的基本观点。但在以农民为人口主体、小生产者占优势的俄国，列宁强调，在没有向农民提供可以消除对代替物的需要的那种东西前，就废除代替物（货币），在经济上是不正确的。再如，"国有化、社会化的工厂和国营农场中建立起来的经济"，才是"完全新的社会主义经济"③。个体经济、私营经济等，都属于非社会主义经济。但在俄国，占大多数的是农民，作为劳动者的农民是不能暴力剥夺的，因而只能承认这些所谓的非社会主义经济存在的合理性。列宁总体上是肯定经济计划的，认为对发达资本主义国家"经济计划"的参考"可以得出真正科学的规律"④。新经济政策，承认了自由贸易、市场机制的作用，是对经济计划的否定吗？不是，"新经济政策不是要改变统一的国家经济计划，不是要超出这个计划的范围，而是要改变实现这个计划的办法"⑤。

---

① 《列宁全集》第41卷，人民出版社，2017，第204~205页。
② 《列宁全集》第50卷，人民出版社，2017，第35页。
③ 《列宁全集》第43卷，人民出版社，2017，第78~79页。
④ 《列宁全集》第41卷，人民出版社，2017，第8页。
⑤ 《列宁全集》第52卷，人民出版社，2017，第39页。

正因为理论与实践之间的矛盾，列宁才断定当时的俄国还处在从资本主义向社会主义过渡的阶段。人们常说的列宁晚年的社会主义建设思想，是依照今天的认识水平提出的概念，作出的理论概括。如果依照列宁本人的观点，应该是列宁晚年的向社会主义过渡的思想。列宁说过："'社会主义苏维埃共和国'这个名称是表明苏维埃政权有决心实现向社会主义的过渡，而决不是表明现在的经济制度就是社会主义制度。""过渡"本身，"在经济上"就表明"在这个制度内有资本主义的和社会主义的成分、部分和因素"①。什么时候才能过渡到社会主义，在列宁那里并不是关键问题，"为了使'我们'能顺利地完成我们直接向社会主义过渡的任务，就必须懂得，需要经过哪些中间的途径、方法、手段和辅助办法，才能使资本主义以前的各种关系过渡到社会主义。关键就在这里"②。

当然，列宁对社会主义的认识，也不只是局限于那个时代众所周知的社会主义或共产主义观念。更多的是在实践中的创新与突破。例如，如果用传统的共产主义观念来衡量，新经济政策无疑是一种"退却"或退步，因为它承认市场机制、商品货币、私人资本等。但在列宁看来，与俄国当时的经济结构相比，与自然经济、封建特权等前资本主义因素相比，新经济政策又是进步的，这是历史唯物主义的基本原理。1922年底，新经济政策实施即将两周年，列宁强调："我们现在退却，好像是在向后退，但是我们这样做是为了先后退几步，然后再起跑，更有力地向前跳。"③ 究竟是前进还是后退？显然，是前进而不是后退。这也是唯物辩证法的实际运用。

无论如何，作为实践家的列宁，既受"本本"的影响，又不受"本本"的束缚，更多地把社会主义同具体实践联结起来。"对俄国来说，根据书本争论社会主义纲领的时代也已经过去了，我深信已经一去不复返了。今天只能根据经验来谈论社会主义。"④ 对于共产党人来说，这样

---

① 《列宁全集》第41卷，人民出版社，2017，第196页。
② 《列宁全集》第41卷，人民出版社，2017，第216页。
③ 《列宁全集》第43卷，人民出版社，2017，第300页。
④ 《列宁全集》第34卷，人民出版社，2017，第466页。

的"经验"，当然是在共产党领导下，解放和发展生产力的经验，不断提高人民生活水平的经验，建设新社会的经验。这也是列宁关于社会主义的基本观点。

二　不能把社会主义和资本主义抽象地对立起来

苏维埃俄国的社会主义建设实践，在共产党执政的条件下，一方面要面对国内以农民经济为主，包括传统上被视为资本主义属性的私营工商业在内的多种经济成分与结构，另一方面要面对世界上大多数国家实行资本主义制度，又被发达资本主义国家包围的现实。无论是在国内还是在国际上，把社会主义与资本主义抽象对立起来，老死不相往来，都是列宁所反对的。

在国内，列宁是多维度看待所谓的资本主义经济成分的。一是从现实经济结构维度。"我们决没有把俄国的经济制度看成是一种单一的和高度发达的东西，而是充分认识到，俄国除了社会主义形式的农业之外，还有宗法式的农业，即最原始形式的农业。"① 在多维的经济成分序列中，列宁从马克思主义的高度，肯定资本主义成分取代前资本主义成分是一种进步。关键在于，不是在已经工业化、现代化的基础上建设社会主义，而是被大量的前资本主义经济成分所包围。他强调："同社会主义比较，资本主义是祸害。但同中世纪制度、同小生产、同小生产者涣散性引起的官僚主义比较，资本主义则是幸福。"② 二是从解放和发展生产力的维度。在"无产阶级掌握着大工业的一切命脉"的情况下，"在我们主要是苦于产品极端缺乏、苦于极端贫困的时候，担心建立在小的农副业上面的资本主义会构成一种威胁，那是很可笑的"③。三是从社会主义和垄断资本主义所共有的因素的维度。"从这种资本主义无论走向国家大资本主义或者走向社会主义，都是经过同一条道路，都是经过同

① 《列宁全集》第43卷，人民出版社，2017，第280页。
② 《列宁全集》第41卷，人民出版社，2017，第217页。
③ 《列宁全集》第41卷，人民出版社，2017，第309页。

一个中间站，即我们所说的'对产品的生产和分配实行全民的计算和监督'。"① 四是从农民需要、城乡物质交换的维度。农民需要通过市场进行商品交换，国家又没有能力提供可供交换的工业品，没有能力提供交换的渠道，消灭了市场，消灭了私有工商业，国家怎么生存和发展？

在马克思恩格斯看来，大工业是社会主义的主要经济基础。列宁认为，经历了战争摧残的俄国，没有发达资本主义国家的帮助，经济很难恢复，也无法顺利推进以电气化为主要内容的工业化。诚然，在政治和意识形态方面，发达资本主义国家与苏维埃俄国是敌对的。但在经济上，发达资本主义国家却不得不与军事上消灭不了的苏维埃俄国打交道。"有一种力量胜过任何一个跟我们敌对的政府或阶级的愿望、意志和决定，这种力量就是世界共同的经济关系。正是这种关系迫使它们走上这条同我们往来的道路。"② 当然，经济上的交往，在世界革命到来之前，是互利的。"我们同资本主义国家若没有一定的相互关系，我们就不可能有稳固的经济关系。……它们同样也不可能有稳固的经济关系。"③ 这也是列宁重视租让制的根本原因。只有通过租让制，或者从更广泛的意义上说吸取发达资本主义国家的技术、设备、资本，"才有希望赶上（然后再超过）当代先进的资本主义。任何其他的观点无非是'我们能轻易取胜'、'我们自己能搞好'的胡说，这种胡说愈是披上'纯共产主义'的外衣就愈危险"④。

列宁的结论是："只把'资本主义'和'社会主义'抽象地对立起来，而不研究目前我国这种过渡的具体形式和步骤"，"这恰恰意味着在思想上'偏离了方向'，离开了'演变'的真正道路，不懂得这条道路"⑤。由此而言，斯大林时代形成的世界"两个平行的市场"，尽管有着复杂的主客观原因，却不符合列宁关于社会主义与资本主义的正常关系的看法，在实践中也为社会主义国家的经济建设带来了不少损失。中

① 《列宁全集》第41卷，人民出版社，2017，第200页。
② 《列宁全集》第42卷，人民出版社，2017，第343页。
③ 《列宁全集》第42卷，人民出版社，2017，第339页。
④ 《列宁全集》第50卷，人民出版社，2017，第201页。
⑤ 《列宁全集》第41卷，人民出版社，2017，第201页。

国的对外开放，积极融入并引领全球化潮流，才真正践行并发扬光大了列宁的思想。

三 勇于承认并纠正错误，推进社会主义理论和实践创新

勇于承认错误，根据实践要求及时修正错误，不断推进理论和实践创新，是列宁作为共产党领袖的最宝贵的政治品质，也是他能够在复杂的俄国成功领导革命与建设的重要原因。正是有了这种精神，俄共（布）领导的社会主义建设事业，才得以克服来自国内外的严峻考验，克服了不断产生的经济和政治危机，实现了命运的根本转折。

从战时共产主义向新经济政策的急剧转变，就是一个最鲜活的例子。顾名思义，战时共产主义这个概念，是由"战时"和"共产主义"两个要素构成的。首先是战争这个大环境。1918～1920年，苏维埃俄国先后经历了沙俄残余势力掀起的国内战争和发达资本主义国家的武装干涉。面对外部强加的战争，共产党只能奋起迎战，捍卫新生政权。在这种情况下，只能把包括经济在内的社会生活纳入战争的轨道，一切都为打胜仗服务。"在极端激烈艰苦的战争条件下"，"只能按战争方式行动"，"但是同时，我们做得超过了理论上和政治上所必要的限度"①。超过"必要的限度"的根源，不在于战争本身，而在于主观认识——把战时被迫采用的体制，视为建设社会主义和共产主义的正常举措，战时共产主义这个概念即由此而来。"不论在1918年4月或在1920年4月，我们都是把从战争向和平建设的转变设想成在同一个政策轨道上的简单转变。"② 所谓"同一个政策轨道"，列宁解释说："旧的俄国经济将直接过渡到国家按共产主义原则进行生产和分配。"③ 至于"我们的经济同市场、同商业的关系问题"，"当时根本没有提出"，"我们设想，国家的生产和分配同私营商业的生产和分配这两种制度将互相斗争"④。

---

① 《列宁全集》第41卷，人民出版社，2017，第56页。
② 《列宁全集》第41卷，人民出版社，2017，第385页。
③ 《列宁全集》第42卷，人民出版社，2017，第192页。
④ 《列宁全集》第42卷，人民出版社，2017，第232页。

1921 年春，在国内战争和外来武装干涉结束之际，战时共产主义政策遭到人民群众的强烈反对——农民暴动，工人怠工，军心不稳。列宁认为，苏维埃政权遭遇到全面的政治和经济危机，根源就在于战时共产主义政策。"我们计划（说我们计划欠周地设想也许较确切）用无产阶级国家直接下命令的办法在一个小农国家里按共产主义原则来调整国家的产品生产和分配。现实生活说明我们错了。"① 列宁领导俄国共产党人，承认错误，改弦易辙，实行新经济政策，标志着"经济政策的基本原则"的根本改变，标志着"转上了另一条轨道"②："在一些大国的无产阶级革命还没有到来以前，经济关系或经济体制的类型＝上面实行集中"＋"下面实行农民的贸易自由"③。依照传统的社会主义观念，商品货币、市场机制等不是社会主义而是资本主义因素，但却是生存和发展的现实所需要的。正是在实际生活中，在不断地尝试与纠错中，列宁领导着苏维埃俄国这个小农国家，顽强地开辟出不同于西方发达国家的现代化新路。

修正错误，最终要体现在实践和理论创新上来。实践创新与基于实践创新的理论创新，贯穿于列宁实践探索、理论思考与治党治国理政的整个环节、全部过程。其中，有些方面的创新结论明确、逻辑严整，有些方面仅仅提出了初步设想、没来得及完成。前者诸如国家资本主义、新经济政策等，后者诸如关于党政分工、政治体制改革等。

列宁的实践和理论创新，体现在他对社会主义和共产主义的认识上。一方面，他坚持基于西欧实践的社会主义与共产主义思想，包括以大工业为基础的社会化大生产、没有商品货币、计划调节社会生产与分配等。另一方面，他又是生活、战斗在俄国现实中的共产党人。既缺乏大工业这个经济基础，又因现实需要不能消灭市场与货币，这是一对矛盾。解决这个矛盾的办法，首先，是坚持大生产资料的国有制，坚持国家对自己不直接主导的、通过非国有经济和市场进行的生产与分配的监督。其

---

① 《列宁全集》第 42 卷，人民出版社，2017，第 187 页。
② 《列宁全集》第 41 卷，人民出版社，2017，第 351 页。
③ 《列宁全集》第 41 卷，人民出版社，2017，第 383 页。

次，承认市场、货币、私有经济等存在的必要性与合理性，创造性地提出并论证了无产阶级政权之下的国家资本主义理论。最后，勇于在实践中完善、发展关于社会主义的理论认识。例如，列宁最初认为合作社是"资本主义遗留下来的"①，必然会"生成比较会经营的、经济地位较高的分子，从而在政治上生成孟什维克和社会革命党人。这是一种化学定律"②。在生命的最后时刻，列宁对合作社的看法，发生了根本改变："在生产资料公有制的条件下，在无产阶级对资产阶级取得了阶级胜利的条件下，文明的合作社工作者的制度就是社会主义的制度"，"合作社的发展也就等于……社会主义的发展"③。

　　列宁的实践和理论创新，体现在他对革命与建设多样性的认识上。早在1916年，列宁就指出："一切民族都将走向社会主义，这是不可避免的，但是一切民族的走法却不会完全一样……每个民族都会有自己的特点。"④ 1922年底，在共产国际第四次代表大会上，他再次指出，1921年第三次代表大会上通过的"关于各国共产党的组织结构及其工作方法和内容"的决议有问题，"它几乎全是俄国味"，"完全是根据俄国条件写出来的"。生搬硬套俄国的革命模式，或者决议根本得不到落实，或者导致革命的失败。因此，列宁告诫其他国家的共产党人，"要理解我们关于共产党的组织结构所写的"东西，绝不要"满足于把这个决议像圣像那样挂在墙角，向它祷告"，"应当吸收一部分俄国经验"⑤。具体到俄国的社会主义建设，列宁更是多次强调条件的不同导致的建设途径的差异。例如，"一个小农生产者占人口大多数的国家"与"工农业雇佣工人占大多数的发达的资本主义国家"，建设社会主义必须也只能采用不同的"办法"⑥。

　　推进实践和理论创新，必须弘扬实干精神。实践和理论创新是不

---

① 《列宁全集》第41卷，人民出版社，2017，第56页。
② 《列宁全集》第41卷，人民出版社，2017，第57页。
③ 《列宁全集》第43卷，人民出版社，2017，第369~371页。
④ 《列宁全集》第28卷，人民出版社，2017，第163页。
⑤ 《列宁全集》第43卷，人民出版社，2017，第290~291页。
⑥ 《列宁全集》第41卷，人民出版社，2017，第50页。

会顺利的，必然遭遇到来自各方面的自觉、不自觉的羁绊。这里既有利益问题，也有认识问题。在当时的俄国，更多的是认识问题，即思想观念跟不上时代步伐与实践要求。对于这个问题，列宁非常警惕。他的解决办法，是要求全党弘扬实干精神。一是不进行无谓的理论纷争，避免脱离实际的理论空谈，围绕党和国家的实际任务切实推进工作。例如，面对租让问题引发的党内争议，列宁呼吁全党"不要再辩论这些原则问题，不要再争论了。这都是些无谓之争，都是不切实际的空谈。应当停止这些空谈了。……我们要把注意力放在对改善工人和农民生活状况有利的实际办法上"①。二是重视地方和基层的经验。实干精神，主要体现在地方、基层和劳动者之间。列宁强调，要"鼓励地方尽量发挥首创精神、自主精神和进取精神"，"更大胆更广泛地采取种种办法，从各方面来解决问题"，只要能"使农业和工业得到复苏就行"②。列宁批评说："我们这里最糟的是，报刊上空泛的议论和政治高调太多，而对地方经验的研究却非常缺乏。"③ 三是重视方针政策的落实，重视人才的选拔。"在最伟大的政治革命之后"，"全部情况的关键不在于政治，狭义的政治（报上所说的全是些政治高调，没有丝毫社会主义的东西），不在于决议，不在于机构，也不在于改组。……而要挑选所需的人才，检查实际执行情况，这才是人民所重视的"④。

在一个小农国家里建设社会主义，是前所未有的崭新事业，犯错误是难免的。"我们不怕承认自己的错误，我们将冷静地看待这些错误，以便学会改正这些错误。"⑤ 善于发现问题，敢于承认错误，找出解决问题的根源，通过实践和理论创新，通过切切实实的行动，去开辟社会主义建设的新境界。这也是列宁留给后人的宝贵财富。

---

① 《列宁全集》第41卷，人民出版社，2017，第181页。
② 《列宁全集》第41卷，人民出版社，2017，第263页。
③ 《列宁全集》第52卷，人民出版社，2017，第384页。
④ 《列宁全集》第43卷，人民出版社，2017，第113页。
⑤ 《列宁全集》第42卷，人民出版社，2017，第185~186页。

四 老办法解决不了新问题，重视
利益在社会主义建设中的作用

列宁多次以人的优点与缺点的辩证关系，来比喻解决问题的思维方式。他指出："人们的缺点通常同他们的优点有联系。一个人的缺点仿佛是他的优点的延续。优点如果延续得过了头，表现得不是时候，不是地方，就成了缺点。"① 俄共（布）是在严酷的地下斗争中成长起来的，又成功地经受了国内战争与外来武装干涉的考验，最大的优点是懂得、善于通过激发群众的热情来完成艰难的政治和军事任务。但在和平时期，面对经济建设的任务，"这个优点现在成了我们最危险的缺点。我们老是向后看，以为经济任务用同样的办法也能完成。但错误正出在这里。在情况已经发生变化、我们应该去完成另一种任务的时候，是不能够向后看，试图用昨天的办法来解决问题的"②。

不同的领域，有不同的特殊规律。不同领域的问题，有不同的解决办法。世界上不存在适用于一切领域的万应灵丹。即使同一个问题，在时空条件已经发生改变的情况下，也很难用同样的办法去解决。与此同时，不同的事物，在不同的条件下，作用与属性也是不同的。生搬硬套，或者拿针对某领域问题的药方，去解决其他领域的问题，或者用某个时间内解决问题的办法，去解决另一个时间内的问题，或者用不变的眼光，去看待不同条件下的事物，在思维方式上，都是违反辩证法要求的僵化的教条主义。然而，遇到问题，首先求助于他人或自己已有的解决办法与经验，或者用惯常的思维去判定事物的本质，恰恰又是人类的本能。在芸芸众生中，不教条、不僵化、具有创新性思维的人，永远是站在历史潮头的少数。列宁就是这样的人。不要"向后看"，不要尝试"用昨天的办法"来解决今天的问题，不要用惯常的思维去看待新生事物，是列宁灵活运用唯物辩证法得出的科学结论。

①《列宁全集》第 42 卷，人民出版社，2017，第 359 页。
②《列宁全集》第 42 卷，人民出版社，2017，第 360 页。

这种科学的思维方式，体现在新经济政策的制定和实施上。1921年底，列宁在谈到经济建设时指出："在政治和军事的战场上，我们战胜了自己的敌人。可是在经济的战场上，我们却遭到了一连串失败。……我们才开始走上新经济政策的道路……我们在这方面刚开始学习就犯了无数的错误，总是往后看，迷恋过去的经验"①，"过去的经验"，无非战争年代完成军事和政治任务的经验。其中，最重要的是武装暴力和强制手段。然而，经济发展自有其内在规律，暴力和强制只能发挥或积极或消极的辅助作用。在大多数情况下，暴力对于经济的作用是消极的。基于这个原因，列宁强调以市场为中介的商业，包括国有商业和私有商业，是"无产阶级先头部队同农民结合的唯一可能的环节，是促使经济开始全面高涨的唯一可能的纽带"②。经济任务，主要依靠经济手段来完成。

这种科学的思维方式，体现在对待国家资本主义问题上。在新经济政策条件下，列宁把私营经济、私人资本、自由贸易等都归于国家资本主义范畴。在惯常意义上，国家资本主义是指资本主义条件下受国家监督、支配的资本主义。无产阶级掌握了政权，支配了土地等大生产资料，这种条件下的私人资本等属性和作用已经发生了很大变化。列宁指出："现在的情况不同了……如果你们要编写教科书，那你们就要写上：国家资本主义，这是一种非常意外的、谁都绝对预见不到的资本主义，因为谁也无法预见到，无产阶级竟会在一个属于最不发达之列的国家中取得政权；它起初试图为农民组织大规模的生产和分配，后来由于文化条件所限无力完成这个任务，不得不采用资本主义。这一切是从来没有预见到的，但这却是无可争辩的事实。"③

这种科学的思维方式，体现在对革命与改良关系的辩证看法上。列宁指出："我们在1921年春天以前的三年多时间内所实行的方案（或方法、制度）。从直接和彻底摧毁旧社会经济结构以便代之以新社会经济结构的意义上说，这是完成任务的一种革命办法。"与此不同，"所谓改

① 《列宁全集》第42卷，人民出版社，2017，第347页。
② 《列宁全集》第42卷，人民出版社，2017，第359页。
③ 《列宁全集》第43卷，人民出版社，2017，第118~119页。

良主义的办法，就是不摧毁旧的社会经济结构——商业、小经济、小企业、资本主义，而是活跃商业、小企业、资本主义，审慎地逐渐地掌握它们"①。问题的关键，在于共产党人已经牢固掌握了政权，党和国家的主要任务也变为和平推进社会主义建设。在这种情况下，革命者"最大的危险，甚至也许是唯一的危险，就是夸大革命作用，忘记了恰当地和有效地运用革命方法的限度和条件。真正的革命者如果开始把'革命'写成大写，把'革命'几乎奉为神明，丧失理智，不能极其冷静极其清醒地考虑、权衡和验证在什么时候、什么情况下、什么活动领域要善于采取革命的行动，而在什么时候、什么情况下、什么活动领域要善于改用改良主义的行动，那他们就最容易为此而碰得头破血流"②。这就是革命与改良的辩证法。"革命办法"，或者"彻底摧毁旧社会经济结构"的办法，无疑是适用于革命战争的"老办法"。在建设问题上，这样的"老办法"是不适用的。打碎一切、千篇一律的思维，必定受到生活本身的报复。

"昨天的办法"，在革命战争时期主要是革命热情，也就是列宁所说的"在当初是必要"的而今却成为"过时的方法"③。这种热情，来自被统治者对活不下去的现状的抗议，对未来美好生活的憧憬与预期。革命成功之后，在经济建设中，革命者的觉悟和热情纵然还要发挥作用，但却不能仅仅靠革命热情了，甚至主要不能依靠觉悟与热情了。那依靠什么呢？依靠物质利益的刺激作用，"必须把国民经济的一切大部门建立在同个人利益的结合上面"④。毕竟，无私的革命者是少数，大多数人还是更注重日常生活的人民群众。列宁指出，"我们为热情的浪潮所激励，我们首先激发了人民的一般政治热情，然后又激发了他们的军事热情，我们曾计划依靠这种热情直接实现与一般政治任务和军事任务同样伟大的经济任务。……现实生活说明我们错了……不能直接凭热情，而要借助于伟大革命所产生的热情，靠个人利益，靠同个人利益的结合，

① 《列宁全集》第 42 卷，人民出版社，2017，第 256 页。
② 《列宁全集》第 42 卷，人民出版社，2017，第 257 页。
③ 《列宁全集》第 42 卷，人民出版社，2017，第 205 页。
④ 《列宁全集》第 42 卷，人民出版社，2017，第 201 页。

靠经济核算"①。这是思想观念、思维方法的一个很大的转变。

战时共产主义政策，是不承认甚至无视个人利益的，尤其是农民的个人利益。从理论上说，牢固的工农联盟，是社会主义的支柱。但在战时共产主义政策下，农民的利益实际上是受损的、被剥夺的。而且，在传统的社会主义观念中，农民也是保守的、消极的。农民个体经济，是落后的、没有生命力的。这就为剥夺农民提供了理论依据，披上了合理的道德外衣。列宁反思道："在实行余粮收集制的情况下，小农户没有正常的经济基础，许多年都必然死气沉沉，小经济不能存在和发展，因为小业主对于巩固和发展家业、增加产量失去兴趣，结果我们就失去了经济基础。"② 所谓"正常的经济基础"，列宁坦率地指出，"合理征收粮食税，不要像过去那样一征再征，使农民的处境非常困难，愈是勤劳的农民愈吃亏，以致一切建立稳定的经济关系的可能性都归于消失"③。列宁的结论是，战争时期"靠政治热情和军事热情来保证工农联盟"的举措"前进得太远，超越了工农纯经济的联盟许可的限度"，"不可能在经济领域中也这样简单地延续下"，"有必要改变联盟的实质和形式"，把联盟"建立在另一种基础之上"④。"另一种基础"，不是革命热情，不是面临的共同的政治和军事任务，而是对于农民利益的合理保障。

从利益的角度看，在新经济政策条件下，允许农民在完税后有支配自己劳动成果的自由，是"一种能促使小农从事经营的刺激、动因和动力"⑤。这就承认了所谓农民的"自私自利"的合理性。由此，传统的对于农民的看法，也应该作出相应的改变。"勤劳的农民是我国经济振兴的'中心人物'。""农民的'个人主义'对社会主义是否可怕？他们的'自由贸易'是否可怕？不可怕。"⑥ 进而言之，把物质激励推广到一切领域，这是列宁晚年最关心的问题之一。例如，对工农检查院的改革，

① 《列宁全集》第42卷，人民出版社，2017，第187页。
② 《列宁全集》第41卷，人民出版社，2017，第305页。
③ 《列宁全集》第41卷，人民出版社，2017，第307~308页。
④ 《列宁全集》第42卷，人民出版社，2017，第346~347页。
⑤ 《列宁全集》第41卷，人民出版社，2017，第63页。
⑥ 《列宁全集》第41卷，人民出版社，2017，第383页。

他要求精简人数，提高能力，同时把工资提高几倍。对主管对外贸易的部门，"应该有步骤地过渡到根据贸易额和利润来奖励职员的办法。不然，对外贸易人民委员部（还有我们大家）就会垮台"①。要提高国民教师的地位，"最最重要的是提高他们的物质生活水平"②。国有企业，也要进行经济核算与利润考核，"把那些死气沉沉（和恪守共产主义）的企业关闭，关闭这些企业"③。与此相关，列宁还强调，建设社会主义，不能"滥用行政手段"④，因为"我们的政治和行政管理靠的是整个先锋队保持同全体无产阶级群众、同全体农民群众的联系。如果有人忘了这些小轮子，而只醉心于行政手段，那就糟了"⑤。

"不同个人利益结合，什么也办不成。要善于同利益结合起来。"⑥但对于从战争中走出来的共产党人来说，在和平时期领导社会主义建设，"困难在于如何同个人利益结合"⑦，找到有效结合的制度化形式。列宁对此进行了不懈探索。他强调大力发展批发商业，"批发商业在经济上把千百万小农联合起来，引起他们经营的兴趣，把他们联系起来，把他们引导到更高的阶段：实现生产中各种形式的联系和联合"⑧。他还从利益角度分析了合作社的作用。"从实质上讲，在实行新经济政策的条件下，使俄国居民充分广泛而深入地合作化，这就是我们所需要的一切，因为现在我们发现了私人利益即私人买卖的利益与国家对这种利益的检查监督相结合的合适程度，发现了私人利益服从共同利益的合适程度。"⑨ 尊重个人的合理利益，调动个人的工作积极性，不断促进个人利益与社会利益的有机融合，是每一个社会健康运行的关键。社会主义历史不长，这方面的任务异常艰巨。列宁的所思所为，为后人树立了榜样。

---

① 《列宁全集》第 52 卷，人民出版社，2017，第 422 页。
② 《列宁全集》第 43 卷，人民出版社，2017，第 362 页。
③ 《列宁全集》第 52 卷，人民出版社，2017，第 289 页。
④ 《列宁全集》第 43 卷，人民出版社，2017，第 109 页。
⑤ 《列宁全集》第 43 卷，人民出版社，2017，第 108 页。
⑥ 《列宁全集》第 51 卷，人民出版社，2017，第 441 页。
⑦ 《列宁全集》第 42 卷，人民出版社，2017，第 201 页。
⑧ 《列宁全集》第 42 卷，人民出版社，2017，第 188 页。
⑨ 《列宁全集》第 43 卷，人民出版社，2017，第 366 页。

五 坚持人民主体地位，全面推进社会主义建设

社会主义是一个全面发展的社会。全面发展，首先要坚持人民的主体地位，这也是唯物史观特别是群众史观的根本要求。这个根本价值的实现，需要在各个领域全面推进社会主义建设。全面，不是不分轻重缓急，但绝不是单兵突进。各个领域的建设，都要重视，相互支援、密切配合。列宁深知这个道理。他晚年的很多著作，都是从整体上而不是就某个具体领域来谈论社会主义的。

坚持人民的主体地位，要摆正党与人民群众之间的关系。共产党执政后，最大的危险是脱离群众。"如果共产党员（以及所有成功地开始了大革命的革命家）以为单靠革命家的手就能完成革命事业，那将是他们最大最危险的错误之一。……先锋队只有当它不脱离自己领导的群众并真正引导全体群众前进时，才能完成其先锋队的任务。在各种活动领域中，不同非共产党员结成联盟，就根本谈不上什么有成效的共产主义建设。"① 脱离群众的根本表现，是离开群众的现实需要、根据某种原则理念制定路线方针政策，导致"上层制定的经济政策同下层脱节"②，阻碍生产力的发展和人民生活的改善。作为人民的引路人，共产党人当然肩负着不可替代的重要责任，但这绝不意味着"只靠共产党员的双手来建立共产主义社会，这是幼稚的、十分幼稚的想法。共产党员不过是沧海一粟，不过是人民大海中的一粟而已"③。与先进的共产党员相比，群众也许在某种场合、某个问题上是落后的，但"具有优秀精神品质的是少数人，而决定历史结局的却是广大群众，如果这些少数人不中群众的意，群众有时就会对他们不太客气"④。因此，列宁强调共产党人执政后"必须采取正确的方针，必须使一切都经过检验，让广大群众，全体居民都来检验我们的道路，并且说：'是的，这比旧制度好。'这就是我们

① 《列宁全集》第43卷，人民出版社，2017，第23页。
② 《列宁全集》第42卷，人民出版社，2017，第195页。
③ 《列宁全集》第43卷，人民出版社，2017，第100页。
④ 《列宁全集》第43卷，人民出版社，2017，第96页。

给自己提出的任务"①。群众满意不满意、高兴不高兴、答应不答应，应该成为共产党人一切工作的准绳。

社会主义建设，首要任务当然是经济建设。这既是历史唯物主义揭示了的真理，也是饱受战争摧残的俄国人民生存和发展的基本要求。1921年春天之后的列宁著作，大多数是围绕经济问题展开的。然而，"政治是集中了的经济"②。经济建设的内在要求，经济政策的深刻转变，势必要求政治上发生相应的变革。作为唯物辩证法大家，列宁深知政治建设与改革的重要性。他要求加强法制建设，"要把叫做新经济政策的东西以法律形式最牢固地固定下来，以排除任何偏离这种政策的可能性"③。他要改革全俄肃反委员会，"规定它的职能和权限，使它只限于执行政治任务"，"把这个机关的活动限制在纯政治的范围之内"，因为"我们当前的任务是发展民事流转，这是新经济政策的要求"④。他要求通过改革，遏制党和苏维埃机关中的官僚主义现象。"可恶的官僚主义积习使我们陷入滥发文件、讨论法令、乱下指示的境地，生动活泼的工作就淹没在这浩如烟海的公文之中了"⑤，要"周密地考虑一下工作制度，作一番彻底的改革"⑥，包括切实检查执行情况、建立个人负责制、大大精简机构、尽量少开会等。他要求处理好党政关系。"必须十分明确地划分党（及其中央）和苏维埃政权的职责；提高苏维埃工作人员和苏维埃机关的责任心和独立负责精神，党的任务则是对所有国家机关的工作进行总的领导，不是像目前那样进行过分频繁的、不正常的、往往是琐碎的干预。"⑦ 1922年底，列宁提出了"对我们的政治制度作一系列的变动"⑧ 的建议和设想。"一系列"，而不是枝枝叶叶、零打碎敲，

---

① 《列宁全集》第43卷，人民出版社，2017，第305页。
② 《列宁全集》第43卷，人民出版社，2017，第124页。
③ 《列宁全集》第43卷，人民出版社，2017，第246页。
④ 《列宁全集》第42卷，人民出版社，2017，第364页。
⑤ 《列宁全集》第42卷，人民出版社，2017，第398页。
⑥ 《列宁全集》第42卷，人民出版社，2017，第399页。
⑦ 《列宁全集》第43卷，人民出版社，2017，第68页。
⑧ 《列宁全集》第43卷，人民出版社，2017，第341页。

充分显示了列宁对政治建设与政治体制改革的重视。

相对于经济、政治，文化落后是没有经过资本主义洗礼的国家建设社会主义的最深层也是最难克服的障碍。在《新经济政策和政治教育委员会的任务》《日记摘录》等名著中，列宁专门分析了文化建设问题。在经济方面，人民没有文化，"没有足够的见识"，没有"做文明商人的本领"，会影响合作化、电气化甚至社会主义经济基础的建立。① 在政治上，"做管理工作的那些共产党员缺少文化"，"不是他们在领导，而是他们被领导"，"被人愚弄"②，不能很好地实现领导权。党和苏维埃机关中存在的官僚主义、贪污腐败等弊病，"是任何军事胜利和政治改革都无法治好的毛病"，"只有用提高文化的办法才能治好"，因为"政治上有教养的人是不会贪污受贿的"③。"苏维埃的法律是很好的"，但"不仅农民不会利用，就连相当多的共产党员也不会利用苏维埃的法律去同拖拉作风和官僚主义作斗争"④。鉴于文化建设的重要性与俄国文化落后的实际，列宁提出了一系列加强文化建设的政策举措：尊重知识，尊重人才，提高国民教师的地位和物质生活水平，像爱护眼珠那样爱护一切勤恳工作、精通和热爱本行业务的专家；加强农村的文化建设，改变农民的精神面貌，是摆在共产党人面前的两个划时代任务之一；借鉴资本主义文化的优秀成果，"发扬现有文化的优秀的典范、传统和成果"⑤，"最坚决地反对一切在理论上是错误的、在实践上是有害的做法，如臆造自己的特殊的文化，把自己关在与世隔绝的组织中"⑥，建设社会主义文化。

以创新性思维，排除来自各方面的阻力，在千辛万难之下，领导十月革命成功，积极探索俄国的社会主义道路，在世界范围内掀起民族解放运动与社会主义革命，列宁开启了通过革命变革建设美好世界的序幕。

---

① 《列宁全集》第 43 卷，人民出版社，2017，第 368 页。
② 《列宁全集》第 43 卷，人民出版社，2017，第 97~98 页。
③ 《列宁全集》第 42 卷，人民出版社，2017，第 208 页。
④ 《列宁全集》第 42 卷，人民出版社，2017，第 207 页。
⑤ 《列宁全集》第 39 卷，人民出版社，2017，第 376 页。
⑥ 《列宁全集》第 39 卷，人民出版社，2017，第 374 页。

"只有那些已经深入文化、深入日常生活和成为习惯的东西，才能算做已达到的成就。而在我们这里，可以说，对社会制度中的精华没有仔细考虑，没有充分理解，没有深切感受，只是匆忙地抓过来，没有经过检验，没有经过考验，没有为经验所证实，没有固定下来，如此等等。"①列宁在因病卧床并即将完全丧失工作能力之时的这段论述，体现出对为时尚短的社会主义建设经验教训的深刻反思。"社会制度中的精华"指什么？社会主义制度的精华是什么？如何才能使这些精华"深入日常生活和成为习惯"？共产党人应该怎么领导崭新的社会主义事业？这些问题，具有跨越时空的价值。继承列宁的思想遗产，审慎思考并践行列宁探索社会主义建设的思想方法，在新的时代条件下建设好中国特色社会主义，既是中国共产党人的神圣历史使命，也是对列宁这位社会主义制度开创者、奠基者的最好纪念。

---

① 《列宁全集》第 43 卷，人民出版社，2017，第 383 页。

列宁关于俄国革命和建设
道路的探索及启示[*]

王中汝

　　道路决定命运。在俄国这样一个资本主义有所发展但封建残余浓厚的农民国家，怎样根据基本国情推进革命与建设事业，走什么样的革命与建设道路，是列宁理论和实践活动的主要问题。凭借深厚的马克思主义理论素养，在科学判断国情、准确把握形势的基础上，列宁给出了出色答案，成功地领导了俄国的革命和建设事业。列宁关于俄国革命与建设道路的探索，主要分三个阶段。第一个阶段是1917年前，列宁认为俄国必须走美国式而不是德国式的资产阶级革命道路。由于历史发展的复杂性，这个阶段的探索成果仅仅停留在理论层面，没有得到实践机会。第二个阶段是1917年4月到10月，列宁主张俄国不能停留在资产阶级革命阶段，必须顺应革命形势的变化，抓住稍纵即逝的宝贵机会，果断发动社会主义革命。十月革命，就是这个阶段理论探索的实践成果。第三个阶段开始于1921年春天，直到1923年3月列宁因病卧床、完全丧失工作能力。在这个阶段，列宁主张根据实践而非本本认识社会主义，向发达资本主义国家学习，广泛吸收资本主义文明成果，建设好社会主义。列宁勇于自我否定、敢于开辟新道路的探索精神，为后来者树立了光辉榜样，是共产党人取之不竭、用之不尽的宝贵财富。

---

　　* 本文原载于《科学社会主义》2021年第3期，收入本书时有改动。

一　美国式而非德国式的资产阶级革命道路

在研究 1917 年前列宁关于俄国革命模式的思想之前，我们必须把他的一个重要观点作为研究的前提：俄国革命，在性质上是资产阶级革命；由于俄国资产阶级的动摇性、软弱性，革命只能由日益壮大的无产阶级来领导。关于革命性质的主张，是针对民粹主义者而言的，他们认为俄国可以在历史上遗留下来的农民村社残迹的基础上，避开资本主义的苦难，走向农民社会主义，既反对资产阶级革命也反对无产阶级革命。关于革命领导力量的主张，是针对某些僵化了的马克思主义者而言的，他们认为资产阶级革命只能由资产阶级来领导，反对无产阶级的领导角色和历史使命。

作为伟大的马克思主义者，列宁依据俄国的发展阶段、阶级分化特别是生产力状况，认为俄国革命只能是资产阶级革命。即便是资产阶级革命，也存在着道路选择的可能性与现实性问题。在《〈俄国资本主义的发展〉第二版序言》中，列宁指出，"在目前的经济基础上，俄国革命在客观上可能有两种基本的发展路线和结局"①。一条发展道路，是"与农奴制有千丝万缕的联系的旧地主经济保存下来，慢慢地变成纯粹资本主义的'容克'经济"。这种发展路线，是通过"农奴制地主经济的内部改革"完成的。结果是，"国家的整个土地制度将变成资本主义制度，在长时期内还保持着农奴制的特点"。另一种发展道路，是"革命摧毁旧地主经济，粉碎农奴制的一切残余，首先是大土地占有制"。由此而来的，是"小农经济的自由发展，这种小农经济由于剥夺地主土地有利于农民而获得了巨大的推动力"②。前一条发展道路，意味着"保存地主土地占有制的主要部分和旧的'上层建筑'的主要支柱"，意味着农民"受到大规模的剥夺"而"状况恶化"。后一条发展道路，意味着"摧毁地主土地占有制和相应的旧的'上层建筑'的一切主要支柱"，

---

① 《列宁全集》第 3 卷，人民出版社，2017，第 12 页。
② 《列宁全集》第 3 卷，人民出版社，2017，第 12～13 页。

意味着"在资本主义基础上，在工人和农民群众处于商品生产下可能具有的最好环境中，生产力得到最迅速和最自由的发展；由此，给工人阶级进一步实现其真正的和根本的社会主义改造任务创造了最有利的条件"①。在《社会民主党在1905—1907年俄国第一次革命中的土地纲领》一文中，列宁将这两条道路分别称为"普鲁士式的道路和美国式的道路"②。

对俄国统治者即贵族地主和资产阶级最有利的，当然是德国式资产阶级革命道路。这条道路的主要特点是，贵族地主阶级把持国家政权，同时使用超经济即暴力掠夺的前资本主义方式和纯经济的资本主义方式剥削劳动者。国家政权，通过干预经济社会过程，成为超经济剥削的工具。正因为如此，马克思指斥德国是"一个以议会形式粉饰门面、混杂着封建残余、同时已经受到资产阶级影响、按官僚制度组成、以警察来保护的军事专制国家"③，恩格斯批判过"俾斯麦致力于国有化"④而有利于封建贵族政治统治的经济事实。在《资本论》中，马克思痛感德国"不仅苦于资本主义生产的发展，而且苦于资本主义生产的不发展。除了现代的灾难而外，压迫着我们的还有许多遗留下来的灾难，这些灾难的产生，是由于古老的、陈旧的生产方式以及伴随着它们的过时的社会关系和政治关系还在苟延残喘。不仅活人使我们受苦，而且死人也使我们受苦。死人抓住活人"⑤。在这种情况下，资本主义发展的"普鲁士式的道路"，意味着"必须对农民群众和无产阶级连续不断地、有步骤地、毫无顾忌地施用暴力"⑥，劳动者陷入无穷无尽的灾难之中。如果走德国模式的资产阶级革命道路，无产阶级的成长，以无产阶级为代表的劳动群众的解放，势必要遭受更多的曲折和磨难。

---

① 《列宁全集》第3卷，人民出版社，2017，第13页。
② 《列宁全集》第16卷，人民出版社，2017，第205页。
③ 《马克思恩格斯选集》第3卷，人民出版社，2012，第374页。
④ 《马克思恩格斯文集》第9卷，人民出版社，2009，第294页。
⑤ 《马克思恩格斯文集》第5卷，人民出版社，2009，第9页。
⑥ 《列宁全集》第16卷，人民出版社，2017，第389页。

对于 19 世纪的美国，马克思恩格斯的评价总体上是积极的。没有封建的底子（除特殊的奴隶制外），官僚机构不完善，对社会的压迫不像法德这些具有深厚专制传统的欧洲大陆国家沉重，美国人具有旺盛的致力于发财致富的冒险精神和创新意识。所有这些，都是资本主义顺利发展的重要条件。当然，他们并未因此而放松对美国工人阶级运动的关注，从来没有否定美国社会主义革命的必然性。列宁正是从这个角度去看待美国资本主义发展的经验的。他指出，走"美国式的资本主义发展道路"，意味着用革命暴力消灭土地的大地主所有制，消灭根深蒂固的农奴制残余及其政治支柱，"在俄国建立起真正自由的农场主经济"。"沿着这条资本主义发展的道路，我国的资本主义一定会随着国内市场大规模的扩大，全体居民的生活水平、干劲、主动精神和文化水平的提高而更广泛、更自由、更迅速地发展起来。"① 具体来说，有三个目标："（1）让资本主义自由发展；（2）消灭农奴制残余；（3）提高广大居民，特别是下层居民的生活水平和文化水平。"② 从阶级的观点看，要在对农民等劳动者最有利的条件下，走培育、壮大资产阶级的道路，这种资产阶级是"在用革命方法消灭了地主土地占有制的基础上从农民中发展起来的资产阶级"③。列宁观点的理论依据，是具有内在统一性的生产力标准与人的自由发展标准："生产力的发展"，是"社会进步的最高标准"④；无产阶级领导的以农民为主体的革命，既"需要大大发挥农民的主动性、革命毅力、觉悟、组织性和丰富的人民创造力"⑤，又能在"帮助农民完全消灭地主土地占有制"的基础上"得到更广泛更自由的发展的条件"⑥。这也是马克思主义的最高命题——"每个人的自由发展是一切人的自由发展的条件"⑦ ——所要求的。

---

① 《列宁全集》第 16 卷，人民出版社，2017，第 389~390 页。
② 《列宁全集》第 10 卷，人民出版社，2017，第 214 页。
③ 《列宁全集》第 19 卷，人民出版社，2017，第 136 页。
④ 《列宁全集》第 16 卷，人民出版社，2017，第 209 页。
⑤ 《列宁全集》第 16 卷，人民出版社，2017，第 310 页。
⑥ 《列宁全集》第 16 卷，人民出版社，2017，第 312 页。
⑦ 《马克思恩格斯文集》第 2 卷，人民出版社，2009，第 53 页。

　　知己知彼，才能找到符合国情的革命道路。对于俄国，列宁早在 19 世纪末就写出了被《列宁全集》中文版编者称为"《资本论》的直接继续"① 的巨著《俄国资本主义的发展》。1915 年，列宁打算集中研究资本主义和农业发展问题。由于各种因素，这个研究没有最终完成，只留下《关于农业中资本主义发展规律的新材料。第一编。美国的资本主义和农业》。列宁根据美国 1900 年和 1910 年的农业普查材料，对美国农业领域的资本主义发展状况，包括所有制、农业生产规模、机器和肥料的利用、集约化生产技术等，作了详尽分析。列宁指出："这里我们看到，一方面，奴隶制的——在这个场合也就是封建的——农业结构在向商业的和资本主义的农业结构过渡；另一方面，在这个最自由的、最先进的资产阶级国家中，资本主义的发展特别广泛，特别迅速。同时，在这个国家中还进行着极其广泛的建立在民主-资本主义基础上的垦殖开发。"② 当然，农业生产中大生产日益排挤小生产、农业雇佣工人遭受剥削，也是资本主义的正常现象。关键在于，"资本使农业摆脱了封建制度，摆脱了中世纪和宗法制的停滞落后状态，使农业加入了商业周转，从而进入世界范围的经济发展"③。鉴于俄国与美国在国土面积、资源禀赋、人口密度等方面的相似性，他提出，"在下面这个问题上把美国和俄国作一个比较是特别有教益的：如果全部土地不付赎金就转移到农民手中（这种转移是进步的，但无疑是资本主义的），其后果将怎样"④。他的结论是：无论是资本主义的"发展速度"与"已经达到的最高程度"，还是"最新科学技术"的应用与"人民群众的政治自由和文化水平"，"美国都是举世无双的"，"这个国家在很多方面都是我们的资产阶级文明的榜样和理想"⑤。

　　列宁也清楚，走什么样的革命道路，主要不是由革命者的主观意志决定的，而是由客观条件决定的，因此他强调"我们不能'臆造出'什

---

① 《列宁全集》第 3 卷，人民出版社，2017，第Ⅶ页。
② 《列宁全集》第 27 卷，人民出版社，2017，第 236 页。
③ 《列宁全集》第 27 卷，人民出版社，2017，第 230 页。
④ 《列宁全集》第 27 卷，人民出版社，2017，第 237 页。
⑤ 《列宁全集》第 27 卷，人民出版社，2017，第 146 页。

么特别的改革'方案'"①。就 19 世纪末 20 世纪初的俄国来说，"地主经济整个说来在经济上是反动的，而农场经济的因素通过我国以前的经济发展历史已经在农民中形成"②，通过革命从根本上清除农奴制残存、走美国式资本主义道路的客观条件已经成熟。"当然，这种或那种类型的资本主义演进因素，可能有无限多样的结合，只有不可救药的书呆子，才会单靠引证马克思关于另一历史时代的某一论述，来解决当前发生的独特而复杂的问题。"③ 这是列宁关于俄国资本主义道路的基本观点，也是他领导革命后的俄国探索社会主义道路的根本理论依据。

二 俄国式而非西欧式的社会主义革命道路

社会主义，要建立在高度发达的生产力的基础之上，这是马克思主义的一般原理。在《德意志意识形态》中，马克思恩格斯明确指出，如果没有"生产力的巨大增长和高度发展"，"那就只会有贫穷、极端贫困的普遍化；而在极端贫困的情况下，必须重新开始争取必需品的斗争，全部陈腐污浊的东西又要死灰复燃"。而且，共产主义只能建立在人类普遍交往的基础之上，"只有随着生产力的这种普遍发展，人们的普遍交往才能建立起来"④。创造高度发达的生产力，为社会主义创造物质前提，是资本主义的历史使命。正因为如此，"共产主义只有作为占统治地位的各民族'一下子'同时发生的行动，在经验上才是可能的，而这是以生产力的普遍发展和与此相联系的世界交往为前提的"⑤。马克思恩格斯的这些观点，被他们身后的马克思主义者，普遍理解为先发展资本主义，待资本主义发展到一定程度之后，才有条件进行社会主义革命。马克思的"两个决不会"思想，又强化了上述关于发展阶段、革命顺序的理解。

---

① 《列宁全集》第 16 卷，人民出版社，2017，第 224 页。
② 《列宁全集》第 16 卷，人民出版社，2017，第 389 页。
③ 《列宁全集》第 3 卷，人民出版社，2017，第 13 页。
④ 《马克思恩格斯文集》第 1 卷，人民出版社，2009，第 538 页。
⑤ 《马克思恩格斯文集》第 1 卷，人民出版社，2009，第 538~539 页。

列宁是一个坚定的马克思主义者。1917 年以前，他也是根据上述理解来看待俄国革命、领导布尔什维克的：俄国革命，只能是无产阶级领导的资产阶级革命；近期目标，是涤荡根深蒂固的前资本主义因素，为资本主义顺利发展开辟道路。问题仅仅在于，走什么样的资产阶级革命道路。实际的历史进程，要比理论设想复杂得多。马克思恩格斯在 19 世纪 40 年代观察到的，是西欧革命的"同时发生的运动"的"经验"。1917 年俄国二月革命，创造了新的"经验"：革命推翻了沙皇专制制度，形成了"两个政权"并存的政治格局——一个是"正式"的政权，即革命后成立的临时政府，是由资产阶级、资产阶级化的贵族地主和部分小资产阶级把持的政权；另一个是"非正式"的政权，即工兵代表苏维埃，由小资产阶级、工人和士兵代表组成。在苏维埃中活动的政治势力，既有代表包括农民在内的小资产阶级利益的社会革命党、孟什维克等党派，也有代表资产阶级的政党，同时还有代表觉悟的工人阶级的布尔什维克。这两个由革命催生的"政权"，达成了协议，苏维埃支持临时政府执政。问题的关键是，临时政府解决不了也不可能解决革命提出的任务，包括和平退出帝国主义战争、通过土地革命彻底解决农民的土地问题、解决全民的饥饿问题。在这种情况下，布尔什维克该怎么办？

在布尔什维克党内，出现了两种相互对立的意见。一种意见是，既然是资产阶级革命，资产阶级又掌握了政权，那么无产阶级的任务，只能局限在监督资产阶级政府上，督促它去落实土地改革等革命要求，使之向着有利于工农群众的方向发展。待到生产力条件成熟了，无产阶级政党再领导群众发动社会主义革命。实际上，这也是孟什维克、第二国际的领袖们包括考茨基、普列汉诺夫等人的意见。这个 1917 年前布尔什维克的主张，二月革命后在党的高层依然有着很大影响。刚从国外返俄的列宁，则持另一种意见：推翻资产阶级临时政府，全部权力归苏维埃。列宁把前一种意见，称为"旧公式"或"旧方式"①——"按照旧方式，结论是：继资产阶级的统治之后，才可能和应当是无产阶级和农民

---

① 《列宁全集》第 29 卷，人民出版社，2017，第 139 页。

的统治"，把持这种意见的人称为"'老布尔什维克'"①。他认为，"需要重新审查'老的'布尔什维主义"②，"对于旧'公式'，例如布尔什维主义的旧'公式'，要善于补充和修改"③，"公式至多只能指出一般的任务，而这样的任务必然随着历史过程中每个特殊阶段的具体的经济和政治情况而有所改变"④。他强调，"这个公式已经过时了"，"这种人应当送进革命前的'布尔什维克'古董保管库（也可以叫做'老布尔什维克'保管库）"⑤。他提出，"现在必须弄清一个不容置辩的真理，这就是马克思主义者必须考虑生动的实际生活，必须考虑现实的确切事实，而不应当抱住昨天的理论不放，因为这种理论和任何理论一样，至多只能指出基本的、一般的东西，只能大体上概括实际生活中的复杂情况"。"谁按旧方式提出资产阶级革命的'完成'问题，谁就是为死教条而牺牲活的马克思主义。"⑥

列宁还是一个灵活的马克思主义者，他随时准备根据环境和条件的变化，修正自己的观点，并努力争取党和大多数党内同志的支持。"社会主义应当从其他工业比较发达的国家产生"的观点是不对的，"不能说谁来开始和谁来结束"，"这不是马克思主义，而是对马克思主义的拙劣的模仿"⑦。由于列宁的坚持与不懈努力，他的主张基本上被党接受。尽管如此，直到十月革命之前，党内还是因革命理论的分歧，发生了不少影响决策和行动的意见纷争。例如，在1917年9月底给中央的一封信中，列宁指出，"在我们中央委员会里，在党的上层分子中存在着一种主张等待苏维埃代表大会，反对立即夺取政权，反对立即起义的倾向或意见。必须制止这种倾向或意见"⑧。他指责说，中央委员会"甚至迄今

① 《列宁全集》第29卷，人民出版社，2017，第137页。
② 《列宁全集》第29卷，人民出版社，2017，第236~237页。
③ 《列宁全集》第29卷，人民出版社，2017，第131页。
④ 《列宁全集》第29卷，人民出版社，2017，第136页。
⑤ 《列宁全集》第29卷，人民出版社，2017，第138页。
⑥ 《列宁全集》第29卷，人民出版社，2017，第139页。
⑦ 《列宁全集》第29卷，人民出版社，2017，第361页。
⑧ 《列宁全集》第32卷，人民出版社，2017，第276页。

没有答复"体现上述精神的他的主张，"中央机关报删掉了"他的文章中对党的相关决定的批评，是"要封住我的嘴，并且要我引退"。如果中央不能作出正确决定，"我不得不提出退出中央委员会的请求，在此我提出这一请求，同时保留在党的下层以及在党的代表大会上进行鼓动的自由"①。

经历了惊涛骇浪的斗争，在列宁的领导下，十月革命终归是成功了。1923年初，在因病卧床、即将完全丧失工作能力之际，列宁在《论我国革命》中，再次从理论上论证了十月革命道路的合理性。表面上，他是在批评小资产阶级民主派、第二国际理论家，实际上也包括了相当一部分所谓的"老布尔什维克"："他们都自称马克思主义者，但是对马克思主义的理解却迂腐到无以复加的程度。马克思主义中有决定意义的东西，即马克思主义的革命辩证法，他们一点也不理解。马克思说在革命时刻要有极大的灵活性，就连马克思的这个直接指示他们也完全不理解。"②"他们到目前为止只看到过资本主义和资产阶级民主在西欧的发展这条固定道路"，"不能想象到，这条道路只有作相应的改变"或"某些修正""才能当做榜样"，因为"世界历史发展的一般规律，不仅丝毫不排斥个别发展阶段在发展形式或顺序上表现出特殊性，反而是以此为前提的"③。

作为马克思主义者，列宁坦率承认"俄国生产力还没有发展到可以实行社会主义的高度"，或者说"还没有实行社会主义的客观经济前提"，但事实是更顽强的东西："面对第一次帝国主义大战所造成的那种革命形势的人民，在毫无出路的处境逼迫下，难道他们就不能奋起斗争，以求至少获得某种机会去为自己争得进一步发展文明的并不十分寻常的条件吗？""既然建立社会主义需要有一定的文化水平"，"我们为什么不能首先用革命手段取得达到这个一定水平的前提，然后在工农政权和苏维埃制度的基础上赶上别国人民呢？"答案是肯定的："我们能够用与西

---

① 《列宁全集》第32卷，人民出版社，2017，第278页。
② 《列宁全集》第43卷，人民出版社，2017，第373页。
③ 《列宁全集》第43卷，人民出版社，2017，第374页。

欧其他一切国家不同的方法来创造发展文明的根本前提。"① 同理，"在东方那些人口无比众多、社会情况无比复杂的国家里，今后的革命无疑会比俄国革命带有更多的特殊性"②。列宁强调，"现在毕竟是丢掉那种认为这种教科书规定了今后世界历史发展的一切形式的想法的时候了。应当及时宣布，有这种想法的人简直就是傻瓜"③。

三 立足基本国情开辟俄国社会主义建设新道路

十月革命后，列宁领导俄共（布）和苏维埃俄国六年多，前后大体上可以分为两个阶段：十月革命成功到 1921 年 3 月，主要任务是应对国内外战争、巩固新生政权；1921 年 3 月以后，在和平条件下推进社会主义建设。后一个阶段任务的复杂性，丝毫不亚于前一个阶段。思想观念的碰撞，体制机制的转型，国际环境的变化，群众需求的改变，都对列宁及其领导的俄共（布）提出了新挑战，要求他作出新回答。

列宁并不认为俄国已经进入了社会主义阶段，他认为俄国正处在为社会主义创造条件、向社会主义过渡的阶段。这是他革命前后始终坚持的基本观点。判断的基本依据，当然还是马克思主义的社会发展理论："社会主义"，意味着"生产资料公有和按每个人的劳动量分配产品"；"社会主义必然会逐渐成长为共产主义，而在共产主义的旗帜上写的是'各尽所能，按需分配'"④。正因为如此，在十月革命前，他反复强调工人阶级夺得政权、实施国有化等举措，本身不是社会主义，而是走向社会主义的步骤。革命成功后，他强调十月革命在性质上是社会主义的，但完成的是资产阶级民主革命本应完成的任务，"资产阶级民主改造是无产阶级革命即社会主义革命的副产品"⑤。这并不意味着社会主义制度已经完全建立了："'社会主义苏维埃共和国'这个名称是表明苏维埃政

---

① 《列宁全集》第 43 卷，人民出版社，2017，第 375 页。
② 《列宁全集》第 43 卷，人民出版社，2017，第 376 页。
③ 《列宁全集》第 43 卷，人民出版社，2017，第 376 页。
④ 《列宁全集》第 29 卷，人民出版社，2017，第 178 页。
⑤ 《列宁全集》第 42 卷，人民出版社，2017，第 183 页。

权有决心实现向社会主义的过渡，而决不是表明现在的经济制度就是社会主义制度。"① 在实践中，列宁的观点也是不断深化的。总的特点是，不断向现实靠拢，根据生产力和满足人的发展的需要来评判社会主义。

从战时共产主义政策向新经济政策的转变，列宁开辟了社会主义经济建设的新道路。战时共产主义，本来是一种战时体制。"这类措施在战时已有许多资产阶级国家实行了，因为这是同日益逼近的经济的彻底崩溃和饥荒作斗争所绝对必要的。"② 问题在于，列宁把这些举措，看作资本主义内部萌生的社会主义萌芽："粮食垄断、面包配给制和普遍劳动义务制"等，"不是我们而是资本主义在军事帝国主义阶段创造出来的新的监督方法"，"无产阶级在这方面，也和它整个历史创造活动一样，是从资本主义那里获得自己的武器，而不是'臆造'和'凭空创造'这种武器"③。因而在主观上，这种战时体制便同"共产主义"挂上了钩："旧的俄国经济将直接过渡到国家按共产主义原则进行生产和分配"④，"这种设想也许不是每次都公开讲出来，但始终是心照不宣的"⑤，"我们差不多就是根据这种精神行事的"⑥。直到去世，列宁都把战时共产主义政策的基本内容，看作建设社会主义的正常举措，只是不适用于落后的俄国。他对战时共产主义政策的反思，也是以此为出发点的："我们计划（说我们计划欠周地设想也许较确切）用无产阶级国家直接下命令的办法在一个小农国家里按共产主义原则来调整国家的产品生产和分配。现实生活说明我们错了。"⑦ 列宁身后的历史表明，"国家直接下命令的办法"既不等于"共产主义原则"，也不适用于任何类型的、处于和平时期、正常状态下的国家。这是列宁认识上的局限。假以时日，以列宁的理论修养，完全可断定他会克服这个局限。

---

① 《列宁全集》第 41 卷，人民出版社，2017，第 196 页。
② 《列宁全集》第 29 卷，人民出版社，2017，第 166~167 页。
③ 《列宁全集》第 32 卷，人民出版社，2017，第 302 页。
④ 《列宁全集》第 42 卷，人民出版社，2017，第 192 页。
⑤ 《列宁全集》第 42 卷，人民出版社，2017，第 231 页。
⑥ 《列宁全集》第 42 卷，人民出版社，2017，第 193 页。
⑦ 《列宁全集》第 42 卷，人民出版社，2017，第 187 页。

与理论相比，列宁更注重实践。共产党已经掌握政权，国家的首要任务是不断解放和发展生产力，不断改善人民生活。新经济政策就是在这个背景下出台的。依照传统的马克思主义观念，新经济政策所允许的在一定范围内存在的私人所有制、个体经济、商品货币关系、市场机制、自由贸易等，都是资本主义属性的东西。列宁也是这样看的。正是在这个意义上，他声称新经济政策中包含了不少"旧"东西，但却是发展生产力所必需的，是农民等小生产者所需要的。党和政府需要做的，一方面要牢牢掌握土地、矿山、工厂等大生产资料，加快以电气化为核心的国有化进程，另一方面要把"资本主义因素"纳入国家监督的轨道，使之成为新型的"国家资本主义"，服务于社会主义经济建设。与此同时，列宁在短暂的实践中，对社会主义的认识也在不断深化。例如，在合作社问题上，列宁最初认为合作社是"资本主义遗留下来的"[1]，即使在无产阶级掌握政权的新条件下，"合作社也是国家资本主义的一种形式"[2]。在生命的最后时刻，列宁对合作社的看法有了根本改变："在生产资料公有制的条件下，在无产阶级对资产阶级取得了阶级胜利的条件下，文明的合作社工作者的制度就是社会主义的制度"[3]，"合作社的发展也就等于……社会主义的发展"[4]。"我们把社会主义拖进了日常生活"[5]，"今天只能根据经验来谈论社会主义"[6]，是列宁关于社会主义的最终看法。

走符合国情的社会主义建设道路，并不意味着关起门来搞建设。列宁是极力主张借鉴、吸收发达资本主义国家创造的优秀成果的。列宁著作中出现最多的两个资本主义大国，是德国和美国。1917 年以前，列宁主张俄国应该走美国式资本主义道路，依据是美国式道路没有封建残余的禁锢，人民的积极性、创造性比较高，资本主义能够自由发展。与

---

① 《列宁全集》第 41 卷，人民出版社，2017，第 56 页。
② 《列宁全集》第 41 卷，人民出版社，2017，第 213 页。
③ 《列宁全集》第 43 卷，人民出版社，2017，第 369 页。
④ 《列宁全集》第 43 卷，人民出版社，2017，第 371 页。
⑤ 《列宁全集》第 43 卷，人民出版社，2017，第 306 页。
⑥ 《列宁全集》第 34 卷，人民出版社，2017，第 466 页。

此相反，德国式道路，封建残余比较多，还存在着对劳动者的超经济剥削，严重阻碍资本主义的发展。经过 20 世纪头 20 年的发展，美国与德国都发生了很大的变化。十月革命后，列宁在坚持走俄国特色社会主义建设道路的同时，更深入地考察了德国和美国的优劣点，并提出了向它们学习的任务。

德国资本主义的一大特点，是组织性比较强。列宁指出，德国"在技术和生产方面""在政治方面"不如美国，但在"在金融资本主义的组织程度方面，在变垄断资本主义为国家垄断资本主义方面"，"超过了美国"①。其中，国家政权发挥了关键作用——直接干预或者间接参与经济生活，包括从俾斯麦时代就开始发展的国有经济。列宁长期流亡西欧，熟知西欧各国的状况。他认为，德国资本家是当时世界上"最有组织的资本家"②，德国的国家资本主义最发达。他以德国为例，来论证无产阶级政权之下的"国家资本主义在经济上大大高于我国现时的经济"："那里有达到'最新成就'的现代大资本主义技术和服从于容克资产阶级帝国主义的有计划的组织。如果把这些黑体字删掉，不要军阀的、容克的、资产阶级的、帝国主义的国家，同样用国家，然而是另一种社会类型、另一种阶级内容的国家，苏维埃国家，即无产阶级国家来代替，那你们就会得到实现社会主义所需要的全部条件。"③ 苏维埃俄国，尽管在政治制度上先进，"但在组织像样的国家资本主义方面，在文明程度方面，在从物质和生产上'实施'社会主义的准备程度方面，却比西欧最落后的国家还要落后"④。鉴于此，"需要向'德国人''学习'，需要组织性、纪律性、提高劳动生产率"⑤。列宁甚至强调，"如果德国革命迟迟不'诞生'，我们的任务就是要学习德国人的国家资本主义，全力仿效这种国家资本主义，要不惜采用独裁的方法，不惜用野蛮的斗争手段对

---

① 《列宁全集》第 36 卷，人民出版社，2017，第 142 页。
② 《列宁全集》第 41 卷，人民出版社，2017，第 203 页。
③ 《列宁全集》第 41 卷，人民出版社，2017，第 199 页。
④ 《列宁全集》第 41 卷，人民出版社，2017，第 204 页。
⑤ 《列宁全集》第 42 卷，人民出版社，2017，第 518 页。

付野蛮，以促使野蛮的俄罗斯加紧仿效西欧文化"①。

在列宁对社会主义的形象描述中，有一个公式非常著名，那就是"乐于吸取外国的好东西：苏维埃政权+普鲁士的铁路秩序+美国的技术和托拉斯组织+美国的国民教育等等等等++=总和=社会主义"②。美国的发达程度，要高于德国。列宁对美国的关注重点，除揭露资本主义制度的剥削本质外，就是它的国民文化素质与先进科学技术。"美国就人的联合劳动的生产力发展水平来说，就应用机器和一切最新技术奇迹来说，都在自由文明的国家中间占第一位。"③苏维埃政权建立后，列宁十分关心美国工农业的发展状况，要求了解并引进美国的铁路、电气化、无线电、制造业等领域的最新技术成就。他要求高薪引进美国专家，"从国民经济的利益来看，从由陈旧的生产方法过渡到最新的、最完善的生产方法来看，花这笔钱是完全有理由的"④。他要求引进"在美国广泛采用的著名的泰罗制"："我们应当在全国实行泰罗制和美国提高劳动生产率的科学方法。"⑤他深信，"按照美国方式改良农作物是提高我国农业生产率的极重要基础之一"⑥。他要求"翻译和出版关于组织劳动和管理的一切优秀的最新著作，特别是美国和德国的著作"，以便"确定最佳的办文制度并加以监督"⑦。租让制是新经济政策的重要内容。他提出，最主要的任务，是通过租让制引进美国资本和技术，"我们非常需要美国和加拿大的技术援助"⑧。

在列宁看来，之所以有向发达资本主义国家学习的必要，且能够学习，是因为小资本主义或私人资本主义"无论走向国家大资本主义或者走向社会主义，都是经过同一条道路，都是经过同一个中间站，即我们

---

① 《列宁全集》第41卷，人民出版社，2017，第200页。
② 《列宁全集》第34卷，人民出版社，2017，第520页。
③ 《列宁全集》第35卷，人民出版社，2017，第48页。
④ 《列宁全集》第34卷，人民出版社，2017，第130页。
⑤ 《列宁全集》第34卷，人民出版社，2017，第131页。
⑥ 《列宁全集》第52卷，人民出版社，2017，第500页。
⑦ 《列宁全集》第43卷，人民出版社，2017，第153~154页。
⑧ 《列宁全集》第51卷，人民出版社，2017，第154页。

所说的'对产品的生产和分配实行全民的计算和监督'"①。社会主义国家和资本主义国家，尽管存在着政治和意识形态上的对立，但世界经济发展的内在规律，决定了它们之间必须进行经济交往："有一种力量胜过任何一个跟我们敌对的政府或阶级的愿望、意志和决定，这种力量就是世界共同的经济关系。正是这种关系迫使它们走上这条同我们往来的道路。"② 列宁有一个非常强烈的信念，即在农民的俄国、经受了战争残酷破坏的俄国，"没有外国的装备和技术援助，我们单靠自己的力量就无法恢复被破坏了的经济"③，"我们没有别的办法能使我们的技术赶上现代水平"④。这也是列宁重视租让制等对外经济交往的根本原因。只有通过租让制，或者从更广泛的意义上说吸取发达资本主义国家的技术、设备、资本，"才有希望赶上（然后再超过）当代先进的资本主义。任何其他的观点无非是'我们能轻易取胜'、'我们自己能搞好'的胡说，这种胡说愈是披上'纯共产主义的'外衣就愈危险"⑤。列宁的这些思想，已经孕育了社会主义国家对外开放的萌芽。

四　几点启示

列宁的一生，是真正坚持马克思主义、灵活运用马克思主义、不断探索新道路的一生。

始终坚持马克思主义世界观和方法论。马克思主义不是教条，不是经院式的学说，而是科学的世界观和方法论。列宁是根据时空条件变化而活学活用马克思主义的典范。革命是一种艺术，"灵活机动，善于根据客观条件的变化而迅速急剧地改变自己的策略，如果原先的道路在当前这个时期证明不合适，走不通，就选择另一条道路来达到我们的目

---

① 《列宁全集》第 41 卷，人民出版社，2017，第 200 页。
② 《列宁全集》第 42 卷，人民出版社，2017，第 343 页。
③ 《列宁全集》第 41 卷，人民出版社，2017，第 17 页。
④ 《列宁全集》第 41 卷，人民出版社，2017，第 18 页。
⑤ 《列宁全集》第 50 卷，人民出版社，2017，第 201 页。

的"①。面对民粹主义者的农民社会主义理论，他从俄国资本主义已有所发展、传统的农民村社正在解体的基本国情出发，坚决主张俄国只能走资本主义道路。面对俄国贵族地主政权主导的以暴力剥夺农民为核心特征的资本主义道路，他坚决主张走比较自由的美国式而非容克地主主导的德国式资产阶级革命道路。面对俄国资产阶级软弱的现实，他坚决主张由无产阶级而非资产阶级来领导资产阶级革命，完成资产阶级民主革命的任务。面对第一次世界大战所造成的特殊形势，他坚决主张发动人民进行社会主义革命，而非小资产阶级政党和西欧社会民主党人所主张的等待资本主义发展到一定程度再进行社会主义革命。实践反复证明，列宁是正确的。他的正确，源自对俄国国情的准确把握，源自对马克思主义世界观方法论特别是唯物史观和唯物辩证法的深刻理解与创造性运用。中国共产党人，在崭新的时代条件与国际环境中推进中国特色社会主义伟大事业，须臾离不开马克思主义世界观和方法论的指导。

始终坚持人民的主体地位。人民群众是历史的创造者。共产党人的不懈奋斗，最终目标是人民解放与自由全面发展。共产党人完成自己的历史任务，最大的靠山是人民群众。共产党人的最大危险是脱离群众：不能精准把握不同阶段人民群众的实际需要，制定并实施自己的路线方针政策。列宁在探索革命与建设道路时，始终都把人民群众的实际需要作为根本依据。他主张走资产阶级革命的美国道路，是因为人民群众特别是农民在这条道路上较少遭受农奴制及其上层建筑的超经济剥削。他突破党内强大的反对声音，强有力地领导了十月革命，是因为准确体察到人民的声音：和平、土地和面包，是资产阶级政权无论就其性质还是能力都不能解决的人民最急迫的需要，只有布尔什维克通过社会主义革命才能解决。他勇于自我否定，果断废止战时共产主义政策而改行新经济政策，根本原因是认识到战时共产主义政策不符合农民的生存和发展需要。他指出，"共产党员不过是沧海一粟，不过是人民大海中的一粟而已"②，"决定历史结局的却是广大群众，如果这些少数人不中群众的

---

① 《列宁全集》第 42 卷，人民出版社，2017，第 187 页。

② 《列宁全集》第 43 卷，人民出版社，2017，第 100 页。

意，群众有时就会对他们不太客气"①。他强调，共产党人执政后"必须采取正确的方针，必须使一切都经过检验，让广大群众，全体居民都来检验我们的道路，并且说：'是的，这比旧制度好。'这就是我们给自己提出的任务"②。尊重人民的主体地位，坚持以人民为中心的发展思想，是共产党人永葆青春、完成历史使命的根本遵循。

始终坚持改革开放的基本国策。对内改革，对外开放，本来就是马克思主义的题中应有之义。改革开放，勇于创新，是列宁领导社会主义建设最鲜明、最突出的特点。以新经济政策取代战时共产主义政策是改革，"对我们的政治制度作一系列的变动"③ 也是改革。通过租让制引进外国资本、先进设备是对外开放，向美国人学习科学技术、向德国人学习组织经验也是对外开放。改革开放的实质，是通过创新、学习开辟新道路。列宁指责"那些一直沉湎于'无产阶级文化'的幻想之中的人"④，强调不能"轻率地侈谈什么'无产阶级'文化"，"在开始的时候，我们能够有真正的资产阶级文化也就够了，在开始的时候，我们能够抛掉资产阶级制度以前的糟糕之极的文化，即官僚或农奴制等等的文化也就不错了。"⑤ 马克思主义之所以具有"世界历史性的意义"，"是因为它并没有抛弃资产阶级时代最宝贵的成就，相反却吸收和改造了两千多年来人类思想和文化发展中一切有价值的东西"⑥。邓小平说，"社会主义究竟是个什么样子，苏联搞了很多年，也并没有完全搞清楚。可能列宁的思路比较好，搞了个新经济政策，但是后来苏联的模式僵化了"⑦。"僵化"的主要原因，是缺乏改革创新精神。因为坚持了改革开放的基本国策，中国共产党领导人民开创了中国特色社会主义道路。习近平总书记指出，"改革开放是决定当代中国命运的关键一招，也是

---

① 《列宁全集》第 43 卷，人民出版社，2017，第 96 页。
② 《列宁全集》第 43 卷，人民出版社，2017，第 305 页。
③ 《列宁全集》第 43 卷，人民出版社，2017，第 341 页。
④ 《列宁选集》第 4 卷，人民出版社，2012，第 762 页
⑤ 《列宁选集》第 4 卷，人民出版社，2012，第 784 页
⑥ 《列宁选集》第 4 卷，人民出版社，2012，第 299 页
⑦ 《邓小平文选》第 3 卷，人民出版社，1993，第 139 页。

决定实现'两个一百年'奋斗目标、实现中华民族伟大复兴的关键一招,实践发展永无止境,解放思想永无止境,改革开放也永无止境,停顿和倒退没有出路,改革开放只有进行时、没有完成时"①。中国特色社会主义进入新时代,面临着和过去不同的、更大更严峻的挑战。唯有牢牢坚持改革开放的基本国策,我们才能把新时代中国特色社会主义事业推向一个新境界,开拓出一片新天地。

---

① 《十八大以来重要文献选编》(上),人民出版社,2014,第494页。

列宁认识社会主义的逻辑进程[*]

赵　培

俄国第二次资产阶级革命胜利后，社会政治经济危机却不断加剧。列宁在革命实践和社会主义建设中，创造性地回答了社会主义的基本问题，对社会主义的认识不断深化。这些认识创新发展了科学社会主义理论，在世界社会主义运动中具有重要地位。厘清列宁在实践中深化认识的逻辑进程，对科学把握列宁社会主义思想全貌，总结反思社会主义实践经验具有重要意义。

一　推进革命构筑社会主义前提

在列宁看来，"一切革命的根本问题是国家政权问题"[①]。"二月革命"后，俄国出现资产阶级临时政府与工兵代表苏维埃两个政权并存的局面。社会主义革命来到全新历史关口。列宁认为，"二月革命"使政权转移至资产阶级手中，"俄国资产阶级革命或资产阶级民主革命已经完成了"[②]。共产党人应立刻将革命推向新阶段，即社会主义革命阶段。

列宁继续革命的主张遭到当时立宪民主党、社会民主党、社会革命党、孟什维克的强烈反对，甚至在布尔什维克内部，也不被认可。反对者认为，俄国虽然完成了资产阶级革命，但生产力相对落后，社会化大生产未普遍建立，小生产仍是社会经济主要成分，无产阶级发展不充分，

---

　*　本文原载于《理论视野》2022 年第 3 期，收入本书时有改动。
　①　《列宁全集》第 29 卷，人民出版社，2017，第 131 页。
　②　《列宁全集》第 29 卷，人民出版社，2017，第 137 页。

因而不具备社会主义革命条件。此时，由孟什维克主导的工兵代表苏维埃，坚持主张将政权交给资产阶级政府。它的领袖们不仅不启发工人阶级的革命意识，还用资产阶级的价值与意识形态模糊、消除工农的革命意识。用列宁的话说："它同资产阶级临时政府达成了直接的协议，作了许多实际的让步，是它自己把阵地不断让给资产阶级的。"① 面对复杂的形势，在俄国社会主义革命的历史关口，列宁结合实际，创造性地运用马克思主义基本原理，发展了社会主义革命理论，并尝试用新思路回答社会主义基本问题。

第一，推进社会主义革命的直接依据，是俄国的危机与困境。将无产阶级组织起来，推进社会主义革命，"是饥荒，经济失调，即将临头的崩溃，战争的惨祸，以及战争给人类带来的惨痛的创伤"②，迫使无产阶级政党采取步骤。两个政权并存的局面，使社会实际处于无政府状态。帝国主义战争无法终止，国内经济危机难以克服，人民缺少面包与和平。1917 年 5~7 月，列宁发表大量文章，谴责资产阶级临时政府在终止战争和应对经济危机时的不作为。他们勾结帝国主义资本家，不断破坏经济，人民饱受苦难，自己却利用战争攫取财富，大发横财。列宁指出："经济破坏和战争造成的危机愈深，就愈需要最完善的政治形式。"③ 实现完善的政治形式，抹平战争和危机带来的创伤，需要人民自己的组织建设，"而不是专靠一批资产阶级政客和占据'肥缺'的官吏去做"④。

第二，从生产力发展水平看，俄国当时不具备实施社会主义的条件，这一点列宁是承认的。他反复强调《四月提纲》第 8 条的论述："我们的直接任务并不是'实施'社会主义，而只是立刻过渡到由工人代表苏维埃监督社会的产品生产和分配。"⑤ 至于革命后应采取哪些具体措施，列宁的原则是："凡是在经济现实中和在绝大多数人民的意识中还没有绝对成熟的改革，公社即工农代表苏维埃都没有'实施'，也不打算

---

① 《列宁全集》第 29 卷，人民出版社，2017，第 132 页。
② 《列宁全集》第 29 卷，人民出版社，2017，第 148 页。
③ 《列宁全集》第 29 卷，人民出版社，2017，第 162~163 页。
④ 《列宁全集》第 29 卷，人民出版社，2017，第 163 页。
⑤ 《列宁全集》第 29 卷，人民出版社，2017，第 116 页。

'实施'，而且也不应当'实施'。"①在危机中，资产阶级临时政府自身的无能与局限已充分显现，而"工人、士兵和农民在处理增加粮食生产、改善粮食分配、改善士兵给养等等实际困难问题上，会比官吏和警察高明"②。列宁深信："工兵代表苏维埃会比议会制共和国更快更好地发挥人民群众的主动性。"③苏维埃作为已经形成的无产阶级政权形式，却不实际掌握政权。那么，从资产阶级手中夺取政权，推进社会主义革命，就成为俄国走向社会主义的前提，"这是走向社会主义的一个步骤"④。

第三，在列宁看来，阻碍俄国社会主义革命的主要因素不是无产阶级发展不充分，而是"无产者和农民的觉悟和组织程度不够"⑤。一是工人和农民对资产阶级临时政府仍然抱有幻想，没有看到"它是寡头的、资产阶级的政府，不是全体人民的政府，它不会给人民和平、面包和充分的自由"⑥，所以无产者和农民的革命意志尚不坚定。二是无产阶级特别是广大农民尚未有效地组织起来。列宁强调："我们不主张由少数人夺取政权，我们是马克思主义者，我们主张用无产阶级的阶级斗争来反对小资产阶级的狂热，反对沙文主义—护国主义，反对空谈，反对依赖资产阶级。"⑦面对革命的不利因素，列宁希望无产阶级的共产主义政党在革命中与小资产阶级彻底分离，"摆脱这些小资产者的畏缩心理，进行无产阶级的阶级斗争"⑧。同时，随着社会阶级矛盾日益加剧，人民也会日益摆脱对资产阶级的幻想。此时，共产党"要团结起来进行无产阶级本阶级的工作，无产者和贫苦农民就会愈来愈多地转到我们方

---

① 《列宁全集》第29卷，人民出版社，2017，第162页。
② 《列宁全集》第29卷，人民出版社，2017，第147页。
③ 《列宁全集》第29卷，人民出版社，2017，第147页。
④ 《列宁全集》第29卷，人民出版社，2017，第148页。
⑤ 《列宁全集》第29卷，人民出版社，2017，第132~133页。
⑥ 《列宁全集》第29卷，人民出版社，2017，第133页。
⑦ 《列宁全集》第29卷，人民出版社，2017，第133页。
⑧ 《列宁全集》第29卷，人民出版社，2017，第145页。

面来"①。

总之，列宁以马克思主义的阶级观，分析了十月革命前俄国两个政权并存的特殊局面；立足资产阶级与工农的矛盾，阐发俄国社会主义革命的现实依据；根据唯物史观，得出社会主义革命是俄国走向社会主义的前提，但不等同于社会主义的科学论断；对革命面临的困难，针对性地提出了共产党人的革命策略。在列宁继续革命思想的引领下，十月革命最终爆发，并迅速取得胜利，无产阶级建立了世界上第一个社会主义国家和工农政权，使社会主义从理论变成现实。

二　发展生产建构社会主义经济基础

十月革命胜利后，苏俄社会进入重要转折时期。1918 年 3 月，在列宁和布尔什维克的主导下，苏俄与德国签订《布列斯特和约》，摆脱了帝国主义战争，为社会主义建设赢得宝贵和平时期，并将工作重心从革命转向社会主义建设。但是，苏俄社会主义建设一开始就面临极为复杂的局面。

1918 年春夏之交，外国武装干涉和国内战争爆发。苏俄大片国土被德、美、英、法侵占。国内反革命势力乘机发动叛乱，工农政权处在危机中。此后，斗争形势不断变化。苏俄在各条战线上奋勇斗争，取得国内战争决定性胜利。1920 年 1 月，帝国主义被迫解除封锁，苏俄再次获得和平发展机会。但 1920 年 4 月下旬，波兰地主和资产阶级军队在帝国主义支持下发动战争。同时，克里木的弗兰格尔白卫军发动新的进攻，战火重新点燃，社会主义建设再次被迫中断。经历了四年帝国主义战争，苏俄经济被严重破坏。在极端困难的条件下开启的社会主义建设，是前无古人的事业。同时，苏俄社会经济成分复杂，封建主义经济关系和资本主义经济关系依然存在，分散的小生产仍然是主要社会生产方式。所以，苏俄社会主义建设既不能在科学社会主义经典理论中寻找答案，也没有可供参考的现实经验。

① 《列宁全集》第 29 卷，人民出版社，2017，第 145 页。

极端复杂的局面蕴含着两个相互交织的问题：一是如何在经济极端困难的情况下，应对帝国主义武装干涉，取得国内战争胜利，巩固工农政权；二是如何在旧的经济基础上，建立新的经济关系，建构社会主义经济基础。在列宁看来，"实现社会主义变革任务的这两个方面是分不开的"①。而且，第二个任务比第一个任务更重要、更艰巨、更迫切，"如果我们完不成第二个任务，那么在推翻剥削者和用武力来抗击国际帝国主义者的事业中的任何成就、任何胜利就会付诸东流，旧制度的复辟就会不可避免"②。由此可见，列宁已经认识到，建立新的经济关系，建构社会主义经济基础，实现生产力发展，是苏俄走向社会主义的关键。他指出："战胜资产阶级所需力量的最深源泉，这种胜利牢不可破的唯一保证，只能是新的更高的社会生产方式，只能是用社会主义的大生产代替资本主义的和小资产阶级的生产。"③ 当然，建立新的经济关系比巩固政权更加困难。"因为解决这个任务决不能靠一时表现出来的英勇气概，而需要在大量的日常工作中表现出来的最持久、最顽强、最难得的英勇精神。"④ 换言之，面对苏俄复杂的经济现实，建立新的经济关系不能一蹴而就，需要在长期实践中不断总结探索实现这一目标的正确途径。

在实践中，列宁既主张过利用政权迅速调整经济关系，通过国家机器直接对经济关系进行社会主义改造，同时也承认，向新的经济关系过渡是一个漫长的过程，需要渐进的方式，逐步实现小生产向社会主义社会化大生产过渡。如果"采用急躁轻率的行政手段和立法手段，只会延缓这种过渡，给这种过渡造成困难"⑤。表面上，两种思路截然对立，但背后都有深刻的现实根源。利用政权和国家机器直接改造经济关系是为了保卫政权，因而在政策上采取后来被称为"战时共产主义"的一系列非常措施，调动一切人力、物力保卫国家。通过"余粮征集制"实行粮食垄断；通过企业国有化，取消货币，禁止自由贸易，实现物资集中生

---

① 《列宁全集》第 40 卷，人民出版社，2017，第 28 页。
② 《列宁全集》第 40 卷，人民出版社，2017，第 28 页。
③ 《列宁全集》第 37 卷，人民出版社，2017，第 17 页。
④ 《列宁全集》第 37 卷，人民出版社，2017，第 17 页。
⑤ 《列宁全集》第 37 卷，人民出版社，2017，第 275 页。

产与分配，以维持红军、城市工人和党政机关人员的生存；通过贯彻"不劳动、不得食"的分配原则，使劳动军事化、义务化，促进社会生产。但值得注意的是，当战局趋于缓和时，列宁更主张用渐进的方式建立新的经济关系。列宁指出，俄国小资产阶级的经济基础主要是中农，"必须认清这一切，因为只有估计到现实，我们才能解决诸如对中农的态度这类问题"①。"要想用某种快速的办法，下个命令从外面、从旁边去强迫它改造，那是完全荒谬的。"② 相反，要"用思想影响的办法而决不用镇压的办法来克服他们的落后性"③。此后，在预期和平即将到来时，列宁对旧经济关系的态度开始转变，认为租让制等资本主义经济关系对恢复经济有积极作用，甚至提出应利用资产阶级的资本来帮助苏俄发展经济。在农业问题上，粮食垄断中的强制性措施日益引起农民的不满。在了解到农民的要求和情绪后，列宁开始考虑调整农业政策，并明确提出用粮食税代替余粮征集制。

总之，从十月革命胜利后到 1921 年 3 月俄共（布）十大召开前，列宁对社会主义的认识开始转型。他明确提出党的工作重心要从革命转向建设，发展社会生产才能建构社会主义的经济基础。但政局不稳，巩固政权的斗争持续了三年。他清楚苏俄尚不具备实施社会主义的条件，但为了保卫政权，不得不利用国家机器直接对经济关系进行社会主义改造。在战争局势明朗后，列宁再次回到渐进式的社会主义建设，强调无产阶级政权应利用旧生产关系建设社会主义的经济基础，只有经济发展才能巩固政权。

三　恢复市场向社会主义迂回过渡

1920 年 11 月，苏俄在国内战争中取得全面胜利，但国内经济已被严重破坏，物资极为匮乏，发展几乎停滞，社会矛盾重新激烈起来。余

---

① 《列宁全集》第 36 卷，人民出版社，2017，第 141 页。
② 《列宁全集》第 37 卷，人民出版社，2017，第 365~366 页。
③ 《列宁全集》第 36 卷，人民出版社，2017，第 114 页。

粮征集制没有及时终止，农民获得土地，却得不到自己生产的果实，于是对布尔什维克强烈不满。战后工业原料和燃料严重短缺，导致纺织业停顿，几乎所有高炉熄火，无法生产钢铁，只能靠存货维持。为应对战争，大量工人参军到前线，导致交通运输和工业部门不仅缺原料，还缺人手。最后，面对全面短缺，国家财政只能靠大量发行货币维持，导致卢布大幅贬值，统一货币体系崩溃，许多地区自行印刷纸币，国家不得不实行实物工资制。此外，1920 年，苏俄遭遇历史罕见的旱灾，加剧了经济危机。全国出现大面积饥荒，人民基本物质生活无法保障。

严重的经济危机带来剧烈的社会动荡。农民的不满情绪在赋闲的工人和无法复员的军人中迅速蔓延，最终演变为农民起义、工人暴动、士兵叛乱。这些事件极大地震撼了布尔什维克，是苏维埃政权建立以来最大的政治经济危机。列宁在危机后进行深刻反思，并承认错误。他指出，在苏俄这样经济文化落后的国家，"向纯社会主义形式和纯社会主义分配直接过渡，是我们力所不及的"①。为摆脱困境，1921 年 3 月，俄共（布）召开十大，终止战时共产主义政策，并对经济政策做一系列调整，以恢复社会生产，促进经济复苏。这些调整在同年 5 月召开的俄共（布）十大全国会议上被明确称为"新经济政策"。

新经济政策的实质是以恢复市场经济为手段，对广大农民、小生产者、私商经济利益的让步，目的是调动积极性，迅速恢复社会生产，复苏经济。面对严重破坏的生产力，"必须立刻采取迅速的、最坚决的、最紧急的办法来改善农民的生活状况和提高他们的生产力"②。"要增加粮食的生产和收成，增加燃料的收购和运输，非得改善农民的生活状况，提高他们的生产力不可。"③ 充分照顾农民利益，切实改善他们生活，就必须改变粮食政策。"现在最迫切的就是采取那种能够立刻提高农民经济生产力的办法。"④ "这种改变就是用粮食税来代替余粮收集制。"⑤ 除

---

① 《列宁选集》第 4 卷，人民出版社，2012，第 720 页。
② 《列宁选集》第 4 卷，人民出版社，2012，第 500 页。
③ 《列宁选集》第 4 卷，人民出版社，2012，第 500 页。
④ 《列宁选集》第 4 卷，人民出版社，2012，第 501 页。
⑤ 《列宁选集》第 4 卷，人民出版社，2012，第 501 页。

了恢复粮食生产，列宁还强调要将小工业、小生产迅速恢复起来。在国内经济被严重破坏的情况下，不可能立刻恢复大规模的、国营的社会主义生产，所以"在一定程度上帮助恢复小工业是必要的，因为它不需要机器，不需要国家的和大批的原料、燃料和粮食的储备，却能够立刻给农民经济以相当帮助并提高其生产力"①。为调动小生产者的积极性，就得照顾小生产者的利益。所以，人民委员会最终撤销了最高国民经济委员会关于超过 5 名工人的企业实行国有化的决定。中小企业不再按照行政架构实行管理，而是采取独立经济核算，使用货币支付，自由支配产品和收入，自负盈亏。通过改革，苏俄 2/3 的企业不再由中央管理，企业改变行政管理模式，变为自主经营、自负盈亏时，小生产和小工业的积极性被极大地调动起来，社会生产特别是小生产得到迅速恢复。农民手中有了余粮，加上小工业、小企业生产的物资，必然引起商品交换和自由买卖的需求，这是实施新经济政策的必然结果。列宁起初反对商品买卖、自由贸易等市场行为，认为它们是资本主义的经济活动，在无产阶级专政下是非法的。但是，当时的苏俄根本没有足够的工业产品向农民换取余粮。因此，不可能用全面产品交换消灭商品买卖。特别是在实行粮食税，鼓励恢复小生产后，市场经济恢复起来是必然结果。正是在这个意义上，列宁认为新经济政策是着眼于人民利益的改革，是一种让步，是"我们向作为商人的农民作了让步，即向私人买卖的原则作了让步"②。

在实施新经济政策的实践中，列宁对社会主义经济关系的认识转变了。他承认："用最简单、迅速、直接的办法来实行社会主义的生产和分配原则的尝试已告失败。"③ 根据 1921 年的形势，向社会主义直接过渡，立刻完成社会主义改造，建立社会主义经济关系是不现实的。直接的办法走不通，就只能依靠迂回的办法。通过调整经济政策，允许私人买卖，恢复市场原则，"小资产阶级和资本主义就会在一定的（即使只是地方性的）贸易自由基础上复活"④。列宁认为，这种结果是不可避免

---

① 《列宁选集》第 4 卷，人民出版社，2012，第 503 页。
② 《列宁选集》第 4 卷，人民出版社，2012，第 767~768 页。
③ 《列宁选集》第 4 卷，人民出版社，2012，第 602 页。
④ 《列宁选集》第 4 卷，人民出版社，2012，第 503 页。

的，因此，"不去试图禁止或堵塞资本主义的发展，而努力把这一发展纳入国家资本主义的轨道"①。努力使国家资本主义"作为小生产和社会主义之间的中间环节，作为提高生产力的手段、途径、方法和方式"②。此时，列宁关于利用国家资本主义向社会主义经济过渡的认识已经形成。问题的关键在于，如何将工农政权和资本主义结合起来，使之成为无产阶级的国家资本主义，或者说，如何将社会主义制度与市场经济的原则结合起来。列宁认为，无产阶级政权的任务不是要消灭自由贸易、商品买卖和市场机制，而是应成为市场的监督者和管理者。他指出，"当时根本没有提出我们的经济同市场、同商业的关系问题"③，而"现在我们的任务与其说是剥夺剥夺者，不如说是计算、监督、提高劳动生产率和加强纪律"④。经过新经济政策的实践，列宁更加清楚地看到了这种结合的价值。他指出："现在我们发现了私人利益即私人买卖的利益与国家对这种利益的检查监督相结合的合适程度，发现了私人利益服从共同利益的合适程度，而这是过去许许多多社会主义者碰到的绊脚石。"⑤ 列宁认为，这种结合虽然不是社会主义，但为建成社会主义打下坚实基础。

四　总结与思考

列宁对社会主义认识的发展与转变，发生在苏俄社会急剧变革的时期。严格地说，苏俄虽然开启了社会主义建设，但除了工农政权之外，在经济方面几乎没有社会主义的基础。在急剧变革的时期，如何看待俄国的社会主义革命？应该选择什么样的社会主义道路？对上述社会主义基本问题，列宁的认识是不断发展变化的。甚至在不同阶段，一些认识存在对立和冲突。这对科学理解列宁的社会主义思想造成困难。因此，厘清列宁认识社会主义的逻辑进程就十分必要。

---

① 《列宁选集》第4卷，人民出版社，2012，第504页。
② 《列宁选集》第4卷，人民出版社，2012，第510页。
③ 《列宁选集》第4卷，人民出版社，2012，第598页。
④ 《列宁选集》第4卷，人民出版社，2012，第598页。
⑤ 《列宁选集》第4卷，人民出版社，2012，第768页。

第一，列宁在回答社会主义基本问题时，始终坚持以现实为依据的认识原则。列宁主张继续推进革命，变资产阶级革命为社会主义革命。其立论依据，是两个政权并存的局面，以及由此造成的无政府状态。此时，经济发展停滞，人民利益无人关切，资产阶级政府更不会兑现实现和平、给人民面包的承诺。俄国社会激烈的阶级矛盾决定了社会主义革命是重启社会发展的条件。在夺取政权后，列宁提出将工作重心尽快转向社会主义建设。因为，社会主义的根本任务是要消灭阶级。要消灭阶级，在根本上是通过发展生产力，消灭产生阶级的经济基础。在国内战争期间，保卫政权和苏维埃共和国是压倒一切的任务。战时共产主义政策，是"战争和经济破坏迫使我们实行的"①。在恢复和平，开启社会主义建设后，列宁认识到，苏俄生产力发展落后，是社会主义建设更加紧迫、更加困难的根源。俄共（布）十大后，苏俄用新经济政策代替战时共产主义政策，利用市场经济和国家资本主义向社会主义迂回过渡，其现实依据仍是苏俄经济文化落后的现实。总之，现实问题是列宁回答社会主义基本问题的逻辑起点。正如他所说："根据书本争论社会主义纲领的时代也已经过去了……今天只能根据经验来谈论社会主义。"②

第二，以现实为逻辑起点就意味着，当问题和任务变化时，思想认识必然随之发展。因此，在思想认识上，出现前后对立、相互否定的情况是完全合乎逻辑的。但这并不意味着，处在变化中的思想认识之间没有内在逻辑关系。相反，立足于俄国经济文化落后的国情，列宁对社会主义基本问题的认识在逻辑上是一贯的。首先，资产阶级革命造成了实际上的无政府局面，阶级矛盾日益激烈，小资产阶级的摇摆与妥协，使俄国走向社会主义革命成为必然。其次，无产阶级通过社会主义革命掌握政权的目的是消灭阶级。所以，经济文化落后国家的社会主义革命不等于建成或实施社会主义，而是建立新的经济关系的政治基础。共产党人需要进一步利用政权和国家机器，解放生产力，实现经济发展，为最终消灭阶级创造条件。最后，在促进经济发展、解放生产力的实践中，

① 《列宁选集》第4卷，人民出版社，2012，第502页。
② 《列宁全集》第34卷，人民出版社，2017，第466页。

由于较低的生产力发展水平，旧的经济关系不可能被人为地取消。所以，工农政权的任务不是用行政和命令的手段消灭旧的经济关系，而是要将旧的经济关系纳入国家政权的监督、计算、管理和组织中，使其成为促进社会主义经济发展的因素，成为向社会主义过渡的中间环节。

第三，所谓逻辑，是一定前提下的判断，列宁关于社会主义基本问题的认识，是以苏俄经济文化落后的国情为前提的。而马克思主义经典作家的认识前提与列宁不同，他们是在资本主义充分发展的前提下，思考社会主义基本问题的。因此，当认识前提变了，必然会得出不同于马克思主义经典作家的结论。正是在这个意义上，列宁创新和发展了经典科学社会主义理论。这种创新与发展主要体现在两个方面。一是在社会主义革命问题上，经济文化落后国家先于发达资本主义国家，单独取得社会主义革命胜利是完全可能的。因为革命不仅是生产力发展的自然结果，更是阶级矛盾尖锐和阶级斗争激烈的必然产物。二是在社会主义建设问题上，已夺取政权的共产党人，其主要任务不是进一步剥夺剥夺者，更不能靠政权力量直接取消旧的经济关系，相反，共产党人要学会利用市场经济，探索市场经济和社会主义相结合的有效途径，解放生产力，为真正实现社会主义，打下经济基础。当然，列宁的认识仍有局限。他始终认为市场经济是资本主义的经济关系，不属于社会主义范畴。这种认识会引起思想困惑，导致市场经济与社会主义不相容的矛盾。所以，这也是新经济政策最终被迫终止的思想认识根源。

第六编　方法论与文献传播

"马克思—恩格斯关系"的文本学审视[*]

——以《关于费尔巴哈的提纲》原始稿 与修改稿的比较为例

王 巍

马克思恩格斯的学术思想关系是近些年来我国马克思主义哲学研究的热点问题之一。随着对马克思文本学、文献学探讨的进一步深入，应当在更微观和具体的视域中开启对马恩关系问题的当代意义的探讨，而首先这必须做到完整准确地把握马克思恩格斯在相关文本上的差异。本文以《关于费尔巴哈的提纲》的马克思原始稿和恩格斯修改稿的文本解读和分析为例，从微观具体文本的视域开启对这一问题的探讨。

一 《关于费尔巴哈的提纲》引发的 "马克思—恩格斯关系"问题

《关于费尔巴哈的提纲》（以下简称《提纲》）写于 1845 年春天，内容是马克思写在笔记本上的有关费尔巴哈哲学的 11 条提纲。这份提纲在马克思生前并没有公开发表。到了 1888 年，恩格斯在准备发表《路德维希·费尔巴哈和德国古典哲学的终结》（以下简称《费尔巴哈论》）

---

* 国家社科基金青年项目"历史唯物主义视域下的资本逻辑批判研究"（13CZX011）、"中央党校人才强校专项基金"优秀教研人才资助项目的阶段性成果。本文原载于《贵州师范大学学报》（社会科学版）2016 年第 3 期，收入本书时有改动。

的单行本之前，"又把 1845—1846 年的旧稿找出来看了一遍"，"可是我在马克思的一本旧笔记中找到了十一条关于费尔巴哈的提纲，现在作为本书附录刊印出来。这是匆匆写成的供以后研究用的笔记，根本没有打算付印。但是它作为包含着新世界观的天才萌芽的第一个文献，是非常宝贵的"①。恩格斯加以修改后，以《马克思论费尔巴哈》为题发表了这份提纲。这是《提纲》的首次问世。

于是，《提纲》就有了两个现行的不同版本，一个是马克思写作于 1845 年春的原始稿，题名为《关于费尔巴哈》，于 1932 年首次发表；另一个是作为 1888 年恩格斯出版的《费尔巴哈论》一书附录的《马克思论费尔巴哈》，即《提纲》的修改稿。

这两个版本之间的差异引发了关于马恩关系的三种观点。

一是"马恩对立论"。有学者通过比较马克思的《提纲》和恩格斯的《费尔巴哈论》，认为马恩之间存在巨大差异：前者从实践出发，后者从自然界出发；前者从本体论维度理解实践，后者从认识论维度理解实践；前者从人的问题着眼，后者从纯粹思想问题着眼②。

二是"马恩统一论"。有学者认为，比较《提纲》的马克思原始稿和恩格斯的修改稿（而且是德文原始手稿），认为马克思和恩格斯并不存在重大的差异，遑论马恩对立。两个版本基本思想一致，在此前提下，恩格斯进行了润色和修改，体现了恩格斯加工的独特作用和贡献。同时，恩格斯的修改版和马克思的原始版相比有两处细微的差异，体现了马克思原始稿的价值③。

三是"马恩差异论"。这种观点认为，同样作为马克思主义创始人，在《提纲》中，恩格斯与马克思之间在哲学思维所达及的深度、理论视

---

① 《马克思恩格斯选集》第 4 卷，人民出版社，2012，第 218～219 页。

② 俞吾金：《重新理解马克思：对马克思哲学的基础理论和当代意义的反思》，北京师范大学出版社，2005，第 88～89 页。

③ 王东、郭丽兰：《〈关于费尔巴哈的提纲〉新解读——马克思原始稿与恩格斯修订稿的比较研究》，《武汉大学学报》（人文科学版）2007 年第 6 期。

野所展示的领域以及表述方式的侧重点等方面，表现出程度不同的差别①。

总体上看，马克思恩格斯的根本思想观点和理论原则上可以说是一致的，但是二者在理论的侧重点上还是有着一定的差异。应当坚持"在差异基础上的一致"的观点，反对把马克思和恩格斯对立起来的观点。

当然，要回应这种种争论，必须回到文本本身。

二　对《关于费尔巴哈的提纲》原始稿与修改稿的逐条比较

第一条

原始稿：从前的一切唯物主义（包括费尔巴哈的唯物主义）的主要缺点是：对对象、现实、感性，只是从客体的或者直观的形式去理解，而不是把它们当做感性的人的活动，当做实践去理解，不是从主体方面去理解。因此，和唯物主义相反，唯心主义却把能动的方面抽象地发展了，当然，唯心主义是不知道现实的、感性的活动本身的。费尔巴哈想要研究跟思想客体确实不同的感性客体，但是他没有把人的活动本身理解为对象性的［gegenständliche］活动。因此，他在《基督教的本质》中仅仅把理论的活动看做是真正人的活动，而对于实践则只是从它的卑污的犹太人的表现形式去理解和确定。因此，他不了解"革命的"、"实践批判的"活动的意义②。

修改稿：从前的一切唯物主义——包括费尔巴哈的唯物主义——的主要缺点是：对对象、现实、感性，只是从客体的或者直观的形式去理解，而不是把它们当做人的感性活动，当做实践去理解，不是从主体方面去理解。因此，结果竟是这样，和唯物主义相反，唯心主义却把能动

---

① 聂锦芳：《清理与超越：重读马克思文本的意旨、基础与方法》，北京大学出版社，2005，第129页。

② 《马克思恩格斯选集》第1卷，人民出版社，2012，第133页。

的方面发展了，但只是抽象地发展了，因为唯心主义当然是不知道现实的、感性的活动本身的。费尔巴哈想要研究跟思想客体确实不同的感性客体，但是他没有把人的活动本身理解为对象性的［*gegenständliche*］活动。因此，他在《基督教的本质》中仅仅把理论的活动看做是真正人的活动，而对于实践则只是从它的卑污的犹太人的表现形式去理解和确定。因此，他不了解"革命的"、"实践批判的"活动的意义①。

第一条是《提纲》核心的核心，提出了马克思哲学的核心范畴——实践；所使用的基本的论证范式是演绎的方法；阐述了区别于以前一切哲学的根本特征。对于实践概念，必须有正确理解。以往的错误理解往往根据第一句话把实践理解成一个主体范畴。马克思理解的实践不是主体的行为概念或狭义的主体活动。如果把马克思的实践概念理解成纯粹的主体范畴，那就把马克思主义哲学变成人本主义哲学了。这里，马克思只是从批判费尔巴哈的角度，从批判旧唯物主义仅从客体方面出发来谈的，并非说要走向相对立的主体角度。马克思是从主客体统一的角度，提出了中介性的实践范畴。这一范畴不是单一主体性也不是单一客体性，不是本体论也不是总体性，而是主体和客体间的中介，是本体和总体之间的中介。

这一条的最后，马克思讲到"客体的、感性的、革命的、能动的实践"，费尔巴哈则"仅仅把理论活动看做是真正人的活动"，对实践只是从它的"卑污的犹太人"的表现方式去理解。那么"卑污的犹太人"的实践是不是在马克思讲的实践的范围之内呢？因为"卑污的犹太人"的实践也是客观的。这里要说明的是，由于费尔巴哈认为实践过程当中必然有一个利己主义目的在里面，只能从功利主义的角度来看待实践，所以不能真正与对象平等。而按照对象本来面目来对待它，就必须要超出它，要直观。但问题是，超出它，变成直观，就变成纯粹的理论活动了。西方的哲学人类学批判海德格尔，认为世界是在"尚属"的状态中呈现出来的，而不是现成"在"的状态，也就是在人的"在世之在"当中露面的，这实际上是一种自然的实用主义，仅把世界看成工具。这种观点

---

① 《马克思恩格斯选集》第 1 卷，人民出版社，2012，第 137 页。

认为人恰恰是最初以理论家身份出现的，这就和费尔巴哈一样，仅仅从"尚属"的角度来看，把物当工具，而不是从物本身出发来探讨。因此，海德格尔的实践概念即是"卑污的犹太人"的实践内涵。

进一步追问的是，"卑污的犹太人"的实践是人类历史实践的构成活动之一，但又不等于实践，仅仅是一个构成部分。其中有什么区别呢？"卑污的犹太人"的实践是个体的生活实践，也就是马克思在《资本论》中讲到的，是另一层面和意义上的实践。譬如，庸俗经济学就是把资本家的日常意识复制成观念，这就是生活实践。后来梅洛·庞蒂、列斐伏尔、萨特等人都从个体的直接的角度出发，而马克思指的恰恰是社会历史实践。但是，马克思的社会历史实践与生活层面的实践又不是二元的。西方有学者把它看成二元，他们理解的社会，一个是制度、体制的层面，另一个是个人的生活层面。马克思认为制度、体制的层面与个人的生活层面是不能区分开的。个人的生活实践不断生产和再生产出制度、体制。宏大叙事是在具体生活世界之中，是由其统一起来；反过来宏大叙事又构成了个人世界的背景和基础。但是这里首先强调历史唯物主义，就是首先依赖于历史，因为每一代人都不是先从个人出发才有历史，而是先从历史出发才有个人。首先要进入历史才有个人生活，然后个人生活改变这个世界，再重新改变这个宏观的社会历史。

"卑污的犹太人"的实践活动是资本主义时期的活动，历史实践是总体的活动，因此，"卑污的犹太人"的实践和历史实践是两个层面。两个层面相互补充，这是从共时性来讲；从历时性来讲，它又是整个社会历史阶段的一个表现，即资本主义（市民社会）这个阶段的表现。马克思说，费尔巴哈那样的哲学直观的实践是理论直观，实际上将来也能变成实践，即不再把对象利己主义当成为我的对象、享用的对象、为我服务的对象，而是平等的、对话的，是另一个主体的对象。费尔巴哈把辩证法变成"对话"，恰恰是靠历史实践发展的更高阶段。这个更高阶段是什么呢？就是人类的自由活动，人类摆脱"卑污犹太人"那种功利的、狭隘的实践，将来到共产主义条件下人类的实践就发生变化了。

在古代，马克思认为有三个关系：人和物的关系，人与人的关系，人的自身关系。这是共时性的，但是又有一个历时性的演化。在古代，第一大形态，一切关系都表现为人与物的关系；近代，一切关系都表现为人与人的关系，工人要获得物的满足之前都得先给资本家创造剩余价值；到了共产主义社会，一切关系都表现为人与自我的关系。但是人自身的关系不能简单地归结为意识，费尔巴哈那里变成纯理性的哲学直观是不对的。它应当也是一种活动，但这种活动是一种自由活动。

马克思看来，共产主义条件下，科学研究、社会交往和艺术创造这三个是主要活动。科学研究实际上是人与自然的关系，社会交往是人与人的关系，而艺术创造是人的自我个性的实现和发挥。在共产主义条件下，都是自由活动，都是以实现自身发展为前提和本质的。

修改稿中，恩格斯加上了"结果竟是这样"，高看唯物主义而把唯心主义作为异己。恩格斯是把《提纲》作为《费尔巴哈论》的附录，而《费尔巴哈论》的第二章强调的就是哲学基本问题，强调与唯物主义的一致性。实际上，旧唯物主义在本质上与唯心主义是一样的。在恩格斯看来，旧唯物主义是好的，唯心主义即使是有好的也是不该的。在《资本论》中，马克思认为当自然科学的唯物主义超出专业范围以后，恰恰变成最抽象的唯灵论。英国古典经济学中的唯物主义，恰恰是拜物教、经验主义，不比德国的唯心主义和规范目的论强，甚至更差。因为实证主义往往走向维护现实，静观世界，在世界之外；而规范目的论有能动性，"聪明的唯心主义比愚蠢的唯物主义更接近于聪明的唯物主义"①。

第二条

原始稿：人的思维是否具有客观的［gegenständliche］真理性，这不是一个理论的问题，而是一个实践的问题。人应该在实践中证明自己思维的真理性，即自己思维的现实性和力量，自己思维的此岸性。关于思维——离开实践的思维——的现实性或非现实性的争论，是一个纯粹经院哲学的问题②。

修改稿：人的思维是否具有客观的［gegenständliche］真理性，这不是一个理论的问题，而是一个实践的问题。人应该在实践中证明自己思

---

① 《列宁全集》第38卷，人民出版社，1959，第305页。
② 《马克思恩格斯选集》第1卷，人民出版社，2012，第134页。

维的真理性，即自己思维的现实性和力量，自己思维的此岸性。关于离开实践的思维的现实性或非现实性的争论，是一个纯粹经院哲学的问题①。

关于这一条，恩格斯基本没有改动。这一条讲的是作为传统的哲学问题，也就是普列汉诺夫等人讲的哲学唯物主义的范围，即一般的本体论和认识论。

我们讲"实践是检验真理的唯一标准"，这肯定是正确的，但如果仅仅把真理看作认识论范畴，那真理就成了一个认知性的理性范畴。事实上，马克思的真理概念来源于黑格尔，在黑格尔那里，真理不仅仅是认识论，更是包括"知、情、义"的统一，即是说，在黑格尔看来，真理本身是"真、善、美"的统一。一个东西假如已经丧失了内在必然性，你即使对它的反映是合乎它的，那也不叫真理。只有有内在必然性的、有前途的现存，才叫现实。因此，黑格尔才认为"凡是现实的都是合理的，凡是合理的都是现实的"。但是现存的东西一旦丧失了必然性，就不再是现实的，而仅仅只是现存，就将趋于灭亡。因此，真理也和"真相"不是一个概念。

"人应该在实践中证明自己思维的真理性，即自己思维的现实性和力量，自己思维的此岸性。"② 这句话有三个核心概念："现实性"是认识论，是不是符合现实的问题，也包括能不能转化成现实的问题；"力量"则是社会学、价值论意义上的，这也就是培根说的"知识就是力量"，即知识就是权力、霸权；"此岸性"就是信仰、宗教、意识形态，就是说，社会意识形态（人们异化的、幻想的东西）看起来是"彼岸"的，实际上是"此岸"的。所以，这是一般的意识论，包括"知、情、义、欲望、信念"等。过去仅仅理解为符合不符合，而实际上这一条不仅仅检验真理的客观性，而且还同时检验真理的价值性和审美性。

第三条

原始稿：关于环境和教育起改变作用的唯物主义学说忘记了：环境

---

① 《马克思恩格斯选集》第 1 卷，人民出版社，2012，第 137~138 页。

② 《马克思恩格斯选集》第 1 卷，人民出版社，2012，第 134 页。

是由人来改变的，而教育者本人一定是受教育的。因此，这种学说必然会把社会分成两部分，其中一部分凌驾于社会之上。

环境的改变和人的活动或自我改变的一致，只能被看做是并合理地理解为革命的实践①。

修改稿：有一种唯物主义学说，认为人是环境和教育的产物，因而认为改变了的人是另一种环境和改变了的教育的产物，——这种学说忘记了：环境正是由人来改变的，而教育者本人一定是受教育的。因此，这种学说必然会把社会分成两部分，其中一部分凌驾于社会之上。（例如，在罗伯特·欧文那里就是如此。）

环境的改变和人的活动的一致，只能被看做是并合理地理解为变革的实践②。

这条主要是谈"历史观"，是马克思变革旧哲学的突出领域。因为第一、二条还在理论领域里谈问题，这条是在"实践"领域里谈问题，主要是批判法国的爱尔维修等人的唯物主义观，如，"环境决定论"和教育决定论。苏联教科书体系对唯物史观的诠释往往局限于用"物质"来揭示社会发展，这样就把唯物史观的理论阵营扩大了，包括孟德斯鸠的地理环境论，当然苏联教科书认为马克思是辩证的唯物史观。对于18世纪的唯物主义，普列汉诺夫认为这种唯物主义陷入了"环境决定意见"和"意见决定环境"的二律背反，但他又认为"环境决定意见"是唯物的，"意见决定环境"是唯心的。

恩格斯对原始稿进行了两处改动。

第一，加了括号中的话"例如，在罗伯特·欧文那里就是如此"，文献学家陶伯特通过考证认为不应该把欧文加进来，这也证明了恩格斯更熟悉英国的思想状况。当时的恩格斯和真正的社会主义者（赫斯）一样，认为德国人不需要学习法国社会主义，这就混淆了对法国唯物主义的定性。

第二，恩格斯去掉"或自我改变"。马克思的"实践"不等于人的

① 《马克思恩格斯选集》第1卷，人民出版社，2012，第134页。
② 《马克思恩格斯选集》第1卷，人民出版社，2012，第138页。

活动，人的活动是主体行动，主体的对象化，而马克思的"实践"是环境改变和自我改变的统一，即主客体的统一，不仅体现了以实践为中介的主体与环境的双向互动，同时也体现了主体内部的矛盾运动。《资本论》第一卷谈到了资本生产过程二重性的第一重性——劳动，而简单的劳动过程包括三个要素：劳动本身，劳动对象，劳动资料（基础设施，动力操纵系统，辅助材料等）。劳动过程是指人和自然的交换，相当于这里的"实践"，劳动（活动）本身是指这里的人的活动，是主体规律。马克思的"劳动"是从两个意义上讲，一个是从实践，另一个是从自我改变的意义上说的。实践本体论者（主体论哲学者）往往把劳动过程混同于"劳动"。在日本学者广松涉编辑的《德意志意识形态》中，可以发现马克思把多处"自我活动"（恩格斯写的）改成"活动"①。这恰恰表明马克思超越了德国思维方式，德国人就是把"活动"等同于"自我活动"，把"关系"看作"自我关系"。

总之，第三条原始稿凸显了马克思哲学实践功能的外在对象性和内在指向性的统一，体现了马克思关于人在改造客体和主体的过程中实现人的自我发展的思想。

第四条

原始稿：费尔巴哈是从宗教上的自我异化，从世界被二重化为宗教世界和世俗世界这一事实出发的。他做的工作是把宗教世界归结于它的世俗基础。但是，世俗基础使自己从自身中分离出去，并在云霄中固定为一个独立王国，这只能用这个世俗基础的自我分裂和自我矛盾来说明。因此，对于这个世俗基础本身应当在自身中、从它的矛盾中去理解，并且在实践中使之发生革命。因此，例如，自从发现神圣家族的秘密在于世俗家庭之后，世俗家庭本身就应当在理论上和实践中被消灭②。

修改稿：费尔巴哈是从宗教上的自我异化，从世界被二重化为宗教的、想象的世界和现实的世界这一事实出发的。他做的工作是把宗教世

---

① 广松涉编注《文献学语境中的〈德意志意识形态〉》，彭曦译，南京大学出版社，2005，第35～37页。
② 《马克思恩格斯选集》第1卷，人民出版社，2012，第134～135页。

界归结于它的世俗基础。他没有注意到，在做完这一工作之后，主要的事情还没有做。因为，世俗基础使自己从自身中分离出去，并在云霄中固定为一个独立王国，这一事实，只能用这个世俗基础的自我分裂和自我矛盾来说明。因此，对于这个世俗基础本身首先应当从它的矛盾中去理解，然后用消除矛盾的方法在实践中使之发生革命。因此，例如，自从发现神圣家族的秘密在于世俗家庭之后，对于世俗家庭本身就应当从理论上进行批判，并在实践中加以变革①。

第六条

原始稿：费尔巴哈把宗教的本质归结于人的本质。但是，人的本质不是单个人所固有的抽象物，在其现实性上，它是一切社会关系的总和。

费尔巴哈没有对这种现实的本质进行批判，因此他不得不：

（1）撇开历史的进程，把宗教感情固定为独立的东西，并假定有一种抽象的——孤立的——人的个体。

（2）因此，本质只能被理解为"类"，理解为一种内在的、无声的、把许多个人自然地联系起来的普遍性②。

修改稿：费尔巴哈把宗教的本质归结于人的本质。但是，人的本质不是单个人所固有的抽象物，在其现实性上，它是一切社会关系的总和。

费尔巴哈没有对这种现实的本质进行批判，因此他不得不：

（1）撇开历史的进程，把宗教感情固定为独立的东西，并假定有一种抽象的——孤立的——人的个体；

（2）因此，他只能把人的本质理解为"类"，理解为一种内在的、无声的、把许多个人纯粹自然地联系起来的普遍性③。

第八条

原始稿：全部社会生活在本质上是实践的。凡是把理论引向神秘主义的神秘东西，都能在人的实践中以及对这种实践的理解中得到合理的解决④。

---

① 《马克思恩格斯选集》第 1 卷，人民出版社，2012，第 138～139 页。
② 《马克思恩格斯选集》第 1 卷，人民出版社，2012，第 135 页。
③ 《马克思恩格斯选集》第 1 卷，人民出版社，2012，第 139 页。
④ 《马克思恩格斯选集》第 1 卷，人民出版社，2012，第 135～136 页。

修改稿：社会生活在本质上是实践的。凡是把理论诱入神秘主义的神秘东西，都能在人的实践中以及对这种实践的理解中得到合理的解决①。

这三条作为第三条的展开，都是谈历史观的。第四条讲的是社会结构（共时性），第六条讲的是人的本质，第八条是第四条、第六条的统一，讲的是社会生活过程（历时性）。在《资本论》中，马克思强调社会不是无主体的过程，过程也不仅仅是主体的派生。我们说马克思主义是实践哲学，在社会生活中，实践构成了人的本质（人的本质是一切社会关系的总和），实践是认识的基础，实践是自然的改造者，实践是人的存在方式。实践的基础是物质生产活动，然后是建立其上的社会交往、人的精神生产以及人的自由活动。人的本质"是一切社会关系的总和"，不是回答人"是什么"，而是"如何是""怎么是"。如果当作"是什么"来理解就把人等同于社会，等同于网络上的结，这种理解是阿尔都塞结构主义的理解。所以"人的本质"不是回答"人是什么"，对"本质"的理解应当联系黑格尔的本质观，把"本质"作"根据"来理解。因此"人的本质是一切社会关系的总和"是指人是由社会关系所决定、所影响、所塑造的，不是说就是社会关系，而是间接地反思规定。阿尔都塞曾质疑马克思强调资本家是资本的人格化，同时资本家又是人的说法有前后矛盾之嫌，实际上，阿尔都塞没有分清法人和私人（肉体人）的区别，同样没有分清人"是什么"和人的本质的区别。

恩格斯对第四条的改动：划掉了"在自身中"，加了"然后用消除矛盾的方法"。马克思把自身就当作矛盾，因此矛盾不能排除，要靠矛盾自身激化来解决，而恩格斯的理解带有英国实证主义的色彩。他认为要排除掉矛盾不是靠矛盾自我生成发展来解决，而是靠外在的排除。

恩格斯对第六条的改动：加了"纯粹"，恩格斯认为只有纯粹的自然才能否定，因此他把"自然"概念的外延缩小了。其实，在《资本论》等很多文本中，马克思一直强调社会自然，即人化自然。

恩格斯对第八条的改动：删掉了"全部"。这说明马克思比恩格斯

① 《马克思恩格斯选集》第1卷，人民出版社，2012，第139~140页。

更强调社会生活各个方面都是实践的。

第五条

原始稿：费尔巴哈不满意抽象的思维而喜欢直观；但是他把感性不是看做实践的、人的感性的活动①。

修改稿：费尔巴哈不满意抽象的思维而诉诸感性的直观；但是他把感性不是看做实践的、人的感性的活动②。

第七条

原始稿：因此，费尔巴哈没有看到，"宗教感情"本身是社会的产物，而他所分析的抽象的个人，是属于一定的社会形式的③。

修改稿：因此，费尔巴哈没有看到，"宗教感情"本身是社会的产物，而他所分析的抽象的个人，实际上是属于一定的社会形式的④。

第九条

原始稿：直观的唯物主义，即不是把感性理解为实践活动的唯物主义，至多也只能达到对单个人和市民社会的直观⑤。

修改稿：直观的唯物主义，即不是把感性理解为实践活动的唯物主义，至多也只能做到对"市民社会"中的单个人的直观⑥。

第五、七、九条侧重意识和认识方面，第五条讲人的感性必须是实践的，即认识的基础是实践而不是直观。在毛泽东的《实践论》和苏联的20世纪30年代的教科书中，对认识定位是"生动的直观—抽象的规定"（列宁的《哲学笔记》），以及认识两个飞跃之一的感性认识到理性认识的飞跃。实际上，马克思主义的认识论不能把感性作为认识论的基础。皮亚杰探讨了认识史上的经验论和先验论，经验论把认识源头归于经验，但是逻辑不是来源于经验，而是来源于活动格局（行为）。因此不能把一切东西的认识基础都归源于感性经验，认识的基础是

---

① 《马克思恩格斯选集》第1卷，人民出版社，2012，第135页。
② 《马克思恩格斯选集》第1卷，人民出版社，2012，第139页。
③ 《马克思恩格斯选集》第1卷，人民出版社，2012，第135页。
④ 《马克思恩格斯选集》第1卷，人民出版社，2012，第139页。
⑤ 《马克思恩格斯选集》第1卷，人民出版社，2012，第136页。
⑥ 《马克思恩格斯选集》第1卷，人民出版社，2012，第140页。

实践。

第七条侧重于意识形态，恩格斯加了"实际上"。在恩格斯看来，抽象的个人是不存在的。马克思在《1857—1858 年经济学手稿》中谈资本主义的"抽象统治"。马克思看到了抽象本身就是历史的产物，抽象的个人恰恰是（不需要加"实际上"）资本主义的产物。恩格斯加上了"实际上"则表明他认为抽象的东西不存在。

第九条，恩格斯把市民社会加了双引号。恩格斯是从经验主义角度来理解的，恩格斯认为旧唯物主义只能认识单个的人，单个具体的事物，不能认识整个社会。马克思认为旧唯物主义也能认识整个社会整体，关键是能否把现实当作现存的，旧唯物主义将某一社会阶段当作永恒的东西，忽视了发展变化。第九条也是国内学界在 20 世纪 80 年代探讨实践唯物主义的文本依据。

第十条

原始稿：旧唯物主义的立脚点是市民社会，新唯物主义的立脚点则是人类社会或社会的人类①。

修改稿：旧唯物主义的立脚点是"市民"社会；新唯物主义的立脚点则是人类社会或社会化的人类②。

第十条的修改稿把"市民"加了双引号，把"人类"加了着重号，把"社会"改成了"社会化"。这条谈的是新唯物主义的实践基础，按照恩格斯的理解，强调市民，强调现在是尚未社会化的社会，那么社会化的社会就是共产主义社会，共产主义社会的潜在代表是无产阶级，而旧唯物主义所代表的就是资产阶级，显然这种硬性划分带有很强的阶级性色彩，甚至有人本主义残余（人类—非人类；社会化—非社会化）。马克思原始稿所要表达的是：无产阶级是能够认识从原始社会到共产主义社会整个社会历史的阶级。实际上，社会可以从三个方面去理解：第一，社会基础（共时性），旧唯物主义是拜物教，局限在市民社会，从私人领域看问题，无产阶级则从社会各个层面看问题；第二，历史性，

---

① 《马克思恩格斯选集》第 1 卷，人民出版社，2012，第 136 页。
② 《马克思恩格斯选集》第 1 卷，人民出版社，2012，第 140 页。

旧唯物主义把资本主义当作完成的社会，局限于把一个社会阶段当作永恒的社会存在，新唯物主义则是历史地看问题，从整个人类历史出发来评价资本主义，因此不能用"社会化的人类社会"这一特定的市民社会阶段来涵盖历史；第三，阶级性，无产阶级不是站在社会化的立场，而是站在全世界的立场。可见恩格斯的理解带有较强的阶级性，甚至还有人本主义的理论残余。

第十一条

原始稿：哲学家们只是用不同的方式解释世界，问题在于改变世界①。

修改稿：哲学家们只是用不同的方式解释世界，而问题在于改变世界②。

恩格斯加了"而"（德语：aber）。虽然是一字之差，但含义却发生重大变化。aber 在德语中表示转折的意思。因而我们对第十一条所作的传统解读多半是基于恩格斯的文本，认为"解释世界"和"改造世界"之间是一种转折的关系，将马克思新唯物主义哲学的两种功能对立起来。实际上，马克思更多地强调新哲学的两种功能——解释世界和改造世界之间是一种递进的关系。新唯物主义不仅可以解释世界，更重要的是它可以改造世界。恩格斯、马克思的论述在理解的侧重点上自然对读者会有不同的导向作用。

三 结 语

在第二部分，我们逐条解读了《提纲》的内容，并在此基础上分析了马克思原始稿和恩格斯修改稿之间的差异。这种差异是在根本思想观点和理论原则一致的前提下的差异，具体表现在理论的侧重点、认知结构、理论背景等方面。

《提纲》是马克思主义发展史上一个极为重要的历史文献。正确理

---

① 《马克思恩格斯选集》第 1 卷，人民出版社，2012，第 136 页。
② 《马克思恩格斯选集》第 1 卷，人民出版社，2012，第 140 页。

解和把握这一箴言式文献，对于我们准确把握马克思主义哲学的本质和特征，具有十分重要的意义①。在 19 世纪后期，由于当时没有《1844 年经济学哲学手稿》《德意志意识形态》等著作，人们很难对《提纲》的丰富内涵加以诠释，因此人们往往通过恩格斯的《费尔巴哈论》来理解《提纲》，从而使《提纲》的独特价值在 19 世纪后期被湮没了。值得注意的是，恩格斯虽然首次发表了马克思的《提纲》，但是并没有收入他 1892 年写的传记《马克思，亨利希·卡尔》中所提供的书目之中。列宁在 1914 年为百科全书撰写有关马克思的词条时，在恩格斯书目的基础上列出了"列宁书目"，其中就增补了《提纲》，从此有关《提纲》的研究就得到了改善。

近几年我国学术界对"马克思学"的探讨成为一个热点话题。可以说，关于马克思文本学、文献学和"中国马克思学"以及"马克思—恩格斯关系"问题的讨论，相比于 20 世纪 80 年代初期的"异化与人道主义"讨论以及西方马克思主义关于"两个马克思"的争论，在学理性和讨论层次上无疑都有了质的提升。造成这一提升的原因就在于文献学研究视角的引入。关于文献学研究对整个马克思哲学研究的意义，国内已有不少学者作了较为深入的阐发，这里不再赘述。笔者只就具体的研究方法谈自己的几点浅见。

一是文献学研究必须要和文本学解读尤其是思想研究相结合，否则就会像国际著名的《资本论》研究专家、日本的内田弘教授所说的那样：丧失思想史研究指引的单纯文献学研究将不得不沦为一种机械的文献偏执主义②。这也是由马克思主义哲学的特质所决定的。

二是不能用所谓的"党性原则"来教条地否定文献学研究的成果。如果文献学研究的最新成果确实证明了既有研究成果的不完善和不准确，那就要勇于改正自己的观点。这种修正并不能说明既有成果没有能够体现出高的水平，恰恰相反，这正是马克思主义哲学"实事求是"

---

① 赵家祥：《马克思〈关于费尔巴哈的提纲〉导读》，《贵州师范大学学报》（社会科学版）2011 年第 6 期。

② 赵仲明：《"第三届广松涉与马克思主义哲学国际学术研讨会（日本·东京）"综述》，《现代哲学》2007 年第 4 期。

原则的真实体现，才是研究马克思主义基本理论和基本问题的真正科学态度。

三是要以正本清源的精神理解和把握马克思主义的基本观点。要从马克思的文本出发，而非从所谓的"马克思主义"的条条框框出发来反观马克思，何况有时这种马克思主义并非"真正的马克思主义"。在中国，传统教科书体系的抽象原理、规律长期作为普遍性真理被宣称、普及和接受，马克思的本真思想和丰富的文本则处在一个被忽视的状态。中国学术界所追求的正是要破除对马克思主义的教条式理解，不再纠缠于意识形态的争论，踏踏实实地依据一手文本，深入准确地阐发马克思本人思想。这才是中国马克思主义哲学研究的正道。

恩格斯与马克思主义整体性[*]

——以《社会主义从空想到科学的发展》为例

王 巍

近年来，国内学界关于马克思主义整体性问题的讨论方兴未艾，学者们从多个角度对这一问题进行了理论探索，取得了丰硕的成果，譬如马克思主义整体性问题的源起、内涵与实质、历史演变，马克思主义理论学科建设等研究领域都涌现出了一批高质量的学术成果。随着有关讨论的新问题不断涌现，在马克思主义整体性研究方面的若干基础性、始源性的问题尚待认真的梳理与探讨，从而更好地廓清基本的理论地平。这就有必要回到经典作家的文本中探寻马克思主义整体性的经典论述，正本清源、返本开新，在厘清"源头"的基础上更好地勇立"潮头"。

一 问题的由来

1876~1878 年，恩格斯写过一系列论战性的文章，全面系统地批驳了当时德国柏林大学讲师欧根·杜林对马克思主义的篡改和攻击，并且恩格斯把这些论文结印成书，书名叫作《欧根·杜林先生在科学中实行的变革》。在一封私人信件中恩格斯把此书称为《反杜林论》，因而这本书后来以《反杜林论》著称于世。在这部著作中，恩格斯把马克思主义区分为三个组成部分：哲学、政治经济学和社会主义，这就是今天所说

* 中央党校创新工程"中国特色社会主义的发展逻辑"资助项目；中央党校青年英才个性化成长工程资助项目。本文原载于《党政研究》2020 年第 3 期，收入本书时有改动。

的马克思主义三大组成部分的最早表述。这本书第一次全面系统地阐述了马克思主义的三个组成部分：哲学、政治经济学和科学社会主义。列宁在《马克思主义的三个来源和三个组成部分》一文中，沿用了恩格斯的这一划分。

对于这种划分，要认识到马克思主义作为"解释世界和改造世界相统一"的学说，是以现实社会发展的实践和问题为中心，而非以学科为中心来建立自己思想体系的。在马克思那里，哲学、政治经济学和科学社会主义三个组成部分之间是有机融合、浑然一体的。从恩格斯本人思想发展的原初语境看，他也无意于构造一个哲学（抑或经济学或者科学社会主义）的庞大体系，他的任务在于通过揭示资本主义社会的内在矛盾，为无产阶级和人类解放寻找现实路径。尽管恩格斯的《反杜林论》在形式上确实分为哲学篇、政治经济学篇和社会主义篇三个部分，但应该注意到：恩格斯写作的主要目的不是系统地阐述马克思主义的理论体系，而是为了批判杜林的思想体系，即《反杜林论》是根据杜林的思想体系而设置并逐一批判的。可以说，恩格斯并非有意将马克思主义区分为这三个组成部分。

到了1880年，应法国工人活动家保尔·拉法格的请求，恩格斯将其《反杜林论》中引论的第一章以及第三编的第一、二章合成一部小册子，由保尔·拉法格译成法文，经恩格斯本人校阅后于1880年以《空想社会主义和科学社会主义》为题在法国《社会主义评论》杂志第3~5期上发表，随即又出版了单行本。马克思在序言中对其给予了高度评价："这本小册子……可以说是科学社会主义的入门。"① 1883年以《社会主义从空想到科学的发展》为名出版了德文版。这本书在工人中得到广泛传播，发挥了宣传和普及马克思主义的作用，广大工人群众正是通过阅读这一著作来了解马克思主义基本原理和学说的。恩格斯在1892年所写的英文版导言中说道："连同现在这个英文版在内，这本小书已经用10种文字流传开了。据我所知，其他任何社会主义著作，甚至我们的1848年出版的《共产主义宣言》和马克思的《资本论》，也没有这么多的译本。

---

① 《马克思恩格斯选集》第3卷，人民出版社，2012，第743页。

在德国，这本小册子已经印了四版，共约两万册。"① 可以说，这本书融汇了马克思主义的哲学、政治经济学和科学社会主义的最基本原理，直到今天，它仍然是我们研究马克思主义整体性的必读书目。

然而，长期以来，《社会主义从空想到科学的发展》更多地被看作一部科学社会主义学科的经典著作。而一旦将视角转换，就会认识到：恩格斯对资本主义社会的批判包含着强烈的人文意蕴，他所勾勒出的未来社会中，人将成为"自觉的和真正的主人"，这实际上蕴含马克思主义的最高价值指向——人的解放。恩格斯之前的德国古典哲学家们都将"自由"看作自己哲学体系的最高目标。恩格斯（和马克思）与他们的不同之处就在于，将这种"人的自由而全面发展"的实现途径奠定在对现实资本主义的批判之上。在《社会主义从空想到科学的发展》中，恩格斯遵循着"资本主义产生—资本主义基本矛盾—基本矛盾的发展和激化—无产阶级革命—资本主义的灭亡—无产阶级专政—共产主义社会（人的自由而全面发展）"这样一条线索来论证科学社会主义的基本原理。一旦看到这一点，那么科学社会主义的视域和经济学的视域就紧密结合在一起。同样，"人的自由全面发展"也是哲学一以贯之的目标。在这样的视角之下，传统的"政治经济学"、"哲学"和"科学社会主义"三个彼此分离的部分就可以被整合成为整体性的马克思主义，彰显出马克思主义的整体性理论品格。

实际上，在马克思和恩格斯的著作中，马克思主义一直是以整体性的面貌呈现出来的。"把马克思最早期著作中出于浓厚兴趣的专门哲学问题研究和后来著作中的政治经济学批判、现代工业社会的选择替代理论割裂开来，是完全错误的。因为这三个主题（哲学、政治经济学和现代工业社会）相互联系地贯穿于马克思著作的始终，哲学和政治经济学在马克思思想的任何一个观点中从未被分离过。"② 然而，

---

① 《马克思恩格斯选集》第3卷，人民出版社，2012，第751~752页。

② 汤姆·洛克曼：《马克思主义之后的马克思——卡尔·马克思的哲学》，杨学功、徐素华译，东方出版社，2008，第230页。

"唯物主义哲学、唯物主义史学、马克思经济学，这三者本来应该有机地统一在一起，现在这种统一性却烟消云散"①。类似的这些论断对当代中国马克思主义研究有着十分重要的启示作用，即强调不能割裂马克思主义的三个组成部分，而要在统一视域中加以整体研究和把握。不懂得马克思主义哲学，就不可能真正理解马克思主义政治经济学，同样也不能理解以"人的自由和全面发展"为目标的科学社会主义。马克思主义是一个严密的科学理论体系，它的三个组成部分是一个有机的整体。马克思主义世界观是以科学社会主义为其理论结论的。科学社会主义理论的产生，又依赖于哲学和政治经济学领域所实现的革命性变革。

在《社会主义从空想到科学的发展》一书中，恩格斯精辟地阐述了马克思主义三个组成部分的内在联系，指出，唯物主义历史观和剩余价值学说的发现，使社会主义从空想变成了科学。因此，可以说这本著作是一本马克思主义整体性的典范著作，是一部通俗版、大众化的马克思主义百科全书。

二　两个伟大的发现使社会主义变成了科学

在整体性的视域中，恩格斯述评了空想社会主义特别是三大空想家的理论贡献和历史局限，论述了唯物辩证法和形而上学的根本区别以及唯物史观的创立过程，指出正是由于马克思创立了唯物史观和剩余价值学说，社会主义才从空想变成了科学。"空想"与"科学"的区别主要源于唯心史观和唯物史观的分野。为了帮助工人阶级更好地理解社会主义从空想到科学的发展，恩格斯勾画了哲学的变革轨迹，提炼出唯物史观的基本思想。

"如果不是先有德国哲学，特别是黑格尔哲学，那么德国科学社

---

① 望月清司：《马克思历史理论的研究》，韩立新译，北京师范大学出版社，2009，第6页。

主义，即过去从来没有过的唯一科学的社会主义，就决不可能创立。"①
唯物史观产生的前提在于近代德国恢复了辩证法这一最高思维形式。所谓"辩证法"，就是用运动、变化、联系和发展的观点认识事物的方法。在古代，就已经有了朴素的辩证法。但是在人类文明形成之初，受生产力水平的制约，这种方法虽然正确地把握了事物的总体特征，却不足以说明它的各个细节。人们认识水平的提高离不开科学的发展，需要对自然和社会现象进行记述、分类和说明。然而直到15世纪才产生了真正的自然科学，人们才对各种自然过程和对象进行分类研究，由此极大地促进了知识的积累。但是，这种分门别类考察方法从自然科学中转移到哲学中就造成了四百年来所特有的局限性，即形而上学的思维方式。"在形而上学者看来，事物及其在思想上的反映即概念，是孤立的、应当逐个地和分别地加以考察的、固定的、僵硬的、一成不变的研究对象。"②这种局限性需要辩证法加以克服。

德国哲学家黑格尔突破了形而上学的思维，他"把整个自然的、历史的和精神的世界描写为一个过程，即把它描写为处在不断的运动、变化、转变和发展中，并企图揭示这种运动和发展的内在联系"③。但是，在黑格尔那里，"一切都被头足倒置了，世界的现实联系完全被颠倒了"④。不是物质决定意识，而是相反。同时，黑格尔的辩证法体系自身也存在着无法解决的内在矛盾：自然、历史在发展，人们不可能穷极真理，但它却有自己运动的终点——关于自然和历史的无所不包的最终完成的认识体系本身就与辩证法相矛盾；它远离了活生生的历史运动，而将自身束之高阁；它既具革命性，又有保守性，只有引入唯物主义的思想方法才能解决这个矛盾。但形而上学的、机械的唯物主义对此又无能为力，于是便从中产生了哲学革命的契机和动力。

在马克思恩格斯生活的时代，人们对自然的认识已经达到了相当高

① 《马克思恩格斯选集》第3卷，人民出版社，2012，第36页。
② 《马克思恩格斯选集》第3卷，人民出版社，2012，第791页。
③ 《马克思恩格斯选集》第3卷，人民出版社，2012，第793页。
④ 《马克思恩格斯选集》第3卷，人民出版社，2012，第399页。

的水平，"自然观的这种变革只能随着研究工作提供相应的实证的认识材料而实现，而在这期间一些在历史观上引起决定性转变的历史事实却老早就发生了"①。所谓"历史事实"在这里主要是指 19 世纪上半叶欧洲的三大工人运动，它反映的是无产阶级和资产阶级的尖锐对立。这样，"新的事实迫使人们对以往的全部历史作一番新的研究，结果发现：以往的全部历史，除原始状态外，都是阶级斗争的历史；这些互相斗争的社会阶级在任何时候都是生产关系和交换关系的产物，一句话，都是自己时代的经济关系的产物；因而每一时代的社会经济结构形成现实基础，每一个历史时期的由法的设施和政治设施以及宗教的、哲学的和其他的观念形式所构成的全部上层建筑，归根到底都应由这个基础来说明"②。因此，"唯心主义从它的最后的避难所即历史观中被驱逐出去了，一种唯物主义的历史观被提出来了，用人们的存在说明他们的意识，而不是像以往那样用人们的意识说明他们的存在这样一条道路已经找到了"③。按照这个新的方法认识社会主义，它就"不再被看做某个天才头脑的偶然发现，而被看做两个历史地产生的阶级即无产阶级和资产阶级之间斗争的必然产物。它的任务不再是构想出一个尽可能完善的社会制度，而是研究必然产生这两个阶级及其相互斗争的那种历史的经济的过程；并在由此造成的经济状况中找出解决冲突的手段"④。阶级斗争反映的是工人阶级和资产阶级物质利益的冲突。透过阶级对立的事实，马克思发现了隐藏于其后的剩余价值，由此揭开了资本主义生产方式的秘密。

空想社会主义由于不能说明资本主义生产方式，也就只能停留在对资本主义进行道义上谴责的水平上，并简单地将其作为坏东西抛弃掉，他们描绘的理想社会蓝图也不过是对中世纪"田园景色"的临摹。剩余价值的发现则揭开了资本主义生产方式的秘密，说明了资本主义生产过程和阶级斗争的经济根源：资产阶级凭借对生产资料和劳动对象的私人占有而无偿地占有了工人阶级的剩余劳动，由此造成社会两极分化。因

---

① 《马克思恩格斯选集》第 3 卷，人民出版社，2012，第 795 页。
② 《马克思恩格斯选集》第 3 卷，人民出版社，2012，第 796 页。
③ 《马克思恩格斯选集》第 3 卷，人民出版社，2012，第 796 页。
④ 《马克思恩格斯选集》第 3 卷，人民出版社，2012，第 796 页。

此，工人阶级夺回劳动果实的革命行为就具有正义性和必然性。社会主义也就成了工人阶级实现自身解放的指导思想。

由于"这两个伟大的发现"——唯物史观和通过剩余价值揭开资本主义生产的秘密，社会主义变成了科学，这就是恩格斯对"两大发现"意义的概括和结论。由此，哲学（唯物史观）、政治经济学（剩余价值学说）和科学社会主义以清晰、连贯、系统的方式贯通起来，全面地体现了马克思主义的整体性理论品格。

三 现代社会主义是怎么回事：科学社会主义的经济学基础

唯物史观为社会主义的历史必然性提供了哲学上的论证。它的基本观点和方法是："生产以及随生产而来的产品交换是一切社会制度的基础；在每个历史地出现的社会中，产品分配以及和它相伴随的社会之划分为阶级或等级，是由生产什么、怎样生产以及怎样交换产品来决定的。所以，一切社会变迁和政治变革的终极原因，不应当到人们的头脑中，到人们对永恒的真理和正义的日益增进的认识中去寻找，而应当到生产方式和交换方式的变更中去寻找；不应当到有关时代的哲学中去寻找，而应当到有关时代的经济中去寻找。"① 按照这样的研究方法，正是在资本主义的"经济"中，而不是在启蒙学者的"理性"和空想社会主义者的一厢情愿中，恩格斯找到了"现代社会主义是怎么回事"这个问题的答案。

在政治经济学的视域中，社会主义思想和运动产生于资本主义的历史进程之中，恩格斯阐发科学社会主义的基本原理也就由资本主义的产生说起。资本主义生产方式是人类历史发展到一定阶段的产物。14、15世纪欧洲地中海沿岸商品经济的发展和技术的进步，在促进社会分工的同时，也产生了私人劳动和社会劳动的矛盾，导致社会两极分化，孕育出早期的无产阶级和资产阶级，使资本主义萌芽在中世纪的封建社会母

---

① 《马克思恩格斯选集》第3卷，人民出版社，2012，第797~798页。

体内部破土而出。到 16 世纪，随着新航路的开辟，国际贸易的中心转移到大西洋沿岸，开始了资本的原始积累进程。这一进程不断再生产出资本主义生产关系，这种新型的生产关系、新生的资产阶级与封建生产关系和封建贵族发生了冲突。于是，资产阶级通过思想革命、政治革命和产业革命，最终摧毁了封建制度，逐步确立了自己的政治统治，为生产力的解放和发展开辟了道路。与此同时，资本主义生产方式的内在矛盾也在资本主义社会中占据了支配地位。

工业革命完成后，资本主义生产从工厂手工业发展到机器大工业，但是，"大工业得到比较充分的发展时就同资本主义生产方式对它的种种限制发生冲突了"①。这种冲突就是资本主义生产方式的基本矛盾本身。通过与封建社会生产方式的比较，恩格斯揭示了现代资本主义社会冲突的根源和特征。和封建社会不同，资本主义条件下的生产达到了高度的社会化，即生产资料使用的社会化、生产过程的社会化以及劳动产品的社会性质。但是和封建社会一样，资本主义生产方式仍然建立在私有制基础之上，只不过实现了私有者从封建主到资本家的转变而已。如果说个体的手工劳动与生产资料私有制相适应的话，那么社会化的生产力与资本主义的生产关系的矛盾便以"社会化生产和资本主义占有的不相容性"② 鲜明地表现出来，这是恩格斯关于资本主义社会基本矛盾的概括。无产阶级和资产阶级的对立，个别工厂中生产的组织性和整个社会生产的无政府状态之间的对立，是这种基本矛盾的具体体现。

资本主义生产方式基本矛盾带来的后果是社会的两极分化：一极表现为资产者方面的财富的积累，另一极则表现为无产阶级方面的贫困、受折磨、受奴役、无知、粗野和道德堕落的积累。资本主义生产方式则不断再生产出这样的两极，由此产生两大阶级的对立和阶级斗争。生产的无政府状态使资本主义处于"恶性循环"即周期性的经济危机中，反过来又加剧了资本主义的基本矛盾，激化了阶级冲突。这说明，"一方面，资本主义生产方式暴露出它没有能力继续驾驭这种生产力。另一方

---

① 《马克思恩格斯选集》第 3 卷，人民出版社，2012，第 798 页。
② 《马克思恩格斯选集》第 3 卷，人民出版社，2012，第 802 页。

面，这种生产力本身以日益增长的威力要求消除这种矛盾，要求摆脱它作为资本的那种属性，要求在事实上承认它作为社会生产力的那种性质"①。一旦"事实上承认"就意味着资本主义的灭亡，资产阶级很清楚这一点。为了维护资本主义制度，资产阶级试图通过改良克服危机、缓和矛盾，于是把个别资本家的财产转化为股份公司的财产，甚至实行资本主义的"国有化"，"但是，无论向股份公司和托拉斯的转变，还是向国家财产的转变，都没有消除生产力的资本属性"②。因为"现代国家，不管它的形式如何，本质上都是资本主义的机器，资本家的国家，理想的总资本家"③。因此，生产力归国家所有并不能解决冲突，但是它包含着解决冲突的形式上的手段和线索。这就是说，要看生产力归"谁的"国家所有；如果归无产阶级的国家所有，这个矛盾就能够解决。这样一来，无产阶级就必须夺取国家政权。

马克思主义的国家学说否定了资产阶级改良道路，解决资本主义基本矛盾的根本途径是无产阶级革命和无产阶级专政。"资本主义生产方式日益把大多数居民变为无产者，从而就造成一种在死亡的威胁下不得不去完成这个变革的力量。这种生产方式日益迫使人们把大规模的社会化的生产资料变为国家财产，因此它本身就指明完成这个变革的道路。无产阶级将取得国家政权，并且首先把生产资料变为国家财产。"④ 但是无产阶级专政国家并不是抓住生产资料不放，"国家真正作为整个社会的代表所采取的第一个行动，即以社会的名义占有生产资料，同时也是它作为国家所采取的最后一个独立行动"⑤。这个"独立行动"的任务是消灭私有制，消灭社会划分为两大对立阶级的经济前提，消灭阶级本身，消灭一切阶级差别和阶级对立。从无产阶级夺取国家政权到这个"独立行动"的完成，就是从资本主义到社会主义的"过渡时期"，阶级的消灭必然导致国家的自行消亡。届时，社会成员将不再归属于某个特定的

① 《马克思恩格斯选集》第 3 卷，人民出版社，2012，第 808 页。
② 《马克思恩格斯选集》第 3 卷，人民出版社，2012，第 810 页。
③ 《马克思恩格斯选集》第 3 卷，人民出版社，2012，第 810 页。
④ 《马克思恩格斯选集》第 3 卷，人民出版社，2012，第 812 页。
⑤ 《马克思恩格斯选集》第 3 卷，人民出版社，2012，第 812 页。

阶级，也不再是某个国家的"公民"，而是以自由人的身份结成一个新社会——"自由人联合体"。

马克思恩格斯在有生之年并没有看到无产阶级革命的胜利，因此对革命胜利以后的事情不可能也不愿做过多的设想。在相关著作中，恩格斯也只是从资本主义基本矛盾中推导出未来社会的大致轮廓："一旦社会占有了生产资料，商品生产就将被消除，而产品对生产者的统治也将随之消除。社会生产内部的无政府状态将为有计划的自觉的组织所代替。个体生存斗争停止了。于是，人在一定意义上才最终地脱离了动物界，从动物的生存条件进入真正人的生存条件。人们周围的、至今统治着人们的生活条件，现在受人们的支配和控制，人们第一次成为自然界的自觉的和真正的主人，因为他们已经成为自身的社会结合的主人了。"① 这里说的是人类历史发展的大趋势。

四　当代意义

在论证社会主义从空想到科学发展的过程中，恩格斯在整体性的视域中将政治经济学的劳动价值论、剩余价值学说、哲学的唯物史观、科学社会主义融为一体，形成了一个马克思本人所追求的"艺术整体"，为我们今天推进马克思主义整体性问题的研究开掘了源头活水，提供了经典范本。

第一，有利于推进马克思主义整体性研究。马克思主义整体性不是一个抽象问题，而是体现在马克思思想发展历程的诸多文本之中。"具体之所以具体，因为它是许多规定的综合，因而是多样性的统一。"② 然而，囿于传统的哲学、政治经济学和科学社会主义的三分法，我们通常将《资本论》看成经济学著作，将《德意志意识形态》看成哲学作品，将《社会主义从空想到科学的发展》看成科学社会主义的经典。当代马克思主义的发展要求我们必须整合哲学、政治经济学和科学社会主义。

---

① 《马克思恩格斯选集》第 3 卷，人民出版社，2012，第 815 页。
② 《马克思恩格斯全集》第 30 卷，人民出版社，1995，第 42 页。

对马克思主义的整体性研究，不仅要从经济学语境中观察哲学话语的转换，更要在经济学和社会主义的双重语境中考察哲学话语的转换，以及在哲学语境中考察经济学话语和社会主义话语的转换。当前继续深化马克思主义整体性的讨论，应当通过马克思主义代表性文本的再解读，在统一的视域中鲜活呈现马克思主义整体性，防止出现割裂、歪曲、教条地对待马克思主义的研究范式。

第二，有利于澄清西方"马克思学"炮制的所谓"马恩对立论"。20世纪70年代，西方"马克思学"的一些学者认为晚年恩格斯《反杜林论》《自然辩证法》《家庭、私有制和国家的起源》《路德维希·费尔巴哈和德国古典哲学的终结》等著作是对马克思思想的背叛，鼓吹和炮制诸如"恩格斯是马克思主义的创立者""马克思反对恩格斯"这样的所谓"马恩对立论"观点。实际上，恩格斯不仅对于创立马克思主义作出了独特贡献，而且在阐释、构建、传播马克思主义的过程中发挥了独特而重要的作用。譬如，《社会主义从空想到科学的发展》"摘录了这本书（即《反杜林论》）的理论部分中最重要的部分"[1]，可以说是《反杜林论》的简写版，是恩格斯对马克思两大发现（唯物史观和剩余价值学说）以及科学社会主义基本原理的全面阐释。同时，马克思和恩格斯有不同的理论分工。在晚年，马克思把主要精力投向了以《资本论》为代表的艰深的理论学术研究，而恩格斯更多指导了国际工人运动，他所写的著作也大都面向工人群众，因此在理论表达和语言风格上会有一定（有时是较大）的差异。必须认识到，这种差异是在根本思想观点和理论原则一致的前提下的差异，具体表现在理论的侧重点、认知结构、理论背景等方面。总体上看，马克思与恩格斯在根本思想观点和理论原则上可以说是一致的，但是二者在理论的侧重点上还是有着一定的差异，应当坚持"在差异基础上的一致"的观点，反对把马克思和恩格斯对立起来的观点。

第三，有利于更加准确地认识恩格斯对于马克思主义形成、发展和传播作出的重要贡献。我们将马克思恩格斯创立的思想流派以马克思的

---

① 《马克思恩格斯选集》第3卷，人民出版社，2012，第743页。

名字命名为"马克思主义"。关于这一点，恩格斯是这样解释的："马克思比我们大家都站得高些，看得远些，观察得多些和快些。……没有马克思，我们的理论远不会是现在这个样子。所以，这个理论用他的名字命名是理所当然的。"① 马克思主义虽然以马克思的名字来命名，但也包含了恩格斯的巨大贡献。众所周知，恩格斯是马克思主义的创始人之一，对马克思主义的创立发挥了重要作用，但他从不居功自傲。马克思去世之后，恩格斯谦逊地将马克思称为"第一小提琴手"，把自己称为第二小提琴手，而且强调"我一生所做的是我注定要做的事，就是拉第二小提琴，而且我想我做得还不错。我很高兴我有像马克思这样出色的第一小提琴手"②。"我们之所以有今天的一切，都应当归功于他；现代运动当前所取得的一切成就，都应归功于他的理论活动和实践活动；没有他，我们至今还会在黑暗中徘徊。"③ 这体现的是恩格斯的学术品格和崇高风范。实际上，1883 年马克思去世后，恩格斯独自肩负起指导国际工人运动、整理和出版马克思遗著、捍卫和发展马克思主义理论、培养各国年轻的社会主义活动家和理论家的重任，并出色地完成了这些任务，为马克思主义的构建和传播作出了独特而重要的贡献。

---

① 《马克思恩格斯选集》第 4 卷，人民出版社，2012，第 248。
② 《马克思恩格斯选集》第 4 卷，人民出版社，2012，第 571~572 页。
③ 《马克思恩格斯选集》第 4 卷，人民出版社，2012，第 558 页。

《资本论》及其手稿在法国出版
传播的历史演进轨迹*

薛　睿

自鲁瓦版《资本论》第一卷（1872~1875 年）出版至今，《资本论》及其手稿在法国的出版传播已接近 150 年；在漫长的出版传播过程中，取得了丰硕成果。基于历时研究与共时研究可以发现，《资本论》及其手稿在法国的出版传播与法国社会主义运动紧密相连；它不仅是经济学、哲学著作，更是革命著作，体现了马克思对资本主义的系统批判。虽然《资本论》及其手稿分析的是 19 世纪中后期的资本主义现实，但是其揭露的诸多社会问题直到今天依旧存在；所以，它对分析当今资本主义危机及其变化仍具解释力，是描述资本主义机制与结构缺陷的重要文本依据。然而，受文化背景、翻译水平、政治实践等因素影响，《资本论》及其手稿在法国的出版传播较为曲折。本文将《资本论》及其手稿从 19 世纪 70 年代至今在法国的出版传播分为三个阶段（19 世纪 70 年代至 20 世纪 10 年代、20 世纪 20~90 年代、21 世纪以来）进行回顾。

一　19 世纪 70 年代至 20 世纪 10 年代：
法国工人运动的早期引入

《资本论》及其手稿在法国经历了漫长而曲折的出版传播过程。早

---

*　国家社会科学基金重大项目（18ZDA016）；中国人民大学马克思主义学院科研基金项目"21 世纪以来法国学界《资本论》研究的最新进展"。本文原载于《当代经济研究》2020 年第 6 期，收入本书时有改动。

在 19 世纪 40 年代，马克思便以巴黎为临时据点，辗转于布鲁塞尔等欧洲多地。在此期间，他逐渐将研究重心转移到政治经济学，形成了被称为《巴黎手稿》的 9 个笔记本的笔记和摘录，为写作《资本论》及其手稿奠定了基础。此后，马克思曾以多种方式试图参与指导法国的工人运动，但由于法国的工人运动深受蒲鲁东主义和布朗基主义的影响，所以马克思的影响力并不大；甚至在"'巴黎公社'时期也只有莱奥·弗兰克尔（Léo Frankel）一名公社领导人自称马克思主义者"①。可以说，马克思主义在法国的早期传播非常缓慢，"马克思主义的思想对手—布朗基的激进共和主义和蒲鲁东的工联主义，支配着法国工人运动进入 20 世纪"②。作为最早译介到法国的马克思著作，《资本论》的出版是马克思主义在法国得以传播与接受的"指示器"。

第一，莫里斯·拉沙特出版社（Maurice Lachâtre）对《资本论》第一卷法文版的出版传播。1871 年"巴黎公社"的失败暴露了蒲鲁东、布朗基等小资产阶级学说在理论和实践上的局限性，为马克思主义的传播奠定了基础；尤其是随后法国经济危机的爆发以及由此引发的经济萧条、工人失业等问题，为《资本论》传入法国奠定了现实基础。在卢格的介绍下，马克思找到了因翻译费尔巴哈著作而闻名的约瑟夫·鲁瓦（Joseph Roy）担任《资本论》第一卷法文版翻译。在 1872~1873 年，鲁瓦以《资本论》第一卷德文第二版为母版完成了初译稿，其译文虽忠于原著却晦涩难懂。为了让法国读者更易读懂，马克思对译本进行了大段改写甚至重译，比如：删减了大量不为法国人熟知的黑格尔哲学概念，提高了对法国重农学派的评价，对"资本原始积累""商品拜物教""商品货币"等概念作了修订和补充，添加了《资本论》第一卷德文第二版中没有的内容。此外，马克思还调整了译文结构，将《资本论》第一卷德文第二版的 7 篇 25 章改写为 8 篇 33 章。可以说，鲁瓦版《资本论》不仅仅是对德文版的直接翻译，而且是马克思根据法国社会文化现实对

---

① Michael Kelly, *Modern French Marxism*, Oxford：Basil Blackwell, 1982, p.12.
② 马克·波斯特：《战后法国的存在主义马克思主义：从萨特到阿尔都塞》，张金鹏、陈硕译，南京大学出版社，2015，第 36 页。

文本的修订和发展。也因此，马克思在《资本论》第一卷法文版序言中指出，该版本"在原本之外有独立的科学价值，甚至对懂德语的读者也有参考价值"①。此外，马克思认为以分册形式出版"更容易到达工人阶级的手里"②，因此该译本以分册形式（共 44 个分册，装订成 9 辑）由莫里斯·拉沙特出版社发售，直至 1875 年 5 月才陆续出版完毕③。此后，再版的《资本论》也往往以此版本作为修订参照。

然而，作为《资本论》在法国的"普及版"，鲁瓦版《资本论》"尽管包含着德文第二版的基本内容，但却存在着'稀释'特有概念困难的倾向"④。马克思遗憾地指出："翻译修改工作的艰难程度前所未有。如果我从一开始就把所有的工作做好，可能就不会那么麻烦了。尽管如此，这种杂乱无章的修复总是会留下一个被破坏的结果。"⑤ 在他看来，这种"破坏性结果"源于：删除了大量难以令法国民众理解的具有黑格尔色彩的文段，在一定程度上削弱了理论严谨性。当然，这种翻译处理方式亦有一定合理性，"19 世纪末，黑格尔著作还没有被翻译到法国，法国民众缺少对黑格尔哲学词语的认知和理解。与此同时，《资本论》第一卷德文第一版中则充斥着大量具有黑格尔色彩的内容。在找不到更好修订方法之前，马克思不得不通过消除相关内容来解决问题"⑥。基于此，马克思在 1878 年致《资本论》第一卷俄文版译者丹尼尔森（Danielson）的信中也指出：计划出版的《资本论》第一卷俄文第二版（该版本最终没能实现）的前两章应仅从德文版中翻译而来，而不应从

---

① 《马克思恩格斯文集》第 5 卷，人民出版社，2009，第 27 页。
② 《马克思恩格斯文集》第 5 卷，人民出版社，2009，第 24 页。
③ 然而，《资本论》第一卷法文版在当时并未取得商业成功。据记载，交货仅售出几百份，远远低于最初定位的 10000 份。参见 Antony Burlaud, *La France selon Marx*, *dans Marx*, *une passion francaise*, Editions La Découverte, 2018, p. 25。
④ Michael Heinrich et Alix Bouffard, *Ce qu'est Le Capital de Marx*, Les éditions sociales, 2017, p. 94.
⑤ Le Capital , *PUF*, 2009, p. XLⅢ.
⑥ Traduire Marx, "c'est le trahir, Sur les Traductions a Utiliser Pour Lire Marx", Overblog, 13 juin 2013.

鲁瓦的法文版翻译而来；此外，马克思认为，"应该在某些地方适当'打压'《资本论》第一卷法文版的权威性，尤其是其前几章的内容……其中部分内容因过多强调形式的力量以及资本和劳动的简单、纯粹对抗而忽略了文本表达的严谨性"①。虽然鲁瓦版《资本论》并不完美；但是，作为马克思亲自参与修订的版本，它依然具有不可磨灭的价值，并成为接下来一个世纪里法国最具权威性的版本。

需要注意的是，《资本论》在法国一开始是在马克思主义圈子之外讨论的，对马克思充满敌意的法国自由主义经济学家是《资本论》讨论的先行者②。1872 年 7 月，法国自由主义经济学家莫里斯·布洛克（Maurice Block）最早在自由主义杂志《经济学杂志》（Le Journal des conomistes）上对《资本论》进行了介绍和批判③。他认为："马克思通过《资本论》跻身于最杰出的分析人士之列。只有一个遗憾：他走错了方向。"④ 在理论上，他将马克思对工人免费工作时间的分析视为"毫无根据的断言"，并指出："所以这就是马克思先生制度的基础：猜测！"⑤ 1876 年 9 月，埃米尔·德·拉维尔耶（Emile de Laveleye）在《两个世界》（La Revue des deux Mondes）上发表了第二篇关于《资本论》的主要法语文章，题为《德国当代社会党中的第一理论家》。其中，作者否定了马克思的劳动价值论，并将马克思的计划描述为"以政治经济学原

---

① Michael Heinrich et Alix Bouffard, *Ce qu'est Le Capital de Marx*, Les éditions sociales, 2017, p. 94.

② 对此，法国学者杰奎琳·卡恩（Jacqueline Cahen）认为："首先，政治经济学在当时构成了一种同质且结构化的环境，长期以来一直习惯于与社会主义进行公开斗争；但这也是一个非常特殊的环境的重压，因为 1871 年巴黎叛乱的冲击将进一步加深经济学家的担忧和反对颠覆学说的意愿。" 参见 Jacqueline Cahen, "La réception de l'uvre de Karl Marx par les économistes français（1871-1883）", *Mil neuf cent*, 1994, 12: 21-22.

③ 实际上，直到 1872 年 8 月，《资本论》第一卷法文版第一分册才出版面世。因此，布洛克的讨论立足于《资本论》第一卷德文第二版，而非法文版。

④ M. Block, "Les théoriciens du socialisme en Allemagne. I. Système de M. Karl Marx", *JDE*, 27 juillet 1872, p. 7.

⑤ M. Block, "Les théoriciens du socialisme en Allemagne. I. Système de M. Karl Marx", *JDE*, 27 juillet 1872, p. 32.

则为基础，推翻当前社会的基础"①。尽管《资本论》最先在自由主义经济学领域被讨论；但是在 1870~1880 年，马克思作为一名经济学家的贡献被肯定得仍然很少；他的知名度仍然不高，其形象也很模糊②。

第二，拉法格、盖德等法国工人运动领导者为推动《资本论》及其手稿的出版传播作出了贡献。首先，鉴于《资本论》在法国影响力较小，一些革命报刊开始刊登相关内容。一方面，由盖德创办的《平等报》（1877~1882 年）和"社会主义者论坛"（1885 年）开辟专栏刊登《资本论》的相关章节；另一方面，在早期工人运动领导者推动下，一些大学出版社编译出版了一些与《资本论》相关的著作。据统计，贾尔和布里埃出版社（Giard et Brière）于 1899 年出版了《工资、价格和利润》的完整法文版和《〈政治经济学批判〉导言》，于 1900 年出版了《资本论》第二卷法文版，又分别于 1901 年和 1902 年出版了《资本论》第三卷法文版（上下册）。1899 年，施莱歇兄弟出版社（Frères Schleicher）出版了《政治经济学批判》的法文版等。③ 其次，鉴于《资本论》内容晦涩，不利于工人阶级阅读，一些法国马克思主义者试图编写《资本论》普及本以便推动宣传，比如：法国工人运动领导人布里埃尔·德维尔（Gabriel Deville）写作了《资本论浅释》（1883），该著作于 1897 年再版并成为之后几十年法国社会主义者的主要参考。虽然该著作推动了《资本论》在法国的普及，但却因对《资本论》理解不透彻而存在诸多理论问题；对此，恩格斯虽然"放任该著作在法国的传播，却坚决反对它以任何形式被翻译成英文或德文，以防马克思的思想在其他国

---

① Jacqueline Cahen, "La réception de l'œuvre de Karl Marx par les économistes franais（1871-1883）", *Mil neuf cent*, 1994, 12：40.

② Jacqueline Cahen, *Marx vu de droite*（1）：*Quand les Économiste Francais Découvraient le Capital de Marx*, *Dans Marx*, *une Passion Française*, Editions La Découverte, 2018, p. 292.

③ Jean-Numa Ducange, "Les Traductions et Publications de Karl Marx et Friedrich Engels en Français Avant 1914", *Cah- iers d'histoire. Revue d'histoire critique*［*En ligne*］, 2011, p. 114.

家被歪曲，造成不良影响"①。可以说，从 20 世纪 80 年代末开始，《资本论》迎来了一段出版小高潮，这主要得益于法国工业革命的不断发展和社会的转变；在此期间，法国人真正意义上理解了工业革命的内涵②。在早期法国工人运动领导者坚定推动下，《资本论》第一至三卷法文版在该时期得以出齐，至 20 世纪 90 年代末《资本论》第一卷法文版已印刷 6 次。

该时期《资本论》及其手稿在法国的出版传播具有以下特点。第一，基本文本缺乏。虽然《资本论》第一至三卷已被译介到法国，但另有大量笔记、手稿有待译介。此外，已有著作的译介质量有待提高；甚至马克思亲自修订的《资本论》第一卷法文版也存在诸多问题，马克思对此并不满意。第二，出版传播的目标具有局限性。虽然《资本论》最先被法国自由派经济学讨论，但随着马克思主义在法国影响力的增强，《资本论》逐渐深入到指导法国工人运动中；其中，盖德、拉法格等法国早期工人运动领导者虽然将《资本论》视为工人运动的"革命宣言书"，但他们并不关心著作的理论和经济方面，而是聚焦于政治宣传以及革命动员。这也导致当时的法国工人运动领导者们往往从单一革命视角对其进行普及性解读；然而，这种解读方式虽有助于阐述《资本论》的基本概念，但并无独特理论贡献（常常被解读为"经济决定论"）。第三，出版传播水平不高。此时，对《资本论》出版传播的推动者大多为法国工人运动的领导者，他们并不具备较高的理论水平。因此，在相当大程度上，对《资本论》出版传播并未达到马克思思想的清晰性和深刻性，甚至造成了理论歪曲。面对种种误读，马克思指出"我只知道我自己不是马克思主义者"③，以此表达他对法国马克思主义同行同情且无奈的复杂心理。正如法国马克思主义研究专家利希特海姆所言，这一时期的出版传播"顶多就是一种近似，最

---

① Michael Kelly, *Modern French Marxism*, Oxford：Basil Blackwell, 1982, p. 13.

② George Lichtheim, *Marxism in Modern France*, New York：Columbia University Press, 1966, p. 19.

③ 《马克思恩格斯文集》第 10 卷，人民出版社，2009，第 586 页。

坏的可能就是一幅讽刺漫画。法国人的理论水平明显低于他们德国的马克思主义同行"①。

二 20世纪20~90年代：左派出版社的持续推进

十月革命的胜利对马克思主义在法国的传播产生了重要推动作用；尤其是1920年法共的成立为马克思主义在法国的传播提供了组织基础。虽然法共有意于传播马克思主义，但由于党内斗争成果寥寥无几，"至20世纪20年代末，法共牵头再版的马恩著作只有《共产党宣言》和《社会主义从空想到科学的发展》"②。随着法国工人运动的不断推进，一些左派出版社不断建立和发展，为出版《资本论》及其手稿作出了贡献。

第一，艾尔弗雷德·科斯特出版社（Alfred Costes）的出版传播。一战后，面对法共对马克思主义著作出版传播的不足（且更多将马克思的著作视为共产主义宣传手册③），左派人士雅克·莫里托（Jacques Molitor）开始主持对"马恩著作集"的翻译、出版工作。据统计："在1924~1928年，大约有一半马恩著作卷次（30多卷）被翻译成法文，并由科斯特出版社出版，出版的卷次主要是经济和政治著作"④。与《资本论》相关的著作包括：《资本论》（第一至三卷，共十四册）、《资本论》

---

① George Lichtheim, *Marxism in Modern France*, New York：Columbia University Press, 1966, p. 9.

② Michael Kelly, *Modern French Marxism*, Oxford：Basil Blackwell, 1982, p. 21.

③ 法共刚成立时的思想构成比较多样化，其中饶勒斯主义占20%，马克思主义占10%，列宁主义占20%，托洛茨基主义占20%，混合学说占30%。为了构建一支无产阶级革命政党，法共倾向出版便于思想宣传的著作。参见 William S. Lewis, *Louis Althusser and the Traditions of French Marxism*, Rowman & Littlefield Publishers, 2005, p. 47。

④ Michael Kelly, *Modern French Marxism*, Oxford：Basil Blackwell, 1982, p. 21.

（第一卷，共四册）①、《剩余价值学说史》（第一至三卷，共八册）② 以及《1844年经济学哲学手稿》的部分内容。然而，"这套马克思恩格斯著作集的体例与俄文版或德文版马克思恩格斯全集不同，不是按统一编号安排全部著作，而是既有单行本，又有文集，看似一套著作之间彼此却无关联、仅外在形式一致"③。虽然这套著作集并没有收录马克思恩格斯的全部作品，在考证、注释、索引以及翻译等方面也很难令人满意；但是，作为法国编辑"马克思恩格斯著作集"的首次尝试，其出版的著作为当时的法国哲学家和经济学家广泛引用④，为法国马克思主义编译出版事业打下了基础。

第二，法国社会出版社（Les Editions Sociales）的出版传播。二战后，马克思主义在法国迎来了新发展阶段，大批法国知识分子成为法共的同路人，并接受了马克思主义。然而，法国马克思主义理论遗产在抗战期间惨遭破坏，导致战后法国缺少最基本文献传播马克思主义。面对法国马克思主义基本文献的匮乏窘境，法共领导的社会出版社开始大规模出版传播马克思主义著作。有学者统计，从20世纪50年代至1993年出版社破产，该出版社出版"马克思恩格斯著作共45卷52册，其中马克思著作有15卷22册"，此外"1958~1969年这10年间出版的100多种马克思恩格斯著作中，社会出版社的出版物大约占据三分之二"⑤。在所有出版物中《资本

---

① 该版本以鲁瓦版《资本论》为母版。据考证，科斯特版"马恩著作集"收录了两个不同版本的《资本论》第一卷：莫里托版和鲁瓦版。虽然，莫里托版《资本论》以德文第四版为母版，但其译本主要用于在激进分子中的宣传，因此在一定程度上牺牲了翻译的精准性。这导致莫里托在20世纪40年代不得不重新校订鲁瓦版《资本论》第一卷以取代自己翻译的版本。

② 具体而言，《剩余价值学说史》（Théories sur la plus-value）以《经济理论的历史》（Histoire des doctrines économique）的名称被首次译介到法国。

③ 郑天喆：《马克思恩格斯著作在法国的编译出版史简述》，《马克思主义与现实》2012年第3期。

④ 当时，萨特、梅洛·庞蒂、亨利·列斐伏尔（Henri Lefebvre）等法国思想家都通过阅读科斯特版《资本论》来阐述和理解马克思的政治经济学和哲学思想。

⑤ 郑天喆：《马克思恩格斯著作在法国的编译出版史简述》，《马克思主义与现实》2012年第3期。

论》及其手稿占据了重要位置，包括：《资本论》第一至三卷（1948~
1960 年出版）①、《〈政治经济学批判〉序言》（1957 年出版）、《剩余价值
学说史》（1974~1978 年出版）、《1857—1858 年经济学手稿》（1980 年出
版）、《1861—1863 年经济学手稿》（1980 年出版）。此外，为纪念马克思
逝世 100 周年，社会出版社还于 1983 年出版了《马克思恩格斯通信集》第
9 卷，该卷收集了 1867~1868 年马克思恩格斯就《资本论》第一卷德文第
一版出版情况讨论的往来信件。为追求译著的科学性，社会出版社不断修
改重译已出版版本，比如：1983 年出版了由让-皮埃尔·列斐弗尔（Jean-
Pierre Lefebvre）牵头翻译的《资本论》第一卷，该版本根据《资本论》
第一卷德文第四版翻译而来②，1993 年法国大学出版社对其进行了再版；
之后列斐弗尔牵头对其进行了重译，并于 2015 年由社会出版社出版。除
社会出版社外，10/18、弗朗西斯·马斯佩罗等左派出版社在出版、传播
马克思恩格斯著作方面亦作出了重要贡献③。

　　第三，伽里玛出版社（Garimade）的出版传播。冷战期间，在马克
西米利安·吕贝尔（Maximilien Rubel）领导下，伽里玛出版社编辑出版
了一套四卷本《马克思主义文集》（以下简称《文集》）并收录于"昂
星团藏书"系列；该文集按照经济学、哲学和政治学三大领域编撰，其
中第一卷（1963 年出版）和第二卷（1968 年出版）为经济学部分④。围

---

① 需要注意的是，这套著作的《资本论》第一卷依旧沿用了鲁瓦版译本，直
到 1983 年才重新出版了以《资本论》第一卷德文第四版为母版的法文
译本。

② 该版本包含了更多的哲学语言和黑格尔词语，附加了"专业用语汇编"部
分，为一些为专业人士阅读《资本论》提供了一定的辅助性帮助。

③ 此外，当热维尔因将大量《资本论》手稿、笔记译介到法国而闻名，其中
就包括《1857—1858 年经济学手稿》（该译本存在诸多争议，现在已经不
能使用）和《〈资本论〉未发表的一章》。然而，当热维尔的译著存在诸多
问题，比如：术语翻译不够专业、翻译个人色彩浓厚等。参见 Jean-Numa
Ducange，"Editer Marx et Engels en France：Mission Impossible?"，*La Revue
Internationale des Livres et des Idées*，2010。

④ 具体而言，《文集》第一卷收录了马克思生前发表的经济学著作，第二卷则
收录了马克思生前因各种原因未能发表的经济学著作，两部著作都是按照
正文和附录的形式进行编排的。

于吕贝尔个人成见，《文集》收录的《资本论》及其手稿删减严重，其中"《资本论》第一卷的内容被选编在了《文集》第一卷的末尾，《资本论》第二、三卷则被选编在了《文集》第二卷中，并被《1844 年经济学哲学手稿》《政治经济学批判大纲》《1861—1863 年经济学手稿》所分隔"，此外"为了表示恩格斯对《资本论》第二、三卷编辑的任意，他还将《资本论》第二卷的 21 章删减为 13 章，将《资本论》第三卷的 52 章删减为 28 章"①，这种编撰方式在理论界引发了争议。吕贝尔反对将《资本论》第一至三卷视为有机统一的整体。他认为，《资本论》是马克思未完成手稿的一部分，只有将《资本论》综合起来考察才是科学的，而恩格斯编撰的《资本论》"仅仅是一些笔记和摘要的堆积"，是一种"没有前途的努力"，由此诋毁恩格斯对《资本论》编撰的科学性及学术价值②。在翻译选择上，他总是偏向于可读性而不是忠实于马克思的德语文本，这显然给马克思文本带来了理解问题。正如法国学者纪尧姆·冯杜（Guillaume Fondu）指出："吕贝尔的著作完全没有遵守学术限制，尽管令人印象深刻且不乏出色品质，但却几乎重写了马克思。"③ 由于《文集》被收录在法国较为权威的"昴星团藏书"中，因此成为法国出版市场上最畅销的版本，对日后法国学界的《资本论》阅读产生了重要影响。

该时期《资本论》及其手稿在法国的出版传播具有以下特点。第一，出版传播的系统性和科学性得以提升。得益于科斯特出版社、法国社会出版社等左派出版社的努力，《资本论》的众多手稿被译介出版，为法国《资本论》研究提供了崭新素材。第二，出版传播的意识形态性降低。尤其是苏共二十大后，法国出版传播机构逐渐摆脱苏联模式的束缚，它们不再仅仅将《资本论》视为纯粹的革命宣传著作，而是将其视

---

① Bourdet Yvon, "Àpropos duúne édition des œuvres de Marx", *L'Homme et la société*, 1970, 17: 312.

② 吕贝尔：《吕贝尔马克思学文集》（上），郑吉伟、曾枝盛等译，北京师范大学出版社，2009，第 207、209 页。

③ Guillaume Fondu et Florian Gulli, "Marx de retour à l'université Entretien avec Guillaume Fondu", Mediapart（La revue de projet）, 24 septembre 2014.

为重要的学术研究文本。基于这种认知转向，法国学界对《资本论》及其手稿的解读逐渐多样化，比如：结构主义马克思主义的哲学解读、后现代马克思主义的微观政治学解读以及调节学派的经济学解读都是这种认知转向的外化表现。与此同时，《资本论》及其手稿的研究、解读者也由以往的工人运动领导者转变为在高校和科研机构工作的思想家或学者，后者往往以哲学文化批判的方式介入社会生活。第三，《资本论》在法国的出版传播空间依旧狭窄。这主要体现为《资本论》出版发行机构的单一性，主要局限于少数左派出版社，体现了法国思想文化领域的意识形态斗争。其实，不难理解马克思主义著作在法国的存在张力，在资本主义意识形态主导的法国，马克思主义很难成为社会思想的主流范式。

三　21世纪以来：法文版《马恩大典》（GEME）的系统化编译出版

受东欧剧变、苏联解体的冲击，法国思想界在此后若干年内整体上对马克思主义持抵抗态度。正如法国学者昂德莱尼所言，"马克思主义被驱逐了。要通过论文或者在大学里当老师，就绝不能引用马克思主义的东西，或者从马克思主义那里寻求研究课题——至少要走迂回的道路"①，有论者常常基于否定立场引用马克思的某些论断以达到歪曲的目的。这一状况行至21世纪有所改变，面对资本主义社会的诸多危机，一些资产阶级学者开始转向马克思主义来寻求解决方案。尤其是2008年金融危机以来，《资本论》在法国受到追捧，一些马克思传记也大多将马克思塑造为"独特的经济学家"。与此同时，法国教育界也开始接纳《资本论》等马克思主义经典著作，比如：《资本论》第一卷曾被纳入法国"2008—2009年度哲学教师招聘会考"的考试大纲②；2014年《资本

---

① T. 昂德莱尼：《马克思主义在法国——托尼·昂德莱尼教授在中山大学的演讲》，王晓升译，《世界哲学》2007年第5期。

② 让·努马·迪康热：《2000年以来法国马克思主义及左翼研究概述》，赵超译，《当代世界与社会主义》2014年第1期。

论》等马克思的经典著作被正式纳入"大学教师资格会考哲学汇总课程项目"（Programme de l'agrégation de philosophie），进一步扩大了在法国的影响力①。这一时期，法文版《马恩大典》（GEME）编纂工程推动了《资本论》及其手稿群在法国的出版传播。

GEME 由社会出版社（新）于 2003 年发起，旨在立足于所继承的旧社会出版社的版权以及 MEGA2 的资料出版一套法文版《马克思恩格斯全集》。GEME 由哲学、历史学、语言学等不同领域的专家发起，并通过召开研讨会的方式围绕一些有争议的翻译问题进行讨论，最终确立翻译标准和原则，以推动工程的进展②。不同于 MEGA2，GEME 搁置了一些手稿、笔记以及通信，并采用了纸质版和电子版并进的双重编辑方式，保持了编辑的灵活性与普及便利性，并缓解了资金不足问题。此外，大部分译著还附有统一附录部分，这些附录主要由两个部分组成：一是文本的解读性文献，二是词汇列表及翻译声明。具体而言，GEME 将有力推动 21 世纪《资本论》及其手稿在法国的出版传播。

第一，GEME 收录的《资本论》及其手稿。GEME 由三部分组成：著作、文章和草稿；《资本论》；通信。其中，第二部分收录了《资本论》及其手稿。除法文文本外，其余文本立足于《马克思恩格斯全集》历史考证版（简称 MEGA2）的第二部分（《资本论》及其准备著作）翻译而来。在这一时期，MEGA2 推动了法国学界对《资本论》及其手稿的研究。利用 MEGA2 第二部分的宝贵材料，众多法国学者（主要是具备德文文献阅读能力的学者）对《资本论》及其手稿展开了多维审视，"其重点在 MEGA2 第二部分中披露的 1857—1894 年的《资本论》及其手稿……重新审视马克思政治经济学批判的理论内涵，深入探讨马克思与亚里士多德、黑格尔、斯宾诺莎等的思想关系问题，更新了马克思在

---

① Guillaume Fondu et Florian Gulli，"Marx de retour à l'université Entretien avec Guillaume Fondu"，Mediapart（La revue de projet），24 septembre 2014.

② Michael Heinrich et Alix Bouffard，*Ce qu'est Le Capital de Marx*，Les éditions sociales，2017，p. 110.

《资本论》中的关键概念、内在理论逻辑及其转承"①，等等。这些多样化解读所引发的对《资本论》的研究热潮反过来推动了法国学界对《资本论》及 MEGA2 新发现手稿的出版传播；GEME 的发起无疑顺应了这一潮流，并将成为 21 世纪推动《资本论》及其手稿出版传播的先锋。

具体而言，GEME 将收录从《政治经济学批判大纲》到《资本论》第三卷的所有文本，但并未收录所有版本，比如：《资本论》第一卷就只收录了德文第四版以及鲁瓦翻译的法文版，各版本间的显著差异则以附录形式体现②。在 GEME 框架下，新社会出版社再版了部分《资本论》的著作，"目前已经再版的有 2011 年发行的 1980 年版列斐弗尔译《1857—1858 年手稿（政治经济学批判大纲）》……2010 年出版塞夫等人新译的《第六章：资本论第 1 卷的 1863—1867 年手稿》"③ 等。此外，GEME 团队经常召开跨学科学术研讨会，讨论项目的发现及发展。比如，2016 年在让-皮埃尔·列斐弗尔最新版《资本论》（2015 年出版）研讨会上，就《资本论》的编辑策略展开讨论。GEME 团队认为，向人们展示《资本论》三卷本的理论连续性非常重要，这有利于从新的视角向人们展示"价值"向"生产价格"的转化路径，从而展示马克思对资本主义危机（利润率下降）分析的深刻性④。

第二，GEME 正在编译出版的《资本论专题文集》。面对法国出版市场上不同版本《资本论》及其手稿质量的鱼龙混杂，GEME 基于 MEGA2 第二部分，立足于恩格斯出版的《资本论》第一至三卷的内容和逻辑框架，正在编辑出版一套《资本论专题文集》。GEME 编委阿里

---

① 刘冰菁：《MEGA～2 与法国马克思主义思想研究的新动态》，《现代哲学》2018 年第 3 期。

② Isabelle Garo et Jean-Numa Ducange, "Une Grande Edition Desœuvres de Marx et Engels en français", *Revue d'histoire critique*, 2008, pp. 261–264.

③ 郑天喆：《马克思恩格斯著作在法国的编译出版史简述》，《马克思主义与现实》2012 年第 3 期。

④ Gaston Lefranc, "Le Renouveau de l'édition Desœuvres de Marx", Anti-K (nos vies, pas leurs profits!), Marxism, 7 décembre 2016.

克斯·博法德（Alix Bouffard）指出，《资本论专题文集》的编纂将"极大提高人们对《资本论》及其手稿起源和地位的认识，即《资本论》既是不同时期具有异质性文本的合集，也是一项连贯而结构化的综合理论事业"①。GEME 编委会认为，以往《资本论》及其手稿出版版本有两个重要缺点：一是没有充分考虑文本的异质性；二是没有充分关注逻辑的一致性。其中后一个问题更为复杂，比如：旧社会出版社版《资本论》及其手稿没有观照文本内容的逻辑连贯性，一些法语翻译试图消解一些概念范畴的黑格尔之源，并倾向于淡化《资本论》第二、三卷内容的哲学色彩。与此同时，旧社会出版社同时出版发行鲁瓦版和列斐弗尔版《资本论》第一卷；其中，两个文本中相同概念翻译的差异性也无助于从整体上把握和理解《资本论》及其手稿的理论范畴的系统性。而正在编辑出版的《资本论专题文集》则直接对这些问题作出了回应：首先，借助"校勘考证"以文本学和历史学的方式呈现文本的时代性和出处的多样性，从而打破《资本论》文本与逻辑的虚构的表象统一性；其次，着力呈现文本中概念的再制定，聚焦黑格尔术语的呈现及在马克思笔下重要性及其内涵的演变②。不难发现，《资本论专题文集》并不仅仅是对德语文本的简单翻译，其翻译出版过程与研究过程密切相连，共同推动文本的编辑出版；从而为法国学界提供更加接近于德文版本的《资本论》著作，以此呈现《资本论》内部的理论连续性和翻译的整体性，反驳法国学界出于某种目的宣告《资本论》科学性的终结。

该时期《资本论》在法国的出版传播具有以下特点。一是 MEGA2 和 GEME 对《资本论》及其手稿系统、科学的编辑出版进一步为法国学界提供了知识考古学依据。借此，诸多学者围绕《资本论》的理论逻辑、文本结构等展开了讨论。二是出版传播的意识形态性逐渐降低，所出版著作更多被应用于学术研究领域。基于此，《资本论》的基础概念得到细化研究，"资本""价值""拜物教"等概念成为当今法国学界的

---

① Michael Heinrich et Alix Bouffard, *Ce qu'est Le Capital de Marx*, Les éditions sociales, 2017, p. 111.

② Michael Heinrich et Alix Bouffard, *Ce qu'est Le Capital de Marx*, Les éditions sociales, 2017, p. 112.

讨论热点。学界对《资本论》的评价也渐趋客观，有学者认为："不能将马克思的政治经济学批判视为一种宗教学说，而要将其视为一种不断发展、进化的科学，更要在与不同学科互动交流中创新其中的理论"①。三是出版传播的空间进一步扩大。该时期，不仅左派出版社出版《资本论》等马克思主义经典著作，其他出版社也将其视为一种学术研究著作出版传播。在整个"非意识形态化"的社会大环境下，《资本论》的研究者也不仅仅限于法国马克思主义者，大批左派学者甚至资产阶级学者也将其视为一种社会批判理论并对其进行了卓有成效的探讨。此时，人们更倾向于将"马克思本人思想"同"马克思主义"区别开来，这种倾向使社会文化研究成为法国《资本论》研究的主流范式。

四　《资本论》及其手稿在法国出版传播的重要特征

《资本论》及其手稿在法国的出版传播经历了漫长的历史时期。综合来看，这种出版传播在法国社会文化传统以及社会主义传统影响下，形成了独树一帜的法兰西特征。综合来看，《资本论》及其手稿在法国的出版传播有三个重要特征。

第一，伴随法国社会主义运动曲折发展。纵观《资本论》及其手稿在法国的漫长出版传播史不难发现：文本的出版传播随法国社会主义的命运跌宕起伏。当法国社会主义运动蓬勃发展时，《资本论》及其手稿的出版传播也随之推进；反之亦然。虽然《资本论》在法国最早由自由主义经济学家发现并展开讨论，但无疑是法国早期工人运动领导者将其推向历史舞台，使其成为法国工人运动的"革命宣言书"。1920年，法共的建立进一步推动了文本的出版传播；虽然，其解读方式深受苏联意识形态影响，但却同法国社会党共同推动了《资本论》及其手稿在20世纪法国社会的曲折传播（尤其体现在冷战期间法国左派出版社的贡献上）。尽管21世纪以来法国社会主义运动陷入低潮；然而，面对法国社

---

① Paul Boccara, "*Le Capital de Marx，Son apport，Son dépassement：au—delà de l économie*", Le Temps des Cerises, 2012.

会的诸多问题，法国思想界并没有忽视《资本论》等马克思主义经典著作的现实性，并于 2003 年发起了 GEME 编纂工程，试图编纂一部法文版的"马恩全集"。与此同时，基于文本出版传播同社会主义运动发展的密切相关性可以发现：苏共二十大后，随着法国社会主义运动进入低潮，《资本论》及其手稿出版传播的意识形态性逐渐降低，更加客观化、学术化的编辑出版项目不断出现。21 世纪以来，法国学者更倾向于从社会文化批判的角度借鉴《资本论》的相关论述，从而为法国经济社会问题的解决提供理论借鉴。

第二，存在诸多悬而未决的术语翻译论争。当前，法国学界在编译出版《资本论》及其手稿的过程中主要面临着两方面问题：复合词的翻译和黑格尔哲学术语的翻译。首先，对"Wertform""Geldform""Mehrwert"等德语复合词的翻译，给不擅长通过词与词并列创造新词的法语提出了挑战；其中，20 世纪 70 年代围绕"Mehrwert"（剩余价值）展开的讨论最为著名。在鲁瓦版《资本论》中"Mehrwert"被翻译为"Plus-value"，这种翻译因有着马克思的"背书"颇具合法性；因此，从鲁瓦到巴迪亚的版本都遵从这种翻译。从语言学角度看，"德文词缀'Mehr-'具有'增长'的意思，而'-Wert'则有'价值'的意思。而将'Mehr-wert'翻译为'Plus-value'则无法完全呈现德语语境的内涵。正是考虑到这种局限性，列斐弗尔创造了'Survaleur'这一新词作为翻译标准。"① 此后，将"Mehrwert"翻译为"Survaleur"的做法也为 GEME 所采用。此外，当前法国学界就"Wertform"（价值形式）、"Warenform"（扬弃）等词的翻译讨论仍在继续。其次，对"Entfremdung"（异化）、"Aufhebung"（扬弃）等黑格尔哲学术语的翻译构成了《资本论》文本翻译的另一个问题。这些词语在德国古典哲学中被丰富和发展，马克思在发挥这些词语特殊功能的同时也赋予了其新内涵，比如：在"Entfremdung"的翻译上，翻译过程中既要把握其在黑格尔那里的内涵，又要观照马克思赋予该词语的独特性，从而把握该词语

---

① Michael Heinrich et Alix Bouffard，*Ce qu'est Le Capital de Marx*，Les éditions sociales，2017，p. 116.

内涵的发展和转变过程。

第三，深受吕贝尔范式的影响。由于吕贝尔版"马恩著作集"被权威的"昂星团藏书"所收录，因此成为法国最为畅销的"马恩著作集"；因此，他对《资本论》及其手稿的编辑出版范式深刻影响着法国学界。在吕贝尔范式影响下，法国学界围绕《资本论》三卷本的理论完整性及恩格斯对《资本论》第二、三卷编辑的合理性进行了讨论。比如，法国学者比尔·阿兰（Bihr Alain）在《当前如何（重）读〈资本论〉》（2014）中对《资本论》理论的完整性进行了探讨，他指出，马克思在政治经济学批判中写作计划发生了变化，即他最初计划对整个资本主义生产模式进行批判，而在《1861—1863年经济学手稿》编辑过程中却仅仅将"资本"范畴考虑在内。进一步讲，阿兰认为马克思既没有完成对整个资本主义生产模式的批判，也没有完成对几种资本类别的批判。因而《资本论》的手稿也是一个开放且待完成的系统，是一部未完成著作①。此外，伯纳德·瓦瑟尔（Bernard Vasseur）在《回归马克思：今天的马克思主义是什么?》一文中指出，恩格斯编辑的三卷本《资本论》并不是一个具有高度统一的理论整体，马克思在写作《资本论》的过程中思想是不断变化的，而恩格斯为了追求系统的统一性用马克思不同时期的《资本论》手稿来编撰《资本论》的第二、三卷。他认为，与其将马克思留下的手稿视为已完成的著作，不如说是一份研究计划②。可见，部分法国马克思主义文本学研究深受吕贝尔范式影响（持一种"马恩对立论"的观点），否定了恩格斯对《资本论》编辑的重要贡献，认为恩格斯为追求文本统一性对《资本论》理论进行了任意拼接或割裂，这无疑有失偏颇。

---

① Bihr Alain, "Comment（re）lire Le Capital Aujourd'hui?", *Revue Interrogations*, 2014, p. 17.

② Bernard Vasseur, "Quel Retour à Marx：c'est quoi le Marxisme Aujourd'hui?", Conférence pour Espace Marx Oise, Le 26 Octobre 2017（http：//oise. pcf. fr/102838）.

后　记

为了展示中共中央党校（国家行政学院）马克思主义学院政治过硬、理论自觉、学术精进的学术风范，展示马克思主义学院人学习研究习近平新时代中国特色社会主义思想的最新成果，不断扩大马克思主义学院在国内乃至国际上的政治影响力、学术影响力和社会影响力，自2019年以来，我们先后编辑出版了三批"马克思主义理论研究丛书"，共29册。丛书出版后，得到中共中央党校（国家行政学院）校（院）委会领导和科研部、教务部的重视，并在社会上产生了较大影响，第一批丛书入选中央宣传部"庆祝中华人民共和国成立70周年大型成就展"。

2022年是中国共产党第二十次全国代表大会召开之年。为了向党的二十大献礼，集中展示马克思主义学院标志性研究成果，我们编辑出版《马克思主义研究前沿》（全六卷）学术丛书。各卷分别为《当代中国马克思主义研究》《马克思主义基本原理及经典著作研究》《马克思主义发展史研究》《马克思主义中国化研究》《中国特色社会主义政治经济学研究》《中国道路研究》，主要收录党的十八大以来马克思主义学院学者发表的体现党校特色、代表马克思主义学院学术水准、立足思想前沿的重要研究成果。

本套丛书的编辑出版得到中共中央党校（国家行政学院）领导的大力支持。社会科学文献出版社社长王利民、社会科学文献出版社政法传媒分社总编辑曹义恒及各卷编辑也为本书编辑出版做出了重要贡献，在此一并感谢。由于我们的水平有限，错误之处在所难免，请广大读者批评指正。

丛书编委会

2022 年 9 月 10 日

图书在版编目（CIP）数据

马克思主义研究前沿：全六卷／中共中央党校（国
家行政学院）马克思主义学院主编 . --北京：社会科学
文献出版社，2022.11（2023.12 重印）
ISBN 978-7-5228-0930-4

Ⅰ.①马… Ⅱ.①中… Ⅲ.①马克思主义-发展-中
国-文集 Ⅳ.①D61-53

中国版本图书馆 CIP 数据核字（2022）第 192709 号

马克思主义研究前沿（第二卷）

主　　　编／中共中央党校（国家行政学院）马克思主义学院

出 版 人／冀祥德
责任编辑／曹义恒
文稿编辑／陈　冲
责任印制／王京美

出　　　版／社会科学文献出版社·政法传媒分社（010）59367126
　　　　　　地址：北京市北三环中路甲 29 号院华龙大厦　邮编：100029
　　　　　　网址：www.ssap.com.cn
发　　　行／社会科学文献出版社（010）59367028
印　　　装／三河市东方印刷有限公司

规　　　格／开　本：787mm×1092mm　1/16
　　　　　　印　张：26.75　字　数：399 千字
版　　　次／2022 年 11 月第 1 版　2023 年 12 月第 2 次印刷
书　　　号／ISBN 978-7-5228-0930-4
定　　　价／980.00 元（全六卷）

读者服务电话：4008918866